8 M 4592 2

Paris
1886

Goethe, J. W.

Mémoires

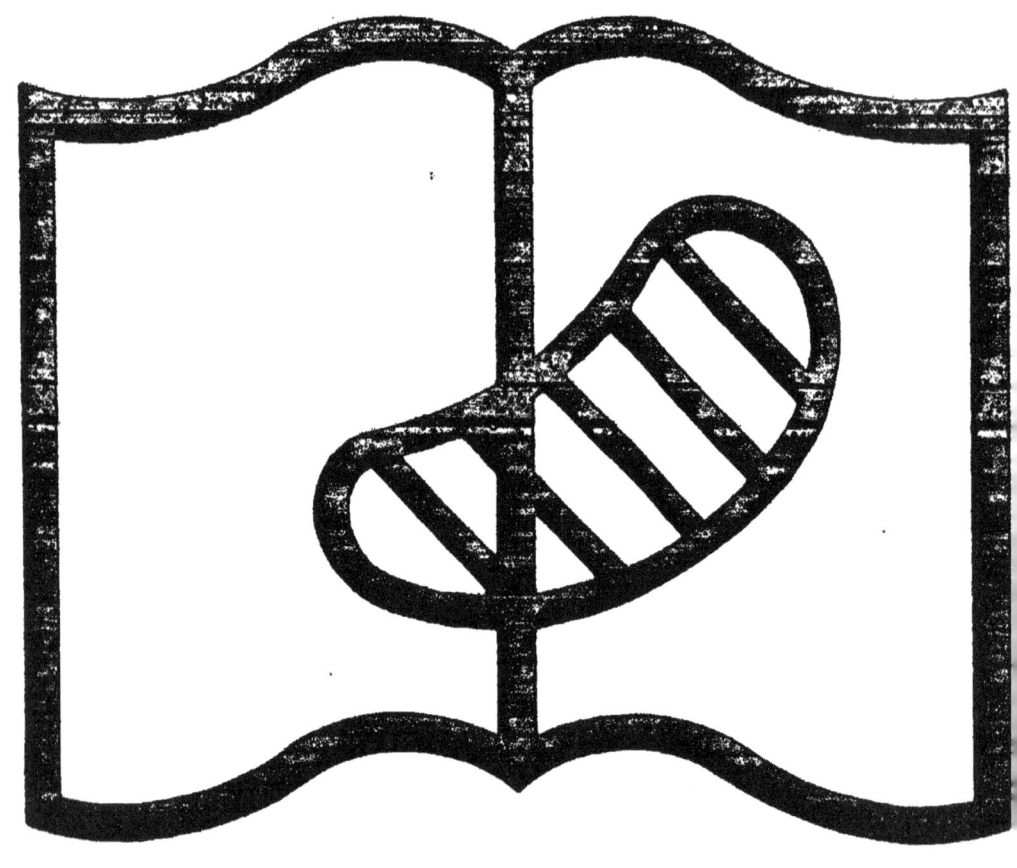

Symbole applicable
pour tout, ou partie
des documents microfilmés

Original illisible

NF Z 43-120-10

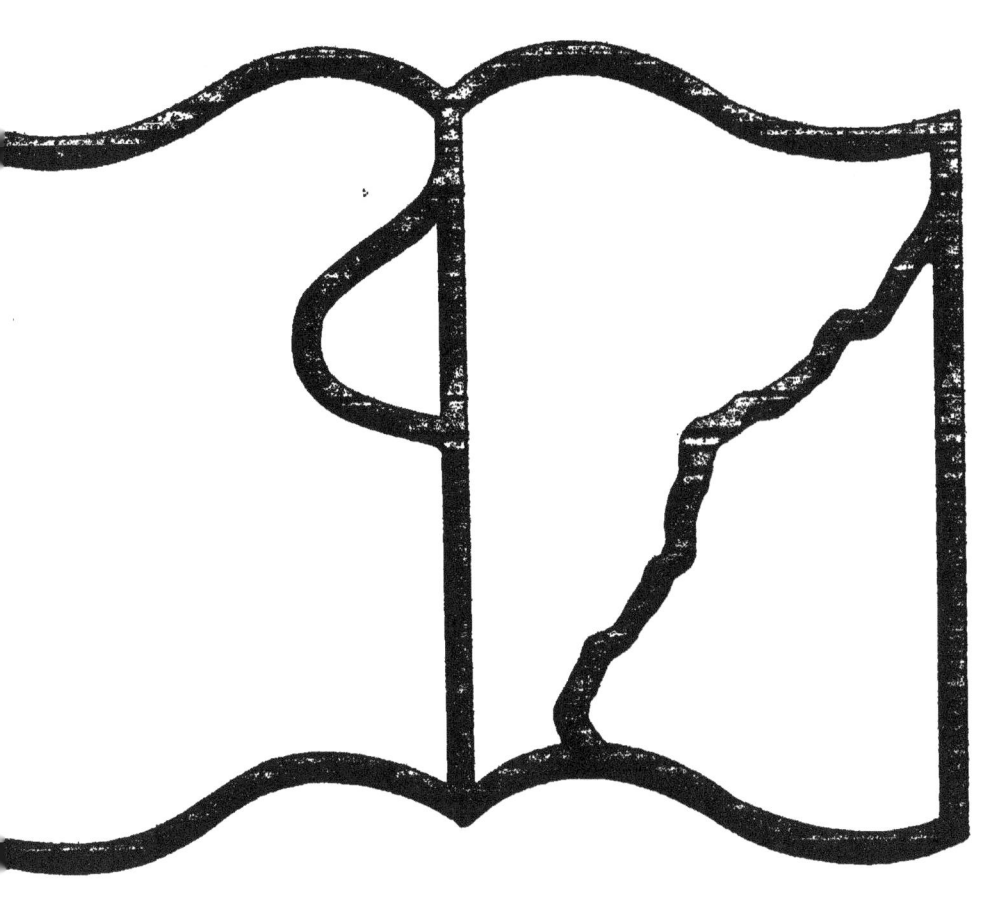

Symbole applicable
pour tout, ou partie
des documents microfilmés

Texte détérioré — reliure défectueuse

NF Z 43-120-11

MÉMOIRES
DE GOETHE

TRADUCTION NOUVELLE

PAR

LA BARONNE A. DE CARLOWITZ

TRADUCTEUR DE LA MESSIADE DE KLOPSTOCK
DE WILHELM MEISTER, ETC.

Deuxième Partie

VOYAGES, ETC., ETC.

PARIS

G. CHARPENTIER, ÉDITEUR

13, RUE DE GRENELLE-SAINT-GERMAIN, 13

MÉMOIRES
DE GOETHE

PARIS. — IMP. C. MARPON ET E. FLAMMARION, RUE RACINE, 26.

MÉMOIRES
DE GOETHE

TRADUCTION NOUVELLE

PAR

LA BARONNE A. DE CARLOWITZ

SECONDE PARTIE

VOYAGES, CAMPAGNE DE FRANCE ET ANNALES

PARIS

G. CHARPENTIER ET Cie, ÉDITEURS

13, RUE DE GRENELLE-SAINT-GERMAIN, 13

1883

MÉMOIRES DE GOETHE

DEUXIÈME PARTIE

VOYAGE EN ITALIE

I. — DE CARLSBAD AU BRENNER.

SOMMAIRE. — Secret départ de Carlsbad. — Ratisbonne. — L'église des Jésuites. — Munich. — La galerie des tableaux. — Les nuages et les phénomènes atmosphériques. — Rencontre d'une jeune harpiste. — Nouveaux matériaux pour mes idées sur la création du monde. — Les montagnes du Tyrol. — Théorie sur les variations du temps. — Les habitants du Tyrol. — Mes ouvrages commencés. — *Iphigénie en Tauride.*

Le 3 septembre 1786.

La société de Carlsbad avait célébré, le 28 août, l'anniversaire de ma naissance avec tant d'empressement et de chaleureuseté, qu'elle s'était acquis le droit de me retenir. Mais depuis longtemps déjà mes vœux m'appelaient en Italie; et ne me sentant plus la force de remettre ce voyage, je me jetai furtivement, à trois heures du matin, dans une chaise de poste. A sept heures et demie, j'étais à Zwota. La matinée était belle, mais nébuleuse, les nuages les plus élevés étaient laineux et barrés, les autres bas et lourds ; ce qui me parut de bon augure et me fit espérer qu'après un été humide et froid, nous aurions un bel automne. A midi j'arrivai à Eger par un beau soleil ; me souvenant que cette ville est à la même élévation polaire que ma ville natale, je me sentais heureux de dîner de nouveau sous le cinquantième degré et par un temps superbe.

En entrant en Bavière, on aperçoit Waldsassen ; ce magnifique domaine appartient à des moines, c'est-à-dire, à cette classe d'hommes qui se sont instruits et civilisés avant les autres hommes. Il est situé au milieu de vastes prairies entourées de collines fertiles ; le terroir, en général, commence à s'améliorer, et les eaux coulent toutes vers le Danube. Je me forme toujours très-facilement une juste idée des contrées en cherchant à savoir vers quel fleuve se dirigent tous les ruisseaux ; par ce moyen la pensée saisit facilement l'enchaînement des vallées et des montagnes.

La route était d'une beauté et d'une solidité parfaites, car elle est composée de cailloux et de sable de granit. La contrée qu'elle traverse est marécageuse et descend en pente douce ; aussi avance-t-on avec une rapidité incroyable. Le lendemain matin, à six heures, j'étais à Ratisbonne, j'avais donc fait cinquante et une lieues en trente-neuf heures.

Dès le point du jour je m'étais aperçu que le sol ne se composait plus de fragments de rochers tombés en efflorescence, mais de terres d'alluvion. Pendant les temps primitifs, le Regen avait exercé l'influence de ses flux et reflux sur toutes les vallées dont les eaux se jettent dans le Danube, ce qui a fait naître naturellement les marais entrecoupés de fossés qui les dessèchent. Cette observation s'applique au voisinage de tous les fleuves et de toutes les rivières et peut servir de guide à l'observateur qui veut se faire rapidement une juste idée sur la nature des terrains propres à la culture.

Ratisbonne est très-agréablement située ; une pareille contrée ne pouvait manquer de faire naître une grande ville. Le clergé s'est fait là une large part; les meilleures terres des alentours lui appartiennent; dans la ville les églises et les chapitres sont fort nombreux et occupent les plus belles places. Le Danube me rappela le vieux Mein; à Francfort, le fleuve et le pont ont quelque chose de plus gracieux, à Ratisbonne, la petite ville de Hof, située sur la rive gauche du Danube, ne laisse cependant pas de produire un très-joli effet.

Je commençai par visiter le collége des Jésuites. Les pensionnaires de ces pères donnaient une de ces représentations dramatiques qui succèdent chaque année à la distribution des prix, et ils s'en acquittèrent aussi bien que peut le faire une troupe d'amateurs. Leurs costumes étaient magnifiques, trop peut-être. Cette représentation fut pour moi une nouvelle preuve de la haute sagesse des Jésuites. Ne dédaignant rien de ce qui peut produire de l'effet, ils font tout non-seulement avec art, mais avec goût et amour. Leur église et leur demeure ont quelque chose de complet qui inspire le respect; et les décorations en sont si riches, qu'elles ne peuvent manquer d'éblouir les mendiants de toutes les classes.

Parfois l'absurde se fait jour afin d'attirer les masses, car c'est le génie du catholicisme, du moins dans ses pratiques extérieures, mais je ne l'ai jamais vu exploiter avec autant de bon sens et d'adresse que par les Jésuites; ils ne s'en servent pas, comme les autres congrégations religieuses, pour perpétuer une dévotion surannée, mais pour faire marcher cette dévotion avec l'esprit du temps, et la rajeunir par l'éclat et la magnificence.

On fait ici des carreaux avec une espèce de pierre primitive et porphyrique, elle est verdâtre, poreuse, mêlée de quartz; on y voit de grandes taches de jaspe. Un de ces morceaux était extrêmement attrayant, mais j'avais juré de ne pas me charger de pierres pendant ce voyage.

Munich, le 6 septembre.

Je suis parti de Ratisbonne le 5 à midi. Les environs d'Abbach, où le Danube se brise contre des montagnes calcaires, sont d'une beauté remarquable. Il était environ six heures du matin lorsque je suis arrivé à Munich où je me suis promené pendant douze heures.

La galerie des tableaux ne m'a pas souri ; il faut que mes yeux reprennent l'habitude de contempler les tableaux, car il y a là de fort belles choses. Le modèle de la colonne de Trajan est un magnifique joujou, toutes les figures sont dorées et le fond est en lapis-lazuli. Je n'ai fait que traverser la salle des antiques ; beaucoup de choses ne me convenaient pas du tout sans que j'eusse pu dire pourquoi.

Une marchande de fruits m'a offert des figues fraîches que j'ai trouvées excellentes, c'était pour la première fois que j'en mangeais. Le brouillard a été si fort ce matin qu'on aurait pu l'appeler de la pluie, et pendant la journée un vent glacé nous arrivait des montagnes du Tyrol. On se plaint ici comme chez nous du froid et de l'humidité. Je parlerai souvent du temps ; on me le pardonnera sans doute, en songeant que le voyageur par terre en est aussi dépendant que le voyageur par mer.

En partant de Munich, je me suis dirigé en droite ligne vers Inspruck. Que d'objets chers à mon cœur n'ai-je pas laissés derrière moi, pour réaliser enfin une pensée qui peut-être déjà trop vieilli dans mon âme !

Mittelwald, le 7 septembre au soir.

Il me semble que mon ange gardien dit *amen* à mon *credo*, et je le remercie de m'avoir amené ici par une aussi belle journée.

Lorsque je suis parti de Munich, à cinq heures du matin, d'immenses masses de nuages dormaient sur les cimes du Tyrol ; la même immobilité régnait dans les régions inférieures de l'air. La route traverse des hauteurs formées des terres d'alluvion et des cailloux ; l'Isar coule au milieu. C'est là que l'on voit bien le travail primitif de l'ancienne océan. Les brouillards dont le fleuve couvrait les prairies, se défendirent quelque temps contre le vent, mais il finit par les absorber, et le soleil devint brûlant.

Tout à coup un monde nouveau s'est ouvert devant moi, je venais de m'approcher des montagnes que je n'avais encore entrevues que de loin.

Le couvent de Bénédictbeuern est magnifiquement situé dans une plaine fertile, puis on monte vers le Kochelsée. De là on arrive au Walchensée où j'ai salué les premières montagnes couvertes de neige. Je n'avais cependant pas encore atteint les régions où elle ne fond jamais ; on m'apprit qu'elle était tombée la veille à la suite d'un violent orage, d'où l'on conclut que le temps allait devenir plus favorable, car l'été avait été, là, aussi triste que chez nous. Les rochers calcaires dont j'étais entouré de toutes parts se prolongent d'un côté jusqu'en Dalmatie, de l'autre jusqu'au Saint-Gothard, et s'appuient sur des montagnes primitives de quartz et d'argile.

Après Wallensée, un voyageur à pied portant une harpe et donnant la main à une petite fille de onze à douze ans, m'a prié de recevoir cette enfant dans ma voiture. Je l'ai fait aussitôt asseoir à côté de moi. Elle était gentille et ne manquait pas d'usage. Après m'avoir raconté qu'elle avait déjà fait plusieurs pèlerinages à une image de la Vierge pour laquelle, selon elle, on ne pouvait avoir trop de dévotion, elle me dit qu'elle avait joué de la harpe devant l'électeur de Bavière et toute sa cour. Son bavardage m'a beaucoup amusé.

Voyant l'intérêt avec lequel je l'écoutais, elle m'a appris qu'elle se rendait à la foire de Botzen, où elle espérait me revoir, car elle présumait que je m'y rendais aussi ; puis elle a ouvert une boîte déposée à ses pieds et m'a montré un beau bonnet qu'elle s'était acheté pour briller à cette foire. Je l'ai admiré de bonne grâce et nous nous sommes séparés fort satisfaits l'un de l'autre et avec le désir sincère de nous revoir un jour.

Sur le Brenner, le 8 septembre au soir.

La journée qui vient de s'écouler est une de celles dont la jouissance se perpétue par le souvenir. Il était six heures du matin lorsque j'ai quitté Mittelwald. L'air était pur et le froid très-vif, mais dès que le soleil s'est montré, les montagnes avec leur sombre manteau de sapins, les roches calcaires et les sommités couvertes de neige se sont confondues avec l'azur du ciel et ont fait passer devant moi des tableaux aussi variés que magnifiques.

Auprès de Scharnitz on entre enfin dans le Tyrol. La digue qui ferme le vallon marque la frontière. Bientôt après on descend dans la vallée de l'Inn, dont la beauté surpasse toute description; il en est de même de la situation d'Inspruck et de la route que j'ai suivie en quittant cette ville. D'un côté, je côtoyais un ravin par lequel les eaux des montagnes se jettent dans l'Inn, de l'autre, sur un terrain bien cultivé et en pente douce, se groupent des villages et des maisons isolées. Toutes les personnes que je rencontrais étaient parées et allaient faire leurs dévotions pour célébrer la naissance de Marie.

A mesure que le jour baissait, les détails échappaient à ma vue, les masses devenaient toujours plus grandes, plus sublimes. Au moment où tout autour de moi n'était plus qu'un tableau mouvant et mystérieusement voilé, la lune est venue éclairer les cimes neigeuses, ce qui m'a fait attendre avec patience que les lueurs du matin vinssent faire disparaître les ombres qui enveloppaient les rochers au milieu desquels je me trouvais enfermé sur les limites du nord et du midi.

J'ai fait plus d'une découverte à l'appui de mes opinions sur la création du monde, et j'ai beaucoup rêvé au type dont je parle depuis si longtemps; je voudrais qu'il pût rendre visible ce qui se passe dans mon intérieur.

Il faut que j'ajoute une observation sur le temps.

Dans la plaine on le reçoit tout fait, au milieu des montagnes on le voit naître.

Lorsque les montagnes dessinent devant nous leurs formes innombrables, on les croit inactives parce qu'elles sont calmes ; quant à moi, je ne puis m'empêcher d'attribuer à leur action intérieure et mystérieuse, les divers changements de l'atmosphère. J'ai la conviction que la terre et surtout ses immenses protubérances, ne manifestent pas leurs forces attractives par une action permanente et uniforme, mais par des pulsations que des causes nécessaires ou accidentelles ralentissent ou accélèrent tour à tour. Quand elles se ralentissent, l'air diminue de pesanteur et d'électricité, l'atmosphère ne peut plus supporter l'humidité physiquement et mécaniquement répandue en lui ; alors les nuées descendent et se dissolvent en pluies plus ou moins abondantes et durables. Que la gravitation des montagnes augmente, l'élasticité de l'air se rétablit et fait surgir deux phénomènes importants : Les montagnes rassemblent autour d'elles d'immenses masses de nuages et les retiennent immobiles et roides comme autant de cimes nouvelles au-dessus de leurs cimes antiques, jusqu'à ce que le combat intérieur des forces électriques fasse descendre ces nuées en orages, en brouillards, en pluies. Dès qu'elles ont subi cette loi, l'air élastique s'empare de leurs restes, car il est redevenu capable de recevoir un grand volume d'eau, de l'élaborer et de le dissoudre.

J'ai vu très-distinctement un nuage se dévorer ainsi lui-même. Il s'était suspendu sur la pointe d'un rocher escarpé, les derniers rayons du soleil couchant l'éclairaient, ses bords se sont détachés lentement les uns après les autres, en s'élevant plus haut, toujours plus haut, puis ils ont disparu ; peu à peu la masse entière s'est anéantie ainsi. On eût dit une quenouille bien garnie dont le lin disparaissait sous la main habile d'une fileuse invisible.

Si les théories de l'ambulant observateur des nuages ont fait sourire les amis, il leur fournira bientôt l'occasion de rire aux dépens de ses opinions à l'égard de l'influence que les montagnes exercent sur le règne végétal. Je n'ai pas seulement trouvé sur ces montagnes des plantes qui m'étaient inconnues, mais celles que je connaissais variaient la forme de leurs tiges et de leurs feuilles à mesure que le sol s'élevait.

Les Alpes calcaires que je traversais ont une couleur grise et des formes irrégulières et bizarres, mais très-belles. Les rochers cependant se partagent en couches et en bancs; et comme il s'y trouve des couches oscillantes et que l'efflorescence se fait inégalement, les flancs et les sommets offrent les aspects les plus inattendus. Sur le haut du Brenner et près du lac supérieur se montre l'argile micacée veinée de quartz et appuyée sur du calcaire.

Quant aux habitants de cette partie du Tyrol, voici ce que j'ai pu observer en passant : Ils sont généralement actifs, vaillants et d'une droiture naïve, et leur physique varie peu. Les femmes ont des yeux bruns, très-ouverts et surmontés d'épais sourcils bien dessinés; les hommes, au contraire, ont presque tous les yeux bleus et les sourcils blonds, leur large chapeau orné de fleurs, de rubans et de plumes, les coiffe très-bien ; les femmes s'enveloppent la tête d'un large bonnet de coton velu et informe, mais dès qu'elles sortent de leur pays, elles adoptent les chapeaux des hommes qui leur vont beaucoup mieux.

Pendant que je mets ces feuillets en ordre pour les expédier à mes amis afin qu'ils puissent se faire une juste idée de ce que je deviens, mes yeux s'arrêtent sur plusieurs paquets de papiers dont j'ai fait mes compagnons de voyage. Il faut que j'en parle, car ils exerceront une grande influence sur les journées qui vont suivre.

En me rendant à Carlsbad, j'avais emporté avec moi toutes mes œuvres, soit imprimées soit en manuscrits. Ces derniers se composaient presque entièrement de fragments, car j'ai la mauvaise habitude de commencer beaucoup de choses dont j'abandonne la plupart, quand le temps ou d'autres occupations, ont diminué l'intérêt que j'y prenais d'abord.

La spirituelle société de Carlsbad, désireuse de connaître la partie inédite de mes œuvres, me pria de lui en faire la lecture. Plus un sujet commencé excitait l'intérêt, plus on se plaignait amèrement que je l'eusse laissé inachevé.

La célébration de l'anniversaire de ma naissance consistait, surtout, en vers que mes amis m'adressaient à ce sujet. Fortifié par ces bienveillantes et spirituelles réclamations, Herder exigea que j'emportasse mes fragments et surtout *Iphigénie en Tauride*, dans le nouveau voyage qu'il savait que j'allais entreprendre, et qu'il présumait n'être qu'une excursion dans les montagnes, car j'avais caché à tout le monde, mon grand projet de visiter enfin l'Italie. Mon penchant pour la minéralogie et la géologie a toujours été pour Herder un sujet d'amère ironie ; aussi me dit-il très-positivement, qu'au lieu d'user mon intelligence contre de misérable pierraille, il fallait l'employer à terminer *Iphigénie* qui en valait la peine, et que j'avais laissée à l'état de projet. J'obéis à son injonction, et, parmi beaucoup d'autres choses, j'emportai *Iphigénie* dans le chaud et beau pays où j'allais me rendre. Je n'ai pas encore eu le temps de m'en occuper, mais je viens de la retirer du paquet où elle dormait, et j'espère y travailler bientôt.

Les jours sont longs en Italie, l'air vivifiant qu'on y respire et la beauté des objets qui s'offrent à la vue, loin de détruire le sens poétique, le réveillent et le fortifient.

II. — DU BRENNER A VÉRONE.

SOMMAIRE. — La vallée de Botzen. — La foire de Botzen. — Avec quelle joie ineffable je me sens enfin en Italie. — Trente. — L'église des Jésuites et conduite bizarre d'un ami de ces pères. — *La maison du Diable.* — Séparation des langues. — Le *lago di Garda.* — Voyage sur ce lac. — Malsesine et l'aventure singulière qui m'arrive dans ce petit port. — Population de ces contrées.

TRENTE, le 10 septembre au matin.

Après avoir vécu pendant cinquante heures d'une vie d'activité incessante, je suis arrivé ici hier au soir, à huit heures. Remis par une nuit de repos, je reprends mon journal.

Dans la soirée du 8, j'ai essayé de dessiner la maison de poste du Brenner; ayant manqué le caractère de ce site, je suis rentré de fort mauvaise humeur. L'hôte m'a engagé à partir immédiatement. On pouvait, disait-il, voyager la nuit sans inconvénient parce qu'il faisait clair de lune et que la route était fort belle. Je savais qu'il ne me donnait ce conseil que parce qu'il voulait avoir ses chevaux disponibles pour le lendemain matin, afin de pouvoir rentrer ses regains; je l'ai suivi cependant, parce qu'il se trouvait en harmonie avec le secret désir qui me pousse en avant.

Le soleil s'était rendu maître des nuages, la soirée était superbe; le postillon s'était endormi et les chevaux descendaient seuls et rapidement la route qui côtoie l'Adige. Bientôt la lune est venue éclairer les objets gigantesques de l'imposant paysage qu'on m'a fait traverser au grand trot, tant les maîtres de poste avaient hâte de se débarrasser de moi. Au point du jour, j'entrevis enfin les premières collines couvertes de vignes; le soleil était déjà haut lorsque j'entrai dans la vallée de Botzen. Les moutagnes du Tyrol l'abritent du côté du nord, au midi elle est ouverte; l'Adige la traverse. L'air y est très-doux, la vigne forme des berceaux richement garnis de belles grappes bleues; entre ces berceaux on cultive le maïs dont les tiges s'élèvent à plus de dix pieds de hauteur. La filamenteuse fleur mâle n'était pas encore coupée; cette opération ne se fait que longtemps après la fécondation.

Les figures des marchands qui encombraient les rues de Botzen m'ont fait beaucoup de plaisir, car toutes respiraient la joie et le contentement.

Les magnifiques pêches que les marchandes de fruits étalent sur la place du Marché, m'ont rappelé ce quatrain qui était gravé sur les vitres de la chambre de l'auberge où j'étais descendu à Ratisbonne :

« Comme les pêches et les melons
« Sont pour la bouche d'un baron,
« Ainsi les verges et les bâtons
« Sont pour les fous, dit Salomon. »

Il est aussi évident que ces vers ont été composés par un baron du Nord, qu'il est certain que, dans ce pays-ci, ses idées se modifieraient.

La foire de Botzen est très-animée. J'aurais voulu examiner de près les diverses marchandises qu'on y trouve réunies; mon impatience de me remettre en route ne me l'a pas permis. Au reste les statistiques, si à la mode aujourd'hui, doivent donner à ce sujet tous les renseignements que l'on peut désirer, moi je ne m'occupe, en ce moment, que des impressions que me font éprouver les choses que je vois et qu'aucun livre ne peut donner.

Le monde extérieur commence à m'intéresser de nouveau. J'exerce mon esprit d'observation afin de me convaincre de ma science et de mes connaissances acquises, et de savoir s'il me sera possible d'effacer les plis qui ont ridé mon âme. Il est certain que depuis que je suis forcé de faire attention à tout, de penser à tout, de faire tout moi-même, mon esprit a repris une élasticité qu'il avait perdue pendant que je me bornais à penser, à vouloir, à réfléchir, à ordonner et à dicter.

De Botzen à Trente, on traverse pendant dix-huit lieues des vallées plus fertiles les unes que les autres. Tout ce qui végète à peine dans les montagnes, est là plein de vie et de force, le soleil est ardent et chaud, et l'on se remet à croire en Dieu.

Le cours de l'Adige commence à devenir moins impétueux ; le maïs, la vigne, les mûriers, les poiriers, tout cela est planté si dru qu'on craint de les voir s'étouffer mutuellement. L'hièble s'élance hardiment par-dessus les murs, le lierre enlace les rochers et s'élève avec eux, le lézard se glisse partout où il trouve une petite place vide. Les longues tresses des femmes, les jaquettes légères et la poitrine nue des hommes, les superbes bœufs qu'ils ramènent du marché, les ânes chargés de fruits et de légumes, tout cela forme un paysage de Henri Ross qui vit, qui respire, qui se meut.

Et lorsque la soirée commence et que de rares nuages stationnent au lieu de voyager sur ce beau ciel, et lorsqu'après le coucher du soleil les cigales commencent à chanter, on se sent en ce monde-là, non pas en voyageur ou en exilé, mais chez soi. Il me semble que j'y suis né, que j'y ai été élevé, et que je reviens d'une excursion en Groënland ou d'une pêche à la baleine. Je salue jusqu'à la poussière qui couvre ma voiture ; si un habitant des contrées méridionales était témoin de mon extase, il la traiterait d'enfantillage.

Pendant que je souffrais sous un ciel rude et dur, j'ai pressenti ce que j'éprouve en ce moment, et j'accepte avec reconnaissance et comme un bonheur exceptionnel, ce dont nous devrions jouir sans cesse, et qui devrait être une éternelle conséquence de la nature.

Trente, le 10 septembre au soir.

J'ai employé ma journée à visiter la ville ; elle est fort ancienne, mais dans quelques rues on voit de très-belles maisons modernes.

Je me suis longtemps arrêté devant le péristyle de l'église des Jésuites, pour regarder un tableau qui représente le général de l'ordre prêchant devant toute la communauté réunie ; c'est que j'aurais voulu pouvoir deviner quel nouveau et ingénieux mensonge il leur donnait à garder. Depuis l'abolition de la société, l'intérieur est fermé par une grille de fer, à travers laquelle on peut voir toute l'étendue de cette enceinte déserte et silencieuse.

Pendant que j'en admirais l'architecture, un vieillard très-pauvrement vêtu est venu faire une courte prière auprès de la grille. En se relevant, il a dit à demi-voix :

Puisqu'ils ont chassé les Jésuites, ils devraient au moins leur rendre l'argent qu'ils ont dépensé pour faire construire cette église.

Puis se tournant vers moi :

Ce n'est pas l'empereur qui a fait cela, non, c'est le pape. D'abord les Espagnols, puis nous, puis les Français ! Le sang d'Abel crie vengeance !...

A ces mots, il a descendu les marches et s'est éloigné en murmurant des anathèmes.

Je présume que ce malheureux, nourri naguère par les Jésuites, a perdu la raison en perdant ses bienfaiteurs, et qu'il vient chaque jour à l'entrée de leur église, faire une courte prière pour eux et maudire longuement leurs ennemis.

Mon cicerone m'a conduit devant un édifice appelé la *Maison du Diable*, parce que, d'après une vieille chronique, le malin esprit qui, d'ordinaire, ne se plaît qu'à détruire, l'a construite en une seule nuit. Tout ce que je puis dire, c'est que cette maison pouvait se passer d'une aussi absurde chronique pour être remarquable, car elle est la plus belle de la ville et la seule dont l'architecture soit d'un goût pur et d'un style correct.

Le 11 septembre au soir.

Je suis parti hier de Trente, et me voici à Roveredo où les langues se séparent ; l'idiome allemand disparaît entièrement ; celui de l'Italie règne enfin sans partage et je suis forcé d'avoir recours à ma science philologique. Jusqu'à présent l'italien n'a été pour moi qu'une langue purement littéraire, et je me sens tout joyeux en la voyant employée comme un idiome vivant et d'un usage ordinaire.

Torbolo, le 12 septembre au soir.

Que je voudrais avoir mes amis à mes côtés afin qu'ils pussent jouir de la vue magnifique qui s'étend devant moi !

J'aurais pu être ce soir à Vérone, mais j'ai voulu voir le *lago di Garda*, et je suis bien récompensé du détour que j'ai fait à cette occasion. Assis devant une petite table auprès de ma fenêtre qui donne sur le lac, j'ai fait en quelques lignes l'esquisse du paysage. L'œil domine presque toute l'étendue du lac, son extrémité seule lui échappe. Sur les deux rives hérissées de collines et de montagnes, se dessinent une multitude de petites localités.

Volkemann nous apprend dans ses œuvres, qu'autrefois le *lago di Garda* s'appelait *Benacus*, et il cite, à cette occasion, ce vers de Virgile :

Fluctibus et fremitu resonans Benace marino.

C'était le premier vers latin dont je voyais l'objet vivant devant moi, et qui est encore aussi vrai aujourd'hui qu'il l'était il y a près de dix-huit siècles. Que de choses ont changé depuis! mais le même vent soulève toujours le même lac, ennobli par une ligne de Virgile.

Dès que la fraîcheur du soir s'est fait sentir, j'ai été me promener dans les environs ; alors seulement j'ai compris que j'étais dans un pays nouveau et au milieu d'un peuple nouveau.

Les hommes sont d'une indolence inouïe et négligent

les choses de première nécessité. Les portes n'ont point de serrure, du papier huilé tient lieu de vitres, et dans les chambres à coucher, on cherche en vain les vases les plus urgents. De leur côté, les femmes causent et crient toute la journée et s'occupent sans cesse à je ne sais quoi.

L'hôte m'annonça, avec une emphase tout italienne, qu'il venait de se procurer en mon honneur, une de ces superbes truites qu'on prend dans le pays, et qui pèsent quelquefois jusqu'à cinquante livres. La chair en est exquise, mais je ne me régale véritablement qu'avec du fruit, qui ne peut manquer d'être excellent là où mûrit le citron.

Le 13 septembre au soir.

Ce matin je suis parti à trois heures sur un bateau à deux rames; le temps était beau quoique nuageux, et un vent favorable nous a permis de déployer notre voile. Les jardins de Limona, petite ville devant laquelle nous sommes passés sans nous arrêter, ont quelque chose de très-pittoresque ; ils se composent de terrasses taillées dans les montagnes, soutenues par des piliers et plantées de citronniers.

Déjà nous avions dépassé Malsesine lorsque le vent qui, deux fois par jour, change de direction, nous est devenu si contraire, que nous avons été obligés de retourner dans ce petit port, situé sur la rive orientale du lac. Quand on voyage sur l'eau, on ne peut pas dire : Demain je serai là ou là. Je vais chercher à utiliser mon séjour forcé à Malsesine, en dessinant le vieux château qui s'élève sur le bord de l'eau.

MALSESINE, le 14 septembre.

Le vent contraire qui m'a poussé ici, m'a exposé à une aventure qui aurait pu devenir très-désagréable ; je l'ai subie gaiement et le souvenir m'en plaît encore.

Ainsi que je me l'étais promis, je suis sorti de bon matin pour aller dessiner le vieux château, dont je croyais l'accès permis à tout le monde, puisqu'il n'a plus de portail et qu'on n'y a placé ni sentinelles ni gardiens pour en écarter les curieux.

A peine m'étais-je installé dans la cour de ce château, en face d'une tour taillée dans le roc, que plusieurs personnes de la ville sont arrivées successivement et ont formé un cercle autour de moi. Il était facile de voir que mon travail les étonnait, je ne l'en ai pas moins continué fort tranquillement. Tout à coup un homme de fort mauvaise mine, sort du cercle, s'approche de moi et me demande ce que je fais là.

— Vous le voyez, dis-je, je dessine cette tour afin d'emporter un souvenir de Malsesine.

Pour toute réponse il prend mon dessin et le déchire. La foule répond à cet acte de brutalité par un murmure de mécontentement, mais une seule femme déjà avancée en âge, a le courage de dire que ce que cet homme venait de faire était très-mal, et qu'il fallait aller chercher le podestat, qui seul avait le droit et la science nécessaire pour décider s'il était permis ou non de dessiner le château. Ce conseil a été suivi aussitôt.

En attendant l'arrivée du magistrat, je me suis mis à considérer ce peuple qui me témoignait plus de curiosité que de malveillance, ce qui m'a rendu de très-bonne humeur; et lorsque le podestat et son greffier sont arrivés, je les ai salués en souriant. Le podestat, homme d'une trentaine d'années, au corps long, aux traits écourtés, m'a demandé dans quelle intention je dessinais cette forteresse.

— Une forteresse! dis-je d'un air étonné, à mes yeux c'est une ruine ; voyez ces tours, ces murs écroulés, il n'y a même plus de portail.

— Mettons que ce ne soit qu'une ruine, mais dans ce cas, pourquoi attire-t-elle votre attention?

— Mais vous savez tous que la plupart des voyageurs ne viennent en Italie que pour en admirer et dessiner les ruines.

— Oui, dit le greffier, quand il s'agit de ruines célèbres;

mais ce château n'a rien de remarquable, si ce n'est qu'il marque les limites entre les États de l'Empereur et le territoire de Venise. L'empereur Joseph est un souverain fort remuant, on connaît ses projets hostiles contre Venise. Qui sait? vous êtes peut-être envoyé par lui pour espionner nos frontières.

— Vous vous trompez, loin d'appartenir à l'Empereur, je suis comme vous citoyen d'une république. Si l'on ne peut la comparer à la riche et puissante Venise, elle n'est pas sans importance, et vous devez avoir entendu parler de Francfort-sur-le-Main?

— Francfort-sur-le-Main! s'écria une jeune femme. Grégorio a longtemps habité cette ville, qu'on le fasse appeler, il nous dira ce qu'il en est de cet étranger, que pour ma part je tiens pour un fort honnête homme.

Par bonheur ce Grégorio avait servi en qualité de domestique chez des négociants italiens établis à Francfort et que je connaissais intimement. Je lui en ai donné des nouvelles, ce qui l'a rendu si heureux qu'il s'est fait ma caution près du podestat, en déclarant que j'étais un homme bien né, bien élevé et que je ne voyageais que pour m'instruire. Puis il a engagé ses compatriotes à se conduire poliment envers moi, parce que je déciderais mes amis et connaissances à venir voir Malsesine, négligé jusqu'ici par les voyageurs. Cette dernière considération, sur laquelle j'ai appuyé fortement, a décidé tout le monde en ma faveur, car on voyait déjà les voyageurs arriver en foule pour admirer le petit pays dont je m'étais engagé à faire connaître les beautés si longtemps négligées.

Grégorio m'a conduit dans ses jardins, son fils, âgé de quinze ans au plus, montait sur les arbres pour me cueillir les plus beaux fruits, pendant que le père choisissait les raisins les plus mûrs, et ils ont enfermé le tout dans un panier dont je devais faire mon compagnon de voyage. Mon hôte n'a pas tardé à venir se joindre à nous.

Entre ces deux hommes étrangers quoique bienveillants,

je me sentais bien seul sur ce petit coin de la terre. Me mettant malgré moi à réfléchir sur l'aventure de la journée, j'ai compris que l'homme était un être bien bizarre puisque dans le seul but capricieux de s'approprier le monde à sa façon, il se crée des inconvénients et des dangers, là où il lui eût été si facile de voir et de jouir avec aisance et sécurité.

Vers minuit, l'hôte m'a conduit au bateau, portant le panier de fruits que je devais à la générosité de Grégorio; et, favorisé par un bon vent, j'ai quitté ce rivage, qui aurait pu me devenir funeste.

Le 15 septembre, en route.

Mon voyage sur le lac a été aussi heureux qu'agréable. La vue de cette immense nappe d'eau et de ses rives délicieuses m'a rafraîchi le cœur. Vers dix heures du matin, j'ai débarqué à Bartolino, où j'ai chargé mon bagage sur une mule et ma personne sur une autre.

La route que j'ai suivie est une digue large et élevée qui sépare la vallée de l'Adige du lac, et qui paraît avoir été entassée par l'action opposée des eaux primitives qui se sont heurtées les unes contre les autres. A mesure qu'on descend, la contrée s'embellit et bientôt elle n'est plus qu'un jardin qui se prolonge jusqu'à Vérone, où je suis arrivé à une heure après midi.

Le temps a été constamment beau, et j'ai vu souvent des bouts d'arc-en-ciel se dessiner au-dessus des montagnes. Les rochers sont superbes, et j'aurais pu emporter des échantillons de chaque espèce, si mes yeux et mes désirs pouvaient se borner à de petites dimensions.

J'ai peu de choses agréables à dire sur les populations de ces contrées. Dès qu'on a descendu le Brenner, la vigoureuse race tyrolienne disparaît pour faire place à des individus presque chétifs; les formes et les traits sont réguliers et beaux, mais leur teint d'un brun pâle, l'expression de leur visage a quelque chose de maladif que j'attribuai à la mauvaise nourriture, car ils ne vivent que de fruits, d'une bouillie de farine de maïs et de légumes apprêtés à l'huile.

— Mais il doit y avoir des paysans riches, en ce pays?

— Sans doute, il y en a beaucoup.

— Ceux-là, du moins, se nourrissent mieux, je pense?

— Pas du tout.

— Et à quoi dépensent-ils donc leur argent?

— N'ont-ils pas leurs seigneurs qui ont toujours soin de les en débarrasser?

Tel est le résumé des conversations par lesquelles j'ai cherché à connaître la situation des habitants des campagnes. Dans les villes, où l'on se nourrit mieux, on voit de jolies jeunes filles au visage plein et souriant.

III. — DE VÉRONE A VENISE.

Sommaire. — L'amphithéâtre de Vérone. — La *Porta Stupa*. — Le théâtre de Vérone et son péristyle. — Le marquis Mafei. — Le palais de justice. — La manière de compter les heures en Italie. — Le peuple de Vérone. — Vicence. — Palladio. — Le Théâtre-Olympique. — La rotonde de Palladio. — Une séance de l'Académie Olympique. — Padoue. — Les œuvres de Palladio et un magasin de librairie à Padoue. — L'université de Padoue. — La salle d'audience de l'hôtel de ville. — Départ pour Venise.

Vérone, le 16 septembre

J'ai commencé par visiter l'amphithéâtre qu'en ce pays on appelle l'*Arena*. C'était le premier monument de l'antiquité parfaitement conservé, que je devais voir sur le sol italien. Dès en y entrant j'ai été étonné de me trouver en face de quelque chose de si grand, de si majestueux, et d'être réduit à me dire, qu'en définitive je ne voyais rien.

C'est qu'on ne peut se faire une juste idée de l'Arena, que lorsqu'elle est remplie d'une multitude immense, telle que celle qu'on a eu soin d'y réunir, lorsque Vérone a fait les honneurs de ce monument à Joseph Ier et au pape Pie VI. On assure que l'Empereur, quoique accoutumé aux assemblées nombreuses, fut frappé de surprise et d'admiration.

Selon moi cependant, les amphithéâtres ne pouvaient produire tout leur effet que dans les temps reculés, où les peuples étaient encore de véritables peuples, car ces lieux n'ont été construits que pour leur en imposer et pour se moquer d'eux, avec et par eux-mêmes. Accoutumés à se voir marcher et courir pêle-mêle, à s'agiter tumultueusement sans ordre et sans ensemble, le peuple ne pouvait manquer de s'étonner en se voyant réuni en masse compacte et régulière, car alors l'errant et vacillant animal à têtes innombrables, à pensées diverses, devenait une forte et noble unité qu'une seule pensée animait.

Dans un amphithéâtre plein, chaque tête devenait la mesure de l'étendue de l'espace qui renfermait toutes ces têtes, mais dans un amphithéâtre vide on n'a point d'échelle de proportion; aussi ne saurait-on se dire si cet espace est grand ou petit.

Le soin avec lequel les Véronais entretiennent leur Arena est digne d'éloges. Les arcades touchent à la grande place appelée *il Bra ;* elles ont été louées à des artisans, qui y ont établi des ateliers et des boutiques. Ranimées ainsi, ces voûtes antiques offrent un coup d'œil aussi gai que pittoresque.

La *Porta Stupa* est la plus belle porte de Vérone, mais elle est toujours fermée, circonstance que l'on explique de différentes manières. Quant à moi, je présume qu'elle devait conduire à une rue nouvelle qui n'a jamais été construite et que, pour terminer les discussions à ce sujet, on a fermé la porte.

Le portail du théâtre, avec ses six grandes colonnes d'ordre ionique, a fort bonne mine. Il n'en est pas de même de la niche badigeonnée dans laquelle on a placé la statue du marquis de Mafei, coiffée d'une grande perruque. La colonnade du péristyle est mesquine ; ces nains doriques tout cannelés, font un triste effet à côté des géants ioniques majestueusement unis. Pardonnons-leur ce défaut en faveur de la précieuse collection de bas-reliefs, de vases étrusques et autres antiquités grecques et romaines trouvés dans les environs de Vérone.

Le marquis de Mafei, fondateur de cette collection, a fait placer les bas-reliefs dans les murailles avec les numéros qu'il leur a donnés dans son bel ouvrage de *Verona illustrata.*

Parmi les débris de colonnes, d'autels et autres objets semblables, on remarque un magnifique trépied en marbre blanc, sur lequel des Génies jouent avec les attributs des dieux.

Le vent qui passe sur ces tombes des anciens, y arrive tout chargé du parfum des bosquets de roses des environs, et les mausolées eux-mêmes ont quelque chose d'affectueux et de touchant, car tous représentent la vie. Ici, le père, la mère et le fils se regardent tendrement ; là, un couple heureux se donne la main ; plus loin un vieillard étendu sur un sopha, a l'air d'écouter les récits que lui fait sa famille pour le distraire et l'amuser.

Sur toutes ces pierres, dont quelques-unes annoncent déjà la décadence de l'art, les artistes ont plus ou moins heureusement représenté le présent de l'homme et perpétué ainsi son existence. Pas un de ces personnages ne joint les mains et ne lève les regards au ciel ; ils sont tous là, les uns à côté des autres, ils s'intéressent à leurs destinées mutuelles, ils se soutiennent, ils s'aiment.

Tout en admirant cette collection, on reconnaît à regret, que l'esprit conservateur qui l'a réunie, ne veille plus sur elle. Le précieux trépied est près de tomber en ruines, car il est en plein air, et il eût cependant été si facile de l'abriter.

Si le palais du Proveditore avait pu être achevé, cela aurait fait un superbe morceau d'architecture. Autrefois les nobles bâtissaient beaucoup, mais malheureusement toujours à la place de leurs anciennes demeures et, par conséquent, dans de méchantes petites rues, peu dignes de ces belles constructions.

Mon guide m'a fait entrer dans la cour d'un sombre et vaste édifice, c'était le palais de justice. Les bâtiments sont si élevés que cette cour, quoique très-grande, me faisait l'effet d'un puits. Autour de chaque étage règne une galerie ouverte, garnie d'une rampe de fer et sur laquelle aboutissent les portes des cachots. C'était l'heure où l'on conduit les prisonniers à l'interrogatoire ; aussi le bruit de leurs chaînes résonnait-il d'étage en étage. Tout cela avait quelque chose de très-sinistre, et m'a fait comprendre que si le podestat de Malsesine m'avait envoyé là, je n'en serais pas sorti aussi gaiement que de son interrogatoire à lui.

Après le coucher du soleil, je me suis promené sur les bords de l'amphithéâtre, d'où le regard domine la ville et les environs.

J'étais seul, et à mes pieds une foule d'hommes et de femmes allaient et venaient sur la place il Bra. A cette distance, les femmes avec leurs *zendal* et leurs *veste* me faisaient l'effet d'un commencement de momification de leur sexe. Ces vêtements cependant sont une invention merveilleuse pour les femmes d'un peuple naturellement peu propre et qui veulent être toujours prêtes à paraître décemment dans les églises et sur les promenades publiques.

La *veste* est un long jupon de taffetas noir, jeté par-dessus celui que l'on porte chez soi. S'il est blanc et propre, on a soin de le laisser voir en relevant un pan de la *veste;* dans le cas contraire, on la laisse traîner. Le *zendal*, est une espèce de capuchon qu'un échafaudage en fil d'archal soutient au-dessus de la tête et dont les bouts fort longs, sont noués derrière le dos après s'être croisés sur la poitrine en forme d'écharpe.

Je ne parlerai que très-succinctement des tableaux que j'ai vus à Vérone. Je n'ai pas entrepris ce voyage pour me faire illusion, mais pour apprendre à connaître ce que je vois. Jusqu'à présent je ne comprends que très-imparfaitement l'art et le métier des peintres ; aussi mes observations ne pourront-elles porter que sur la partie poétique, c'est-à-dire, sur les sujets et la manière dont ils sont traités.

L'église de Saint-Georges est une véritable galerie dont tous les tableaux, sans avoir la même valeur, sont remarquables. Mais les pauvres artistes, que ne les a-t-on pas forcés de peindre, et pour qui? Une Pluie de manne de trente pieds de haut sur vingt pieds de large, et comme pendant, le Miracle de la multiplication des pains ! Que faire avec des hommes affamés qui se jettent sur un petit grain de manne ou sur un morceau de pain?

A force de se mettre l'esprit à la torture, le génie du peintre a cependant produit de belles choses avec de semblables pauvretés. L'artiste chargé de représenter Sainte Ursule avec ses onze mille vierges martyres, s'est très-spirituellement tiré d'affaire. La sainte occupe le premier plan ; c'est une noble et virginale amazone qui semble prendre possession du pays qu'elle vient de conquérir ; dans la perspective, sa cohorte féminine débarque et s'avance en procession.

La cathédrale possède une Assomption du Titien. Le temps a noirci ce tableau dont la pensée est digne d'éloges : la femme qui commence à devenir déesse ne lève point ses regards vers le ciel qu'habitent les dieux, elle les abaisse sur la terre où elle laisse ses amis.

La galerie Gherardini contient beaucoup de belles choses d'Orbetto et m'a fait tout d'un coup connaître et apprécier ce peintre. Quand on vit loin de l'Italie, on n'en connaît que les plus grands maîtres, mais à mesure que l'on s'approche de ce firmament artistique, on y voit briller les étoiles du deuxième et même du troisième ordre ; et l'art nous apparaît dans toute sa richesse.

Au palais de Bevila, j'ai admiré parmi plusieurs beaux tableaux, le Paradis du Tintoret, qui n'est en réalité que le couronnement de Marie comme reine des cieux, en présence des patriarches, des prophètes, des apôtres, des saints et des anges. Pour apprécier la légèreté du pinceau, la variété d'expression, tous les trésors enfin qu'un grand génie a répandus sur cette toile, il faudrait la posséder et passer sa vie en contemplation devant elle.

La plus charmante femme de ce tableau, est sans contredit la petite Ève, fortement entachée de convoitise selon l'antique usage.

Quelques portraits de Paul Véronèse, ont augmenté mon admiration pour cet artiste

La salle des antiques contient des objets du plus grand mérite, les bustes mêmes sont fort intéressants malgré leurs nez restaurés. Il est dans ma nature de vénérer le beau et je ne connais pas de plus grande jouissance que celle de développer ce penchant par la contemplation d'objets dignes de lui.

Dans un pays où l'on profite du jour et où l'on se réjouit la nuit, il est important de savoir au juste quand finit le jour et quand la nuit commence, tandis que nous autres Cimmériens, au milieu de notre crépuscule et de nos brouillards éternels, nous avons si peu d'heures à passer en plein air, que nous savons à peine ce que c'est que le jour.

Ici, dès que la nuit se fait, on a vécu les vingt-quatre heures dont se compose la journée; un nouveau calcul commence, et une servante vient déposer une lampe allumée sur votre table en vous disant : *Felicissima notte*. Ce moment varie avec les saisons, ce qui ne jette aucune confusion dans l'imagination des Italiens, car ce ne sont pas les heures, mais les diverses phases de la journée, qui règlent leurs travaux et leurs plaisirs. On ne les embarrasserait que si on voulait les contraindre à diviser leur temps d'après notre manière à nous, car la leur, seule, est conforme à leur nature.

La population de Vérone s'agite très-vivement, surtout dans les rues où il y a des boutiques et des ateliers; toutes les portes sont ouvertes et le travail se fait dans la rue. Les marchés sont encombrés de légumes parmi lesquels l'ail et l'oignon jouent un très-grand rôle. On chante, on crie, on joue, on rit toute la journée; la douceur de l'air et le bas prix des vivres, rendent la vie si facile en ce pays. Le soir, surtout, le tapage devient général; on joue de toutes sortes d'instruments, on imite le chant des oiseaux, on entonne des airs d'église ou d'opéra; sous ce beau ciel, les pauvres mêmes se sentent vivre avec bonheur.

Les étrangers ont tort de se plaindre du peu de soin que

les Italiens consacrent à l'intérieur de leurs maisons ; pourquoi s'en occuperaient-ils beaucoup, puisqu'ils sont toujours dehors ? Quand ce peuple respire en plein air, tout lui paraît bon et il ne pense plus à rien. Les classes moyennes vivent dans la même insouciance ; les grands et les riches seuls, s'enferment tout le jour dans leurs palais, dont les péristyles sont continuellement souillés par le peuple.

Ce peuple permet aux riches d'être riches et aux grands de le gouverner, mais il s'empare d'une partie de leurs demeures pour la satisfaction de son plus pressant besoin, qui consiste à se débarrasser sans retard et sans entraves, du résultat de son active digestion. Si vous ne voulez pas lui accorder ce droit, ne jouez pas le grand seigneur, n'ayez point de palais et fermez la porte de votre maison, il ne s'en plaindra pas.

Vicence, le 19 septembre.

La route qui de Vérone conduit ici, est fort agréable. A droite s'élèvent des montagnes et des collines couvertes de villages, de châteaux et de maisons de campagne ; à gauche s'étend une plaine fertile plantée d'arbres qui servent de soutien à la vigne. Le raisin était mûr, les ceps se prolongeant d'arbre en arbre à travers leurs branches couvertes de feuilles, pliaient et tremblaient sous le poids de leurs grappes noirâtres ; à cette vue j'ai compris enfin ce que c'est que des festons.

La route était encombrée de vendangeurs, les cuves, placées sur de petits chariots traînés par quatre bœufs dont le conducteur se tenait debout dans la cuve quand elle revenait à vide et à côté quand elle était remplie de raisin, donnaient à tout ce mouvement l'air d'une marche triomphale de Bacchus.

Vicence est située au milieu d'un amas de collines volcaniques. Je n'y suis arrivé que depuis quelques heures, cependant j'ai déjà vu le théâtre Olympique et plusieurs autres constructions de Palladio.

J'ai maintenant la conviction que cet architecte était

un grand homme. Semblable à tous les architectes modernes, il avait à lutter contre les difficultés qu'offre l'emploi des colonnes dans l'architecture bourgeoise, car le mélange de murs et de colonnes, est et sera toujours un contre-sens. Palladio est parvenu à le masquer avec un art admirable ; la vue de ses œuvres impose tellement à la raison, qu'on oublie qu'il la trompe en la persuadant. Ses plans ont quelque chose de divin comme la forme d'un grand poëte qui, confondant la vérité et le mensonge, crée une chose qui n'est ni l'une ni l'autre et dont l'existence factice nous charme et nous ravit.

Le théâtre Olympique est un théâtre ancien en petit et d'une beauté inexprimable. En le comparant à nos théâtres modernes, on croit voir un enfant très-riche, très-noble et très-beau, à côté d'un homme du monde beaucoup moins noble, moins riche, moins beau, mais très-expérimenté et qui, par conséquent, sait tirer parti de ses médiocres moyens. Quand on voit les chefs-d'œuvre de ce maître salis et méconnus par le peuple, on est forcé de convenir qu'il en est de même de toutes les productions d'un génie supérieur. Ce n'est pas en cherchant à ennoblir les hommes, à leur donner une haute idée d'eux-mêmes et à leur faire sentir le mérite d'une noble existence, qu'on leur plaît et qu'on les captive ; non, c'est en avilissant, en corrompant leur goût et leur jugement ; et comme il y a toujours assez de pareils apôtres, il est naturel qu'aujourd'hui l'insipide et l'absurde trouvent tant d'admirateurs.

Je ne dis pas cela pour dénigrer mes contemporains, je le dis parce que le monde est ainsi fait, et que, par conséquent, il ne faut pas s'étonner que les choses soient telles qu'elles sont.

Comment exprimer l'effet que produit la Basilique de Palladio, placée près d'un vieil édifice parsemé de fenêtres inégales et flanqué d'une tour ? L'architecte avait certainement fait disparaître dans sa pensée cette espèce de castel. Je vois bien qu'il faut que j'en prenne mon parti, car ici, comme partout ailleurs, je trouve toujours et en même temps ce que je cherche et ce que je fuis.

Le 20 septembre.

J'ai été hier à l'Opéra; le poëme a été composé avec des lambeaux maladroitement recousus de l'*Enlèvement du sérail* et des *Trois sultanes*. La musique doit être d'un amateur; il n'y a pas une pensée nouvelle, mais le ballet était ravissant.

Le théâtre, nouvellement construit, est modestement magnifique, ainsi que cela convient à une ville de province. La prima donna est très-aimée du public qui l'applaudit à outrance, ce qu'elle mérite fort souvent; sa voix est belle, sa figure jolie, son maintien naturel et décent; je lui aurais désiré un peu plus de grâce dans le mouvement des bras.

Parmi les constructions dont Palladio a doté Vicence, il n'en est point qui m'ait plus vivement intéressé que la demeure qu'il s'y est construite. Qu'on n'aille pas croire cependant que c'est un palais... non; c'est une maison très-modeste avec deux fenêtres seulement, et si éloignées l'une de l'autre, qu'une troisième aurait pu trouver place dans cet intervalle. La manière dont cette maison a été intercalée au milieu de celles qui l'environnent en fait un sujet de tableau que Canaletti aurait dû peindre.

Le 21 septembre au soir.

Aujourd'hui j'ai été voir un magnifique chef-d'œuvre de Palladio, qu'on appelle ici la Rotonde. Cet édifice, situé à une demi-lieue de la ville, sur une élévation, est carré. Il renferme une salle ronde qui reçoit le jour d'en haut; à chacune des quatre façades, un large escalier conduit à un péristyle composé de six colonnes d'ordre corinthien. Je ne crois pas qu'il soit possible de pousser plus loin le luxe de l'architecture. Ces quatre péristyles et ces quatre escaliers occupent plus de place que le palais lui-même;

en un mot, chacune de ces façades ferait une grandiose entrée d'un temple. Les proportions de la salle sont admirables et les chambres fort belles, mais si peu nombreuses, qu'une famille riche trouverait difficilement à se caser dans cette magnifique demeure.

Au reste, elle n'est qu'un objet de parade; le marquis de Capra l'a fait construire au milieu de ses domaines pour laisser à la postérité une preuve de ses richesses et de sa magnificence. Les inscriptions des quatre façades forment un tout complet que j'ai copié; les voici :

>Marcus Capra Gabriellis filius
>Qui ædes has
>Arctissimo primogenituræ gradui subjecit
>Una cum omnibus
>Censibus agris vallibus et collibus
>Citra viam magnam
>Memoriæ perpetuæ mandans hæc
>Dum sustinet ac abstinet.

On conviendra avec moi que la conclusion est assez singulière. Un homme qui dispose de tous les éléments de bonheur qui découlent d'une fortune colossale, élève un monument superbe pour dire qu'il faut savoir souffrir et se priver. Cette vérité pouvait s'enseigner à moins de frais.

Le 22 septembre.

Ce soir j'ai assisté à une séance de l'Académie olympique. Quoique cette académie ne soit qu'un amusement, elle n'en est pas moins utile, car elle répand un peu de vie et beaucoup de sel attique parmi les habitants de la ville.

La salle, adhérente au Théâtre-Olympique de Palladio, est grande, belle et convenablement éclairée. La question qui avait été proposée était celle-ci : « Qu'est-ce qui a été le plus utile aux arts, de l'invention ou de l'imitation? » L'idée m'a paru très-heureuse, car en séparant toutes les alternatives du sujet principal, on pouvait en parler pendant cent ans; aussi messieurs les olympiens ont-ils dit beaucoup de bonnes choses tant en prose qu'en vers.

Le public, composé de cinq cents personnes environ, appartenant à la noblesse, au clergé et à tout ce qui s'intéresse aux arts, est d'une animation et d'une vivacité charmante ; il applaudit à outrance, il rit aux éclats.

Que ne pouvons-nous nous poser de même devant nos compatriotes, et les amuser ainsi de vive voix ! Mais, hélas! tout ce qu'il y a de mieux en nous, nous ne pouvons le manifester qu'en jetant du noir sur du blanc ; et quand cela est écrit, chaque parcelle du public s'empare d'un lambeau qu'il ronge à sa façon, en s'accroupissant seul dans son petit coin.

Il est sans doute inutile de dire que les partisans de l'invention comme ceux de l'imitation s'appuyaient sur l'exemple de Palladio. L'orateur chargé de terminer la séance s'est plaint fort spirituellement de ce que ses collègues lui avaient volé Palladio, à l'aide duquel il s'était proposé de faire valoir tous les avantages de l'imitation, ce qui le mettait dans la nécessité de se rabattre sur Franceschini, et il s'est mis en effet à faire l'éloge de ce fabricant de soieries qui, en imitant les produits des fabriques de Lyon, répand une grande prospérité sur la ville.

Ce détour ingénieux a eu un brillant succès. J'ai remarqué, en général, que tous les sophismes en faveur de l'imitation ont été vivement applaudis, tandis qu'on a froidement écouté les choses utiles et profondes qui ont été dites pour glorifier l'invention.

Je n'ai encore vu que deux villes italiennes, et je connais déjà les Italiens. Ils ressemblent aux gens de cour qui, parce qu'ils possèdent certaines qualités qu'on ne saurait leur contester, se croient les premiers hommes du monde. Sans dédaigner les femmes de Vérone, je préfère celles de Vicence ; le *zendal* fait tort aux Véronaises, car, sous une aussi ravissante coiffure, on veut voir un visage analogue.

Padoue, le 26 septembre au soir.

Je suis arrivé ici dans une petite voiture à une place, nommée *sediola*. Ordinairement on fait ce trajet en trois heures et demie ; mon *vetturin* en a mis quatre, et je ne me suis pas plaint de ce retard, car la route traverse une plaine dont la fertilité dépasse toute description. Les branches des arbres chargées de fruits s'étendent sur les haies et sur les murs ; les citrouilles surchargent les toits des chaumières ; des concombres aux formes variées et bizarres se balancent le long des espaliers.

Ce n'est que du haut de l'Observatoire de Padoue que j'ai pu me faire une juste idée de la magnifique situation de la ville. Au nord, les sommets du Tyrol, couverts de neige et à demi cachés par les nuages ; à l'ouest, les montagnes moins éloignées du duché d'Este ; au sud, un océan d'arbres et de buissons à travers lesquels on entrevoit de blanches maisons, des villas et des églises ; à l'horizon oriental, les principales tours de Venise et surtout celle de Saint-Marc.

Padoue, le 27 septembre.

Je viens de me procurer le traité de Palladio sur l'architecture : c'est une édition nouvelle faite sous la direction d'un consul anglais nommé Smith, homme d'un très-grand mérite, mort trop tôt pour les amis des arts. En général, les Anglais savent apprécier le beau et l'utile, et ils ont une manière grandiose de le protéger et de le propager.

En Italie, les boutiques de librairie ont un caractère particulier ; tous les livres sont brochés et placés sur des étagères qui garnissent les murs. Les prêtres, les nobles, les artistes, les gens de lettres vont et viennent, ouvrent tantôt un volume, tantôt un autre, et en parlent entre eux avec plus ou moins d'esprit et de justice.

Lorsque je suis entré dans la boutique où j'ai acheté l'ouvrage de Palladio, il y avait cinq à six personnes qui se sont aussitôt mises à me faire compliment sur mon acquisition. Me prenant pour un architecte, ils m'ont félicité de ce que je voulais étudier Palladio, que, dans leur estime, ils plaçaient bien au-dessus de Vitruve, parce qu'il avait mieux approfondi l'antiquité et qu'il était parvenu à la rendre applicable aux besoins des temps modernes.

Puisqu'on a élevé des églises aux saints, pourquoi ne s'y trouverait-il pas une place pour y exposer le buste de quelque homme raisonnable? Celui du cardinal Bembo fait un très-joli effet entre ces six colonnes ioniques. Le visage, terminé par une barbe puissante, est fort beau, mais violemment concentré sur lui-même.

Le bâtiment de l'université m'a fait peur à force de dignité et je me suis félicité de n'être pas forcé d'y aller apprendre quelque chose. Il est difficile de se figurer un espace scolaire aussi rétréci, même lorsqu'on a passé par tous les inconvénients qu'il faut subir quand on s'assied en qualité d'étudiant sur les bancs de nos universités allemandes.

L'amphithéâtre de l'anatomie surtout, est un modèle parfait de l'art d'entasser des élèves. Échelonnés autour d'un entonnoir, leurs regards tombent sur une table placée au fond de cet entonnoir, et tellement inaccessible aux rayons du jour, que le sujet des démonstrations du professeur est éclairé par une lampe.

Parlons du jardin botanique : quel charmant établissement et quel bonheur de se promener au milieu d'une végétation étrangère! A la vue des plantes indigènes, comme à celle des objets qu'on voit journellement, on finit par ne plus rien penser, et qu'est-ce que regarder sans penser ?

La place appelée *Prato della Valle* est très-spacieuse ; les barraques de bois placées dans le milieu pour l'usage des marchands qui viennent à la foire, ne produisent pas un bel effet ; les habitants assurent qu'elles seront bientôt remplacées par une *Fiera* en pierres, semblable à celle de Vérone. Alors cette place offrira un coup d'œil aussi intéressant qu'imposant, car elle est déjà entourée de statues représentant les élèves de l'université devenus célèbres.

Il est permis, toutefois, d'enrichir cette collection d'autres personnages remarquables, pourvu qu'ils aient séjourné quelque temps à Padoue et qu'ils aient eu un rapport quelconque avec l'université.

L'immense ovale destiné à recevoir ces statues est entouré d'un fossé que l'on passe sur quatre ponts décorés de statues; celles des papes et des doges sont colossales, les élèves et les étrangers ont des dimensions plus modestes. Gustave-Adolphe a été placé là par le roi de Suède, sous prétexte que ce héros avait assisté au cours d'un des professeurs de l'université. L'archiduc d'Autriche Léopold a rappelé le souvenir de Pétrarque et de Galilée, en les intercalant dans cette galerie, dont l'idée est très-heureuse.

La congrégation de Saint-Antoine possède, entre plusieurs vieux tableaux qui rappellent l'ancienne école allemande, quelques toiles du Titien, où l'on voit le progrès immense dont, au delà des Alpes, personne n'a pu suivre la marche. Il y a aussi plusieurs tableaux modernes.

Les artistes, ne pouvant atteindre la noble gravité, le sérieux imposant des anciens, ont cherché et avec beaucoup de succès, des ressources nouvelles dans la verve poétique; c'est en ce sens qu'on peut appeler un fort beau tableau, la Décollation de saint Jean-Baptiste, de Piazzetta. Le saint est à genoux, les mains jointes, les regards élevés vers le ciel. Un soldat qui tient la corde avec laquelle on l'a garrotté, se baisse pour le regarder au visage, comme surpris de la tranquille résignation du patient. Plus haut, un autre soldat qui doit faire l'exécution, mais qui n'a pas encore le glaive, fait un geste de la main pour essayer le coup qu'il va porter; plus bas, un troisième soldat tire le glaive du fourreau.

Un tableau de Mantegna, un des plus anciens peintres italiens, m'a frappé de surprise. Comme tout y est rigoureusement et véritablement présent, non de cette présence apparente trompant par les effets et ne parlant qu'à l'imagination, mais de la présence réelle, pure, transparente, complète, naïve, consciencieuse et qui a en même temps quelque chose de laborieux et de pénible!

C'est de ce point que sont partis les grands maîtres ainsi que j'ai pu le remarquer dans les tableaux du Titien. Soutenus par leur nature énergique, éclairés par l'expérience de leurs prédécesseurs, ils se sont élevés plus haut, toujours plus haut, et ont fini par animer leurs toiles d'êtres célestes et vrais pourtant.

La salle d'audience de l'hôtel de ville a trois cents pieds de long sur cent pieds de large. La vue d'une aussi immense étendue au-dessus de laquelle s'arrondit une voûte majestueuse, produit un effet tout particulier ; c'est un infini clos et, par conséquent, plus en harmonie avec notre nature que le firmament ; l'un nous jette en dehors de nous-mêmes, l'autre nous y ramène doucement ; c'est ce motif, sans doute, qui m'a longtemps retenu dans l'église de Sainte-Justine.

Cet édifice d'une construction simple et grandiose a quatre cent quatre-vingt-cinq pieds de longueur ; sa largeur et sa hauteur répondent à ces gigantesques proportions. Je m'y suis assis ce soir dans un coin obscur. Tout en me livrant à de silencieuses méditations, j'ai senti que j'étais complétement seul, car il n'est personne au monde qui, tout en pensant à moi dans ce moment, eût été me chercher là.

Demain matin, je vais m'embarquer sur la Brenta. Il est tombé un peu d'eau aujourd'hui, mais le temps s'est éclairci, et j'espère voir, par un beau soleil, les lagunes et leur fière souveraine, la fiancée de la mer Adriatique, du sein de laquelle je saluerai mes amis.

§ V. — VENISE.

Sommaire. — Arrivée à Venise. — Pèlerins allemands. — Sur Venise. — Les lagunes. — Les rues et les ponts de Venise. — La *Carità*, œuvre de Palladio. — L'église *ce' Mendicanti* et sa musique. — Une cause célèbre plaidée au palais ducal. — Théâtre Saint-Luc. — L'Arsenal. — Le Bucentaure. — La représentation d'une tragédie et les enseignements que j'y ai puisés. — Vues nouvelles sur Palladio. — Une grande messe en souvenir d'une victoire remportée sur les Turcs. — Le Tasse et l'Arioste chantés par les gondoliers de Venise. — Aperçus sur l'école vénitienne. — Salle des antiques au palais Farsetti. — Les chevaux de Venise. — Une comédie vénitienne. — Explication sur mon brusque départ de l'Allemagne pour me rendre en Italie. — Départ de Venise.

Il était écrit dans le livre du destin, à la page qui me concerne, qu'en 1786, le 28 septembre, à six heures du soir, je devais entrer par la Brenta dans les lagunes et voir, pour la première fois, la merveilleuse ville insulaire, la superbe république des castors.

Que Dieu en soit loué! Venise n'est plus pour moi un vain mot qui m'avait causé tant de tourments, à moi l'ennemi mortel des mots vides de sens.

La première gondole qui s'est approchée de notre bateau pour prendre les voyageurs les plus pressés de débarquer, m'a rappelé un joujou de mon enfance oublié depuis longtemps, c'est-à-dire, un petit modèle d'une gondole vénitienne, que mon père avait rapporté de son voyage en Italie et auquel il ne me permettait de toucher que fort rarement et par grâce spéciale. Ce modèle était si parfait que je saluai la véritable gondole comme une ancienne connaissance et une bienfaitrice nouvelle, car je lui devais un de ces souvenirs d'enfance, que depuis longtemps il m'avait été impossible de retrouver.

L'hôtel de la Reine d'Angleterre, où je suis descendu,

est situé tout près de la place Saint-Marc ; c'est là son plus grand avantage. Mes fenêtres donnent sur un petit canal bordé de hautes maisons ; je resterai là jusqu'à ce que je me sois rassasié de Venise.

Me voici enfin à même de jouir de cette solitude après laquelle j'ai tant soupiré, car on n'est jamais plus seul que dans une foule étrangère à travers laquelle on s'agite sans être connu de personne.

Venise, le 28 septembre 1786.

Je n'ai que peu de chose à dire sur mon voyage de Padoue à Venise : embarqué sur un bateau de transport qui, à des jours fixés, descend la Brenta, j'y ai trouvé une société bien composée et décente, car les Italiens ont l'habitude de se surveiller en face les uns des autres.

Les rives de cette rivière sont bordées de jardins et de maisons de plaisance. Les nombreuses écluses à l'aide desquelles on a rattaché la Brenta aux lagunes, occasionnent de longues stations dont les voyageurs profitent pour mettre pied à terre, examiner le pays et acheter les beaux fruits qu'on leur offre de tous côtés, puis on retourne au bateau et l'on continue sa route à travers un monde plein de vie et de fertilité.

Parmi les passagers, je trouvai deux pèlerins, apparition assez rare à notre époque ; aussi attiraient-ils sur eux une attention mêlée de défiance, car on n'avait pas encore eu le temps d'oublier que ce pieux costume avait servi de déguisement à de nombreux vagabonds. En apprenant que ces singuliers voyageurs étaient des Allemands qui ne savaient pas un mot d'italien, je me suis approché d'eux et je leur ai parlé.

Ils ont commencé par se plaindre du peu de piété de leurs coreligionnaires, qui tous feignaient de douter de la sincérité de leur vocation, en dépit des certificats et des attestations des autorités civiles et ecclésiastiques dont ils étaient munis. Puis ils m'ont fait la relation de leur pèlerinage commencé par le tombeau des trois Rois à Cologne ;

et des tristes et touchantes aventures qui leur étaient arrivées depuis.

En traduisant ces détails aux autres voyageurs, je parvins à les intéresser en faveur des pèlerins allemands ; et quoique les Italiens ne soient pas donnants, j'obtins pour eux une collecte dont ils avaient un très-grand besoin.

Le 29 septembre au soir.

On a déjà imprimé tant de choses sur Venise, que je ne parlerai que de ce qui m'a particulièrement frappé ; et comme le peuple est de ce nombre, je commencerai par lui.

Ce n'est pas de son propre mouvement qu'il est venu s'établir ici, ce sont les rigoureuses lois de la nécessité qui l'ont poussé sur un terrain bien peu commode d'abord, et qui a fini par leur devenir si favorable, qu'ils étaient déjà civilisés et éclairés quand les peuples du Nord croupissaient encore dans l'ignorance et la barbarie.

Devenus riches et nombreux, mais manquant d'espace au point d'être obligés de convertir l'eau en rues, en places, en promenades, les Vénitiens ne pouvaient manquer de devenir une classe d'hommes à part et unique dans son genre, comme Venise est une ville à laquelle nulle autre ne ressemble.

Après le dîner je me suis jeté sans guide à travers le labyrinthe de la ville, composée de canaux et de ponts. Quand on n'a pas vu les rues, il est impossible de se faire une juste idée de l'espace étroit qu'elles occupent.

J'ai trouvé sans peine le Grand Canal et le pont principal appelé Rialto, qui se compose d'une seule arche en marbre blanc. Le canal est parsemé de bateaux qui viennent alimenter la ville. Le débarquement perpétuel de ces vivres et les gondoles qui fourmillent de tous côtés offrent un coup d'œil aussi singulier qu'animé.

Comme c'est aujourd'hui la fête de Saint-Michel, beaucoup de femmes se font passer sur l'autre rive où se trouve le saint fêté. Je les ai suivies pour les voir débarquer et j'ai reconnu avec plaisir qu'il y avait parmi elles, beaucoup de jolies figures. Me sentant fatigué, je me suis jeté dans une gondole et je suis devenu un copropriétaire de la mer Adriatique, ainsi que prétend l'être chaque Vénitien quand il s'étend dans sa gondole. Alors je me suis souvenu de mon bon père qui ne croyait pas qu'il fût possible de parler de quelque chose de mieux que de raconter de semblables promenades. Peut-être un jour en sera-t-il de même de moi.

Tout ce qui m'entoure est noble et grand, c'est l'œuvre respectable de nombreuses forces réunies, un grand monument élevé, non par un maître mais par un peuple.

Et lors même que les lagunes se combleraient peu à peu et n'exhaleraient plus que des vapeurs pestilentielles, lors même que le commerce de Venise et sa puissance seraient entièrement anéantis ; la place où fut cette république, n'en serait pas moins respectable aux yeux de l'observateur. Il dirait : Elle est tombée sous l'influence du temps, comme tombera tout ce qui apparaît dans l'existence.

Le 30 septembre.

Ma manière de parcourir la ville sans guide et en m'orientant sur les quatre points cardinaux du ciel, m'a donné une idée palpable de Venise. J'ai en même temps observé la vie extérieure des habitants, je l'ai trouvée différente dans chaque quartier. Mon bon Dieu ! que l'homme est un bon et pauvre animal !

Beaucoup de petites maisons s'avancent jusque dans les canaux ; par-ci par-là, il y a de belles digues en pierres sur lesquelles on peut se promener entre l'eau, les églises et les palais.

Le 30 septembre au soir.

J'ai beaucoup étendu aujourd'hui ma connaissance de Venise, en me procurant un plan de cette ville. Après l'avoir étudié, je suis monté sur la tour Saint-Marc, d'où l'on jouit d'un coup d'œil unique. C'était vers midi, et le temps était si clair que je pouvais voir fort loin sans lunette d'approche.

Les vagues couvraient les lagunes où deux ou trois galères et plusieurs frégates étaient à l'ancre ; en tournant mes regards vers le Lido, j'ai enfin vu la mer ! Quelques voiles se dessinaient dans le lointain ; au nord et à l'ouest, les montagnes du Tyrol, et celles de Padoue et de Vicence encadrent dignement ce magnifique tableau.

Le 1er octobre.

J'ai été de nouveau voir la ville, et comme c'est aujourd'hui dimanche, la saleté des rues m'a d'autant plus frappé, que les architectes ont pris toutes les mesures nécessaires pour en faire un modèle de propreté. Il y a bien quelques règlements de police à ce sujet, mais ils sont insuffisants et mal exécutés.

Tout en me promenant à travers les rues, j'ai composé un plan de réforme pour assurer leur propreté ; tant il est vrai qu'on est toujours tenté de balayer devant la porte d'autrui.

Le 2 octobre.

Avant de visiter tout autre monument, je me suis rendu à la *Carità*, car j'avais vu dans l'ouvrage de Palladio, qu'il avait fait de ce couvent, un édifice rappelant la magnifique hospitalité des personnes riches de l'antiquité. Le dessin de cette construction m'avait fait espérer une merveille de l'art : hélas ! la dixième partie à peine a été exécutée ; mais ce dixième est digne du génie divin qui conçut le tout. Il me semble que je n'ai jamais rien vu de plus noble, de plus parfait, et je ne crois pas me tromper ; il faudrait passer des années à contempler une pareille œuvre.

Un grand artiste né avec le sens intime du grandiose s'identifie, grâce à des efforts inouïs, avec les chefs-d'œuvre des anciens afin de les faire revivre ; le hasard lui en fournit l'occasion, car on le charge de construire un couvent destiné à servir de demeure à de nombreux moines et de refuge à d'innombrables voyageurs, et il donne à ce couvent la forme antique dans toute sa splendeur.

L'église existait déjà et on l'a conservée, mais en sortant de cette église, on entre dans un *Atrium* de colonnes corinthiennes, et l'on est ravi, et l'on oublie toute la moinerie.

D'un côté la sacristie, de l'autre la salle du chapitre, et près d'elle un escalier en spirale, le plus beau du monde entier. Son noyau est ouvert et large, les marches maçonnées dans le mur, se prêtent un mutuel appui; on ne peut se lasser de monter et de descendre cet escalier que Palladio lui-même, dit avoir *très-bien réussi*.

Du péristyle on entre dans la grande cour intérieure, un seul côté des bâtiments qui devaient l'entourer, a été achevé, il consiste en trois rangs de colonnes, placées les unes sur les autres. Au rez-de-chaussée des parvis, au premier étage une galerie en arcades conduisant aux cellules, au second, des murs nus et des fenêtres. Les socles des colonnes et les clés de voûtes sont seuls en pierre, le reste est en briques, mais de ces briques comme je n'en ai jamais vu; c'est de l'argile modelée d'abord, cuite après et rassemblée à l'aide d'un mastic invisible. On dirait que toute cette construction a été coulée dans un seul moule; si elle avait pu être terminée, elle aurait été quelque chose de divin.

Le plan était trop vaste pour l'époque; l'artiste a supposé qu'on abattrait l'ancien couvent et les maisons qui l'avoisinent; on a reculé devant la question d'argent.

Cher destin, tu as favorisé, éternisé bien des bêtises, mais tu n'as pas voulu qu'une œuvre sublime pût s'achever.

Le 5 octobre.

Le plan de Venise à la main, j'ai été chercher l'église de *Mendicanti*, qui est en même temps le conservatoire le plus aimé du public. De superbes voix de femme se faisaient entendre derrière les grilles de l'église, l'alto chantait le rôle du roi Saül, héros du poëme. Je n'avais encore aucune idée d'une semblable voix. Plusieurs passages de la musique étaient admirables ; le texte toujours très-chantant, tenait le milieu entre le latin et l'italien ; cela me faisait rire parfois, mais je n'en ai pas moins été forcé de convenir que ce singulier idiome est très-favorable à la musique.

Mon ravissement eût été complet sans le maudit maître de chapelle qui, son rouleau de papier à la main, battait la mesure avec une effronterie, non-seulement inutile puisque le morceau avait été étudié d'avance, mais nuisible, car ce bruit étrange coupait l'harmonie de l'ensemble. Je savais qu'en France, les maîtres de chapelle ont cette manie par laquelle ils cherchent à se rappeler au public, qui ne devrait s'apercevoir de leur présence que par la perfection de l'exécution ; mais j'ignorais qu'en Italie aussi on donnât dans de semblables travers.

J'ai entendu, au théâtre San-Mosè, un opéra dont j'ai été fort peu satisfait. Je ne pourrais pas dire cependant que telle ou telle partie de la musique était mauvaise ; mais le plan du poëme et de la musique, ainsi que l'exécution, manquaient d'énergie. Deux chanteuses seulement prenaient leur tâche à cœur et montraient le désir de plaire ; elles ont réussi, car elles sont jolies et ont de belles voix. Le ballet a été sifflé dans son ensemble, mais on a beaucoup applaudi quelques sauteurs et quelques sauteuses qui se faisaient un devoir de montrer au public les plus belles parties de leurs beaux corps.

Une représentation dramatique d'un autre genre m'a beaucoup amusé : c'était une cause célèbre publiquement plaidée au palais ducal. Un des avocats possédait toutes les qualités exagérées que les Italiens demandent à un *buffo* du premier ordre : une taille épaisse et courte, un profil saillant, des gestes animés, une voix d'airain et une animation qui pouvait faire croire qu'il prenait tout ce qu'il disait parfaitement au sérieux. J'appelle cela une représentation dramatique, car je suis sûr que les plaidoyers et les répliques des avocats, ainsi que l'arrêt des juges, ont été préparés et arrêtés d'avance. Cette manière de plaider une cause ne m'en paraît pas moins préférable à nos interminables et muettes écrivasseries; je vais tâcher d'en donner une idée.

La salle est une des plus vastes du palais ducal : d'un côté, les juges sont rangés en demi-cercle; en face d'eux, les avocats des deux parties occupent une vaste chaire au pied de laquelle se trouve un banc où s'assoient les accusés et les plaignants.

La séance de ce jour devait être une véritable controverse, et les documents, quoique déjà imprimés, allaient y être lus en présence des juges. Un nombreux public encombrait la salle, car le procès par lui-même, et le rang de la personne en cause, ne pouvaient manquer d'intéresser vivement les Vénitiens. Il s'agissait de fidéicommis et, en ce cas, le public donne toujours raison au descendant du propriétaire primitif. Quant à la personne accusée, elle n'était autre que la femme du doge. Cette princesse, déjà avancée en âge, d'une tournure noble et imposante, d'une figure belle quoique sévère, était assise sur le banc au pied de la chaire des avocats; un très-petit espace la séparait du plaignant.

Le peuple vénitien est très-fier d'une législation qui contraint sa souveraine à venir, dans son propre palais, s'asseoir sur le banc des accusés devant la justice du pays.

Un scribe fort maigre, vêtu d'un habit râpé, s'est mis à lire les mémoires. Alors seulement j'ai compris ce que faisait là, en face des juges, un petit homme assis sur un petit tabouret près d'une petite table sur laquelle il y avait un sablier qu'il couchait tant que le scribe lisait, et qu'il s'empressait de relever dès qu'un avocat ouvrait la bouche. C'est que, d'après les us et coutumes de la justice vénitienne, le temps s'arrête tant que le scribe lit, mais il reprend son cours dès qu'un avocat parle.

Rien n'est plus singulier que de voir ce petit régulateur du temps coucher et relever à chaque instant son sablier, car les interruptions des avocats sont nombreuses. Le temps qui leur est accordé pour parler est limité, et leur talent consiste à l'employer utilement pour leurs clients, sans oublier d'amuser le public. Je ne citerai qu'une seule de ces facéties :

Le scribe venait de lire, du ton dont on collationne les actes dans les bureaux, le testament par lequel le possesseur d'un fidéicommis en dispose non selon les conditions attachées à cette possession, mais suivant sa volonté à lui. Au moment où le lecteur a prononcé ces mots : *Je donne, je lègue,* l'avocat s'est élancé sur lui en s'écriant :

— Que peux-tu donner, que peux-tu léguer, toi, pauvre diable qui ne possèdes rien? Il est vrai, a-t-il ajouté comme en se remettant, que l'illustre testateur était dans le même cas que toi, et qu'il s'est avisé de disposer de ce qui ne lui appartenait pas.

De bruyants éclats de rire ont accueilli cette sortie. Le scribe, après avoir fait à l'avocat une grimace de singe mécontent, a repris sa lecture, et le petit Saturne a couché le sablier. Mais bientôt les interruptions sont devenues si fréquentes, qu'à force de changer la position horizontale ou verticale du sablier, le malheureux ne savait plus ce qu'il faisait; il ressemblait aux mauvais esprits des théâtres de marionnettes, que les continuels *berlicke* et *berlocke* du malicieux Arlequin confusionnent au point qu'ils arrivent au mot magique qui devrait les chasser, et partent à celui qui les appelle.

Le 4 octobre.

Le théâtre Saint-Luc, car les théâtres portent ici les noms du saint patron de l'église la plus proche, a donné hier une comédie extemporanée qui m'a fait beaucoup de plaisir. Tous les acteurs étaient masqués; ils ont joué avec autant de naturel que d'énergie un sujet d'une folle gaieté, dont les innombrables variétés ont amusé le public pendant plus de trois heures. Pantalon, surtout, était charmant, et le peuple aussi jouait là le rôle principal comme partout ailleurs.

Le long du jour ce peuple s'agite sur les places publiques, dans les gondoles ou dans les palais. Les acheteurs et les vendeurs, les mendiants et les gondoliers, les voisins et les voisines, les avocats et leurs adversaires, vivent et se meuvent, chantent et jouent, parlent et gesticulent, crient et jurent; mais dès que la nuit se fait, ce même peuple se porte au théâtre où il retrouve sa propre vie artistement mise en scène, adroitement parée, enlacée de fables ingénieuses séparées de la réalité par les masques, dont les mœurs sont une vérité de convention. Tout cela lui cause une joie d'enfant, il rit, il applaudit, il fait un tapage étourdissant, et cela se renouvelle continuellement du jour à la nuit, de la nuit au jour.

Je viens de voir et d'entendre des orateurs publics : c'étaient trois hommes du peuple qui, debout sur le rivage de la place, racontaient des histoires de leur façon et à leur façon. Ces orateurs populaires, les avocats, les prédicateurs, les acteurs ont un air de famille qui se conçoit facilement, car tous appartiennent à une même nation que l'habitude de la vie publique a façonnée à une parole passionnée, rendue plus énergique encore par des gestes ardents qui, mieux que ces paroles elles-mêmes, peignent les intentions, les pensées et les sentiments.

On a célébré aujourd'hui la fête de Saint-François dans son église. Les cris des vendeurs, faisant leur commerce sous le péristyle, accompagnaient la voix forte du capucin prédicateur d'une antiphonie bizarre que j'écoutais avec une curieuse attention.

Le 5 octobre.

L'arsenal que j'ai visité ce matin m'a beaucoup intéressé, malgré mon ignorance en tout ce qui concerne la marine. Cet établissement me faisait l'effet d'une ancienne famille dont quelques membres vivent encore, mais qui a vu s'évanouir pour toujours ses phases de gloire et de prospérité ; je n'y ai pas moins vu beaucoup de choses remarquables, et je suis monté sur la carcasse achevée d'un navire de quatre-vingt-quatre canons. Les beaux chênes que je voyais employer, et que l'on tire de l'Istrie, m'ont fait faire des réflexions sur la croissance de cet arbre précieux.

Je ne saurais assez dire combien mes connaissances en histoire naturelle, si péniblement acquises, m'ont été utiles pour m'expliquer le faire des artisans de tout genre.

Pour exprimer en un seul mot l'effet que le Bucentaure a produit sur moi, je dirai que c'est une magnifique galère de parade. Je reviens toujours à mon vieil axiome : Donnez à l'artiste un bon sujet, et il fera quelque chose de bon. On lui a demandé une galère digne de porter le chef de la république, le jour où il célèbre le sacrement par lequel il s'assure la domination de la mer, et il a fait un vaisseau, non pas chargé d'ornements, mais qui, lui-même, n'est qu'un magnifique ornement, un véritable ostensoir destiné à montrer au peuple ses chefs dans tout l'éclat de leur magnificence.

Le Bucentaure est un monument de ce qu'étaient les Vénitiens et, surtout, de ce qu'ils croyaient être.

Le 5 octobre, la nuit.

Je sors de la tragédie, et j'en ris encore aux éclats : elle n'était cependant pas absolument mauvaise, et les acteurs ont fait de leur mieux.

Deux pères se haïssent, mais leur fils et leur fille ont établi un feu croisé d'amour et de mariage secret. C'est au point que, pour les rendre heureux, il faut que les deux pères meurent; aussi se poignardent-ils mutuellement, et le rideau tombe au milieu d'applaudissements frénétiques. Le public redemande les jeunes héros; ils se présentent, saluent et se retirent; puis on crie : *I morti*, et cela avec tant de fureur que les morts arrivent à leur tour; des transports de joie et les cris : *bravi i morti* les accueillent et les retiennent fort longtemps.

Il faut avoir vu et entendu cette farce pour s'en faire une juste idée.

Le 6 octobre.

La tragédie m'a appris la manière dont les Italiens déclament leurs iambes à onze syllabes, et avec quel art Gozzi a su appliquer le masque à ses figures tragiques. C'est l'unique moyen de plaire à ce peuple, incapable de s'intéresser de cœur à une infortune quelconque; pour qu'il s'amuse, il faut que les héros parlent beaucoup et bien, et que pour finir on le fasse rire par une bonne absurdité.

Maintenant, je comprends enfin l'interminable parlage et les longues dissertations de la tragédie grecque. Les Athéniens qui passaient leur vie sur les places publiques à écouter les discussions des *philosophes et les plaidoiries* des avocats, devaient, encore plus que les Italiens, aimer à entendre parler.

Beaucoup de choses m'ayant paru blâmables dans les constructions achevées de Palladio, surtout dans les églises, je me suis demandé si j'avais le droit de juger un aussi grand homme. Alors il me semblait qu'il était là, près de moi, et qu'il me disait : J'ai fait ceci malgré moi, et cependant je l'ai fait parce que, forcé par les circonstances, je ne pouvais arriver à la réalisation de mes plus hautes idées, qu'en consentant à gâter, à manquer quelques détails.

Le 6 octobre au soir.

J'ai assisté à une grand'messe qu'on célèbre chaque année dans l'église de Sainte-Justine, en mémoire d'une grande victoire jadis remportée par les Vénitiens sur les Turcs.

Quand des gondoles dorées, guidées par des bateliers en costume théâtral et armés de rames rouges, touchent enfin le rivage de la petite place de l'église où le clergé et les confréries stationnent au milieu d'une forêt de cierges allumés et attachés à de longues perches; quand les sénateurs, avec leurs longues robes rouges et le doge avec son bonnet phrygien doré, son manteau d'honneur et sa robe de brocart d'or, dont trois valets portent la queue, descendent de leurs gondoles et s'avancent vers le portail de l'église pavoisé de bannières turques, on croit voir une ancienne tapisserie de haute lisse, dont on ne peut se lasser d'admirer la vérité du dessin et l'éclat du coloris.

Pour un habitant des contrées septentrionales, où les plus grandes solennités se passent en habit court, et où le plus haut degré de la magnificence consiste à joindre à un cortége civil ou religieux, des soldats le fusil au bras, toutes ces robes à queue, ces cierges, ces croix, ne peuvent manquer d'être un spectacle ravissant.

Le doge est fort beau et très-bien fait, son air est affable et doux, on croit voir le grand-papa de toute cette génération. Parmi les nobles, je n'ai pas remarqué un seul visage disgracieux, un seul corps mal fait; leurs grosses têtes portent à merveille les longues perruques blondes et bouclées qui font ressortir tous les avantages de leurs physionomies à la fois calmes et spirituelles, joyeuses et assurées.

A peine le cortége avait-il pris place dans l'église, que les confréries sont entrées par la grande porte pour sortir par une porte latérale, après s'être signées avec de l'eau bénite et inclinées devant le maître-autel, le doge et les sénateurs.

J'ai fait commander pour ce soir le fameux concert des gondoliers qui chantent à leur façon les vers du Tasse et de l'Arioste. Je dis que j'ai commandé ce chant, car il n'est plus qu'un vieux dire qui se perd dans l'écho du passé, un fantôme qui se fait payer cher par les étrangers curieux de le voir apparaître.

Favorisé par un superbe clair de lune, je suis monté

dans une gondole avec deux chanteurs dont l'un s'est placé à la proue et l'autre à la poupe, puis le concert a commencé. Les deux voix ne chantent jamais à la fois ; l'une dit un vers, l'autre y répond aussitôt par le vers suivant, et cela se prolonge ainsi pendant plusieurs heures. La mélodie, qui tient le milieu entre le choral et le récitatif, suit toujours la même marche sans être soumise à une mesure régulière, les sons aussi ne varient point. La déclamation seule donne de l'âme et de la vie à ce singulier chant, car elle le met en harmonie avec le sens de chaque vers.

J'ai vainement cherché à m'expliquer l'origine de ce chant, mais il est certain que cette manière de moduler des vers qu'on sait par cœur a un très-grand charme pour l'homme modéré dans ses goûts. Une variante de ce délassement, dont jadis les gondoliers avaient le privilége, est devenue populaire et d'un usage journalier :

Un homme du peuple, assis sur le bord d'un canal, entonne de toute la force de ses poumons quelques vers du Tasse ; les sons glissent sur la surface de l'eau et arrivent à l'oreille d'un autre homme du peuple qui répond aussitôt par les vers suivants, auxquels le premier répond à son tour, et tous deux continuent ainsi, souvent une partie de la nuit ; cela enchante ceux qui écoutent sans fatiguer ceux qui chantent.

Pour me donner une idée de cette musique nationale, mes gondoliers m'ont fait débarquer sur les rives de la Giudecca ; puis ils se sont placés le long du canal à une très-grande distance l'un de l'autre et ont commencé un passage du Tasse, tandis que je me promenais entre eux deux en quittant toujours celui qui allait commencer à chanter pour me rapprocher de celui qui venait de finir. En écoutant ainsi ces voix, qui n'étaient que l'écho l'une de l'autre, tout en continuant la marche du poëme, elles me faisaient l'effet d'une plainte sans deuil, mais qui émeut, touche et arrache des larmes : je venais de comprendre la portée et l'esprit du chant vénitien.

On m'apprit que les femmes de Lido, de Palestrine, de Malamocco, quand leurs maris sont partis pour la pêche, viennent le soir sur le rivage, et chantent jusqu'à ce que leurs voix arrivent aux maris, qui se hâtent de répondre et d'annoncer ainsi leur retour. N'est-ce pas là un usage charmant? Il est vrai que des voix qui luttent avec les vagues ne sauraient être agréables à entendre de près, mais elles donnent de la vérité à ce chant, de la vie à cette mélodie, que jusqu'ici on a vainement cherché à comprendre. Ce soir, j'en ai deviné le secret; à Venise, l'homme jette sa voix puissante dans un vague lointain, parce qu'il se sent isolé, et qu'il espère qu'une autre voix entendra la sienne, qu'elle y répondra, et alors il ne sera plus seul.

Le 8 octobre.

J'ai vu au palais Pisani-Moretta un précieux tableau de Paul Véronèse, représentant la famille féminine de Darius devant Alexandre, ou plutôt devant Héphestion, pris pour Alexandre par la reine.

On raconte que le peintre, ayant été pendant fort longtemps et très-généreusement reçu en ce palais par la famille Pisani, y a secrètement peint cette toile, et qu'au moment de son départ il l'avait roulée et cachée sous son lit, afin de laisser un souvenir à ses hôtes.

Quoi qu'il en soit de cette anecdote, le tableau mérite une origine extraordinaire, car il n'en est point où le mérite de ce maître se montre avec plus de splendeur et d'éclat.

La faculté qui, dès ma plus tendre jeunesse, me faisait voir le monde avec les yeux du peintre dont le tableau venait de me frapper, m'a fait comprendre que, pour le peintre vénitien, tout devait avoir un aspect plus lumineux et plus serein, que pour nous autres qui vivons sur une terre décolorée, privée de réfraction, et toujours couverte de boue et de poussière.

En regardant par un beau soleil, les lagunes parsemées

de gondoles bigarrées, montées par des hommes en costumes de couleurs éclatantes; en suivant du regard toutes ces demeures mouvantes glissant sur une surface verdâtre et sous un ciel bleu, j'ai cru voir un des plus beaux tableaux de l'école vénitienne, dont le Titien et Paul Véronèse réunissent toutes les brillantes qualités.

L'art de la mosaïque, qui embellissait les parquets des anciens et les voûtes des églises des chrétiens, se borne aujourd'hui à décorer des tabatières et des bracelets. En vérité, notre époque est plus mesquine, plus misérable encore que nous ne le croyons.

Le palais Forcetti contient une précieuse collection de moulures faites sur les statues et bas-reliefs de l'antiquité. Je passerai sous silence toutes celles que, dans ma première jeunesse, j'ai déjà vues à Manheim. Parmi les nouvelles connaissances que j'ai faites dans cette collection, je mentionnerai surtout une Cléopâtre colossale, dormant du sommeil imposant de la mort, où l'a plongée le superbe aspic qui enlace encore son bras; une Niobé couvrant la plus jeune de ses filles d'un vaste manteau pour la garantir des flèches d'Apollon; plusieurs gladiateurs; un génie se reposant dans ses ailes, et des philosophes, les uns assis et les autres debout.

Ce sont là des chefs-d'œuvre qui peuvent réjouir et former le goût du monde entier pendant des milliers d'années, sans que la pensée parvienne à sonder tout le mérite des artistes. J'ai senti avec regret combien j'étais loin encore de la juste appréciation de pareilles choses, mais j'y marche à grands pas, Palladio m'en a montré le chemin.

On voit aussi dans cette collection un fragment des entablements du temple d'Antonin et Faustine. Ce magnifique morceau d'architecture m'a rappelé le chapiteau du Panthéon de Manheim. Quelle différence entre la sublime architecture des anciens, et nos saints entassés les uns sur les autres à l'aide de petites consoles; nos petites colonnes en forme de tuyaux de pipe ; nos petites tours pointues et nos festons crénelés! Dieu merci, me voilà pour toujours débarrassé de tous ces enjolivements gothiques.

En parlant de l'arsenal, j'ai oublié de mentionner les deux lions en marbre blanc qui décorent le portail, et qui m'ont causé autant de surprise que d'admiration; ils sont si grands que tout paraît petit autour d'eux. On prétend qu'ils datent de la plus glorieuse époque de l'art grec

Dans la cour d'un palais, j'ai vu la statue colossale de Marcus Agrippa, contre lequel se dresse un dauphin, pour indiquer qu'il s'agit d'un grand marin. Cette statue m'a prouvé qu'en représentant la nature humaine dans toute sa noblesse, on élève l'homme au rang des dieux.

J'ai été regarder de près les quatre chevaux d'airain placés au-dessus des arcades de l'église Saint-Marc. Quel magnifique attelage! j'aurais voulu l'entendre juger par un véritable connaisseur de chevaux. Vus sur la terrasse qui supporte ces chevaux, ils paraissent très-lourds, mais lorsqu'on les regarde d'en bas, c'est-à-dire, de la place Saint-Marc, ils ont l'air légers comme des cerfs.

Je me suis rendu ce matin sur la langue de terre appelée Lido, qui termine les lagunes et les sépare de la mer. Un bruit sourd a d'abord frappé mon oreille ; c'était celui des vagues qui se retiraient, car j'étais arrivé au moment du reflux : j'ai donc enfin vu la mer de près ! A mesure qu'elle laissait la plage à découvert, je m'y suis avancé et j'ai beaucoup regretté de n'avoir pas les enfants à mes côtés à cause des charmants coquillages dont le sable était parsemé; j'ai été, au reste, assez enfant moi-même pour en ramasser une grande quantité.

Les Anglais et les Juifs auxquels on n'accorde pas le droit de reposer en terre bénite, sont enterrés sur le Lido. Parmi les tombeaux anglais, j'ai remarqué celui du digne consul Smith, et m'asseyant sur son tertre de terre non bénite, je l'ai pieusement remercié de la belle édition des œuvres de Palladio dont il a doté le monde.

Le 9 octobre.

Une excursion à Palestrine m'a fourni l'occasion de voir la grande digue appelée Murazzi, et que la république fait élever pour garantir contre les envahissements de la mer, le Lido, qui lui-même en garantit les lagunes.

Ces lagunes ont été d'abord le résultat naturel du flux et du reflux, l'art les a perfectionnées. C'est ainsi que Venise s'est composée de plusieurs centaines d'îles, qu'un nombre plus considérable encore entourent du côté de la mer, puis on a creusé des canaux assez profonds pour que, même à l'époque du reflux, des bâtiments de guerre puissent pénétrer jusqu'aux principaux points de la ville. Ce que le travail et l'intelligence de l'homme avaient inventé et exécuté, sa prudence et son travail doivent maintenant l'entretenir. Au reste, Venise n'a rien à craindre ; la lenteur avec laquelle les mers changent leurs plages lui donne encore plusieurs milliers d'années d'existence.

Au lieu de tant s'occuper des maux possibles que pourrait leur causer la mer, les Vénitiens devraient songer un peu plus à la propreté de leur ville. Il est expressément défendu de jeter des immondices dans les canaux, mais on les laisse des journées entières au pied des murs ; aussi, dès qu'il survient une pluie, ces amas d'ordures forment une boue abominable et l'on n'entend de tous côtés que jurements et malédictions, car il est impossible de monter dans une gondole ou d'en descendre sans salir non-seulement ses souliers et ses bas (les bottes sont inconnues ici), mais encore son manteau et son *tabarros*.

Le 10 octobre.

Je puis dire enfin que j'ai vu une comédie italienne.

Hier au soir, on a donné au théâtre Saint-Luc, *le Baruffe Chiozzotte*, titre que l'on pourrait traduire par : Les querelles et les rixes de Chiozza. Les personnages sont tous des marins de Chiozza avec leurs femmes, leurs filles, leurs sœurs. J'avais été la veille visiter cette ville, afin de me faire une idée des mœurs de la population d'un port de mer; il m'a donc été facile d'apprécier la fidélité de la copie du tableau que je venais de voir, et que Goldoni a approprié pour la scène.

Au premier acte, les femmes de Chiozza, assises devant leurs portes, font ou raccommodent des filets. Un jeune homme passe, il salue toutes ces femmes, mais ce n'est qu'à une seule qu'il adresse un sourire gracieux, un regard passionné. On commence par plaisanter la préférée ; de la plaisanterie, on passe à l'insulte, de l'insulte à l'injure et de l'injure aux voies de fait ; c'est au point que les agents de police sont obligés de s'en mêler.

Au second acte, le greffier qui remplace le podesta, qu'en sa qualité de *nobile* il n'est pas permis de mettre en scène, fait comparaître les coupables devant lui, mais les unes après les autres. Amoureux depuis longtemps de la jeune fille qui a causé tout ce vacarme, il profite de ce tête-à-tête que le hasard lui procure, et l'interrogatoire devient une déclaration d'amour que le magistrat fait à l'accusée. Une autre femme amoureuse du greffier et le jeune homme du premier acte, guidés par la jalousie, se précipitent dans le cabinet, tout le monde les y suit, et voilà le diable déchaîné dans le sanctuaire de la justice, comme quelques heures plus tôt il l'était sur la place publique.

Au troisième acte, les intrigues et les farces vont toujours en augmentant ; un dénoûment brusqué couronne cet ensemble burlesque.

En se voyant si bien représenté avec ce qu'il a de bien et de mal, c'est-à-dire, avec ses querelles et sa vivacité, sa bonhomie et ses platitudes, ses traits d'esprit et son bon naturel, le peuple a manifesté une joie impossible à décrire. C'étaient des éclats de rire et des trépignements depuis le commencement jusqu'à la fin. De leur côté, les acteurs avaient fait leur possible pour imiter la voix et les gestes de ce peuple ; la première actrice, surtout, et en général les femmes étaient charmantes.

Les acteurs de la troupe de Sacchi, sont fort habiles et m'ont d'autant plus charmé, que chez nous le masque n'a ni vie ni signification, tandis qu'à Venise, il est une nécessité du pays. Les distinctions de rang et de fortune se sont elles-mêmes incorporées dans des costumes si singuliers, qu'on pourrait les appeler des masques ; qu'on ajoute à cette circonstance, que tout le monde ici ne sort pendant une grande partie de l'année que le masque sur le visage, et l'on trouvera tout naturel d'en voir aussi sur les planches.

Le 12 octobre.

Le théâtre de Saint-Luc a représenté hier une pièce appelée *les Anglais en Italie*. Comme il y a toujours beaucoup d'Anglais en Italie, il m'a semblé tout naturel qu'on y observât leurs mœurs, et je me faisais une fête de voir comment les Italiens jugent ces hôtes qui leur apportent tant d'argent. Malheureusement je n'ai vu que quelques scènes bouffonnes très-heureuses, mais pas une seule qui pût donner une juste idée de la manière de voir et de sentir des Anglais.

Je viens de revoir mon journal. J'y trouve bien des choses à étendre, à indiquer d'une manière plus positive, et cependant je ne veux rien corriger, car ces feuillets sont l'expression de la première impression qui est toujours précieuse, parce qu'elle est la plus vraie. C'est à ce titre que je vous les expédie, mes chers amis, que ne puis-je, en même temps, vous envoyer un souffle de la vie que l'on mène ici !

L'*Ultramontane* a toujours été pour les Italiens une pensée représentant quelque chose d'obscur, de nébuleux. Eh bien ! moi aussi maintenant, je ne vois au delà des Alpes que des brouillards, mais à travers ces brouillards, des ombres amies m'appellent et m'attirent.

Le climat pourtant pourrait me tenter, mais l'habitude

et le sol natal sont des liens si puissants! non, je ne voudrais pas habiter ici. Le nouveau, l'inconnu, se sont momentanément emparés de moi. L'architecture, semblable à un antique fantôme, sort de sa tombe et m'ordonne d'étudier ses lois, comme on étudie les règles d'une langue morte qu'on ne parle plus, qu'on ne saurait appliquer à la vie présente, mais à l'aide de laquelle on apprend à vénérer au fond de son âme l'existence des temps passés qui se sont à jamais évanouis dans le sein de l'éternité.

Palladio s'est si souvent appuyé sur Vitruve, que j'ai fini par me procurer ses œuvres, mais ces in-folio pèsent sur mon cerveau comme dans mon bagage. Le style est sombre et demande à être profondément étudié, ce que je ferai plus tard; pour l'instant je lis Vitruve comme le prêtre lit son bréviaire, par dévotion et non pour s'instruire.

Que le ciel en soit loué! je me reprends d'amour pour ce que j'ai tant aimé dans ma première jeunesse, et je puis enfin avouer le mal, que dis-je, la folie dont j'ai été atteint depuis bien des années.

Dès que je lisais un livre ou que je regardais un objet quelconque, qui me rappelait l'Italie, j'éprouvais des souffrances inouïes. Combien de fois Herder ne s'est-il pas moqué de moi, parce que je bornais toutes mes études latines aux œuvres de Spinoza! Il ne savait pas combien j'avais besoin de fuir les anciens, parce que tous parlent de l'Italie. Si je n'avais pas pris la résolution que j'exécute en ce moment, j'étais perdu, tant mon désir de voir l'Italie, était devenu chez moi une idée fixe. Il me semblait que je n'en étais qu'à quelques pas, mais qu'un mur infranchissable m'en séparait pour toujours. Aujourd'hui encore, je ne puis m'imaginer que je vois ce pays pour la première fois, j'ai la conviction que je le revois.

Venise, le 14 octobre, à 2 heures de nuit.

Dans peu d'instants je vais partir pour Ferrare avec le bateau de transport; je n'aurais pu m'arrêter plus longtemps à Venise avec fruit ; il eût fallu faire des démarches qui n'entrent pas dans mon plan de voyage. Le temps que je me suis arrêté ici a suffi pour me donner de la vie vénitienne, une idée incomplète, mais claire et vraie ; j'ai gravé dans ma mémoire une image singulière et riche que j'emporte avec moi.

V. — DE FERRARE A ROME.

Sommaire. — Voyage de Venise à Ferrare. — Ferrare. — Le Tasse. — Saint Jean-Baptiste. — Les Apennins. — Guercino et quelques-uns de ses tableaux. — Bologne. — La Sainte-Cécile de Raphaël. — La tour penchée de Bologne. — Le Guide et les sujets pitoyables qu'il a été forcé d'exécuter. — Projet d'une tragédie d'Iphigénie à Delphes. — L'université de Bologne. — Le phosphore. — Excursions dans les montagnes où l'on trouve ce phosphore. — Un capitaine de l'armée du pape. — Les Apennins. — Questions que me fait le capitaine du pape, sur le protestantisme. — Le temple de Minerve à Foligno. — Mon aventure avec des sbires. — Comment on vit dans les États du pape. — L'aqueduc de Spoleto. — Réminiscence du Juif-Errant. — Trajet de Castellane à Rome.

Le 16 octobre, à bord du bateau de transport.

Mes compagnons de voyage dorment encore dans leurs cabines; moi, j'ai passé cette nuit et la précédente sur le pont, enveloppé dans mon manteau, car les matinées sont fraîches.

Me voici enfin sous le quarante-cinquième degré et je répète toujours mon même refrain : Que les habitants de ce beau pays conservent ce qui en fait le charme, mais qu'ils me donnent de leur climat seulement autant qu'il en faut pour entourer la demeure de mes amis et la mienne ; quelle autre vie nous y mènerions !

Le temps est superbe et le voyage charmant. Dans cette partie de son cours, le Pô est un fleuve affable qui traverse une plaine bien plantée; aussi ses rives sont-elles si garnies d'arbres qu'ils masquent la vue.

Ferrare, le 16 octobre, pendant la nuit.

Je suis arrivé ici ce matin et je partirai au point du jour. C'est pour la première fois, depuis mon entrée en Italie, que je me sens mal à mon aise.

Cette grave et belle ville de Ferrare est presque déserte. Autrefois une cour brillante l'animait; l'Arioste y vécut mécontent, le Tasse y fut malheureux! Quel désolant souvenir! Et l'on a la simplicité de croire qu'on s'édifie en visitant de pareils lieux. Le tombeau de l'Arioste est surchargé de marbres mal distribués. Vous demandez à voir la prison du Tasse, et l'on vous montre un bûcher où, certes, il n'a jamais été enfermé. Au reste, au premier abord, personne dans la maison ne sait ce qu'on demande; la mémoire ne leur revient qu'à cause du pourboire, et il est encore des voyageurs qui attachent du prix à de pareilles niaiseries. Ma mauvaise humeur ne m'a pas permis de m'intéresser à l'Académie fondée par un cardinal né à Ferrare ; mon front ne s'est déridé qu'à la vue d'un tableau représentant Saint Jean-Baptiste, devant Hérode et Hérodias.

Vêtu de son costume traditionnel d'habitant du désert, le prophète désigne la princesse par un geste violent; cette princesse regarde tranquillement le roi assis près d'elle et qui arrête sur l'enthousiaste des regards pleins de calme et de sagesse. Un chien blanc de moyenne grandeur, se tient devant Hérode, un petit épagneul sort de dessous les jupons d'Hérodias, tous deux aboient contre le prophète. Cette idée m'a paru très-heureuse.

Sento, 17 octobre au soir.

Me voici dans la patrie du Guercino, et dans de meilleures dispositions que je ne l'étais hier à Ferrare. Sento est une jolie petite ville de cinq mille habitants environ, bien bâtie au milieu d'une plaine fertile, tout y respire la propreté, la vie et les arts. Selon mon habitude, j'ai commencé par monter sur la plus haute tour de la ville, et j'ai vu, au milieu d'une mer de peupliers, une foule d'habitations rustiques entourées de champs et de prairies; puis les Apennins me sont apparus pour la première fois dans un lointain blanchâtre. Je les ai salués avec enthou siasme, car je commençais à me fatiguer des plaines.

Guercino aimait beaucoup sa ville natale, et c'est à ce patriotisme local, si commun chez les Italiens, qu'on doit tant d'établissements utiles et tant de saints locaux. Sous la direction de ce maître, il s'est établie à Sento, une académie de peinture. Le nom du fondateur est vénéré par les jeunes et par les vieux ; les tableaux qu'il y a laissés font leur joie et leur orgueil, et ils le méritent. J'ai remarqué, surtout, celui du Christ ressuscité et apparaissant à sa mère ; le regard de silencieuse tristesse qu'il jette sur elle, est admirable ; le souvenir de leurs souffrances mutuelles que la résurrection n'a pu bannir de sa belle âme, se reflète dans ce regard. J'ai été également charmé d'une madone, l'enfant demande le sein que la vierge pudique hésite à découvrir : c'est naturel, noble et beau. Que dirai-je d'une Marie qui soutient le bras de son enfant debout devant elle, afin que ses doigts levés puissent distribuer des bénédictions ? Cette pensée, tout à fait dans l'esprit de la mythologie catholique, a été souvent exécutée avec bonheur par les artistes.

Guercino est un brave et mâle peintre, dont les œuvres ont une grâce morale, une franchise et une élévation qui le font reconnaître au premier coup d'œil, dès qu'on s'est façonné à son faire. La facilité, la pureté de son pinceau étonnent, mais les sujets de la plupart de ses tableaux sont plus ou moins malheureux. Le pauvre artiste s'est beaucoup tourmenté pour gaspiller son invention et son esprit, son pinceau et son talent ; je n'en suis pas moins très-satisfait d'avoir respiré un instant dans sa sphère artistique.

BOLOGNE, le 18 octobre, pendant la nuit.

J'ai quitté Sento avant le jour et je suis arrivé ici de bonne heure. Un alerte cicerone, sachant que je ne voulais pas m'arrêter longtemps, m'a fait passer par tant de rues, de palais et d'églises, que je me souviens à peine de ce que j'ai vu. Quelques points lumineux seulement sont restés dans ma mémoire, commençons par la Sainte Cécile de Raphaël. Ce tableau m'a prouvé que j'ai eu raison de penser que Raphaël a fait ce que les autres peintres auraient voulu pouvoir faire. Il est impossible de voir sa Sainte Cécile sans lui souhaiter une durée éternelle, tout en se résignant à se perdre soi-même dans le néant.

Pour connaître et apprécier Raphaël sans l'élever à la hauteur d'un Dieu, qui semblable à Melchisédech, apparaît sur cette terre, sans père ni mère, il faut arrêter sa pensée sur ses prédécesseurs et sur ses maîtres. S'appuyant sur le terrain solide de la vérité, ils ont largement posé la large base de la pyramide que l'émulation leur a fait élever à la hauteur où Raphaël, soutenu par son génie céleste, est venu poser la dernière pierre, au-dessus, et même à côté de laquelle, il n'y a plus de place pour aucune autre pierre.

Pourquoi le destin n'a-t-il pas conduit Albert Durer sur la terre italienne? Le malheureux! que de déceptions n'a-t-il pas rencontrées à Venise, et quels déplorables marchés n'a-t-il pas faits avec la prêtraille qui lui a fait perdre un temps si précieux! Et pendant son voyage dans les Pays-Bas, il échange les chefs-d'œuvre avec lesquels il espérait faire sa fortune, contre des perroquets; et pour épargner le pourboire des domestiques d'auberge, il leur fait leurs portraits!

Un tel pauvre diable d'artiste a quelque chose de bien touchant pour moi, car, au fond, cette destinée est la mienne, avec la différence cependant que je sais un peu mieux me tirer d'affaire.

La tour penchée de la vénérable, savante et antique ville de Bologne, où un peuple nombreux, se promène, regarde, vend et achète sous des arcades voutées, est affreuse à voir. Il est probable cependant qu'elle a été construite ainsi à dessein, et voici comment je m'explique cette folie :

A l'époque où les guerres civiles troublaient les villes, chaque grand bâtiment s'y convertissait en forteresse, qu'on urmontait d'une tour. Peu à peu ce moyen de défense devint un titre d'honneur, et chaque famille voulut avoir sa tour, ce qui les rendit si communes, que pour se distinguer on finit par en construire une qui, au lieu de s'élever perpendiculairement, prescrivit une diagonale.

L'architecte et le propriétaire ont atteint leur but; on passe sans les regarder, devant toutes les tours droites pour chercher celle qui se penche. Je l'ai examinée de près et j'ai reconnu qu'avec de bon ciment et de forts crampons de fer, on peut faire de solides extravagances.

Le 19 octobre au soir.

J'ai employé ma journée à voir, et à voir encore, mais il en est de l'art comme de la vie : plus on s'y avance, plus le cercle s'élargit. Sur ce ciel artistique brillent des astres nouveaux dont l'éclat et le nombre brouillent mes idées. Les Carracci, les Guides, les Dominiquin demandent, pour être vus avec fruit, un savoir qui me manque et que le temps seul peut donner. Au reste, les sujets insensés des tableaux sont un grand obstacle à leur juste appréciation, car on se met en fureur quand on devrait admirer. Toujours des voiries et des lieux de supplice, toujours la mort violente du héros, jamais une action de sa vie; partout des criminels ou des convulsionnaires, des scélérats ou des fous. Sur dix sujets, un seul à peine est digne d'avoir occupé le pinceau d'un artiste, et celui-là encore, il ne lui a pas été permis de l'envisager sous son véritable point de vue.

Le grand tableau du Guide, dont le pinceau divin n'aurait dû représenter que ce qu'il y a de plus parfait, est la réunion de tout ce qui n'aurait jamais dû être peint. C'est, je crois le sénat qui a composé le sujet et qui en a imposé l'exécution au célèbre peintre. Il y a sur cette toile deux anges dignes de consoler une Psyché dans son infortune et qui sont forcés.....

Se sentant le couteau sur la gorge, les peintres ont fait

tout ce qui était en leur pouvoir pour prouver que ce n'est pas eux qu'il faut accuser de barbarie ; aussi ont-ils placé, çà et là, un robuste gaillard nu, une belle spectatrice. Quant aux héros ecclésiastiques, ils se sont bornés à les représenter en jetant d'amples vêtements sur des mannequins, et ils ont très-heureusement rendu les plis gracieux que forment ces vêtements. Je conviens que la foi a ressuscité les arts ; mais si on laisse faire la superstition, elle ne tardera pas à les faire tomber dans la barbarie.

Le palais Tanari possède le célèbre tableau du Guide, appelé la Vierge nourrice. On dirait que la tête a été peinte par un Dieu. Quelle douce et profonde résignation dans le regard qu'elle jette sur son nourrisson. Ce n'est pas un enfant de sa chair et de son amour, mais un petit être divin qu'elle laisse ainsi se nourrir de son lait, sans savoir ni pourquoi ni comment cela est ainsi ; sa pieuse humilité ne lui permet pas de le comprendre. Le fond du tableau est rempli par une draperie que les connaisseurs admirent beaucoup, mais dont je ne savais trop que faire.

L'habitude de voir des objets d'art commence à me guider dans le labyrinthe où je me sentais d'abord égaré. La Circoncision de Guercino m'a fait plaisir, malgré tout ce que le sujet a d'intolérable, mais l'artiste s'en est habilement tiré en ne peignant que ce qui pouvait se peindre, et l'exécution est d'un fini si parfait, qu'on pourrait prendre cette peinture pour de l'émail. C'est ainsi que je me trouve dans la position de Balaam, ce prophète brouillon qui bénit quand il croit maudire et maudit quand il croit bénir.

On respire, quand le regard s'arrête sur une toile de Raphaël ; sa Sainte Agathe a un air virginal admirable, car il n'y a ni froideur ni rudesse. J'ai gravé cette figure-là dans ma mémoire et je lui ferai, mentalement, la lecture de mon *Iphigénie en Tauride*, afin que mon héroïne ne dise que ce que cette sainte aurait pu dire elle-même.

En parlant de ce doux fardeau que j'ai emporté dans mes pérégrinations, je dois avouer, qu'aux paysages et aux objets d'art à travers lesquels je m'avance vers Rome, se mêle sans cesse un bizarre cortége de figures poétiques. Chaque fois que je me propose de revoir *Iphigénie en Tauride*, je ne sais quel mauvais génie me présente l'image d'Iphigénie à Delphes; c'est au point que j'ai fait, le plan de cette nouvelle tragédie; en voici le résumé :

Convaincue qu'Oreste apportera à Delphes l'image tant désirée de Diane, Électre paraît dans le temple d'Apollon, et consacre à ce dieu, à titre de sacrifice expiatoire, la hache fatale qui a causé tant de malheurs dans la famille de Pélops. Un Grec qui a suivi Oreste et Pylade en Tauride, vient lui dire qu'il a eu le bonheur de s'échapper et qu'il a vu les deux amis conduits à la mort. Mise hors d'elle-même par ce récit, la violente Électre ne sait plus si c'est contre les hommes ou contre les Dieux qu'elle doit diriger sa fureur. Pendant ce temps, Iphigénie, Oreste et Pylade, sont débarqués à Delphes. Lorsqu'Iphigénie paraît au temple, son pieux calme offre un beau contraste avec l'emportement d'Électre. Le Grec reconnaît la prêtresse qui a immolé Oreste et Pylade en Tauride et en avertit Électre. Celle-ci arrache aussitôt de l'autel la hache qu'elle vient d'y déposer et va en frapper Iphigénie; un heureux incident détourne ce nouveau crime de l'infortunée famille des Atrides.

Si cette scène réussit, elle sera tout ce qui a jamais été mis sur le théâtre de plus touchant et de plus grandiose. Mais mon esprit a beau vouloir, le temps me manque. Pendant que je me sens ainsi surchargé par la contemplation de ce qui est fait, et le désir de faire ce qui me paraît désirable, il faut que je raconte à mes amis, un rêve que je fis il y a un an environ, et qui me parut très-significatif.

Après avoir longtemps navigué dans un grand canot, je débarquai dans une île bien boisée, et que je savais être peuplée de faisans. A peine avais-je mis pied à terre que je fis marché avec les habitants pour qu'ils me fournissent une cargaison de ces volatiles. Ils se mirent aussitôt à en tuer une grande quantité, qu'ils m'apportèrent à bord. C'étaient bien des faisans, mais comme les rêves dénaturent tout, ils avaient des queues plus belles que celles des paons et des oiseaux de paradis. Entassés dans un canot la tête en bas, ces oiseaux formaient un superbe amas de plumes dont les rayons du soleil faisaient briller les riches et vives couleurs. Le canot se remit en marche, et pendant qu'il fendait les flots, je me nommai à moi-même les amis que je voulais faire participer à mon trésor. Je finis par entrer dans un grand port, où je m'égarai au milieu des immenses navires qui l'encombraient ; et, sautant de pont en pont, je cherchai des yeux une plage où mon petit canot pût débarquer en sûreté.

Nous aimons à arrêter notre pensée sur ces tableaux imaginaires, car, sortant de nous-mêmes, ils ne peuvent manquer d'avoir quelque rapport avec nos destinées.

Je viens de voir la célèbre université de Bologne ; l'édifice est grand, imposant et grave, quoique son architecture ne soit pas irréprochable. L'intérieur, richement décoré de stuc et de fresques, est aussi convenable que digne ; et les nombreux objets d'art qui y sont entassés étonnent à juste titre. Mais un Allemand s'y sent oppressé, car nous sommes accoutumés à des centres d'études plus vastes et plus libres.

A cette occasion, une de mes anciennes pensées m'est revenue à la mémoire ; c'est que l'homme tient aux choses du passé, même quand elles ont changé de destination. Les églises chrétiennes conservent toujours la forme de basilique, tandis que celle de temple serait plus favorable, même au culte ; les établissements scientifiques ont toujours l'air de monastères, parce que c'est dans les monastères que les sciences ont d'abord trouvé un refuge ; les salles de justice des Italiens sont aussi hautes et aussi vastes que possible, parce que les Italiens veulent toujours se croire sur la place publique où, jadis, on rendait la justice. A l'époque de la réformation, le nombre des étudiants était devenu si considérable, qu'ils furent forcés de se réfugier dans les maisons particulières, et combien de temps ne s'est-il pas écoulé avant que ces orphelins de la science, n'aient obtenu des universités où ils pouvaient recevoir l'instruction telle qu'ils la demandaient !

Bologne, le 20 octobre au soir.

J'ai passé cette journée en plein air. A mesure que je m'approchais des montagnes, je me sentais attiré par les minéraux.

J'avais déjà vu à Bologne cette espèce de spath qui, lorsqu'on l'a calciné et préalablement exposé à la lumière, éclaire dans les ténèbres, et qui est connu sous le nom de phosphore de Bologne. Pour le voir dans son état naturel, je me suis rendu dans les montagnes d'où on le tire. Ces montagnes sont composées d'une argile schisteuse et bitumineuse et si intimement mêlée de pyrite sulfureuse, qu'elle se métamorphose complètement au contact de l'air et de l'humidité. Alors cette argile se gonfle, les couches disparaissent, et il se forme une espèce de glaise qui se morcelle en coquilles et dont les parties planes brillent comme du charbon de terre.

C'est dans les montagnes composées de cette argile, que j'ai trouvé le spath en question. Il a presque toujours la forme d'un œuf et est encore entouré de l'argile au milieu de laquelle il était caché, et dont les pluies le font sortir.

Un de ces morceaux pesait neuf onces ; j'en ai emporté plusieurs pour les soumettre au jugement des connaisseurs.

Me voici donc de nouveau chargé de gangues, malgré la promesse que je m'étais faite de résister à mon penchant pour les pierres.

Bologne, le 20 octobre, pendant la nuit.

Que ne pourrais-je dire encore si je voulais rapporter tout ce qui dans le courant de cette belle journée m'est passé par la tête. Mon désir est plus fort que ma pensée, il me pousse en avant et le ciel conspire pour ce désir, car un *vetturin* qui part pour Rome est venu me trouver et nous sommes tombés d'accord ; mais il me reste encore tant de choses à faire que je ne sais où donner de la tête.

Logano, dans les Apennins, le 21 octobre au soir.

Je ne sais si j'ai été chassé de Bologne ou si je m'en suis enfui volontairement, mais enfin me voici dans une misérable auberge avec un capitaine de l'armée du pape, en garnison à Bologne, et qui se rend à Pérugia, sa ville natale, pour y voir sa famille. Me trouvant emballé avec cet officier dans une petite voiture, je lui ai dit, dans le seul but de dire quelque chose, qu'en ma qualité d'Allemand, j'avais l'habitude de vivre avec des militaires et que je m'estimais heureux d'avoir un officier du pape pour compagnon de voyage.

— Vous pouvez aimer l'état militaire, m'a-t-il répondu ; quant à moi, quoique notre service soit très-facile, je voudrais être débarrassé de cet uniforme et faire valoir le petit bien de mon père ; mais je suis le plus jeune de ses fils, il faut que je me résigne.

Girido, le 22 octobre au soir.

Encore un petit nid des Apennins où je me sens très-heureux puisque je m'approche toujours du but de mes désirs.

Quel beau fragment du monde que ces Apennins ! S'élevant immédiatement après les vastes plaines des régions du Pô, cette chaîne de montagnes sépare deux mers ; et comme son élévation n'a pas permis au flux et au reflux d'abaisser ses sommités, elle forme un tissu de monts si bizarrement enlacés, qu'on voit à peine les voies par lesquelles les eaux s'écoulent. Si les vallées étaient plus remplies et les plaines moins basses, on pourrait comparer cette contrée à la Bohême, avec la différence cependant que tout y a un autre caractère. Qu'on n'aille pas se figurer pourtant, que c'est un désert aride; non, c'est un pays bien cultivé quoique montagneux. Le châtaignier, y vient à merveille, les blés sont déjà très-beaux. Des chênes au petit feuillage toujours vert bordent les routes, de sveltes cyprès entourent les églises et les chapelles.

Hier le temps était sombre, aujourd'hui il est redevenu clair et beau.

Padoua, le 23 octobre au soir.

J'ai laissé passer deux journées sans écrire; les auberges sont si mauvaises, qu'il est impossible d'y trouver une place pour étaler une feuille de papier.

Dans la matinée du 23 nous sommes partis des Apennins, et dans une vaste vallée merveilleusement bien cultivée et parsemée d'innombrables villas, Florence s'est dessinée devant nous. J'ai parcouru la ville au galop, bien résolu à ne pas m'arrêter dans le nouveau monde artistique qui s'y ouvrait devant moi. Florence porte encore le cachet de la richesse du peuple qui l'a bâtie et se ressent toujours de la longue série des sages gouvernements dont elle a eu le bonheur de jouir. Les grandes routes, les ponts, les édifices publics, tout y est beau, grandiose, bien tenu et unit l'utile à l'agréable. L'État du pape, au contraire, ne semble se conserver que parce que la terre ne veut pas l'engloutir.

Le labourage se fait ici d'une manière très-singulière : les charrues n'ont point de roues et le soc n'est pas mobile; aussi le laboureur fatigue-t-il presque autant que ses bœufs. Les sillons ont une profondeur extraordinaire; on y marche pour sarcler le grain qu'on sème sur la partie la plus élevée de ces sillons. Ce procédé pourrait être fort bon dans les terrains très-humides, mais en Toscane je n'en comprends pas l'utilité; le blé n'en est pas moins très-abondant, ainsi que les haricots, dont on se sert pour nourrir les chevaux. Les lupins étaient déjà grands et verts, car on les récolte au mois de mars. L'olivier est un singulier arbre qui ressemble beaucoup à notre saule ; son bois à grain fin et serré, m'a fait comprendre pourquoi il croît si lentement.

J'ai pris ce soir congé de mon capitaine ; c'est un digne représentant de ses compatriotes. Voici quelques extraits de nos entretiens, ils pourront faire connaître son caractère. Me voyant souvent silencieux et pensif, il m'a assuré qu'il ne fallait pas penser parce que cela vieillissait ; qu'au reste, en ne se préoccupant que d'une seule chose, on risquait de devenir fou, et que, par conséquent, il fallait toujours avoir mille choses à la fois dans la tête. Dans un autre moment il m'a avoué qu'il s'était aperçu que j'étais protestant, et m'a demandé la permission de m'adresser quelques questions sur ma religion, dont il avait entendu dire des choses bien étonnantes.

Est-il vrai, par exemple, que vos prêtres vous permettent de vivre intimement avec une jeune et jolie fille, sans être marié avec elle ?

— Nos prêtres sont des hommes sages et prudents, qui ne s'occupent pas de pareilles bagatelles, mais si nous leur en demandions la permission, ils nous la refuseraient.

— Vous n'êtes donc pas obligés de la demander? heureux mortels que vous êtes !

Et après s'être répandu en invectives contre les prêtres romains, il reprit :

— Et la confession, comment cela s'arrange-t-il chez vous? Nos prêtres nous assurent que même les hommes qui n'ont pas le bonheur d'être chrétiens, éprouvent le besoin de la confession, mais que trop endurcis pour reconnaître le pouvoir de l'Église, ces mécréants se confessent au premier arbre venu ; en faites-vous autant ?

Après avoir écouté tout ce que je lui ai dit pour lui donner une juste idée de notre confession, il m'a assuré qu'elle ne différait pas beaucoup de celle que l'on faisait à un arbre. De la confession, il a passé à un sujet plus important, c'est-à-dire, au mariage entre frères et sœurs, qu'on lui avait assuré être très-commun chez les protestants. Mes raisonnements pour lui faire envisager le protestantisme sous son véritable point de vue, l'ont très-faiblement impressionné, et il s'est mis à me raconter un grand secret, qu'un prêtre, très-digne de foi et très-véridique, lui avait confié.

— Frédéric le Grand, me dit-il, ce héros qui s'est couvert de gloire et que le monde croit hérétique, est un ardent catholique. La preuve, c'est qu'il ne met jamais le pied dans un temple protestant; mais au fond de son palais, il y a une chapelle souterraine, où il assiste secrètement à l'office divin, le cœur brisé par le désespoir de ne pouvoir publiquement avouer sa foi; car les Prussiens sont des barbares et des hérétiques féroces, qui l'assassineraient à l'instant, s'ils le savaient catholique. Persuadé que ce meurtre serait plus nuisible qu'utile à l'Église, le saint-père a permis au grand roi de pratiquer sa religion en secret et de la protéger dans ses États autant qu'il le pourrait sans se compromettre.

Je me bornai à lui répondre, que puisque ce fait était un secret entre le pape et le roi de Prusse, il était aussi difficile de l'affirmer que de le nier.

Tout ceci m'a donné une haute idée de l'adresse avec laquelle le clergé romain détourne et dénature tout ce qui pourrait percer le cercle ténébreux dans lequel il renferme ses enseignements.

J'ai quitté Pérugia par un temps magnifique, et très-heureux de me retrouver seul. Près de Madonna dell' Angelo, j'ai laissé le vetturin continuer seul sa route jusqu'à Foligno, tandis que je me rendais à pied à Assisi, pour y voir un temple de Minerve bâti du temps d'Auguste et très-bien conservé.

Le couvent des Franciscains avec ses tours babyloniennes, ne m'a inspiré que de l'aversion, car c'est dans de semblables sanctuaires qu'on forme des têtes humaines à la façon de mon capitaine; aussi ai-je laissé toutes ces colossales constructions à ma gauche, pour entrer à Assisi et monter dans la ville haute où se trouve le temple de Minerve.

C'était le second monument intact des temps antiques, qui s'offrait à ma vue. Quoique modeste et tel qu'il convient à une petite cité, il est si bien conçu et si bien exécuté, qu'il brillerait partout. Parlons d'abord de sa situation, car ce point a beaucoup d'importance pour moi, depuis que j'ai lu dans Vitruve et dans Palladio, comment on doit asseoir les villes, les temples et autres édifices. Sous ce rapport aussi, les anciens étaient toujours grands et habiles; le temple de Minerve d'Assisi en est une preuve nouvelle pour moi.

L'architecte a choisi une plate-forme à mi-côte, entre deux collines; quatre grandes routes y forment une croix de saint André très-serrée, deux de ces routes montent dans les montagnes et deux autres descendent dans la plaine. Et comme les maisons qui masquent aujourd'hui le temple n'existaient pas alors, on le voyait de tous côtés et de fort loin. En arrivant à Assisi par la route de Rome, il se présente dans un beau raccourci; on ne devrait pas se borner à dessiner ce temple, son heureuse position aussi mérite d'être reproduite. La façade est admirable, l'architecte y a fait preuve d'un génie aussi élevé que conséquent : les colonnes sont d'ordre corinthien et paraissent posées sur des piédestaux, mais elles le paraissent seulement, car le socle est cinq fois coupé par cinq marches qui, à travers les colonnes conduisent à la plate-forme sur laquelle ces colonnes s'appuient et d'où l'on entre dans le temple.

C'était une grande hardiesse que de couper ainsi le socle, mais elle produit un effet merveilleux; elle a évité en même temps l'inconvénient de construire, pour monter au temple, un grand escalier qui eût pris toute la place. Je tâcherai d'attirer l'attention des artistes sur cet édifice, pour qu'ils nous en donnent enfin un dessin fidèle. Celui de Palladio lui-même ne l'est pas; aussi me paraît-il impossible qu'il ait vu ce temple, puisqu'il pose les colonnes sur de véritables piédestaux appuyés sur la plate-forme, ce qui en fait une monstruosité palmyrienne, tandis qu'en réalité cet édifice offre un coup d'œil agréable qui satisfait à la fois le regard et la raison.

En descendant par la route de Rome, j'ai entendu derrière moi des hommes qui parlaient avec vivacité, presque avec colère, et j'étais le sujet de leur conversation. Quoique persuadé que c'étaient les sbires que j'avais déjà remarqués en traversant la ville, j'ai continué tranquillement mon chemin. Bientôt ces hommes, dont deux étaient armés de fusils, m'ont entouré en me demandant qui j'étais, ce que je faisais là et si j'avais été au grand couvent.

— Je suis un architecte en voyage, leur ai-je répondu, et j'ai ordonné à ma voiture d'aller m'attendre à Foligno, tandis que je me suis rendu à pied à Assisi pour y étudier le magnifique monument que vous appelez la Maria della Minerva. Quant au grand couvent, je l'ai déjà vu plusieurs fois et je n'ai pas eu le temps d'y entrer aujourd'hui.

Marcher à pied quand on a une voiture et oublier d'aller faire sa cour à saint François, c'était plus qu'il n'en fallait pour me rendre suspect à leurs yeux; aussi m'ont-ils donné à entendre que je pourrais fort bien être un contrebandier. Il ne m'a pas été difficile de leur faire comprendre l'invraisemblance et l'absurdité de cette supposition, puis je leur ai offert de les suivre chez le podestat; cela leur a paru inutile, et ils se sont éloignés en murmurant. Presque au même instant, l'un d'eux est revenu sur ses pas et m'a très-poliment demandé un pourboire, parce que, disait-il, il avait été mon défenseur auprès de ses camarades qui étaient de mauvaises têtes et manquaient complétement d'usage. Quelques pièces blanches que je me suis empressé de lui mettre dans la main, l'ont tellement disposé en ma faveur, qu'il m'a prié de revenir pour la Toussaint qu'on célèbre très-magnifiquement dans le grand couvent; il m'a même offert ses services si, en ma qualité de joli homme, je désirais me trouver en rapport avec quelque belle femme; puis il s'est retiré en me promettant de ne pas m'oublier dans sa prière du soir.

Si l'on veut voir la réalisation de l'idée poétique qui nous représente les hommes vivant en plein air et se réfugiant, en cas de besoin, dans quelques cavernes, il faut voir les demeures des campagnards en ce pays. Leur insouciance est telle, qu'ils négligent les soins les plus indispensables; on dirait en vérité que ces pauvres gens ont tous peur de vieillir trop vite, s'ils se permettaient de penser à quelque chose. Je ne citerai pour exemple que l'auberge de Foligno où j'ai été rejoindre mon vetturin.

Qu'on se figure un ménage homérique dans une caverne au milieu de laquelle brille un grand feu, et où l'on s'établit pour manger autour d'une longue table, image de celle des noces de Cana; c'est là que j'écris ce feuillet qui ne peut manquer de se ressentir des inconvénients de la localité.

C'était une grande témérité de ma part que d'avoir entrepris ce voyage sans domestique et sans préparatifs. La diversité des monnaies, le changement perpétuel des moyens de transport, la mauvaise tenue des auberges où l'on est forcé de s'arrêter, tout cela est un tourment de chaque instant, surtout lorsqu'on se trouve ainsi tout seul pour la première fois de sa vie. Mais je ne songeais qu'à voir l'Italie, et lors même qu'on me traînerait à Rome sur la roue d'Ixion, je ne m'en plaindrais pas.

Terni, le 27 octobre au soir.

Me voici de nouveau assis dans un antre semblable à celui de Foligno.

Je viens de faire le tour de Terni; c'est une jolie petite ville, située à l'entrée d'une vallée et à demi cachée par des montagnes calcaires. Depuis que mon soldat du pape m'a quitté, un prêtre est devenu mon compagnon de voyage. Celui-là, du moins, est très-content de sa profession, et quoi qu'il se soit aperçu que j'étais un hérétique, il a répondu avec beaucoup de bienveillance aux questions que je lui ai faites sur les divers rites du catholicisme. Rien ne m'est plus utile que de me trouver toujours ainsi en contact avec de nouveaux personnages. C'est en entendant les hommes du pays parler entre eux, qu'on parvient à se faire une juste idée de ce pays et de ses habitants. Ils sont tous les adversaires les uns des autres et se passionnent pour les opinions et les préjugés, au point de vous donner toute la journée une comédie gratis, dans laquelle ils se montrent à nu.

L'aqueduc de Spoleto, avec ses dix arches en briques, forme un pont d'une montagne à l'autre, et supporte avec un calme majestueux le poids des siècles qui ont passé par là. L'eau arrive toujours à la ville par les mêmes conduits et tombe dans les mêmes bassins. Voici le troisième édifice antique qu'il m'ait été permis de contempler, et j'y retrouve toujours la même élévation de pensée. L'amphithéâtre de Vérone, le temple d'Assisi et l'aqueduc de Spoleto, me prouvent que l'architecture des anciens était seconde nature agissant, non comme la première dans l'intérêt général de la création, mais dans l'intérêt exclusif des citoyens.

Je comprends enfin mon aversion instinctive pour les constructions que le seul bon plaisir a élevées; elles sont là, devant nous, comme autant d'enfants morts-nés, car tout ce qui n'a pas une véritable existence intérieure, ne saurait ni vivre ni grandir. Que n'ai-je pas déjà acquis en plaisirs et en connaissances depuis les huit semaines que je me trouve en Italie! Je tiens les yeux toujours ouverts, j'imprime les objets dans ma pensée, et je voudrais m'abstenir de les juger, malheureusement cela ne m'est pas possible.

Une singulière chapelle située sur la route de San-Crocefrisso, n'est pas pour moi un ancien temple qui avait été bâti à cette place; à mes yeux, ce sont des colonnes, des piliers, des entablements, des solives trouvés de tous côtés et recolés là, non bêtement, mais follement. C'est une chose assez désagréable, qu'au moment où l'on croit saisir l'antiquité, on ne trouve que des ruines à l'aide desquelles on est forcé de reconstruire péniblement ce qu'on n'a pu voir.

La terre, appelée communément terre classique, a un autre caractère, quand, on l'envisage non classiquement, mais telle qu'elle est, car alors on y voit un théâtre où se sont accomplies de belles et grandes choses. C'est ainsi qu'à l'aide de la géologie, j'ai su me conserver une idée nette et claire des localités auxquelles l'histoire se rattache vivante et vraie; aussi ai-je le plus grand désir de lire Tacite dans Rome.

Les Muses, comme les démons, ne nous visitent pas toujours à propos, car j'ai éprouvé aujourd'hui le désir de travailler à une composition tout à fait hors de saison. M'avançant vers le centre du catholicisme, voyageant seul avec un prêtre catholique, j'ai senti plus vivement que jamais, qu'il ne nous reste plus aucune trace du christianisme primitif. Quand on se le rappelle, tel qu'on le voit dans l'histoire des apôtres, on reconnaît en frémissant, qu'un paganisme informe et baroque a défiguré l'œuvre de ses nobles et bienveillants fondateurs.

Ces réflexions et ces souvenirs m'ont rappelé le plan de mon poëme du *Juif-errant*. Témoin de toutes ces transformations, il a vu le Christ revenir sur la terre pour voir le résultat de ses doctrines et courir le risque d'être crucifié une seconde fois. La légende : *Venio iterum crucifigi*, devait être la base de cette catastrophe.

De tels rêves voltigent sans cesse autour de moi. Dans mon impatience, je dors tout habillé, je me remets en route avant le jour et pendant que j'attends le lever du soleil entre la veille et le sommeil, je me laisse aller à toutes les fantaisies que me suggère mon imagination.

CITTA CASTELLANA, le 28 octobre.

Il est près de huit heures du soir, tout le monde est couché, et je finis ma journée en me rappelant les événements passés et en me réjouissant d'avance de ceux que l'avenir me prépare.

La matinée a été froide, et la journée très-chaude ; ce soir il fait un peu de vent, mais le temps n'en est pas moins fort agréable. Dès qu'on a passé le pont de Narni, on se trouve sur un terrain volcanique qui continue jusqu'à Cita Castellana. Cette ville est bâtie sur un tuf dans lequel j'ai reconnu de la lave. Ces sommités volcaniques sont beaucoup moins élevées que les Apennins dont elles sont les précurseurs ; c'est le passage des eaux qui en a fait les montagnes et les rochers dont ce paysage est si pittoresquement parsemé.

C'est donc demain au soir que je serai à Rome, j'ose à peine le croire ! Et quand ce souhait de toute ma vie sera accompli, que pourrai-je souhaiter encore ? De débarquer heureusement chez moi avec mon canot chargé de faisans, et de retrouver tous mes amis bien portants, heureux et satisfaits.

VI. — ROME.

Sommaire. — Effet que la certitude de me savoir à Rome produit sur moi. — Le jour des Morts. — La chapelle du pape au palais Quirinal. — Les tableaux de cette chapelle. — Les artistes allemands et leur méprise à mon égard. — Mon ami Tischbein. — Visite faite à la nymphe Égérie. — L'église de Saint-Pierre. — Mon incognito. — *Aristodème*, tragédie italienne. — Le peuple de Rome. — L'habitude des assassinats. — Souvenir de Winckelmann. — Promenades dans Rome. — Les moulures en plâtre. — Le chat de mon hôtesse qui adore le père Éternel. — On cherche à me faire sortir de mon incognito. — *Iphigénie en Tauride*. — Manière singulière d'interpréter l'admiration des étrangers pour une statue de Minerve. — La fête des Rois à la Propagande. — La tragédie d'*Aristodème* est représentée avec beaucoup de succès. — La fête des animaux à la Saint-Antoine. — L'anatomie artistique. — Angélique Kaufmann entend parler de mon *Iphigénie en Tauride*, et je suis obligé de lui en faire la lecture. — Rome au clair de la lune. — Seconde lecture d'*Iphigénie en Tauride*, chez Angélique Kaufmann, avant mon départ pour Naples. — Fin du carnaval à Rome. — Mon départ pour Naples.

Rome, le 1er novembre 1786.

Je puis enfin saluer mes amis avec un cœur joyeux; ils me pardonnent mon mystérieux départ et mon voyage souterrain. J'osais à peine me dire où j'allais, ce n'est qu'en passant sous la porte del Popolo que j'ai cessé de craindre, parce que j'étais sûr de tenir la ville de Rome.

Soyez persuadés, mes chers amis, que j'ai constamment pensé à vous, et que je n'ai cherché seul le centre vers lequel me poussaient mes secrets désirs, que parce que je vous savais tous retenus chez vous de corps et d'âme. Dès que ce désir sera satisfait, la patrie et les amis que j'y ai laissés me deviendront plus chers que jamais, et je ne songerai plus qu'à retourner vers eux; car les trésors que je rapporterai, je ne les destine pas à mon usage personnel, non, je veux qu'ils embellissent le reste de notre vie à tous.

Me voici, je le crois du moins, tranquille pour le reste de mes jours; on recommence à vivre, quand on voit dans son ensemble et de ses propres yeux, ce qu'on ne connaissait encore que par partie ou par ouï-dire. Les rêves de ma jeunesse se réalisent; les Vues de Rome, que jadis mon père avait apportées de l'Italie, se dressent vivantes devant moi, et je rencontre à chaque pas une ancienne connaissance. Tout est ici comme je me le suis figuré, et tout cependant me paraît nouveau.

Lorsque l'Élise de Pygmalion, qu'il avait modelée suivant ses désirs les plus ardents, s'élança vers lui en s'écriant : *C'est moi!* il comprit la différence entre le marbre sculpté et l'être vivant.

Rome, le 3 novembre.

J'avais surtout hâte d'arriver à Rome, à cause de la fête de la Toussaint, car je me suis dit : Puisqu'on fait tant de cérémonies en l'honneur d'un seul saint, ce doit être bien autre chose quand il s'agit de les célébrer tous. Je m'étais trompé pourtant; chaque paroisse et chaque communauté fête son patron en silence et comme elle l'entend ; les grandes solennités sont réservées pour le jour qui lui est spécialement consacré. Il n'en est pas de même du jour des morts ; le pape dit, à leur intention, une grand'messe dans son palais Quirinal, où, ce jour-là, tout le monde a un libre accès. La place du palais a quelque chose de caractéristique, car elle est à la fois grandiose, irrégulière et gracieuse.

Conduits par Tischbein, nous sommes arrivés, par un magnifique escalier, sous le péristyle de la chapelle, d'où l'on voit une longue file de splendides appartements, habités par le pape. En se sentant ainsi sous le même toit que le représentant du Christ sur la terre, on éprouve malgré soi un sentiment indéfinissable. Le pape et les cardinaux étaient déjà dans la chapelle et l'office venait de commencer.

Le pape est un des hommes les plus dignes et les plus

beaux que l'on puisse voir; l'extérieur et l'âge des cardinaux varient à l'infini. Je brûlais d'envie de voir le saint-père ouvrir sa bouche d'or et de l'entendre parler du bonheur des élus avec une sainte extase qu'il m'aurait aussitôt communiquée; mais en le voyant passer d'un côté de l'autel à l'autre en gesticulant et en marmottant comme aurait pu le faire un simple moinillon, le péché originel du protestantisme s'est réveillé en moi, et le sacrifice de la messe ne m'a nullement édifié.

Le Christ, encore enfant, a interprété les Écritures de vive voix, et certes il ne s'est pas tu pendant sa jeunesse, car il aimait à parler et il parlait bien, ainsi que le prouvent les Évangiles. Que dirait-il, me suis-je demandé, si, entrant tout à coup dans le temple, il voyait son image sur cette terre, trépigner et marmotter ainsi, sans rime ni raison?

Le *Venio iterum crucifigi* m'est revenu à la mémoire, j'ai fait signe à mon compagnon, et nous sommes sortis de la chapelle pour nous rendre dans de grandes et magnifiques salles voûtées. Là, nous avons trouvé une foule d'artistes admirant et étudiant les magnifiques peintures qu'on ne peut voir que ce jour-là, sans être soumis à l'impôt des pourboires, que les gardiens ont créé à leur profit.

Les fresques m'ont fait connaître de grands maîtres dont je ne soupçonnais pas même l'existence, puis un tableau du Guerchin, dont je connaissais déjà le faire, a attiré mon attention. On retire le corps du Christ du sépulcre, il ressuscite, et un céleste adolescent le reçoit dans les cieux; malgré cette double action, le tableau est admirable.

Un tableau du Titien m'a frappé de surprise : Un évêque, couvert d'un immense vêtement sacerdotal, surchargé d'or et de broderie, élève ses regards vers le ciel, comme s'il venait de puiser une inspiration divine dans le livre ouvert qu'il tient à la main; une belle vierge armée de palmes regarde ce livre avec intérêt, tandis qu'un grave vieillard n'y fait aucune attention; on dirait que, grâce aux clefs qu'il tient à la main, il a déjà trouvé la solution du problème que le prélat cherche dans son livre. En face de ce groupe est un jeune homme nu, garrotté et blessé par une flèche. Son regard et sa tenue annoncent une résignation modeste; entre ce jeune homme et les saints personnages se tiennent deux moines portant des croix et des lis. Au-dessus de la voûte entr'ouverte qui les renferme tous, se montre, dans l'éclat de la gloire céleste, une mère dont le regard compatissant s'arrête sur la scène, où le charmant enfant qu'elle tient dans ses bras est sur le point de laisser tomber une couronne. De chaque côté, des anges tiennent d'autres couronnes en réserve, et le divin pigeon plane au-dessus du tout, lui servant ainsi de cef de voûte.

Nous nous sommes dit qu'il fallait qu'il y eût là quelque chose de sacré et de traditionnel, pour que tant de personnages si peu en harmonie les uns avec les autres aient pu être si heureusement réunis et former ainsi un ensemble aussi mystérieusement satisfaisant. Cessant de nous occuper du sujet, nous nous sommes bornés à admirer la perfection de l'exécution.

Une toile du Guide, quoique tout aussi mystérieuse, est pourtant moins inintelligible. La plus naïve, la plus gracieuse, la plus pieuse des vierges est tranquillement assise et coud avec assiduité ; deux anges placés à ses côtés semblent attendre ses ordres. Il n'était pas besoin de commentaire mystique pour nous faire comprendre l'intention du peintre : il a voulu nous prouver que l'innocence, la jeunesse et l'amour du travail sont respectés et protégés par les habitants du ciel.

Pendant que ces chefs-d'œuvre de l'art absorbaient toutes mes pensées, des artistes allemands passaient, et repassaient devant moi en me regardant avec tant d'attention, que j'ai fini par m'en apercevoir. Bientôt après, Tischbein, qui m'avait quitté un instant, est venu me rejoindre, et je lui ai raconté ce que je venais d'observer.

— Je vais vous en expliquer la cause, m'a-t-il dit en

riant ; le bruit de votre arrivée s'est déjà répandu dans Rome ; me voyant avec un inconnu, nos artistes se sont imaginé que cet inconnu c'était Gœthe. Mais ce qu'il y a de plus drôle, c'est qu'il y a parmi nous un jeune homme qui prétend avoir naguère vécu dans votre intimité. Comme cela ne m'a jamais paru probable, j'ai profité de cette occasion pour éclaircir mes doutes, et je l'ai chargé d'aller regarder de près l'étranger avec lequel le hasard m'avait mis en contact. Il l'a fait ; puis il est venu me dire que, non-seulement cet étranger n'était pas Gœthe, mais qu'il ne lui ressemblait nullement. Pour l'instant du moins, l'incognito que vous désirez garder est assuré, et quand vous serez forcé d'y renoncer, nous aurons de quoi rire aux dépens de votre connaissance intime.

Certain de n'être point reconnu, je me mêlai plus franchement à nos artistes et je leur demandai des explications sur plusieurs tableaux, ainsi que le nom des maîtres qui les avaient peints. Ils se sont empressés de satisfaire ma curiosité.

Un Saint Georges venait d'attirer mon attention, mais personne ne pouvait me donner le moindre renseignement sur l'auteur de ce vainqueur du dragon, ce que je regrettais vivement. Alors un petit homme modeste, qui avait gardé le silence jusqu'ici, s'est approché de moi en me disant que ce Saint Georges était de Pordenone le Vénitien, et passait pour la première toile sur laquelle le talent de ce maître s'était révélé dans tout son éclat, ce qui m'a expliqué ma prédilection pour ce tableau, car je m'étais déjà assez familiarisé avec l'école vénitienne, pour en apprécier le mérite. L'artiste si bien instruit, s'appelle Henry Meyer ; il est Suisse et étudie ici les antiques, qu'il dessine à la sépia avec beaucoup de succès. Il est aussi très-versé dans l'histoire de la peinture.

Rome, le 7 novembre.

L'idée générale de la ville commence à se graver dans mon âme. Je vais, je viens, j'ouvre les yeux et je reconnais que ce n'est qu'à Rome qu'on peut se préparer à l'étude de Rome : c'est une rude tâche que de retrouver la cité antique dans la ville moderne. A chaque pas, on rencontre les vestiges d'une magnificence et d'une destruction qui dépassent notre entendement. Tout ce que les barbares ont laissé debout de l'ancienne cité, a été gâté, corrompu par les architectes de la Rome moderne.

En contemplant cette existence de plus de deux mille ans, que le cours des siècles a tant de fois et si complétement changée de forme et de nature, et qui pourtant subsiste toujours sur le même sol et souvent avec les mêmes clous et les mêmes verrous, on croit assister au grand conseil du destin et participer à ses arrêts éternels.

Partout ailleurs on est obligé de chercher ce qui vaut la peine d'être vu, ici on en est obsédé, surchargé. A chaque pas, un palais, une ruine, un jardin, un désert, une maisonnette, une étable, un arc de triomphe, une colonnade, et tout cela si près à près, qu'on pourrait le dessiner sur une petite feuille de papier. A quoi sert une plume, quand il faudrait avoir des milliers de styles à sa disposition, et que le soir on se sent épuisé de fatigue, de surprise et d'admiration?

Rome est une grave école, où chaque jour dit tant de choses qu'on n'ose en parler. On ferait bien de séjourner ici pendant plusieurs siècles dans un silence pythagoricien.

Rome, le 7 novembre.

Le temps est *brutto*, comme disent les Italiens, car le vent du midi nous amène des pluies fréquentes. Je ne puis cependant pas appeler cela du *vilain temps*, puisque l'air est plus chaud qu'il ne l'est chez nous au cœur de l'été quand il pleut.

J'apprends tous les jours à mieux apprécier le talent de Tischbein ; il m'a montré ses dessins et ses esquisses qui donnent les plus belles espérances. Son but est de faire sentir l'immense antiquité du monde, en représentant des montagnes couvertes de forêts vierges, des ravins creusés par le cours des eaux, des volcans éteints laissant encore échapper une légère fumée ; et sur le premier plan, le tronc renversé d'un chêne centenaire, contre lequel un jeune cerf essaye la force de ses cornes. Ailleurs, il montre l'homme dompteur du cheval et de tous les animaux, de l'air et de l'eau, sinon par la force, du moins par l'intelligence et la ruse. Toutes ces compositions sont heureuses, et si elles étaient exécutées à l'huile, elles feraient de magnifiques tableaux.

Je n'ai encore vu qu'une seule fois les *loges de Raphaël*, les grands tableaux de l'école d'Athènes, etc. C'est comme si l'on était obligé de lire Homère pour la première fois dans un manuscrit endommagé ; la première impression est pénible, presque douloureuse ; mais la jouissance que procure toujours l'appréciation d'un bel ensemble, la suit de près. Les *loges de Raphaël*, qui représentent toute l'histoire de l'Ancien Testament, sont parfaitement bien conservées ; si quelques sujets seulement ont été peints par Raphaël, tous ont été exécutés et peints sous sa direction et d'après ses dessins.

J'avais eu autrefois le désir de visiter l'Italie, avec un homme réunissant les connaissances artistiques à celles de l'histoire ; ce désir s'est réalisé au delà de mes espérances. Tischbein, avec lequel j'étais depuis longtemps en correspondance, sans l'avoir jamais vu, est non-seulement pour moi ce guide désiré, mais encore un ami véritable. Je prévois, qu'au jour de mon départ, je serai réduit à désirer qu'il fût celui de mon arrivée.

Le 8 novembre.

Mon fantasque et capricieux incognito, me procure de très-grands avantages. En se croyant obligé de faire semblant d'ignorer qui je suis, on n'ose m'interroger sur moi-même ; et pour dire quelque chose, on se trouve forcé de parler de soi, de ses amis et des localités, ce qui me met à même de connaître les hommes, les choses et les lieux.

Ne pouvant ou ne voulant pas retenir le nom que je me suis donné, le conseiller de cour Reifenstein, a pris le parti de m'appeler tout simplement le baron, et me voilà baron envers et contre tous, ce qui n'a rien d'étonnant en ce pays, où l'on a l'habitude de désigner les gens par leurs titres ou, s'ils n'en ont point, par un sobriquet. N'importe, j'échappe par là à l'immense inconvénient de rendre sans cesse compte de mes actions et de mes travaux.

Le 9 novembre.

Je me recueille parfois pour faire l'énumération de tout ce que j'ai déjà acquis depuis mon entrée en Italie. J'aime à arrêter ma pensée sur cette Venise sortie de la mer comme Pallas du cerveau de Jupiter. Ici, l'extérieur comme l'intérieur de la rotonde, m'avait fait comprendre tout ce qu'il y a d'admirable dans le grand, bien conçu, tandis que l'église de Saint-Pierre m'a prouvé que, l'art et la nature peuvent s'élever au-dessus de toutes les proportions connues, sans sortir des limites du vrai beau.

Le 10 novembre.

Il n'y a rien ici de petit, le blâmable, l'absurde même se sentent de la grandeur générale. Je raconte au hasard, l'ordre se trouvera plus tard. Je ne suis pas ici pour être heureux à ma façon, mais pour m'accoutumer au grand, avant d'avoir atteint ma quarantième année.

Le 11 novembre.

J'ai été faire ma visite à la nymphe Égérie; de là, nous avons visité la *via Appia* et la tombe de Cécilia Métella. C'est là seulement que l'on commence à comprendre ce que c'est que la maçonnerie. Ces gens-là travaillaient pour l'éternité, ils prévoyaient tout, excepté la frénésie de la destruction. Les restes de l'aqueduc ont quelque chose de bien respectable : quel noble but pour une aussi colossale construction, que de la faire servir à abreuver tout un peuple !

Vers la chute du jour, nous sommes entrés au Colisée, là, tout le reste paraît petit; il est si grand qu'on ne saurait retenir son image sans la rapetisser ; aussi le trouve-t-on toujours plus grand chaque fois qu'on le revoit.

Frascati, le 15 novembre

Les amis sont couchés, et je trempe ma plume dans l'encre de Chine dont nous nous sommes servis pour dessiner. La contrée est délicieuse ; aussi les anciens Romains y avaient-ils établi leurs maisons de plaisance ; et les modernes, gonflés par cette présomption que donne la richesse, ontimité cet exemple.

Voici deux jours que nous nous promenons sans cesse, et je vois toujours quelque chose de nouveau ou d'attrayant. et cependant je n'oserais décider si nos soirées ne se passent pas encore plus agréablement que nos journées. Dès que notre hôtesse a posé sur la table, sa lampe de cuivre à trois becs, en prononçant les mots sacramentels : *Felicissima notte*, nous formons un cercle autour de cette table. Chacun y dépose les dessins et les esquisses qu'il a faits dans le courant de la journée; on regarde, on parle, on discute. Le conseiller de cour Reifenstein, dirige admirablement ces réunions fondées par Philippe Hackert, cet artiste actif qui excitait les hommes, les femmes, les jeunes et les vieux, à exercer leurs penchants et leurs facultés artistiques. Quand la conversation languit, on a recours à des lectures qui concernent les arts et l'histoire.

Rome, le 17 novembre.

Nous voici de retour. Où trouver des paroles pour exprimer le bonheur que j'ai goûté dans le courant de cette journée ? J'ai vu les fresques du Dominiquin, à Andrea della Valle, et la galerie de Farnèse du Carrache.

Le 22 novembre, fête de Sainte-Cécile.

Il faut que je consigne en quelques lignes, le souvenir

de cette heureuse journée, et que je fasse l'histoire de ses événements.

Le temps était surperbe et chaud, Tischbein m'a conduit sur la place Saint-Pierre, où nous nous sommes promenés pendant quelque temps en mangeant du raisin que nous venions d'acheter, puis nous sommes entré dans la chapelle Sixtine, où nous avons admiré le Dernier jugement et plusieurs autres peintures de Michel-Ange. La mâle élévation, l'assurance et le grandiose de ce maître, surpassent tout ce qu'on pourrait en dire.

En passant devant l'église Saint-Pierre, nous nous sommes laissés aller au plaisir de contempler tant de belles choses sans chercher à gâter ce plaisir par un examen trop scrupuleux, puis nous sommes montés sur le toit, qui offre l'image d'une petite ville bien bâtie. On y voit des maisons, des magasins, des constructions ayant l'air de fontaines, et tout cela est entrecoupé de belles promenades et suspendu au milieu des airs. De là, nous nous sommes élevés jusqu'à la coupole, et nous avons vu à nos pieds la ville de Rome, Tivoli, Frascati, les Apennins et une plaine bordée par la mer. Pas un souffle d'air, il faisait chaud comme dans une serre. En descendant, nous nous sommes fait ouvrir les portes qui conduisent sur les chambranles, d'où nous avons vu le pape se promener au-dessous de nous, lisant son bréviaire : c'était un complément parfait de l'église Saint-Pierre.

Revenus sur la terre, nous avons dîné dans une auberge voisine, puis nous nous sommes rendus à l'église de Sainte-Cécile. Elle était encombrée de monde et tellement surchargée de décorations, qu'on ne voyait plus rien du travail de l'architecte. Plus de deux cents bougies brûlaient sur le maître-autel ; les chanteurs et les autres musiciens étaient placés sous l'orgue et sur des échafaudages tapissés de velours rouge. La musique était admirable, les voix formaient des concerts séparés où le soprano exécutait des solo auxquels les chœurs se mêlaient toujours fort à propos.

En retournant chez nous, nous avons passé devant l'Opéra, et nous n'y sommes pas entrés ; la journée avait été si riche en plaisirs, que nous ne voulions pas y en ajouter un nouveau.

Le 25 novembre.

Malgré l'incognito que j'observais toujours, je n'ai pu me dispenser de dîner chez le prince de Lichtenstein, concession qui m'a conduit plus loin que je ne l'aurais voulu ; car le prince m'a parlé d'un certain abbé Monti, auteur d'une tragédie dont il désirait me faire la lecture, afin d'avoir mon avis. Quelques jours après, j'ai trouvé l'auteur chez le prince, et il nous a fait la lecture de son œuvre, dont Aristodème est le héros. Comme ce roi de Messène, tourmenté par toutes sortes de scrupules, s'est suicidé, on m'a donné très-gracieusement à entendre que l'auteur de *Werther* ne serait peut-être pas fâché de voir qu'un poëte italien se fût inspiré de ce bel ouvrage.

C'est ainsi que les mânes irritées de mon pauvre Werther devaient me poursuivre jusque dans les murs de Messène.

Je me suis efforcé de faire ressortir de mon mieux, tout ce qu'il y avait de beau et de bon dans cette tragédie ; mais la vivacité italienne demandait une approbation passionnée ; on voulait, surtout, me faire prédire l'effet qu'elle produirait à la représentation. Je m'excusai, en disant que je ne connaissais ni le goût, ni les exigences du public romain. Selon moi, il était à craindre qu'habitué à la comédie et à l'opéra, il ne prît d'autant moins d'intérêt à la marche noble et calme d'une tragédie, que l'action du héros n'est nullement dans ses mœurs. En effet, tuer les autres, cela se voit tous les jours en Italie, mais se tuer soi-même, c'est là une chose dont je n'avais encore entendu citer aucun exemple. Me rendant aux arguments qu'on opposait à mes objections, j'ai fini par déclarer que rien ne pouvait m'être plus agréable que d'aller bientôt, avec tous mes amis, applaudir *Aristodème* à outrance et de tout cœur. Il n'en a pas fallu davantage pour rendre tout le monde content, et, cette fois du moins, je ne me suis point repenti de m'être un peu relâché de mon incognito.

Mais lorsque la fille du prétendant au trône d'Angleterre a demandé à voir l'animal étranger appelé *Goethe*, j'ai refusé positivement et je n'ai plus jamais consenti à être reconnu.

Le 24 novembre.

Je n'ai rien à dire de la population de Rome, sinon qu'au milieu de sa magnificence, de sa gloire, de sa religion, de ses monuments historiques et de ses beaux-arts, elle est absolument ce qu'elle serait, si elle habitait des forêts et des cavernes. On est surtout désagréablement impressionné, par le grand nombre d'assassinats dont on se borne à parler comme d'une chose toute simple ; l'assassin se réfugie dans une église et tout en reste là. Hier, encore, un digne artiste suisse a été attaqué tout à fait de la même manière que l'avait été Winckelmann. Il était écrit là-haut, que pour qu'il y eût des ombres à mes récits, je devais être réduit à parler de crimes et de catastrophes.

Le Vésuve vient de faire une nouvelle éruption, on dirait que ce phénomène a anéanti les trésors artistiques de Rome, car tout le monde quitte cette ville pour courir à Naples.

Le 1er décembre.

Moritz, qui s'est fait honorablement remarquer par la relation de son voyage en Angleterre, vient d'arriver ici. C'est un excellent et digne homme, dont la société m'est aussi agréable qu'utile.

Le 2 décembre.

Le hasard m'a fait tomber entre les mains le *Voyage en Italie* d'Archenholz. Comme un tel livre se rapetisse, quand on le lit sur les lieux qu'il décrit ! on dirait qu'il est posé sur des charbons ardents et qu'on voit ses feuillets brunir, noircir et se dissiper en fumée. Il est certain que l'auteur a vu Rome; mais il n'a pas assez de connaissances acquises; pour excuser ses manières hautaines et méprisantes, aussi butte-t-il à chaque pas, soit qu'il blâme, soit qu'il loue.

Le 3 décembre.

Les souvenirs historiques, dont je ne me suis pas occupé d'abord, commencent à m'intéresser ; je lis les inscriptions et je recherche les médailles. L'histoire du monde entier se rattache à cette ville, et le jour où j'y suis arrivé pour la première fois est pour moi un second jour de naissance.

Le 8 décembre.

Je me proposais de vous parler longuement d'une promenade que nous avons faite sur les bords de la mer; mais notre bon Moritz, dont le cheval s'est abattu sur les larges pavés de Rome, a eu le bras cassé dans cette chute, ce qui est, pour notre petit cercle, un grand malheur domestique.

Le 13 décembre.

Je me suis procuré les *Lettres* de Winckelmann, écrites pendant son séjour à Rome, et je les lis avec une profonde émotion. Ce fut dans la même saison, mais trente-un ans plus tôt, qu'il arriva ici, encore plus inexpérimenté que moi et tout aussi décidé à étudier sérieusement l'antiquité et les arts. Il a courageusement travaillé pour arriver à son but, et son souvenir m'est devenu plus cher encore depuis que, moi aussi, j'ai vu Rome.

Ces feuillets vous arriveront pour le nouvel an. Que son commencement vous soit propice; nous nous reverrons avant sa fin, et ce ne sera pas pour moi un médiocre plaisir. La partie écoulée de ma vie en a été la plus importante ; soit que je meure maintenant ou que je dure encore quelque temps, le voyage que je fais en ce moment, n'en aura pas moins été utile.

Un mot pour les enfants; lisez-leur ces lignes : On ne s'aperçoit pas ici de l'hiver, les jardins sont remplis de fleurs, le soleil est chaud, et on ne voit de la neige que bien loin sur le haut des montagnes; les orangers sont chargés de fleurs et de fruits ; loin d'être comme chez nous enfermés dans des caisses, ils croissent en pleine terre et forment de longues avenues. Les fruits sont déjà très-bons, au mois de mars, ils seront meilleurs encore, et, en toute saison, on en mange tant qu'on veut moyennant un très-petit pourboire.

Le 25 décembre.

Je me mets à revoir une seconde fois les choses les plus remarquables. La première vue étonne et saisit ; pour apprécier complétement les chefs-d'œuvre humains, il faut que l'âme ait retrouvé son calme et sa liberté.

Le marbre a une propriété particulièrement favorable à la sculpture, sa transparence et son ton légèrement jaunâtre qui approche de celui de la chair, donne aux bustes et aux statues un air de vie que le plâtre fait disparaître, quelque parfaites que puissent être les moulures. L'atelier d'un mouleur n'en est pas moins fort curieux à visiter ; en voyant les membres d'une statue sortir du moule les uns après les autres, on prend une idée nouvelle de l'ensemble. J'ai fait, dans un de ces ateliers, l'acquisition d'une tête colossale de Jupiter et je l'ai placée en face de mon lit, afin de lui adresser ma prière du matin. Malgré son air imposant, cette tête a donné lieu à une scène fort gaie :

Notre vieille hôtesse venait de passer par le salon où je me tenais, pour aller faire le ménage dans ma chambre à coucher. Son chat, qui ne la quitte jamais, l'a suivie. Tout à coup cette brave femme entr'ouvre la porte et m'appelle à grands cris pour venir voir un miracle. Je me rends à cet appel en demandant en quoi consiste ce miracle.

— C'est mon chat, dit-elle, qui adore le Père éternel ! Je savais bien qu'il avait de l'esprit comme un chrétien, mais ce n'en est pas moins quelque chose de surnaturel.

Le spectacle qui s'offrait à ma vue était en effet très-singulier : les deux pattes appuyées sur la poitrine du Dieu, le chat lui léchait la barbe avec une onction imperturbable. J'ai la conviction que la graisse du moule, restée dans les cavités de la barbe, avait frappé l'odorat du chat et excité sa gourmandise ; je n'en ai cependant rien dit à mon hôtesse, car je ne voulais pas la priver du bonheur d'avoir vu un miracle et de posséder un chat chrétien.

Le 29 décembre.

Que d'efforts ne fait-on pas pour me tirer de mon obscurité ! que de poëtes qui me font ou me font faire la lecture de leurs œuvres ! Il ne tiendrait qu'à moi de jouer un grand rôle dans les petits cercles littéraires ; mais là, il faudrait louer ou blâmer, selon les exigences, les passions et les intrigues qui agitent ces cercles ; il faudrait tout souffrir des grands et des riches, et cette litanie qui, chez nous, m'aurait fait fuir à l'autre bout du monde, je la réciterais ici sans aucun but ? Non, mille fois non, je ne plongerai pas plus bas qu'il ne le faut pour sonder ce travers avec bien d'autres, afin de me retrouver plus heureux et plus content chez moi.

Le 6 janvier 1787.

Je viens de chez Moritz, on a levé l'appareil de son bras cassé ; tout va bien. Nous parlerons plus tard de ce que j'ai appris pendant que j'ai rempli chez lui les fonctions de garde-malade, de confesseur, de confident, de ministre des finances et de secrétaire intime.

Hier, j'ai fait apporter dans notre salon le plâtre d'une colossale Tête de Junon, dont l'original se trouve à la villa Ludovisi. Cette tête était mon premier amour à Rome, je la possède enfin. Il n'est point de paroles qui puissent décrire sa beauté ; c'est un chant d'Homère. Au reste, je ne me suis octroyé cette récompense que parce que je crois l'avoir méritée.

Je viens de terminer *Iphigénie en Tauride*. Deux copies semblables sont là, devant moi, je vous en enverrai une au premier jour ; accueillez-la avec bienveillance. Vous n'y trouverez pas tout ce que *j'aurais dû faire*, mais vous devinerez du moins ce que *j'ai voulu faire*.

Vous vous êtes plaint plusieurs fois de certains passages de mon journal où je parle d'un poids qui m'oppresse au milieu des objets charmants dont je suis entouré ; eh bien ! ce poids, c'était cette illustre Grecque. Sur le Brenner, je l'ai retirée de mes paquets afin de l'avoir toujours sous la main ; sur les rives du *lago di Garda*, où je me suis senti aussi isolé que l'était mon héroïne sur le rivage de la Tauride, j'ai posé les premiers jalons de la transformation que je lui ai fait subir. A Vérone, à Padoue, à Venise, je me suis arrêté, car alors l'idée m'avait pris de faire une *Iphigénie à Delphes*. Le sentiment du devoir m'a ramené à mon premier plan, et j'y ai travaillé assidûment et d'une manière très-simple, puisque je me suis borné à copier et à faire résonner régulièrement à mes oreilles les lignes et les périodes ; jugez maintenant le résultat auquel je suis arrivé : ce qu'il y a de certain, c'est qu'en travaillant ainsi, j'ai beaucoup plus appris que fait.

Le 7 janvier.

Pour ne pas négliger tout à fait les choses du culte, je dois dire que, pendant la nuit de Noël, nous avons couru d'église en église. Une d'elles est, à cette occasion, plus visitée que toutes les autres, car la musique est une pastorale, dans la plus étroite acception du mot. Les musettes des bergers, le gazouillement des oiseaux, le bêlement des moutons, rien n'y manque.

Le jour de Noël, le pape dit lui-même la grand'messe à Saint-Pierre. C'est un spectacle aussi magnifique qu'imposant ; mais j'ai été trop longtemps nourri dans le *diogénisme* protestant, pour ne pas trouver dans ces pompeuses solennités beaucoup plus à perdre qu'à gagner.

Ce matin, j'ai assisté à une messe du rite grec ; elle m'a paru plus grave, plus réfléchie et plus populaire que chez les Latins. Cette cérémonie aussi m'a fait sentir que j'étais trop vieux pour tout, excepté pour la vérité. Les cérémonies religieuses et les opéras, les ballets et les processions des Romains, tout cela glisse sur moi comme la pluie sur un manteau de toile cirée, tandis qu'un beau coucher du soleil ou un chef-d'œuvre de l'art, comme ma Tête de Junon, m'impressionnent profondément.

Le mouvement dramatique qui se prépare me fait frissonner d'avance : sept théâtres vont s'ouvrir la semaine prochaine. Anfossi, le célèbre compositeur, est venu en personne pour diriger la représentation de son *Alexandre aux Indes*. On donnera la prise de Troie en ballet ; pourquoi les enfants ne sont-ils pas ici? Comme cela les amuserait !

Le 10 janvier.

Voici enfin l'enfant de mes douleurs, épithète qu'*Iphigénie* mérite sous plus d'un rapport. En la lisant à nos artistes, j'ai fait beaucoup de corrections. Si Herder voulait y consacrer quelques traits de plume? Quant à moi, je suis blasé sur cette pièce. Si, depuis plusieurs années, je n'écris plus qu'en prose, c'est que notre prosodie est trop vague, trop incertaine, et je n'aurais jamais osé traduire *Iphigénie* en iambes, si je n'avais pas été guidé par le Traité de prosodie de Moritz et par nos longs entretiens à ce sujet pendant qu'il était sur son lit de douleur. Notre langue a si peu de syllabes réellement brèves ou longues, qu'on les emploie à volonté. Moritz a trouvé qu'on pouvait, qu'on devait même les classer selon leur entourage. Ce système ne tranche pas toutes les difficultés, mais c'est du moins un point d'arrêt sur lequel on peut s'appuyer.

Nos artistes ont eu de la peine à se faire à la marche calme et régulière d'*Iphigénie;* on s'attendait à quelque chose de semblable à *Gœtz de Berlichingen*. Les plus beaux passages, cependant, n'ont pas manqué leur effet, et Tischbein a comparé cette tragédie à un sacrifice dont la fumée, retenue par une légère pression de l'air, effleure le sol, tandis que la flamme s'élève vers le ciel, et il a vivifié cette charmante comparaison par un petit dessin que je joins au manuscrit.

Je vous envoie en même temps une jolie pierre taillée

représentant un lion et un taon qui bourdonne autour de son nez. Les anciens affectionnaient cette image et l'ont reproduite souvent. Si vous vouliez vous servir de cette pierre pour cacheter vos lettres, elle deviendrait un écho artistique, que le souffle de l'amitié m'apporterait de votre part.

Le 15 janvier.

Que de choses n'aurais-je pas à dire chaque jour, et cependant je trouve à peine le temps de jeter quelques paroles sensées sur le papier; puis il commence à faire frais, et l'on est mieux dehors que dans ces chambres sans poêles et sans cheminées. Je tâcherai cependant de mentionner quelques incidents de la semaine dernière.

Le palais Giustiniani contient une statue de Minerve que j'ai été voir fort souvent, car j'ai pour elle une vénération particulière; je ne me crois pas digne d'en dire davantage. Pendant que j'admirais cette statue dans un silence respectueux, la femme du gardien m'assura qu'elle représentait une sainte d'une religion des temps passés, et que les Anglais, qui étaient encore de cette religion-là, l'adoraient toujours.

— Les uns, ajouta-t-elle, lui baisent les pieds, les autres les mains; dernièrement une jeune dame a même été jusqu'à s'agenouiller devant elle, ce qui m'a beaucoup scandalisée, car, grâce au ciel, je suis bonne chrétienne.

Tout en me parlant ainsi, elle s'aperçut que moi aussi je contemplais cette statue avec extase, et elle me dit en souriant que sans doute cette sainte ressemblait à une de mes maîtresses. La pauvre femme comprenait l'amour et la dévotion, mais l'enthousiasme qu'inspire un chef-d'œuvre de l'art était au-dessus de sa portée.

Le jour des Rois, nous nous rendîmes à *la Propaganda*, où nous trouvâmes une nombreuse réunion présidée par trois cardinaux. On prononça d'abord un long discours sur la question de savoir si Marie avait reçu les trois Mages dans l'étable ou ailleurs; puis on nous lut de petits poëmes latins sur des sujets semblables.

Après cette lecture, on introduisit une trentaine de séminaristes appartenant aux contrées les plus lointaines, et chacun de ces messieurs déclama à son tour un poëme dans la langue et selon les habitudes de son pays. Le Chinois, le Syriaque, le Persan, le Cophte, le Grec, le Turc, l'Arménien, l'Hébreu, l'Islandais, le Moldave, etc., etc., se succédèrent au milieu des bruyants éclats de rire de l'auditoire, excités par les intonations bizarres et les sons baroques de ces idiomes inconnus.

Ce fut ainsi qu'une cérémonie destinée à célébrer le jour où les gentils reçurent l'annonce de leur futur salut, dégénéra en farce.

Encore une petite anecdote sur la manière cavalière dont on traite ici les choses saintes. Quelques années avant sa mort, le cardinal Albani, présidait avec deux de ses collègues la réunion du jour des rois dont je viens de parler. Un séminariste, de je ne sais quelle extrémité du monde, se tourna vers les Éminences pour réciter son poëme, qui commençait par ces mots : *Gnaya! Gnaya!* Ces paroles que personne ne comprenait, produisirent à toutes les oreilles l'effet du mot : *Canailla! Canailla!* Le public resta stupéfait, Albani se mit à rire aux éclats et dit en s'adressant aux autres cardinaux : *Celui-là du moins nous connaît.*

Le 15 janvier.

Aristodème vient enfin d'être représenté et avec un grand succès. L'abbé Monti est fort bien vu dans les hautes classes, car il tient de très-près au népotisme ; aussi les loges ne lui ont-elles pas marchandé les applaudissements. Le banc des artistes allemands non plus n'est pas resté inactif. Ces messieurs, qui passent pour fort difficiles, sont redoutés par les auteurs et les acteurs; leur suffrage universel et enthousiaste, a entraîné celui du public. Au reste, la pièce a été très-bien jouée, les acteurs avaient les costumes et les poses que nous admirons dans les statues; il était facile de voir qu'ils avaient étudié les antiques.

Le 18 janvier.

La célébration de la fête de Saint-Antoine a égayé ma journée d'hier.

Toutes les religions qui parviennent à donner une grande extension à leur culte, finissent par y faire participer les animaux, jusqu'à un certain point, du moins; il n'est donc pas étonnant que saint Antoine soit devenu le patron des quadrupèdes, et sa fête une saturnale pour ces animaux et pour leurs conducteurs. Les plus grands seigneurs sont obligés de rester chez eux ou de sortir à pied, et le peuple raconte, avec emphase, les malheurs arrivés aux impies qui, ce jour-là, ont forcé les cochers à mettre les chevaux au carrosse.

L'église de Saint-Antoine est située sur une place ordinairement déserte; hier, c'était un véritable marché de chevaux, d'ânes, de mulets, de porcs et dont les queues et les têtes étaient ornées de rubans de toutes couleurs. Tout cela attend patiemment l'arrivée du prêtre qui, à heure fixe, sort d'une chapelle adhérente à l'église. Il est muni d'un énorme goupillon qu'il trempe dans les baquets d'eau bénite placés sur son passage et dont il asperge amplement les hommes et les bêtes, puis on va déposer dans la chapelle les cierges et les aumônes données en échange de la bénédiction qui garantira les animaux de tout accident pendant le reste de l'année.

Le 19 janvier.

Voilà donc ce grand roi [1], dont la renommée a rempli le monde, et en faveur duquel le clergé romain a ouvert son paradis, par une si singulière fiction, qui vient d'aller rejoindre les héros du passé dans le royaume des ombres! On se tient volontiers tranquille, quand on voit un pareil homme passer de l'activité au repos.

[1] Frédéric le Grand, roi de Prusse. *(Note du Traducteur).*

Dans le courant de cette journée, nous avons été voir les parties du Capitole que j'avais négligées jusqu'ici. Puis, nous avons passé le Tibre, pour aller boire des vins d'Espagne récemment arrivés ; c'est sur ce point du rivage qu'on prétend que Romulus et Rémus ont été trouvés. Nous pouvions donc nous enivrer de la douceur de l'air, de l'esprit saint des arts, de souvenirs historiques et de vins d'Espagne.

Le 20 janvier.

Les choses qui nous faisaient beaucoup de plaisir tant que nous nous en occupions superficiellement, nous oppressent dès que nous reconnaissons qu'elles ne peuvent nous être réellement utiles que par une connaissance approfondie.

Quelques études anatomiques, m'ont mis à même d'apprécier le corps humain ; ici, la vue des statues ramène sans cesse à ces études, mais dans un sens plus élevé. Dans nos amphithéâtres, on ne s'attache qu'aux parties ; à Rome, la partie n'est rien, si elle n'offre pas en même temps une forme aussi belle que noble. Nous avons été au lazaret du Saint-Esprit, pour voir le corps myotomique qu'on y expose pour faciliter aux artistes l'étude des muscles. Ce corps est si beau, qu'on croit voir un demi-dieu écorché, un véritable Marsyas. J'ai reconnu avec plaisir, qu'à l'exemple des anciens, on ne considère plus le squelette comme un simple masque osseux, mais qu'on lui donne de la vie et du mouvement en étudiant les liens qui rattachent si savamment tous ces os les uns aux autres.

J'ajouterai que dans la soirée nous avons étudié la perspective, cela prouvera que nous ne sommes pas oisifs ; et cependant je me flatte toujours de pouvoir faire plus que je ne fais.

Le 22 janvier.

Nos artistes allemands ont dit tant de bien de mon *Iphigénie*, que le conseiller de cour Reifenstein et Angélique Kaufmann, m'ont prié de leur en faire la lecture. Le succès a surpassé mon attente, je l'ai attribué surtout à la forme de cette tragédie, car elle se rapproche de la forme grecque familière aux Italiens et aux Français, et que préfèrent tous ceux qui n'ont pas encore pu s'accoutumer à la hardiesse du théâtre anglais.

Le 25 janvier.

Il me devient toujours plus difficile de rendre compte de mon séjour à Rome, car plus j'apprends à connaître cette ville, plus je trouve qu'elle ressemble à la mer, dont la profondeur augmente à mesure qu'on s'y avance. Il est impossible d'apprécier le présent sans le comparer au passé, et cette comparaison demande plus de temps et de repos que je n'en ai.

Le terrain qu'occupe cette ancienne capitale du monde suffit seul pour nous ramener à l'époque de sa fondation, et l'on reconnaît aussitôt que ce n'est pas un grand peuple nomade et sagement conduit par des chefs expérimentés, qui s'est établi là, pour former le centre d'un vaste empire; mais que le hasard y a conduit une horde de vagabonds. Les deux plus robustes d'entre eux ont posé sur le haut des collines des fondements de palais pour les maîtres du monde, et ils ont abandonné au caprice des constructeurs futurs, les marais couverts de joncs, qui s'étendent au pied de ces collines et sur les deux rives du Tibre. Aussi les sept collines de Rome ne contribuent-elles en rien à la défense de cette ville du côté de la plaine. Si, au printemps prochain, je trouve le temps de faire quelques excursions lointaines, je décrirai plus longuement la situation défavorable de la capitale du monde. Dès ce moment déjà je m'intéresse vivement aux cris de douleur et de désespoir des femmes d'Albe, qu'après la destruction de leur ville, si délicieusement située, on entraîne malgré elles pour venir respirer les brouillards du Tibre et habiter sur la misérable colline de Cornélius, d'où leur paradis perdu s'offrait sans cesse à leurs regards désolés.

Quoique je ne connaisse que fort imparfaitement les environs de Rome, j'ai la conviction qu'aucune autre ville de l'antiquité n'a été plus mal placée ; aussi les Romains, dès qu'ils ont voulu vivre et jouir de la vie, ont-ils été obligés d'établir leurs maisons de plaisance sur le sol qu'occupaient naguère les villes détruites par eux.

Le 26 janvier

Le grand nombre de personnes qui vivent ici dans l'isolement et dont chacune s'occupe à sa manière, font naître des pensées calmes et paisibles. Je citerai pour exemple, d'abord un prêtre qui, sans posséder un grand talent, copie en miniature les tableaux les plus remarquables ; il nous a fort bien accueillis dans sa laborieuse solitude. Le père Jacquier, de l'ordre des Franciscains, Français de naissance, mène une vie tout aussi retirée ; malgré son grand âge, il s'occupe toujours des mathématiques qui lui ont valu une certaine réputation. Sa conversation, aussi sensée qu'agréable, a, entre autres, un puissant intérêt de curiosité, car il a connu les plus grands hommes de son pays et vécu familièrement avec Voltaire, qui l'affectionnait beaucoup.

La librairie ne procure ici aucune relation, et les nouvelles littéraires sont fort rares et toujours insignifiantes.

L'appui efficace que mes amis et moi nous avons prêté à *Aristodème* m'a valu plus d'une tentative pour m'entraîner dans des associations littéraires. Mais il était clair pour moi qu'on ne me recherchait ainsi que pour fortifier tel ou tel parti ; aussi me suis-je tenu sur la défensive ; dès qu'on a vu qu'il n'y avait rien à faire avec moi, on m'a laissé tranquille, et je continue à vivre à ma guise.

Mon existence a pris ici un lest qui lui a donné un poids convenable ; je ne crains plus les spectres qui se sont tant de fois joués de moi. Vous aussi, mes amis, reprenez courage, vous me soutiendrez sur l'eau et vous m'attirerez vers vous.

Le 2 février.

Quand on ne s'est pas promené dans Rome éclairée par la lune, on ne saurait se figurer la beauté de ce spectacle. Les immenses masses de lumière et d'ombre absorbent les détails, les ensembles seuls posent devant nous; le Colisée, surtout, a quelque chose de fantastique. Un ermite y demeure près d'une petite chapelle, et de nombreux mendiants se sont établis sous les voûtes écroulées. Ils venaient d'allumer un grand feu dont l'air poussait la fumée à travers l'*arena* de manière à couvrir les ruines d'un voile transparent, tandis que le mur colossal qui domine le tout se dressait fier et sombre devant nous. Peu à peu, la fumée s'est frayé un passage par les crevasses et les ouvertures, et la lune l'éclairait dans sa fuite. Debout contre la grille, car le Colysée est fermé pendant la nuit, nous contemplions cet éclairage phénoménal.

C'est ainsi qu'il faut voir le Panthéon, le Capitole, le péristyle de l'église Saint-Pierre, ainsi que les grandes rues et les grandes places de Rome. L'esprit humain, le soleil et la lune ont ici une autre vocation, et arrivent à d'autres résultats que partout ailleurs.

Le 15 février.

Il m'est arrivé aujourd'hui quelque chose d'heureux, c'est peu de chose, sans doute, mais un bonheur, qu'il soit petit ou grand, n'en est pas moins un bonheur dès qu'il nous réjouit.

En passant par hasard à la place où furent jadis les jardins de Lucullus, et où l'on pose aujourd'hui les fondements d'un nouvel obélisque, notre perruquier a trouvé dans les fouilles un morceau de terre cuite qu'il s'est empressé de nous montrer et dont je me suis emparé aussitôt. Il est à peu près grand comme la main, et paraît être le fragment des bords d'un grand plat. On y voit deux griffons près d'un autel; je ne pouvais me lasser d'admirer le dessin de ce débris. J'ai déjà une assez jolie collection de semblables antiquités, et rien n'y est insignifiant, car rien ici ne saurait l'être, mais à mes yeux, les souvenirs les plus précieux seront toujours ceux que j'emporterai dans mon âme, car ceux-là augmentent et grandissent sans cesse.

Le 15 février.

Je suis sur le point de partir pour Naples. Avant de réaliser ce départ, il m'a fallu consentir à une seconde lecture d'*Iphigénie*, toujours devant les mêmes auditeurs. L'âme tendre d'Angélique Kaufmann, a été si fortement impressionnée par cette pièce, qu'elle m'a promis de dessiner une vue des situations de la pièce, et de me donner ce travail à titre de souvenir. Et c'est au moment de quitter Rome, que je viens d'y former une liaison si précieuse pour moi. Au reste, la certitude qu'on me verra partir à regret, me cause une sensation douce et pénible.

Le 16 février.

Au moment où j'allais me rendre à l'Opéra, on m'a remis une lettre cachetée avec le petit lion et son taon ; rien ne pouvait m'être plus agréable que cette preuve de l'heureuse arrivée d'*Iphigénie*. Je vous remercie, mes amis, de me l'avoir simplement annoncée ; puisse votre prochaine missive, contenir quelques paroles d'approbation !

J'avais oublié de vous dire que le jour de la Chandeleur, nous étions allés à la chapelle Sixtine pour voir bénir les cierges, mais l'idée que la fumée de ces cierges et de cet encens assombrissait avec une sainte effronterie les plus beaux tableaux, m'a si péniblement impressionné que, sans attendre la fin de la cérémonie, nous sommes sortis de la chapelle pour aller gagner la campagne. Le hasard nous a conduits au couvent de Saint-Onufre, où le Tasse est enterré dans un petit coin, son buste a été placé dans la bibliothèque du monastère. Le visage est en cire, et je crois qu'il a été en effet moulé sur le cadavre, car on y trouve mieux que sur tous les autres bustes ou portraits du poëte, le cachet d'un homme plein de talent et de délicatesse, mais peu sociable.

19 février.

Le temps est admirablement beau; à mon grand regret, j'ai passé ma journée au milieu des fous du carnaval. A l'entrée de la nuit, j'ai été me retremper à la Villa Médicis. Une vapeur que je ne connaissais encore que d'après les tableaux de Claude Lorrain, planait au-dessus de la terre, de laquelle je voyais sortir des fleurs toutes nouvelles pour moi. Les amandiers sont en pleine fleur et forment un contraste singulier avec le vert sombre des chênes; le ciel ressemblait à un taffetas bleu clair, éclairé par le soleil. Mes caprices botaniques renaissent avec tout ceci, et je suis sur le point de découvrir les rapports secrets par lesquels la diversité naît de la simplicité.

Nous apprenons que le Vésuve continue à jeter des pierres et de la cendre, et que, pendant la nuit, sa cime ressemble à des charbons ardents. Ah! si les forces actives de la nature pouvaient nous donner un écoulement de laves! Je brûle d'impatience de voir de près cet imposant spectacle. Demain nous partirons pour Naples qu'on dit admirable, j'espère me retremper dans ce paradis, pour revenir étudier les arts dans la sévère et grave Rome. Je m'estime heureux de faire ce voyage avec Tischbein. Nous avons fait une ample provision de beau papier à dessin; mais je crains que la quantité des objets qui s'offriront à notre vue ne dépasse nos facultés. J'ai gagné sur moi de n'emporter de mes travaux poétiques, que le *Tasse*, sur lequel je fonde de grandes espérances. Si je savais seulement ce que vous dites d'*Iphigénie*, cela me servirait de guide. Le sujet est encore plus limité et demande une grande perfection de détails. Je sens bien qu'il faudrait détruire tout ce qui a été fait, car le plan, les personnages et les dialogues n'ont plus aucune affinité avec mes nouvelles manières de voir.

En faisant mes paquets, quelques-unes de vos lettres me

sont tombées sous la main, mes chers amis, et je vois que vous me reprochez de me contredire très-souvent. Comment en serait-il autrement? Je vous expédie immédiatement ce que j'écris, et je suis sans cesse jeté de tous côtés par des puissances irrésistibles.

Le 20 février, mercredi des Cendres.

Le temps des folies est terminé; hier au soir, c'était encore un tintamarre épouvantable. Quiconque a vu le carnaval à Rome éprouve le désir de le voir finir le plus tôt possible, et, surtout de ne plus jamais le revoir. Il est impossible d'écrire quelque chose là-dessus; nous en causerons plus tard, cela vous amusera peut-être. Ce qu'il y a de plus pénible, c'est qu'on ne voit nulle part une véritable gaieté : Les grands sont économes, les classes moyennes peu aisées, et le peuple manque d'argent pour se laisser aller aux velléités de joie qui lui restent encore au cœur.

Pendant les derniers jours, le ciel était d'une pureté admirable, il avait l'air de contempler toutes ces folies avec une innocence virginale. Comme on ne saurait se passer ici de dessiner, nous avons esquissé et enluminé les masques les plus caractéristiques, et je vous les envoie pour les enfants, afin qu'ils leur remplacent un chapitre d'*Orbis pictus*.

VII. — NAPLES.

Sommaire.—Le cabinet du chevalier Borgia. — Les marais Pontins. — Terracine et son promontoire.— Fondi.— Gaëte.— Arrivée à Naples. — La grotte du mont Pausilippe. — Visite à Philippe Hackert.— Excursion sur le Vésuve. — Les églises et les tableaux de Naples. — Seconde excursion sur le Vésuve.— Je fais la connaissance d'une singulière petite princesse napolitaine.— Pompéi. — Un dîner chez ma petite princesse. Nouvelle excursion à Pompéi. — L'ancien et le nouveau château du roi de Naples. — Capoue et Caserte. — Herculanum et le musée de Portici. — Le môle et les polichinelles. — Troisième excursion sur le Vésuve pendant l'écoulement de la lave. — Excursion à Salerne. — Mon ami Kniep et sa maîtresse. — Départ de Naples pour la Sicile.

Vellétri, 22 février 1787.

Nous sommes arrivés ici de bonne heure, un beau soleil éclairait notre route. Après avoir passé par Albano, nous nous sommes arrêtés à l'entrée d'un parc, que le prince Chigi laisse se convertir en une véritable forêt vierge, et il ne permet à personne d'y pénétrer, comme s'il avait honte de ce caprice bizarre. En regardant à travers les barreaux de fer de la porte grillée, j'ai pu me convaincre que les arbres et les arbustes, les mauvaises herbes et les plantes grimpantes croissent là au gré de leurs désirs.

Du haut des montagnes de Sezza, nos regards ont pu embrasser les marais Pontins, la mer et ses îles, tableau ravissant rendu plus beau encore par les colonnes de fumée qui s'élevaient au-dessus de quelques cabanes isolées et que le soleil traversait de ses rayons.

Vellétri est très-pittoresquement situé sur une colline volcanique. Le cabinet du chevalier Borgia, que nous nous sommes empressés de visiter, contient des antiquités très-remarquables. Soit que les étrangers reculent devant la fatigue d'un petit voyage ou qu'ils se trouvent retenus dans le cercle magique de Rome, il en est fort peu qui songent à aller admirer les trésors que renferme ce musée. En retournant à notre auberge, quelques femmes assises devant la porte de leurs maisons, nous ont demandé si nous avions envie d'acheter des antiquités ; sur notre réponse affirmative, elles nous ont apporté des chaudrons cassés, des pincettes et autres ustensiles semblables, puis elles se sont mises à éclater de rire. Nous allions nous fâcher, mais notre guide nous a assuré que les siècles ayant consacré cette mystification, tous les étrangers étaient obligés de la subir.

J'écris ceci dans une très-mauvaise auberge, et je n'ai ni le courage ni la force d'en dire davantage. Bonne nuit, mes amis.

Fondi, le 23 février.

Nous sommes partis de Vellétri à trois heures du matin; au point du jour nous étions dans les marais Pontins, qui n'ont pas un air aussi désolé qu'on le prétend à Rome. Ils s'étendent sur une vaste vallée dont la pente, vers le sud, est peu sensible; à l'ouest, elle s'incline fortement vers les montagnes, tandis qu'à l'est, elle va toujours en s'élevant jusqu'à la mer. Les travaux de desséchement ordonnés par le pape, sont déjà commencés, mais il est difficile de les apprécier quand on ne les voit qu'en passant. L'ancienne voie Appienne, traverse les marais dans toute leur longueur; à la droite de cette voie, on a creusé un canal, qui reçoit toutes les eaux de cette partie de la vallée, aussi le terrain de ce côté est-il desséché jusqu'à la mer, et pourrait être livré à la culture, s'il se trouvait des bras pour le labourer et l'ensemencer. Le côté gauche, offre plus de difficultés. On a creusé quelques saignées en lignes diagonales, mais elles ne produisent aucun effet; les marais penchent du côté des montagnes qui les terminent, c'est donc au pied de ces montagnes qu'il faudrait creuser un canal. On dit que le Pape en a l'intention; déjà il a fait construire un très-beau bâtiment à la place où fut autrefois Mezas et qui marque le centre des marais.

Lors même que nous aurions oublié qu'il est dangereux de s'endormir quand on traverse les marais Pontins, une vapeur bleuâtre qui plane au-dessus de la terre, nous l'eût rappelé.

A mesure qu'on s'approche de Terracine, les marais se couvrent de saules et de peupliers. Quel ne fut pas notre ravissement, lorsque nous vîmes à notre gauche la ville de Terracine si délicieusement située au milieu d'une chaîne de montagnes, et à notre droite, la mer. Les montagnes sont couvertes de myrtes, de grenadiers, d'oliviers et de figues indiennes avec leur immense feuillage. Les prairies qui séparent la route de la mer, étaient émaillées de narcisses, d'anémones et d'une foule de fleurs et d'arbustes que nous cultivons dans les serres chaudes.

Dès qu'on perd la mer de vue, on entre dans la riante plaine de Fondi. Les orangers sont encore chargés de fruits. Avant de pénétrer dans la plaine de Fondi, nous avons salué un magnifique palmier.

Je ne vous en dirai pas davantage ce soir, car j'écris sans penser; et tant d'objets s'offrent à ma vue que je veux au moins en crayonner quelques-uns.

Sainte-Agathe, le 24 février.

C'est dans une chambre bien froide que je vais vous rendre compte d'une très-belle journée.

Il faisait à peine jour lorsque nous sommes sortis de Fondi; nous pouvions cependant distinguer les orangers chargés de fruits qui bordent la route.

Mignon avait raison de soupirer après ce beau pays.

La vallée que nous traversions devenait toujours plus étroite, mais sans cesser d'être fertile et bien cultivée. Çà et là, on voit des places bien pavées et entourées de petits murs; c'est sur ces places que l'on bat le grain au lieu de le rentrer en gerbes. Le sol des montagnes est stérile, et cependant on a planté des oliviers partout où le vent a déposé un peu de terre. Les murs sont généralement construits avec des débris d'autels, des pierres tumulaires et autres fragments de l'antiquité. Parfois même on voit les ruines d'anciennes maisons de campagne se dessiner pittoresquement à travers les oliviers qui maintenant couvrent le terrain. Les forêts d'orangers recommencent dans les environs de Gaëte; nous nous sommes arrêtés pendant plusieurs heures dans cette ville, située au fond d'une baie qui offre les points de vue les plus variés et les plus intéressants. Si le regard suit la rive droite, il est arrêté, à l'extrémité de la demi-lune, par le fort de Gaëte; l'extrémité gauche s'avance bien plus avant dans la mer. Après avoir suivi une suite de montagnes, on aperçoit le Vésuve et une foule d'îles. La mer apporte sans cesse sur le rivage des feuilles d'astériques d'un beau vert et fines comme du papier vélin, des hérissons de mer et autres coquillages remarquables, puis des morceaux de serpentine, de jaspe, de granit, de porphyre, de verre teint et autres débris d'antiques édifices.

C'est quelque chose de bien imposant que de voir la mer se jouer ainsi sous nos yeux des magnificences du passé. Les hommes ici sont des demi-sauvages.

De Gaëte à Sainte-Agathe, je n'ai vu de remarquable que les collines formées avec des cendres volcaniques, c'étaient les premières qui s'offraient à ma vue. Le pays est toujours magnifique; les sommités couvertes de neige brillent au-dessus de vertes montagnes. L'auberge de Sainte-Agathe est assez bonne et on nous a fait du feu dans la cheminée, cela n'empêche pas que la chambre ne soit très-froide, car il n'y a pas de vitres aux fenêtres. Je cours fermer les contrevents.

Naples, le 25 février.

Après avoir traversé les collines volcaniques, qui se prolongent longtemps après Sainte-Agathe, nous sommes entrés dans la belle plaine de Capoue, et bientôt après à Capoue elle-même où nous avons dîné. Au sortir de cette ville, la route traverse de magnifiques champs de blé entourés de peupliers. Ces peupliers sont ébranchés très-hauts afin de laisser plus de place aux vignes plantées à leurs pieds.

Le Vésuve que nous avions toujours à notre gauche lançait une épaisse fumée ; je le contemplai en silence, heureux de voir enfin de mes yeux cette montagne remarquable. Le ciel était clair, et le soleil si ardent, que nous avions très-chaud dans notre étroite demeure roulante.

En entrant à Naples, nous nous sentions dans un autre monde, ainsi que nous l'annonçaient les maisons avec leurs terrasses au lieu de toits, et toute cette population marchant, courant, travaillant en plein air. Les Napolitains, persuadés qu'ils habitent un paradis terrestre, se font une singulière idée des contrées septentrionales. Voici ce qu'ils en disent : *Sempre neve, case di legno, gran ignoranza, ma danari assai.* Pour la plus grande édification des peuples du Nord, je crois devoir traduire ce passage : *Toujours de la neige, des maisons de bois, une grande ignorance, mais de l'argent de reste.*

NAPLES, le 26 février.

Alla locanda del signor Moriconi. Largo del Castello. C'est sous cette pompeuse adresse que je recevrai désormais vos lettres.

Non loin du grand Castel situé sur le bord de la mer, s'étend une vaste place qu'on appelle ici non une place, mais *Largo* (étendue). Au coin de cette place, s'élève une belle auberge où nous sommes allés nous établir. Nos fenêtres s'ouvrent sur un grand balcon que je n'aurais pas quitté, s'il ne faisait un vent trop vif. La salle est très-bien décorée, et les arabesques du plafond rappellent le voisinage de Pompéi. Tout cela serait fort agréable, s'il y avait seulement une cheminée, car en dépit de la douceur du climat, ici aussi le mois de février use de ses droits. J'exprimai le désir de me réchauffer et l'on m'apporta un trépied surmonté d'un bassin rempli de petite braise allumée et recouverte de cendre rouge

C'est à cette occasion qu'il s'agit d'être econome en se bornant à souffler légèrement la cendre pour donner un peu d'air à la braise. Si on la remuait, on aurait très-chaud un moment, puis il faudrait faire remplir le bassin, ce qui ne laisse pas de coûter assez cher. Ne me sentant pas encore assez réchauffé, je me suis affublé d'un surtout de marin que nous avions acheté par raillerie, et comme il m'était trop large, je l'ai ajusté à ma taille, à l'aide d'une des cordes qui attachaient nos malles. Tenant ainsi le milieu entre le capucin et le matelot, je me suis trouvé fort drôle moi-même; et lorsque Tischbein est revenu des visites qu'il avait été faire en ville, il n'a pu s'empêcher de rire en me voyant ainsi affublé.

Naples, le 27 février.

J'ai passé la journée à parcourir la ville. On aura beau raconter et peindre, on ne donnera jamais une juste idée de ce rivage, de cette baie, de ce Vésuve, de cette ville, de ses faubourgs, de ses castels, de l'air qu'on y respire.

Nous sommes entrés dans la grotte du mont Pausilippe, au moment où le soleil couchant y pénétrait par le côté opposé.

Je pardonne à tous ceux qui deviennent fous à la vue de Naples, et je me souviens avec attendrissement de mon père, qui a rapporté de cette ville une impression ineffaçable. Je me tiens tranquille, selon mon habitude, et lorsque je me sens par trop obsédé, j'ouvre les yeux aussi grands que possible.

Naples, le 28 février.

Nous avons été voir le célèbre paysagiste Philippe Hackert; le roi et la reine, qui l'honorent de leur protection spéciale, l'ont installé dans une aile du palais Francavilla, qu'il a meublée en artiste et où il vit heureux. C'est un homme qui a des opinions arrêtées mais fort sages, et qui, au milieu d'un travail assidu, sait jouir de la vie.

Naples, le 1er mars.

À Rome, déjà, on était parvenu à dompter plus que je ne l'aurais voulu, mon capricieux désir de vivre dans l'isolement. Il est vrai qu'il y a quelque chose de bizarre, dans l'intention de parcourir le monde pour y vivre seul; aussi m'a-t-il été impossible de résister à la gracieuse invitation du prince de Waldeck, qui, à peine instruit de mon arrivée à Naples, m'a fait inviter à visiter avec lui Pouzzole et ses environs.

Comment rendre compte de cette journée? Qui de vous n'a pas éprouvé que la fugitive lecture d'un livre en harmonie avec notre être, exerce sur le reste de notre vie, une influence à laquelle une lecture plus réfléchie de ce livre ne peut plus rien ajouter? Il en est de même de notre promenade à Pouzzoles, d'abord par eau, puis dans de légers équipages. C'est bien là, le pays le plus singulier du monde :

Sous un ciel pur, un sol incertain et jonché des ruines d'une ancienne magnificence détruite; des sources d'eau bouillante et des cavernes qui exhalent des vapeurs mortelles; des rochers nus et le triomphe définitif d'une végétation luxuriante qui, au-dessus de tant d'éléments de destruction, décore les ruisseaux et les vallées de forêts de chênes, nourris sur les flancs d'un volcan éteint!

C'est ainsi qu'on se trouve ballotté entre les grands événements de la nature et de l'histoire. Tout ceci n'empêche pas les vivants de vivre fort gaiement et nous en avons fait autant.

Le 2 mars.

Je suis parvenu enfin à monter sur le Vésuve. Le temps était sombre et d'épais nuages enveloppaient la cime du mont. Arrivé à Résina, j'ai changé mon véhicule contre un mulet qui m'a fait gravir la montagne à travers les vignobles. Parvenu à la lave de 1771, j'ai continué la route à pied, ce qui n'était pas une petite besogne. Sans m'occuper de la cabane de l'ermite qui se dessinait à ma gauche, je me suis avancé à travers les cendres, jusqu'au vieux cratère éteint. Là, j'ai trouvé des laves nouvelles ; les unes avaient deux mois, les autres quinze et les dernières cinq jours de date; toutes étaient refroidies. Mon guide me les a fait franchir et m'a conduit sur le haut d'une colline volcanique d'où s'échappait de tous côtés une épaisse fumée. Le vent la poussait devant nous, ce qui ne m'a pas empêché de m'approcher du cratère. Mais à peine avions-nous fait une cinquantaine de pas, que je ne voyais plus rien autour de moi, pas même mon guide ; et la marche sur des morceaux de laves nouvellement sorties du volcan, devenait si difficile, que j'ai pris le parti de revenir sur mes pas, en me promettant toutefois d'assiéger de nouveau cette montagne par un temps propice. Elle ne jetait cependant ni pierres ni flammes et ne faisait entendre aucun grondement souterrain ; mais la fumée me suffoquait. Je n'en suis pas moins satisfait de savoir combien il est difficile de respirer dans une pareille atmosphère.

J'ai déjà vu ici des hommes de toute espèce, de très-beaux chevaux et des poissons aux formes les plus bizarres.

Pas un mot de la situation et de la beauté de la ville, cela a été décrit tant de fois. « *Vedi Napoli e poi muori.* Voir Naples et puis mourir, » voilà ce qu'ils disent ici.

Le 3 mars.

Lors même qu'il y aurait encore quelques couples de Vésuves dans les environs, je pardonnerais aux habitants de Naples, de ne pas vouloir quitter leur ville, et à ses poëtes d'en chanter si hyperboliquement les félicités.

On n'aime pas ici à se rappeler Rome, car en y reportant sa pensée du sein de cette délicieuse contrée, la capitale du monde au fond de son ravin du Tibre nous fait l'effet d'un vieux monastère mal situé.

La vie maritime a ici quelque chose de très-animé. Hier,

une frégate secondée par une forte tramontane, est partie pour Palerme, elle doit y être arrivée en moins de trente heures. J'ai longtemps suivi ses voiles des yeux; si l'on voyait ainsi disparaître avec elles un objet aimé, on en mourrait de regret. Maintenant c'est le sirocco qui souffle; s'il devenait plus fort, les vagues, en se brisant contre le môle, offriraient un joyeux spectacle.

C'est aujourd'hui vendredi, jour consacré pour la promenade de la noblesse, qui aime à étaler la beauté de ses équipages et surtout celle de ses chevaux. Il est impossible de voir quelque chose de plus gracieux que ces animaux; aussi est-ce la première fois de ma vie que mon cœur me dit quelque chose pour eux.

Nous avons profité du second dimanche de carême pour aller visiter les églises. Si à Rome tout est grave et sérieux, ici tout est joyeux et gai, jusqu'à l'école de peinture. J'ai vu avec surprise, toute la façade d'une église couverte d'une peinture, représentant le Christ qui chasse les marchands du temple. C'est un plaisir de voir tous ces marchands culbuter avec grâce de marche en marche. Les chaires mêmes n'ont pas la même forme qu'ailleurs; ce sont de larges galeries. J'ai vu sur l'une d'elles, un capucin se promener d'une extrémité à l'autre et reprocher tantôt à une partie de l'auditoire, tantôt à l'autre, l'énormité de ses péchés.

Il est aussi impossible de raconter que de décrire la magnificence des rues, des places, des promenades et du rivage de la mer éclairés par la pleine lune, tels que je les ai vus cette nuit. On se sent saisi par l'infinité de l'espace! certes, rêver ainsi, cela en vaut la peine.

Le 6 mars.

Tischbein n'avait nulle envie d'aller visiter le Vésuve, il s'y est cependant rendu avec moi aujourd'hui, uniquement parce qu'il ne voulait pas me laisser faire seul cette nouvelle excursion. Arrivés au pied du mont qui jetait continuellement des pierres et de la cendre, nous avons commencé par en faire le tour. Quel spectacle imposant que cette masse conique ! Le tonnerre grondait dans son sein, des milliers de pierres de différentes grandeurs enveloppées dans un épais nuage de fumée, s'élançaient dans les airs et retombaient presque toutes dans la gueule béante qui les vomissait ; les autres descendaient le long des flancs du mont en produisant les bruits les plus étranges ; des ruisseaux de cendres les suivaient de près. Tout cela se faisait à des intervalles réguliers, dont je calculais la durée. Quelques pierres qui arrivaient jusqu'à nos pieds achevaient de rendre Tischbein de fort mauvaise humeur. Accoutumé à ne reproduire que ce que la nature a de plus beau, ce mont qui semblait déclarer la guerre aux plus belles productions de la nature, lui répugnait d'autant plus, qu'il ne se contentait pas d'être laid, mais qu'il était encore dangereux.

Un danger présent a toujours un certain attrait de contradiction qui nous pousse à le braver ; aussi n'ai-je pu résister au désir d'aller voir le cratère entre deux éruptions.

J'ai d'abord consulté nos guides, et ils nous ont conduits aussi haut qu'ils croyaient pouvoir le faire sans nous exposer, puis ils nous ont fait arrêter sous un rocher qui nous mettait à l'abri des pierres, et là, nous avons tranquillement déjeuné avec les provisions dont nous avions eu soin de nous munir. Après le repas, le plus jeune de nos guides s'est décidé à faire avec moi, l'excursion dont je lui avais parlé.

Armés de bâtons et nos chapeaux bourrés de mouchoirs de soie et de toile, le guide m'a fait passer la main dans sa ceinture et nous nous sommes mis en route. De petites pierres brûlantes clapotaient autour de nous, la cendre rouge ruisselait à nos pieds, mais au bout de quelques secondes, le robuste jeune homme m'avait arraché à ce brasier, et j'étais debout devant le gouffre béant. Un léger vent détournait la fumée qu'il exhalait, il ne m'en fut pas moins impossible de regarder dans le fond ; quelquefois, cependant, j'apercevais à travers la vapeur, les flancs de rochers crevassés. Il n'y avait là rien d'instructif ni d'agréable, mais c'était précisément parce que je ne voyais rien, que je restais pour voir quelque chose.

La curiosité m'avait fait oublier de calculer les intervalles entre les éruptions ; un roulement semblable à celui du tonnerre s'est fait entendre, et la terrible décharge du volcan s'est élancée dans les airs. Nous nous baissâmes machinalement comme si ce mouvement avait pu nous garantir du danger. Déjà nous n'avions plus à subir qu'une grêle de petites pierres et nous aurions pu profiter d'un nouvel intervalle pour nous arrêter plus longtemps, mais trop heureux d'avoir échappé à un danger aussi imminent, nous nous sommes empressés de retourner auprès de nos compagnons où nous sommes arrivés tout couverts de cendres.

Me félicitant et me grondant en même temps, Tischbein m'a fait prendre quelques confortants, puis nous avons redescendu la montagne, non sans observer les diverses couches de lave, sur lesquelles nos guides nous ont donné des explications très-instructives.

Le 9 mars.

Le temps s'est obscurci, nous aurons de la pluie.

Le sommet du Vésuve ne s'est point éclairci depuis que je l'ai visité ; la nuit dernière il a jeté des flammes, on s'attend à une éruption plus forte.

Les dernières tempêtes m'ont montré la mer dans toute sa majesté. La nature est pourtant le seul livre dont chaque page contient quelque chose de vrai.

Le théâtre ne m'intéresse pas du tout. Pendant le carême, il donnait ici des opéras spirituels qui ne diffèrent des opéras mondains, que parce que les actes ne sont pas entrecoupés de ballets ; le reste est aussi extravagant que possible. Le théâtre Saint-Charles vient de monter la Destruction de Jérusalem par Nabuchodonosor. Cela me fait l'effet d'une grande lanterne magique, il paraît que j'ai perdu le sentiment de ces choses-là.

Le prince de Waldeck, nous a conduits aujourd'hui, à Capo di Monte, où il y a une grande collection de tableaux, de médailles, etc. Les choses de ce genre quand elles arrivent jusque chez nous, font l'effet d'orangers en caisse et bien taillés; ici on les voit en masse et elles produisent un tout autre effet. Partout où les objets d'art sont rares, on les admire sans distinction, car la rareté supplée au mérite; ici, on n'apprécie que ce qui est digne de l'être.

A mon retour de Capo di Monte, j'ai été rendre visite à M. Filangieri. Une petite jeune dame était assise sur le canapé à côté de la maîtresse de la maison. Tout en elle avait quelque chose de singulier, de bizarre même. Sa mise aurait pu la faire prendre pour une de ces marchandes de modes qui, accoutumées à vendre fort cher ce qu'elles font pour la parure des autres ne conçoivent pas qu'on puisse s'occuper gratis de la sienne. Elle parlait avec animation et une grande volubilité; mon arrivée ne l'a pas empêchée de raconter une foule d'aventures fort drôles, qui lui étaient arrivées ces jours derniers et qu'elle s'était attirées par son étourderie.

Voulant me faire parler à mon tour, madame Filangieri a eu la complaisance de m'adresser quelques questions sur les trésors artistiques que je venais de voir. La charmante petite personne s'est aussitôt levée d'un bond et s'est élancée vers la porte. En passant près de moi elle s'est arrêtée pour me dire :

— Les Filangieri vont dîner chez moi un de ces jours, je compte vous voir avec eux.

Et la voilà partie sans m'avoir donné le temps d'accepter ou de refuser. La maîtresse de la maison s'est empressée de m'apprendre que cette singulière petite dame était la princesse de ***, proche parente de la famille Filangieri. Comme cette famille était peu riche, je croyais la petite princesse dans une position analogue, malgré son

VOYAGE EN ITALIE.

titre pompeux, ce qui, à Naples, n'a rien d'extraordinaire. Décidé à accepter son invitation, j'ai inscrit son nom, sa demeure, le jour et l'heure du dîner, sur mes tablettes.

Naples, le 11 mars.

J'ai été visiter Pompéi avec mon fidèle compagnon Tischbein. Des rues bien alignées mais très-étroites, de petits trottoirs, de petites maisons sans fenêtres, et éclairées seulement par des portes donnant sur des colonnades, de petits édifices qui ont plutôt l'air de modèles que de véritables palais, de temples ou de villas; tout cela étonne et surprend, mais moins encore que la quantité et la beauté des fresques, des tableaux, des arabesques et autres objets d'art qui décorent toutes ces constructions. Il est impossible de ne pas y voir la preuve que, jadis, tout un peuple était animé d'un amour pour les productions artistiques, et d'un besoin de s'en entourer qu'on chercherait vainement de nos jours, chez l'amateur le plus passionné.

Pompéi est trop éloigné du Vésuve, pour que les matières volcaniques qui l'ont enseveli aient pu lui arriver par les éruptions. Ces matières ont dû nécessairement s'arrêter dans l'air et former des nuages qui, trop lourds pour voyager longtemps, se sont abattus en pluie de cendres et de pierres. La vue de cette ville momifiée a produit sur moi une impression pénible, qui ne s'est dissipée que fort lentement.

Le 12 mars.

En parcourant ce matin la ville de Naples, j'ai fait des observations qui, toutes, m'ont prouvé que cet heureux pays, où les choses nécessaires à la vie se produisent pour ainsi dire d'elles-mêmes, est habité par des hommes d'un caractère insouciant parce que la nature les autorise à attendre, sans souci pour le lendemain, tout ce que la journée écoulée leur a donné sans peines et sans efforts. Le peuple napolitain, cependant, ne laisse jamais rien perdre et sait tout utiliser; aussi est-il à mes yeux le plus parfait modèle de cette heureuse industrie, qui ne conduit jamais à la richesse, mais qui fait vivre joyeusement.

Pour ne pas être réduit à chercher trop longtemps la demeure de ma petite princesse, je m'y suis fait conduire par un guide. Le voyant s'arrêter devant le portail d'un superbe palais, je lui ai répété le nom de la princesse, car j'étais persuadé qu'il se trompait. Après m'avoir assuré de nouveau que c'était bien là le palais de cette dame, il s'est retiré, et je suis entré dans une vaste cour d'honneur, au bout de laquelle un large escalier conduit dans l'intérieur du palais. Des laquais couverts de brillantes livrées se tenaient debout de chaque côté de cet escalier et s'inclinaient humblement à mesure que je passais devant eux.

Me comparant aux sultans, dans les contes de féeries de Wieland, qui dans les circonstances critiques ne manquaient jamais de courage, je me suis hardiment avancé à travers une nouvelle file de domestiques d'un ordre plus élevé, dont le chef m'a introduit dans une belle et vaste salle encore déserte. Après m'y être promené de long en large, j'ai aperçu dans une galerie latérale, une table de quarante à cinquante couverts étincelante de cristaux, d'argenterie et de porcelaines.

Bientôt un ecclésiastique est venu me trouver. Sans me demander qui j'étais, il a accepté ma présence comme la chose la plus naturelle du monde ; les généralités banales ont fait les frais de la conversation jusqu'au moment où les deux battants d'une porte se sont ouverts avec fracas, pour livrer passage à un vieux seigneur. L'ecclésiastique s'est avancé vers lui pour le saluer, j'en ai fait autant ; il nous a répondu en bégayant ou plutôt en aboyant d'une manière si étrange qu'il m'a été impossible de comprendre une syllabe de ce langage d'Hottentot. Presque au même instant, un vénérable bénédictin accompagné d'un jeune frère a été introduit, et le vieux seigneur a répondu à leurs saluts comme aux nôtres par un aboiement inintelligible.

Le clergé régulier est ici fort bien reçu dans la société ;

son costume qui annonce l'humilité le fait vénérer, et tout en feignant la soumission, les membres de ce clergé prennent dans le monde, un air d'assurance et de supériorité qu'on ne souffre qu'à eux. Le bénédictin connaissait les avantages de sa position et en usait. Je lui ai demandé un renseignement sur le Monte Cassino, et il m'a engagé à m'y rendre le plus tôt possible en me promettant un accueil gracieux.

Pendant que nous causions ainsi, la salle s'est remplie d'officiers, de gens de cour et de prêtres; parmi ces derniers, il y avait même quelques capucins. Ne voyant ni ma petite princesse ni aucune personne de connaissance, j'avais plus que jamais la conviction que mon guide s'était trompé. Décidé à affronter l'aventure, je me tenais près des ecclésiastiques afin de me glisser avec eux dans le paradis de la salle à manger où l'on venait de servir un magnifique dîner.

En ce moment critique, M. et Mme Filangieri sont entrés. A peine m'avaient-ils fait leurs excuses d'être arrivés un peu tard, que la porte de l'intérieur s'est ouverte de nouveau à deux battants, et la petite princesse est venue bondir au milieu de nous. Faisant à droite et à gauche des révérences écourtées et de lestes signes de tête, elle s'est élancée vers moi pour me féliciter sur mon exactitude et me déclarer qu'elle voulait m'avoir à côté d'elle à table afin de pouvoir me faire servir les meilleurs morceaux. Tout le monde a pris le chemin de la galerie. La place de la princesse n'était pas marquée, elle avait l'habitude de la choisir au gré de ses caprices. Après plusieurs évolutions bizarres que j'ai été forcé de suivre, elle s'est assise enfin et m'a attiré près d'elle en me disant :

— Nous sommes en carême, tous les plats sont maigres, mais bien choisis, ne prenez cependant que de ceux que je vous indiquerai comme les plus exquis. Mais avant tout, il faut que je tourmente ces calotins; je ne puis les souffrir, car ils nous font gaspiller notre fortune que nous ne de-

7.

vrions dépenser qu'avec des étrangers aimables et instruits.

On venait de faire circuler la soupe ; le bénédictin placé en face de nous, mangea de la manière la plus convenable et la plus décente, ce qui n'empêcha pas la drôle de princesse de lui dire que s'il trouvait la cuiller trop petite, elle lui en ferait apporter une plus grande, parce qu'elle savait fort bien, qu'en pareille occasion, lui et ses pareils étaient accoutumés à en prendre à pleine bouche. Le révérend s'est borné à répondre tranquillement, que, dans cette noble maison princière, tout était si abondant, que des hôtes bien au-dessus de lui pouvaient y trouver pleine et entière satisfaction. Les petits pâtés ont eu leur tour, le bénédictin n'en a pris qu'un seul.

— Une demi-douzaine, mon père ! s'est écriée la petite princesse ; la pâte feuilletée, vous devez le savoir, est d'une digestion facile.

En homme bien appris, le bénédictin se servit un second petit pâté, en remerciant la princesse de son aimable attention. Chaque plat nouveau fournissait à la jeune espiègle l'occasion d'une malice nouvelle, mais au milieu de ce feu roulant de méchancetés, elle n'a pas oublié de me faire accepter les morceaux les plus délicats, ainsi qu'elle me l'avait promis. Les poissons, auxquels les cuisiniers avaient donné la forme de volailles et de toutes sortes de viandes, sont devenus pour elle des sujets de plaisanteries impies et même indécentes. Je n'ai pas le courage de les répéter ; de pareils propos dits de vive voix et par une jolie bouche, nous font rire malgré nous, mais rapportés par écrit, il ne leur reste que le côté blessant.

Bientôt Filangieri, mon voisin de droite, a trouvé moyen de m'engager dans une conversation très-sérieuse, car il n'était pas dans sa nature de parler de choses frivoles. La petite princesse a brusquement coupé court à cette conversation, au moment même où l'on venait de servir le dessert.

— Allons, m'a-t-elle dit, je veux leur laisser dévorer

toutes ces bonnes choses en repos, car je vois bien qu'il me sera impossible d'en faire mourir un seul d'entre eux de dépit et que je ne réussirai pas même à leur ôter l'appétit. Causons raison ensemble et laissez là ce pauvre Filangieri. Que de fois ne lui ai-je pas dit qu'il avait tort de se creuser la tête pour inventer des lois nouvelles, puisqu'elles ne servent qu'à nous mettre dans la nécessité d'inventer des moyens nouveaux pour les éluder ! Naples est si beau, tout le monde y vit heureux ; et pour peu qu'on y pende de temps en temps quelqu'un, le reste va tout seul.

Puis elle m'a engagé à me rendre à Sorrente, dans la grande propriété qu'elle y possède et où je serais royalement reçu, en attendant qu'elle pût venir m'y rejoindre, afin d'effacer par la joyeuse vie que nous mènerions ensemble, les rides précoces dont la philosophie m'avait stigmatisé.

Naples, le 13 mars.

J'ai déjà dit que j'avais été voir Pompéi. Bien des désastres ont affligé le monde, mais il n'en est point qui aient causé tant de plaisir à la postérité que la destruction de cette ville. Lorsque je l'ai visitée, le soleil couchant éclairait la tombe d'une prêtresse, et par-dessus les rampes en pierres, on voyait l'immensité de la mer ; quelle magnifique place pour de graves et belles pensées !

Les étrangers commencent ordinairement par visiter le musée de Portici ; nous finirons par là.

Caserte, le 15 mars.

J'écris chez Hackert, dans le vaste et agréable logement qu'il occupe dans l'ancien château. Le nouveau château est un immense palais avec plusieurs cours, dans le genre de l'Escurial. Quoique la contrée soit aussi vaste que fertile, les jardins se prolongent jusqu'au pied des montagnes. Du haut de ces montagnes un superbe aqueduc conduit de l'eau au palais et dans les jardins, où des rochers artificiels forment de magnifiques cascades.

Hackert, quoique toujours occupé à dessiner et à peindre, n'en est pas moins très-sociable; c'est au point qu'il convertit tous ses visiteurs en élèves dociles. J'ai subi la commune loi, et il m'a dit avec sa franchise ordinaire :

— Vous avez des dispositions, mais vous ne savez rien faire; travaillez pendant dix-huit mois à mes côtés, et vous parviendrez à produire quelque chose qui pourra être agréable à vous et à vos amis.

N'est-ce pas là le texte du sermon qu'on devrait répéter à tous les dilettanti? Je ne sais quel effet il produira sur moi.

Caserte, le 16 mars.

Naples est un paradis où chacun vit dans une espèce d'ivresse oublieux de soi-même; je n'ai pu me soustraire à cette influence du climat, et je me dis souvent : J'ai été fou jusqu'à présent, ou je le suis maintenant.

Je ne sais pas encore si j'irai en Sicile; tantôt une circonstance me conseille ce voyage, tantôt une autre m'en détourne : on dirait que deux génies se disputent ma personne.

Voici une confidence que je fais à mes *amies* et que les *amis* ne doivent pas savoir : je vois bien que mon *Iphigénie* a produit un singulier effet. On s'était accoutumé à une autre forme, à un autre langage; et personne ne me sait gré de la peine infinie que je me suis donnée pour faire ce que j'ai fait. Une pareille œuvre n'est jamais finie, et il faut avoir le courage de la déclarer telle, quand on a fait tout ce que le temps et les circonstances ont rendu possible. Ceci ne m'empêchera pas de faire subir au *Tasse* une pareille métamorphose. Je préférerais le jeter au feu, mais il faut savoir persévérer dans une résolution prise. Ce *Tasse* sera quelque chose d'étrange, aussi ne suis-je pas fâché de la lenteur avec laquelle s'achève la réimpression de mes ouvrages. J'aime cependant à être pressé par les imprimeurs, tant il est vrai que pour faire les choses qui lui plaisent le plus, l'homme a besoin d'un stimulant en dehors de lui.

Si l'on aime à étudier à Rome, ici on ne songe qu'à jouir de la vie. C'est une chose bien singulière pour moi que de vivre au milieu d'un pareil monde, et cependant je me laisse aller à son influence.

Le chevalier Hamilton, toujours ambassadeur d'Angleterre à Naples, et qui depuis une longue suite d'années, a vainement cherché le bonheur dans l'étude de la nature et des arts, vient de le trouver enfin dans la personne d'une jeune Anglaise, qu'il s'est appropriée. Elle a vingt ans environ, est parfaitement bien faite et d'une beauté remarquable. Le chevalier lui a fait faire un costume grec qui lui va à ravir ; ses cheveux flottent au hasard ; et à l'aide d'un grand châle, sans lequel elle ne paraît jamais, elle change à l'infini ses poses, ses gestes et même l'expression de sa physionomie. En la regardant, on croit rêver, car on voit vivre et s'agiter devant soi toutes les perfections que les plus grands artistes auraient voulu pouvoir rendre sur leur toile. Tour à tour, assise ou agenouillée, debout ou couchée, cette merveilleuse jeune fille passe de la crainte à la menace, de la gravité à l'extravagance, de la tristesse à la taquinerie, de l'agacerie provoquante au repentir avec une prodigieuse facilité, et en ajustant les plis de son châle aux sentiments qu'elle exprime. Le vieux chevalier, une bougie à la main, éclaire lui-même les principales évolutions de cette fée, sur laquelle il a concentré toutes les affections de son âme, car il retrouve en elle les poses admirables des statues antiques et les profils enchanteurs des médailles siciliennes. J'ai consacré deux soirées à ces représentations, uniques dans leur genre ; aujourd'hui, Tischbein fait le portrait de la jeune fille.

Ce n'est que dans ce pays que l'on comprend comment l'idée de cultiver la terre est venue à l'homme, car ici la terre, pour peu qu'on s'en occupe, rapporte jusqu'à cinq récoltes par an.

J'ai beaucoup vu et pensé davantage encore, et cependant ce n'est que depuis peu que je commence à comprendre ce que j'ai appris depuis longtemps. Quelle singulière créature que l'homme, précoce en savoir, il ne fait que fort tard usage de ce qu'il sait. Le monde cependant est une roue très-simple, elle ne nous paraît merveilleuse que parce que nous tournons avec elle.

Il est facile de vivre avec les Napolitains, pourvu qu'on les pèse au poids marchand et non au poids de l'or, ainsi qu'une manie hypochondriaque nous pousse souvent à le faire, même à l'égard de nos meilleurs amis. Ici les hommes ne s'occupent nullement les uns des autres. Courant tout le jour à travers leur paradis, ils ne regardent jamais derrière eux ; et quand, parfois, un gouffre infernal s'entr'ouvre sous leurs pas, ils cherchent à se tirer d'affaire avec le secours du sang de saint Janvier.

C'est une chose bien singulière que de se mouvoir à travers une foule aussi animée, et de voir comment, au milieu de tout ce tumulte, chaque individu isolé se fraye son chemin et arrive à son but. Plus ce tumulte est grand, plus je me sens isolé, plus je deviens silencieux et calme. Je songe souvent à Rousseau et à ses lamentations hypochondriaques, car je comprends plus que jamais comment une si belle organisation a pu devenir ainsi. Si je ne prenais pas tant d'intérêt aux productions de la nature, et si, semblable à un géomètre du cadastre qui, à l'aide d'une seule ligne, vérifie la régularité de son travail, je ne trouvais pas, à l'aide d'une seule pensée, les rapports les plus parfaits dans une confusion apparente, je serais réduit à me croire fou.

Naples, le 18 mars.

Herculanum, que nous avons visitée aujourd'hui, est située au pied du Vésuve, et les couches de laves sous lesquelles cette ville a disparu, l'ont enterrée à plus de soixante pieds au-dessous du niveau du sol actuel ; aussi faut-il descendre un grand nombre de marches avant d'arriver au gouffre où s'opère le déblaiement, et ce n'est qu'à la clarté des torches que l'on peut voir l'intérieur des maisons, des édifices et du théâtre. Tous les objets provenant des fouilles sont des chefs-d'œuvre artistiques, sans en excepter les ustensiles de ménage les plus insignifiants. Je les ai admirés dans le musée de Portici, que nous avons visité immédiatement en sortant d'Herculanum ; espérant y revenir bientôt, j'ai parcouru rapidement les diverses salles, en recueillant autant de plaisir et d'instruction que je pouvais le faire en passant.

NAPLES, le 19 mars.

Depuis mon départ de Rome, Tischbein m'a constamment tenu fidèle compagnie, mais cette assiduité ne pouvait se prolonger plus longtemps, sans nuire à ses intérêts. Ne voulant cependant pas me laisser seul, il a eu soin de s'assurer d'un remplaçant que j'ai accepté sans difficulté. C'est un jeune artiste de notre connaissance nommé Kniep, et pour lequel je me suis toujours senti beaucoup de sympathie. Personne ne conteste ni son talent ni ses heureuses dispositions, mais on l'accuse de manquer d'activité ; selon moi, ce défaut tient à une certaine irrésolution de caractère, dont j'espère le faire triompher quand nous aurons vécu quelque temps ensemble.

C'est aujourd'hui la Saint-Joseph, patron des *fritturajoli* (marchands de friture), aussi n'ont-ils pas manqué de célébrer cette fête d'une manière fort caractéristique. Les flammes qui pétillent sans cesse sous leurs chaudières pleines d'huile, les ont autorisés à prendre, pour attribut de leur industrie, les tourments éternels que cause le feu de l'enfer.

A cet effet, ils ont placé, derrière leurs cuisines ambulantes, des tableaux représentant l'enfer, où grillent, bouillent ou rôtissent les âmes des damnés. Tous les préparatifs se font en plein air, les uns pétrissent la pâte, les autres en forment des craquelins, qu'ils jettent dans de l'huile bouillante, d'autres encore versent à boire à leurs camarades et boivent eux-mêmes, tout en enfilant les craquelins cuits sur de petites brochettes avec lesquelles ils les offrent au public. Ces pâtissiers sont de jeunes garçons, coiffés de perruques blondes, ce qui suffit ici pour représenter des anges. Les vendeurs et les acheteurs boivent à l'envi les uns des autres et crient à qui mieux mieux. Ces sortes de spectacles se renouvellent chaque jour, et offrent toujours quelque chose de neuf et de plus fou que ce qu'on a vu la veille.

Naples, le 20 mars.

La nouvelle qu'un torrent de laves, invisible ici, coulait vers Ottajano, m'a décidé à rendre une troisième visite au Vésuve.

A peine étions-nous arrivés au pied du mont, que les deux guides, mes anciennes connaissances, sont venus au-devant de moi et m'ont fait monter sur le sommet. Là, le plus âgé s'est arrêté pour garder nos provisions et mon manteau ; l'autre m'a courageusement conduit au-devant de l'immense vapeur qui s'échappait au-dessus du gouffre conique du volcan, et descendait en pente douce vers Ottajano. Ce n'est qu'après avoir suivi pendant quelque temps cette vapeur, que j'ai pu voir enfin la lave couler sous ce sombre nuage. Son lit avait à peine dix pieds de largeur, mais il n'en était pas moins fort curieux, car, à mesure que la lave s'écoulait, les bords, la surface et même le le fond se consolidaient en se refroidissant, et formaient une digue très-élevée, sur laquelle le ruisseau de feu coulait très-paisiblement ; de temps en temps seulement les scories qui nageaient sur sa surface tombaient à droite et à gauche.

Mon guide m'avait appris qu'à son point de départ la lave jaillit avec beaucoup d'abondance, et que sa surface, consolidée par le contact de l'air, a formé une voûte si solide, qu'on peut marcher sur ce dôme sous lequel la lave continue à couler, parce qu'elle conserve toute sa chaleur. Curieux de voir ce phénomène, je me suis fait conduire près de la source du fleuve de feu, et j'ai marché sur le toit brûlant dont elle s'est couverte. Ce toit se prolonge si avant que, pour voir la lave s'en échapper, je me suis encore avancé d'une douzaine de pas, malgré la vapeur dont nous étions presque suffoqués. Tout à coup le guide, qui marchait devant moi, s'est retourné, m'a saisi par le bras et entraîné malgré moi loin de tous ces bouillonnements de l'enfer ; il avait senti la voûte s'amollir sous ses pieds.

Dès que le vieux guide nous a aperçus, il s'est empressé de nous ranimer à l'aide de quelques rasades de bon vin ; puis nous avons fait un léger repas, et nous nous sommes remis en route, non sans examiner en passant les divers accidents de ces ateliers du démon, jetés au milieu du paradis terrestre. Quelques crevasses, véritables cheminées volcaniques, d'où sortait un air brûlant, ont surtout attiré mon attention, car leur intérieur est tapissé de matières stalactiformes. Grâce aux crochets dont nous nous étions précautionnés, j'ai pu détacher quelques fragments de cette suie volcanique, qu'on vend souvent aux étrangers pour de véritable lave.

En retournant à Naples, la magnificence du coucher du soleil et les délices de la soirée m'ont fait sentir ce qu'il y a d'étourdissant dans les contrastes gigantesques. Cependant, quand le terrible et le beau se succèdent de si près, ils finissent par s'annuler et nous laissent presque aussi indifférents à l'un qu'à l'autre. Je suis convaincu que les Napolitains seraient tout autres s'ils ne se trouvaient pas enclavés entre Dieu et Satan.

Naples, le 22 mars.

Les sirènes m'appellent au delà des mers. Si le temps est favorable, je serai embarqué pour le Sud quand ces feuillets partiront pour le Nord. Le désir de l'homme est indomptable ; pour moi, il me faut le large.

Un de mes amis vient de me rappeler *Wilhelm Meister*, et me demande la continuation de cet ouvrage. Sous ce ciel-ci, cela est impossible, mais j'espère que les rameaux de mon existence s'y fortifieront au point de porter des fleurs plus riches et plus belles. Si je ne devais pas vous revenir régénéré, il vaudrait mieux que vous ne me revissiez jamais.

Naples, le 25 mars.

Mes rapports avec Kniep viennent de se consolider de la manière la plus satisfaisante pour nous deux ; il ne me quittera qu'à notre retour de la Sicile et n'aura d'autre occupation pendant notre voyage que celle de dessiner. Je me suis réservé les contours ; mais pour que son talent me soit encore utile pour l'avenir, il achèvera les vues que nous choisirons ensemble pour mon compte et au prix que nous venons de fixer. Cet arrangement me rend si heureux et si tranquille, que je trouve enfin assez de calme pour rendre compte aux amis d'une excursion à Salerne que j'ai faite avec Kniep, bien avant que nos arrangements ne fussent définitivement arrêtés.

Assis dans une petite voiture à deux roues et à deux places, nous guidions alternativement le cheval, tandis que le cocher, charmant petit jeune homme, se tenait debout derrière nous. Le temps était superbe et le pays délicieux ; Kniep le contempla avec des yeux de peintre et se mit à l'esquisser ; il en fit autant le soir sur le balcon de l'auberge où nous étions descendus à Salerne, ville si pittoresquement située, qu'on devait aimer à y étudier dans le temps où florissait sa célèbre école.

Le lendemain nous nous dirigeâmes de bonne heure vers quelques belles montagnes qui avaient attiré notre attention. Comme il n'y avait pas de routes tracées, nous traversâmes des prairies et des ruisseaux, où nous eûmes plus d'une fois l'occasion de voir les yeux rouges et sauvages des buffles s'arrêter sur nous. Arrivés près des restes de temples et autres édifices de l'ancienne et superbe ville de Salerne, Kniep chercha une place favorable pour les dessiner, tandis que j'examinais leur intérieur. Je fus d'abord désagréablement surpris ; mes yeux et ma pensée s'étaient accoutumés à la contemplation d'une architecture élégante et svelte, et je me serais détourné avec effroi et dégoût de ces masses obtuses, de ces colonnades coniques, écourtées et manquant d'air, si je n'avais aussitôt rappelé à ma mémoire la marche des arts et l'esprit de l'époque qui avait fait naître un pareil genre d'architecture, parce qu'il était conforme à cet esprit. Puis je bénis mon bon génie de m'avoir conduit près de ces monuments dont aucun dessin ne peut donner une juste idée, car en les plaçant dans la perspective, on les rend plus lourds, plus massifs qu'ils ne le sont en effet; tandis qu'en ne retraçant que le plan architectonique, on leur prête une élégance, une grâce dont ils sont entièrement dépourvus.

Pendant notre retour à Naples, nous nous arrêtâmes pour donner à Kniep le temps de dessiner le Vésuve, situé au milieu d'une contrée fertile que traverse une grande route bordée de peupliers gigantesques. Bientôt après un tableau d'une nature plus saisissante encore s'étala devant nous : c'était Naples avec ses palais et ses maisons, ses langues de terre, ses promontoires, ses îles; et au fond de tout cela la pleine mer.

Brusquement arraché à mon extase par les hurlements de joie de notre jeune cocher, toujours debout derrière nous, je me tournai vers lui en le réprimandant sévèrement. C'étaient les premières paroles dures que je lui adressais, car il ne nous avait donné que des sujets de contentement. Après un court silence, il me frappa doucement sur l'épaule, étendit sa main droite vers Naples et me dit d'une voix émue :

Perdonate, Signor! questa è la mia patria (pardon, Monsieur, ceci est ma patrie).

Et moi, pauvre enfant du Nord, j'ai senti mes yeux se mouiller de quelque chose qui ressemblait à des larmes.

J'avais tout lieu de croire que Kniep serait heureux de m'accompagner en Sicile, et cependant il me semblait qu'il y avait quelque chose à Naples qu'il quittait à regret;

et sa franchise ordinaire ne lui a pas permis de me laisser ignorer longtemps que ce quelque chose était une femme. Les circonstances poétiques qui lui avaient fait connaître cette jeune personne et sa conduite, depuis qu'elle s'était donnée à lui, déposaient en sa faveur. Kniep, cependant, ne se borna pas à ces récits, il voulut que je la visse, afin de me prouver combien elle était jolie. J'y consentis et il prit des mesures en conséquence

Quelques jours après, il me conduisit sur la terrasse d'une maison située dans la ville basse. Pendant que j'examinais la beauté de la vue, car à Naples la vue est belle partout, une des trappes par lesquelles les habitants de la maison se rendent sur la terrasse, se souleva et laissa voir une tête d'ange, puis le joli petit ange se montra tout entier, et j'ai cru voir le tableau de l'Annonciation, dans lequel un ancien peintre fait monter l'ange par un escalier à demi caché, tant cette jeune fille était jolie et bien faite. Sa tenue était décente et sa conversation naïve et sensée. Dès qu'elle se fut retirée, je félicitai mon nouvel ami de son bonheur. Il m'avoua que jusqu'ici il était resté volontairement, dans une situation financière voisine de la misère, afin de s'assurer de la sincérité de l'amour et de la modération des besoins de l'objet de son choix, mais que désormais, il ferait tout son possible pour lui procurer, sinon la richesse, du moins l'aisance.

Naples, le 28 mars.

Depuis quelques jours le temps était incertain, aujourd'hui nous avons eu un violent orage qui a éclairci le ciel, la tramontane souffle en plein et je partirai demain. Un tendre adieu à mes amis de Gotha et de Weimar; que votre amour à tous m'accompagne. J'ai rêvé cette nuit que j'avais repris chez moi mes occupations habituelles, il paraît que mon canot chargé de faisans, ne pourra débarquer que près de vous; puisse la cargaison se trouver au grand complet!

VIII. — LA SICILE.

SOMMAIRE.—Les inconvénients d'un voyage de mer.—Palerme.—Excursion dans les environs de Palerme.—La grande fontaine de Palerme. —Le Monte Pellégrino.—La chapelle de Sainte-Rosalie.—Les fêtes de Pâques. — Rencontre d'un chevalier de Malte chez le vice-roi. — Le château du prince Pallagonia. — Les extravagances de ce château. — La salle des antiques et les catacombes de Palerme. — Le prince Pallagonia, précédé de ses coureurs, mendiant à travers les rues de Naples. — Un malfaiteur gracié à l'occasion des fêtes de Pâques. — La jeunesse de Cagliostro. — Mon aventure avec sa mère et sa sœur. — Départ de Palerme. — Alcamo et ses environs. — Le temple de Ségeste. — Apparition d'une belle étoile qui vient m'éclairer dans mon lit. — Les aloès. — Girgenti. — Le temple de la Concorde. — Le temple de Junon. — Hippolyte et ses compagnons de chasse. — Le temple d'Hercule. — Le temple d'Esculape. — Les tombeaux de l'ancienne ville de Girgenti. — La prodigieuse fertilité de la Sicile. — Castro Giovanni. — Je fais vœu de ne jamais me laisser séduire par un nom mythologique. — Abondance des chardons en Sicile. — Ressource qu'ils offrent aux voyageurs. — Avertissement charitable adressé aux voyageurs, pour les empêcher de loger à l'auberge du Lion d'or à Catane. — Catane. — L'auberge du Lion d'or. — Le palais du prince Biscaris. — Le prince Biscaris, sa mère, et son aumônier. — Les ruines d'un amphithéâtre. — *Nausikaa* sujet d'une tragédie dont je fais le plan. — Messine. — Visite dans une des cabanes où se sont réfugiés la plupart des habitants depuis le tremblement de terre. — Le gouverneur de Messine. — Singulière réception que me fit ce seigneur. — L'église des Jésuites. — Les francs-maçons. — Retour à Naples. — Grand danger que nous courons pendant cette traversée. — Nouveau séjour à Naples. — Quelques nouveaux détails sur les mœurs de cette ville. — Renseignements sur la petite princesse. — La duchesse de Giovine. — Départ de Naples.— Les adieux de Kniep.

PALERME, le 3 avril 1787

Nous sommes partis de Naples, jeudi dernier, 29 mars, et ce n'est qu'hier au soir, lundi, 2 avril, que nous sommes enfin entrés dans le port de Palerme. Cette navigation lente et pénible, m'a offert un tableau en raccourci de la plupart des aventures qui rendent les voyages de mer si désagréables : vents contraires, calme plat, tempête, rien ne nous a manqué. Pendant les deux premiers jours, le mal de mer m'a constamment retenu sur mon lit ; pour utiliser ce repos forcé, j'ai revu les deux premiers actes du *Tasse* écrits depuis dix ans et en prose poétique. Il y avait dans le style et dans l'action, quelque chose de mou et de nébuleux qui n'a pas tardé à disparaître devant la vigueur du rhythme et de la forme nouvelle que j'ai puisée dans mes expériences acquises.

Je ne saurais assez louer la solidité du paquebot et toutes les commodités qu'y trouvent les voyageurs. Le capitaine s'est constamment montré aussi aimable qu'habile. La société était presque entièrement composée de chanteurs et de danseurs de l'Opéra de Naples, qui se rendent à Palerme, en congé. La tenue de ces messieurs et de ces dames, était décente et convenable et leur conversation amusante et gaie.

Mon artiste est un compagnon fidèle et toujours de bonne humeur ; pendant tout le trajet il n'a cessé d'esquisser les rivages et les îles ; je me fais d'avance une fête du plaisir que vous causeront tous ces dessins. Je n'essaierai point de décrire la vaporeuse clarté des côtes de la Sicile, car je n'y réussirais pas, mais je ne l'oublierai jamais. Il suffit d'avoir vu une seule fois cette pureté de contours, cette gracieuse noblesse de l'ensemble, cette délicate succession des tons, cette harmonie entre le ciel, la terre et la mer, pour avoir toute sa vie ce tableau sous les yeux.

Je serais tenté de croire que, pour mieux m'accueillir, la reine des îles s'est revêtue de ses habits de fête : partout des mûriers au frais feuillage, des oléandres toujours verts, des citronniers en fleurs, des haies de grenadiers, des renoncules, des anémones à travers les prairies, un air doux et parfumé et la lune qui paraissait au-dessus du promontoire et éclairait la mer ; et tout cet enivrement après avoir été ballotté par les vagues pendant quatre jours et quatre nuits !

Pardonnez, ma plume est émoussée, je n'ai qu'un peu d'encre de Chine à demi desséchée dans la coquille. Ce griffonnage ne vous en arrivera pas moins comme un écho des sensations de cet heureux moment.

Palerme, le 4 avril.

Nous venons de visiter la belle vallée qui s'étend derrière Palerme, et que sépare l'Oretto. Il fallait une main habile et un regard d'artiste pour trouver là le sujet d'un tableau aussi gracieux que celui que Kniep a eu le talent d'esquisser.

Pendant que je me laissais aller au bonheur tranquille qu'inspire la vue de cette paisible vallée, notre guide m'a rappelé avec emphase, que jadis Annibal avait livré là une grande et terrible bataille. Au lieu de louer son érudition, je lui ai durement répondu, qu'il était assez malheureux que les moissons fussent périodiquement foulées aux pieds des éléphants ou des chevaux et inondées de sang humain, et qu'il avait eu tort d'arracher mon imagination à des rêves heureux par de pareils souvenirs. C'était mal de ma part, le pauvre homme ne pouvait comprendre ce que ce mélange du passé et du présent m'a fait éprouver.

Si mon dédain pour les souvenirs classiques l'a étonné, il a été stupéfait en me voyant ramasser sur les bords de l'Oretto plusieurs petites pierres que les pluies y font descendre du flanc des montagnes, et, qu'en se retirant, l'eau laisse à découvert. Je ne me suis cependant pas donné la peine de lui expliquer que ces pierres étaient un moyen facile et sûr pour se faire une juste idée de la nature des matières minéralogiques dont se composent les montagnes voisines ; il ne m'aurait pas compris davantage.

Palerme, le 5 avril.

Nous venons de nous promener à travers la ville ; les maisons ressemblent beaucoup à celles de Naples, les monuments et les édifices publics manquent de goût. A Rome, c'est le génie de l'art qui préside aux constructions ; ici, c'est le hasard ou le caprice. La grande fontaine, objet de l'admiration enthousiaste des Siciliens, n'existerait point, si leur île ne produisait pas de magnifique marbre panaché, et si un sculpteur, habile à représenter les animaux, n'avait pas su captiver la bienveillance des autorités pour les décider à employer son talent. Il est difficile de décrire cette fontaine ; je vais l'essayer cependant.

Qu'on se figure un monument rond, situé au milieu d'une place de moyenne grandeur. Le mur, les corniches et les socles sont en marbre panaché. Dans le mur, s'ouvre une enfilade de niches dont chacune loge une tête d'animal en marbre blanc, et le col assez allongé pour qu'elle puisse être vue de tous côtés : Le cheval succède au lion, le lion au chameau, le chameau à l'éléphant, etc., et derrière cette ménagerie, se cache la fontaine où l'on monte puiser de l'eau de quatre côtés, à l'aide de quelques marches de marbre panaché.

Dans les églises, l'art a été remplacé par une magnificence outrée, non pas calculée comme celle des Jésuites, mais sans principes et sans but. Les rues sont toujours remplies d'immondices, de bouc ou de poussière, car on s'en remet au vent et à la pluie pour les balayer.

Palerme, le 6 avril.

Quoique sainte Rosalie, patronne de Palerme, soit généralement connue, les amis ne seront peut-être pas fâchés de recevoir des nouvelles de cette sainte, du lieu même où elle est particulièrement vénérée.

Le Monte-Pellégrino est une immense masse de rochers nus, plus large encore qu'elle n'est haute. Dans une des cavernes de ces rochers, on découvrit, vers la fin du XVII siècle, les ossements de sainte Rosalie, qui furent aussitôt transportés à Palerme. La peste, qui y exerçait alors d'affreux ravages, cessa spontanément, raison plus que suffisante pour déclarer la sainte patronne de la ville, pour lui construire une chapelle et un monastère, et pour célébrer chaque année en son honneur une brillante fête.

La chapelle et le monastère ne pouvaient être placés ailleurs que dans les rochers où l'humble sainte avait été chercher un refuge. Pour que les pèlerins puissent s'y rendre commodément, on a construit à grands frais une route qui, semblable à un aqueduc, s'appuie sur des piliers et des arches, et monte en zigzag à travers les rochers jusqu'à la chapelle et à son couvent.

L'entrée de la chapelle, collée pour ainsi dire contre les flancs escarpés d'un rocher, n'a rien qui attire l'attention. Mais dès que la porte s'ouvre, on se sent frappé d'une singulière surprise, car on entre sous un vaste portique sans toit et ouvert du côté de la chapelle qui, elle-même, n'est qu'une cour entre le rocher et le portique. Une petite fontaine occupe le milieu de ce sanctuaire, dont les dalles ont assez de pente pour que l'eau de pluie puisse s'écouler. Le chœur a été pratiqué dans la grotte qu'habitait la sainte, et cette grotte a fort heureusement conservé tout son caractère sauvage. On y monte par quelques marches; le maître-autel est dans la partie la plus ténébreuse de ce chœur, où le jour n'arrive que par la cour qui lui sert de nef. Des gouttières peintes en vert reçoivent l'eau qui suinte à travers le roc, et la conduisent dans des réservoirs où les croyants viennent la puiser comme un remède contre toutes sortes de maux. Vues à une certaine distance, ces gouttières, qui suivent les anfractuosités du roc, ressemblent à des festons de cactus d'une grande espèce.

Un moine traversant le chœur, par hasard sans doute, et voyant que j'étais étranger, m'a engagé à faire mes dévotions au pied d'un autel latéral qu'il m'a indiqué de la main. A peine y étais-je agenouillé que j'ai aperçu, à travers les vides d'une guirlande de feuillages en cuivre repoussé, une faible et douce lueur : c'était celle d'une lampe qui éclairait une jeune et belle femme à demi couchée sur une espèce de lit de repos. Plongée dans une sainte extase, ses yeux étaient à demi fermés, et sa tête s'appuyait sur sa main droite, ornée de plusieurs bagues fort riches.

Cette femme avait tant d'attrait pour moi, que je ne pouvais me lasser de la regarder. Sa jupe de fer-blanc imitait le brocart d'or à s'y méprendre; sa tête et sa main, du plus beau marbre blanc, étaient d'un style, sinon élevé, du moins si vrai, que je m'attendais à chaque instant, à voir respirer cette belle sainte. Un petit ange, debout près d'elle, semblait lui donner de l'air avec la tige de lis qu'il tenait à la main.

Les moines sont arrivés enfin dans le chœur, et se sont mis à chanter vêpres; je les ai écoutés un instant, puis je me suis mis de nouveau à contempler la belle sainte, si pittoresquement placée au milieu d'un désert aride et au fond d'une grotte sauvage.

Les derniers chants des moines s'étaient perdus dans le vague, et la séduisante illusion, produite par les belles formes de Rosalie, durait encore. Le bruit de l'eau sainte qui tombait lentement des gouttières dans les réservoirs, interrompait seul le silence du désert. L'extrême propreté qui régnait dans cette sauvage caverne, le clinquant du catholicisme italien, ramené malgré lui à sa simplicité primitive, l'effet produit par les formes de la belle dormeuse, séduisantes même pour un œil exercé.... en un mot, j'ai eu bien de la peine à m'arracher de cette grotte, et la nuit était déjà très-avancée lorsque je suis revenu à Palerme.

Palerme, le 7 avril.

J'ai passé des heures bien agréables dans le jardin public qui touche immédiatement à la rade. Quoique régulier, il a quelque chose de féerique, et ses plantations récentes ont un air d'antiquité. La plupart des plantes m'étaient inconnues, et les feuillages, plus jaunes ou plus bleus que je n'avais l'habitude d'en voir, ont complété mon étonnement; mais ce qui m'a charmé surtout, c'était cette vapeur merveilleuse qui, sans confondre les objets, les enveloppe tous d'une même teinte bleuâtre. Sous l'influence des émanations de ce jardin, la bienheureuse île des Paaks m'est revenue à la mémoire; je ne suis rentré chez moi qu'après avoir acheté un exemplaire d'Homère, puis j'ai improvisé la traduction du chant qui parle de cette île. Mon bon Kniep l'a écoutée avec plaisir pendant que nous savourions ensemble quelques verres de bon vin, récréation qu'il avait bien méritée par l'assiduité avec laquelle il avait dessiné tout le jour.

Palerme, le 8 avril.

La joie que cause l'heureuse résurrection du Seigneur, s'est annoncée dès le matin de ce jour, dimanche de Pâques, par des pétards, des fusées et autres pièces d'artifice, que l'on fait partir dans toutes les rues et surtout devant le portail des églises.

À peine la première messe était-elle terminée, que deux coureurs du vice-roi sont venus à l'auberge pour souhaiter d'heureuses fêtes de Pâques aux voyageurs de distinction, et les voyageurs répondent à cette attention par un généreux pourboire. J'ai été obligé de les surpasser, car, pour moi, le compliment d'usage était accompagné d'une invitation à dîner chez le vice-roi.

Ne voulant pas me faire attendre, je suis arrivé au palais beaucoup trop tôt; il n'y avait encore qu'un seul homme dans la salle d'attente, il s'y promenait d'un air satisfait : c'était un chevalier de Malte. Dès le début de notre conversation, il s'est aperçu que j'étais Allemand, et m'a demandé des nouvelles de la cour de Weimar, qu'il avait visitée dans ses voyages. Il désirait surtout savoir ce qu'était devenu un certain jeune homme qui, alors, faisait la pluie et le beau temps à cette cour, et dont il avait oublié le nom; tout ce qu'il en savait, c'est que c'était l'auteur de *Werther*. Après avoir réfléchi un instant, je lui dis que la personne à laquelle il faisait l'honneur de s'intéresser, c'était moi-même.

— C'est vous! s'est-il écrié en reculant de surprise; oh! alors il y a bien des choses de changées à la cour de Weimar.

En ce moment le vice-roi est arrivé avec une suite proportionnée à son rang élevé. Son air était à la fois affable et noble : et comme le chevalier continuait à s'extasier sur ma présence à Palerme, il n'a pu s'empêcher de sourire. A table, où j'ai eu l'honneur d'être placé à ses côtés, il m'a fait plusieurs observations judicieuses sur mes voyages, et m'a assuré qu'il avait donné les ordres nécessaires pour que je pusse voir, sans obstacles, tout ce qui me paraîtrait digne d'être vu en Sicile.

Palerme, le 9 avril.

Les extravagances du prince Pallagonia nous ont occupés pendant toute cette journée, car nous avons été visiter son château.

Vu de ses yeux, ce sanctuaire de la démence est tout autre chose que lorsqu'on en lit la description ; c'est qu'on a beau vouloir rester dans le vrai, on ne saurait rendre compte de l'absurde sans le dénaturer, car en voulant en donner une juste idée on en fait quelque chose, tandis qu'en réalité c'est un rien qui voudrait avoir une signification.

Ce serait faire trop d'honneur au prince Pallagonia, que de lui attribuer une étincelle d'imagination ou une intention quelconque; la transformation qu'il a fait subir à son château, n'est que le résultat naturel de son penchant pour l'absurde, le disgracieux, le laid. Lorsqu'il hérita de ce château de son père, c'était une des plus belles demeures d'été des environs de Palerme. Selon l'usage du pays, on y arrivait, non comme dans nos contrées septentrionales, par une avenue ou par un parc, mais par une route qui commence par un splendide portail et se prolonge entre deux murs jusqu'à la cour d'honneur. Ces murs sont peints de différentes couleurs, divisées par champs, le haut est orné de toutes sortes de volutes et de vases avec leurs piédestaux.

Le prince a converti le portail en un octogone beaucoup

trop haut pour sa largeur. Quatre géants, les jambes enfermées dans des guêtres modernes, supportent les corniches au-dessus desquelles plane la sainte Trinité ; les murs ont été convertis en socles surchargés de piédestaux, sur lesquels on a placé autant de statues qu'il était possible d'y en entasser ; le hasard seul a présidé à leur réunion. Elles sont grossièrement taillées dans la pierre brute et représentent des bergers et des bergères ; des cavaliers et des dames ; des mendiants et des mendiantes ; des Espagnols, des Turcs, des Maures, des musiciens, des chiens et des singes qui dansent ; des nains, des polichinelles, des bossus et autres personnages contrefaits ; des soldats modernes à demi costumés à l'antique ; des dieux et des déesses vêtus à la française du temps de Louis XIV ; des animaux de toute espèce avec des têtes, des pieds ou des mains d'hommes ; des hommes, des femmes avec des queues de serpents, des pattes d'araignées, des têtes de cheval ou de tigre, des crinières de lion et autres monstruosités semblables.

Après avoir, en suivant cette longue route, passé par les verges de la folie, on arrive dans la cour du château, au milieu de laquelle est une fontaine sans eau, le reste est encombré à dessein par des vases renversés et des statues couchées sur le nez.

Les demeures des domestiques qui, dans les châteaux siciliens, forment deux demi-cercles de petites maisons, depuis les flancs du château jusqu'au portail, penchent, dans cet asile de la folie, les unes à droite, les autres à gauche, afin de défier le niveau et le pendule, base de toute eurhythmie, qui seule fait de l'architecte un artiste. Et sur les toits inclinés de ces maisons, se tiennent comme ils peuvent, des dragons et des dieux, des singes faisant de la musique, et un Atlas qui, au lieu du globe céleste, porte un tonneau.

Une tête d'empereur romain couronnée de lauriers, posée sur un corps de nain monstrueux et assis sur un dauphin, garde la porte d'entrée du château, où chaque appartement est une preuve nouvelle de la démence de son propriétaire. Les pieds de la plupart des siéges sont de hauteur inégale afin que personne ne puisse s'y tenir assis ; il serait plus dangereux encore de se servir de ceux qui offrent un point d'appui solide, car ils sont rembourrés de piquants qui sortent à la moindre pression. Et pas un seul petit coin qui ne soit rempli de ces monstrueux non-sens.

Je laisse à deviner toutes les sottes et inconvenantes caricatures dont le mélange d'une dévotion outrée et d'une demi-folie visant à l'originalité a décoré la chapelle. Je n'en citerai qu'une seule : le Sauveur est attaché sur la croix, un crochet rivé dans son nombril sert de point de départ à une chaîne, dont l'autre extrémité se perd dans le crâne d'un homme agenouillé dans l'air, et priant, ainsi suspendu, avec une très-grande ferveur. Cet homme, c'est le prince lui-même qui a voulu personnifier ainsi sa constante et inébranlable piété.

Le sentiment artistique de Kniep a été si cruellement torturé, dans ce château, qu'il en a hâté notre départ avec une impatience que je ne lui avais encore jamais vu manifester. Son bon naturel l'a décidé cependant à esquisser une femme demi-cheval et jouant aux cartes avec un cavalier à tête de griffon, coiffé d'une perruque surmontée d'une couronne. C'est que je tenais à ce groupe, parce qu'il fait allusion aux singulières armes de la maison Pallagonia. Ces armes se composent d'une femme à tête de cheval se regardant dans un miroir tenu par un satyre.

Palerme, le 12 avril.

Les coureurs du vice-roi nous ont conduits à la salle des antiques, au cabinet de médailles du prince Torremuzza et aux catacombes. La salle des antiques ne nous a offert que l'image d'un déménagement, car on était en train de changer de place les statues et les bustes. Le cabinet de médailles avait d'abord peu d'attraits pour moi, parce que je n'ai pas les connaissances nécessaires pour en apprécier le mérite; peu à peu, cependant, je m'y suis intéressé, parce que ces médailles m'ont rappelé la richesse et l'éclat de quelques anciennes villes de la Sicile, entièrement oubliées aujourd'hui. Les catacombes, taillées avec une grande intelligence architectonique, dans un tuf fort dur, sont situées en dehors de la ville ; les murs contiennent dans leur épaisseur des ouvertures voûtées pour recevoir les cercueils ; les derniers rangs sont beaucoup plus petits que les autres. Les sarcophages des enfants ont été placés au-dessus des piliers.

Une singulière scène est venue clore cette journée : Arrêté sur le trottoir d'une grande rue, je causais avec un marchand devant sa boutique. Tout à coup un coureur en riche livrée est venu à l'improviste me présenter un plateau d'argent, sur lequel il y avait plusieurs monnaies de cuivre et très-peu de pièces blanches. Ne sachant ce que cela signifiait, j'ai fait un signe négatif et il s'est éloigné aussi vite qu'il était arrivé. En le suivant des yeux, je me suis aperçu qu'une demi-douzaine de ses camarades s'acquittaient de la même tâche dans cette rue, au milieu de laquelle s'avançait majestueusement un seigneur âgé, en grand costume de cour, le chapeau sous le bras et l'épée au côté. Voyant ma surprise, le marchand s'est empressé de m'apprendre que ce seigneur était le prince Pallagonia qui, de temps en temps, mendiait ainsi par la ville pour racheter les chrétiens tombés en esclavage chez les Algériens.

— Ces quêtes, a-t-il ajouté, ne produisent que de très-faibles sommes, mais elles maintiennent les bonnes intentions pour les malheureux captifs. Aussi, plus d'un riche, qui n'a rien donné pour leur délivrance pendant sa vie, leur laisse-t-il souvent de grandes sommes après sa mort.

— Si le prince, me suis-je écrié, avait consacré à cet usage ce qu'il a dépensé pour défigurer son château, il serait un des plus grands bienfaiteurs de l'humanité.

— C'est juste, m'a répondu le marchand, mais nous sommes ainsi faits ; nous avons toujours de l'argent pour payer nos folies, mais quand il s'agit de défrayer nos vertus, nous en appelons à la bourse d'autrui.

PALERME, le 13 avril.

Je n'ai encore rien dit de ce que l'on boit et mange ici, ce n'est pourtant pas un article à dédaigner. Les légumes sont excellents, surtout la salade ; elle a la douceur et la délicatesse du lait, ce qui m'a fait comprendre pourquoi les Romains l'appelaient *lactuca*. Le vin est exquis et serait encore meilleur, si l'on donnait plus de soin à sa préparation ; l'huile et les poissons sont de première qualité.

Quittons la table près de laquelle nous dînions, pour regarder dans la rue, afin de connaître la cause du bruit qu'on y fait : la confrérie de la Miséricorde escorte un jeune homme fort bien fait, frisé et poudré, vêtu d'une culotte, d'un habit et d'un chapeau blanc ; il ne lui manque que quelques rubans, pour figurer en qualité de berger dans un bal masqué. Cet homme, c'est un condamné à mort, gracié à l'occasion des fêtes de Pâques, ainsi que cela se fait ici chaque année. La confrérie va le conduire au pied du gibet, où il sera obligé de faire ses dévotions et de baiser l'échelle, après quoi on le mettra en liberté.

PALERME, le 14 avril.

Il faut maintenant que je rende compte aux amis d'une aventure qui m'a préoccupé depuis mon arrivée et que je viens de couler à fond.

A la table d'hôte où je dînais avec mon compagnon de voyage, on parlait d'un certain Joseph Balsamo, né à Palerme, d'où il s'était fait chasser à la suite de quelques escroqueries. Quoiqu'on l'ait perdu de vue depuis cette époque, on croit, généralement, que ce Balsamo est le même charlatan audacieux, devenu célèbre, sous le nom de comte Cagliostro. Je m'empressai de demander ce qui pouvait avoir donné lieu à une pareille opinion. Un des convives me répondit que le portrait de Cagliostro étant venu à Palerme, comme dans toutes les autres villes d'Europe, quelques personnes y avaient reconnu les traits de Joseph Balsamo. Puis il ajouta judicieusement, que cette circonstance aurait à peine suffi pour faire naître quelques vagues soupçons, si le ministère français n'avait pas chargé un avocat de Palerme, d'établir la généalogie de ce Balsamo, et d'y joindre un mémoire contenant tous les renseignements qu'on pourrait se procurer sur son compte. Comme j'exprimais le désir de voir cet avocat, mon aimable convive me promit de m'y conduire dès le lendemain et il tint parole.

L'avocat nous reçut avec beaucoup de bienveillance. Ayant déjà envoyé à Paris la généalogie et le mémoire, il voulut bien me confier, pour quelques jours, la copie légale de ces documents, qu'il a gardés pour le cas où il pourrait en avoir besoin. Voici l'extrait que j'en ai fait :

Joseph Balsamo, né à Palerme dans les premiers jours de juin 1743, eut pour marraine, une sœur de sa grand'mère du côté paternel, et mariée à un nommé Joseph Cagliostro, des environs de Messine. Cette marraine et grand'tante, lui donna le nom de baptême de son mari, ce qui sans doute, lui a suggéré plus tard, l'idée d'en prendre également le nom de famille. Son père, Pierre Balsamo, libraire à Palerme, mourut à quarante-cinq ans, et laissa sa veuve presque sans ressources et avec deux enfants, c'est-à-dire le jeune Joseph et une fille nommée Jeanne. Jeanne épousa un nommé Baptiste Capitumino. Après avoir eu trois enfants, elle aussi perdit son mari ; et comme elle était déjà chargée de sa mère, qui vit encore, elle se trouve aujourd'hui dans un état voisin de la misère.

Revenons maintenant à Joseph Balsamo. Dès son adolescence, il prit l'habit des frères de la Miséricorde, ordre spécialement destiné à soigner les malades. La vivacité de son esprit et sa grande aptitude pour la médecine, l'avaient d'abord fait remarquer favorablement, mais les révérends pères n'en furent pas moins forcés de le chasser à cause de son inconduite. Pour se procurer des moyens d'existence, il commença par se faire magicien et chercheur de trésors. Tout en exerçant ce métier, il eut recours à la facilité avec laquelle il imitait toutes les écritures, pour falsifier d'anciens documents et en fabriquer de faux. Un de ces documents donna lieu à un procès fort grave, il y fut inculpé et jeté en prison, et comme il trouva moyen de s'échapper, il fut jugé par contumace.

Le fugitif parcourut d'abord la Calabre, puis il se rendit à Rome où il épousa la fille d'un fabricant de ceintures. Après ce mariage, il partit avec sa femme pour Naples, prit el nom de marquis de Pellégrini, et poussa l'audace jusqu'à revenir à Palerme sous ce nom supposé. Là, il fit la connaissance d'un jeune prince sicilien doué d'une grande force corporelle, et d'un caractère violent dont il n'avait jamais cherché à modérer les emportements, parce que sa grande richesse et sa qualité de fils d'un seigneur qui occupait une des premières charges à la cour de Naples, le mettait au-dessus des lois.

Dona Lorenza, c'était le nom de la femme de Balsamo, captiva la bienveillance de ce prince, au point qu'il se déclara hautement et publiquement le protecteur du couple étranger. Le prétendu marquis cependant ne tarda pas à être reconnu, et l'avocat du propriétaire que la fabrication du faux document menaçait de la perte d'un beau domaine, le fit jeter en prison. Le prince exigea que l'on mit aussitôt son protégé en liberté. Rendu furieux par les obstacles qu'on lui opposait, il courut chez le président, et comme l'avocat du poursuivant se trouvait justement dans l'antichambre, il le menaça de le battre, s'il ne consentait pas à l'instant même à l'élargissement du marquis. L'avocat eut le courage de refuser; alors le prince le saisit à la gorge, le foulas ous ses pieds, et il l'eût étranglé, si le président attiré par le bruit ne fût arrivé à son secours.

Et ce président n'osa ni faire punir ni même blâmer l'agresseur; et quelques jours après cette scène scandaleuse, Balsamo était redevenu libre. Sous quel prétexte? on l'ignore, car sa sortie de prison n'est ni constatée ni justifiée par aucun acte judiciaire.

Le mémoire que j'avais entre les mains, donne des détails fort curieux sur les aventures de Balsamo, après son départ de Palerme, et sur les ruses à l'aide desquelles cet escroc vulgaire, a fini par devenir, sous le nom de comte Cagliostro, un imposteur célèbre, dont le charlatanisme a, pendant plusieurs années, trompé les personnes les plus haut placées. Certes, j'aurais copié le mémoire en entier, si je n'avais pas eu la conviction qu'à mon retour en Allemagne, je le trouverais imprimé et livré au public. Malheureusement je me suis trompé, et les fantasmagoriques fourberies de Cagliostro, n'ont été dévoilées que plusieurs années après.

Ma curiosité excitée par tout ce que j'avais lu et entendu dire de Balsamo, m'inspira le vif désir de connaître sa mère et sa sœur ; mais ce n'était pas chose facile ; car les deux pauvres veuves, vivaient dans une retraite si profonde, qu'un étranger ne pouvait pénétrer chez elles, sans s'appuyer sur des motifs exceptionnels. Le secrétaire de l'avocat avait été obligé d'inventer de semblables motifs pour s'introduire dans cette famille, et en obtenir les actes et les renseignements dont son patron avait besoin pour établir la généalogie et rédiger le mémoire demandé par le gouvernement français. Après quelques hésitations, ce secrétaire consentit à me servir d'introducteur, au moyen d'une ruse nouvelle, et dès l'après-midi du jour suivant, il me conduisit à la demeure de la famille du célèbre comte Cagliostro.

Après avoir quitté la grande rue, nommée Casaro, nous prîmes une petite rue tortueuse, et nous entrâmes dans une maison de chétive apparence. Un fort vilain escalier nous conduisit à une cuisine, où nous trouvâmes une femme d'une quarantaine d'années, d'une taille moyenne et large sans être grasse ; c'était la sœur de Balsamo, la veuve Capitumino. Quoique occupée à laver la vaisselle,

elle était proprement vêtue, et releva à notre aspect un coin de son tablier afin de cacher la partie salie par son travail. En reconnaissant le secrétaire, elle lui demanda d'un air joyeux, s'il venait lui apprendre que le subside dont il lui avait parlé pour son fils, venait enfin d'être accordé. Mon introducteur qui s'était servi de ce prétexte s'étendit en lamentations sur la longueur avec laquelle les causes les plus justes, se traitent en ce pays; puis il me présenta en qualité de voyageur anglais qui leur apportait des nouvelles de Joseph Balsamo, ou plutôt du comte Cagliostro.

— Vous connaissez mon frère! s'écria-t-elle en se tournant vers moi.

— L'Europe entière le connaît, répondis-je, et je pense que vous ne serez pas fâchée d'apprendre qu'il est maintenant à Londres où il a été parfaitement accueilli.

—Entrez, dit-elle, je vais venir vous rejoindre à l'instant.

A ces mots elle ouvrit la porte d'une chambre fort vaste, mais éclairée par une seule fenêtre. Les murs peints jadis, étaient garnis d'images de saints; l'ameublement se composait de deux grands lits sans rideaux, d'une petite armoire en forme de secrétaire et de quelques chaises en jonc, dont les bois portaient encore les traces d'anciennes dorures.

Près de la fenêtre, se tenait la mère Balsamo, et une jeune fille bien faite, mais dont les traits étaient altérés par la petite vérole. Plus loin, une personne informe, étendue sur une chaise longue, dormait d'un sommeil presque léthargique.

Pendant que le secrétaire expliquait à la mère le motif de ma visite, en criant de toutes ses forces, car la pauvre femme était sourde, je regardais ce visage dont la vieillesse n'avait pu défigurer les traits réguliers et qui portait l'empreinte de ce calme imposant, particulier aux personnes privées de l'ouïe; et lorsqu'elle m'interrogea sur son fils, je fus frappé de la douceur de sa voix.

En apprenant qu'acquitté en France et sorti de la Bastille, il était en ce moment très-heureux en Angleterre, elle laissa échapper des exclamations de joie mêlées d'une douce piété. Sa fille, qui avait mis un autre tablier et relevé ses cheveux sous un joli filet, ne tarda pas à entrer. Je lui répétai ce que je venais de dire de Cagliostro ; de son côté, elle me parla de la triste position à laquelle elle se trouvait réduite, puisque pour nourrir sa mère, ses trois enfants et la pauvre infirme étendue sur la chaise longue, dont elle s'était chargée par charité chrétienne, elle n'avait d'autre ressource que son travail. Puis elle me confia que, pendant son dernier séjour à Palerme, son frère lui avait emprunté une somme de quatorze onces, dont la restitution lui serait d'un grand secours en ce moment, sans gêner son frère, puisqu'il était devenu un riche et puissant seigneur. Elle termina en me priant de lui rappeler cette dette et de vouloir bien me charger d'une lettre que sa mère lui ferait écrire. Je promis de venir la chercher le lendemain dans la soirée, et nous nous retirâmes, à la grande satisfaction du secrétaire qui commençait à ne pas se sentir à son aise.

Ma curiosité était satisfaite, mais je ne pouvais, sans compromettre gravement mon introducteur, me dispenser de venir chercher la lettre en question. Craignant que la mère Balsamo n'eût convoqué ses parents et amis pour voir l'étranger qui était venu lui apporter des nouvelles de son fils, je devançai l'heure convenue. On me reçut avec surprise. Ainsi que je l'avais prévu, tous les membres de la famille devaient se réunir dans la soirée afin de m'entendre parler de Cagliostro ; et puis, la lettre qu'on avait fait faire par un écrivain public, n'était pas encore prête. Quoique peu accoutumé à m'exprimer dans le dialecte sicilien, je parvins à leur faire comprendre qu'il m'eût été impossible de venir plus tard, parce que, devant partir le lendemain matin, j'avais des affaires indispensables à terminer dans la soirée.

Pendant ce temps, le jeune Capitumino arriva avec la lettre qu'il remit à sa grand'mère. Ce jeune homme, d'un extérieur agréable et modeste, m'adressa plusieurs questions fort sensées sur son oncle, et m'exprima sa surprise de ce qu'il m'eût parlé de sa famille, car, d'après ce qu'il avait entendu dire, il la reniait complétement et se donnait une origine illustre. Je répondis qu'en effet, aux yeux du public, il se faisait passer pour un seigneur d'une haute naissance, mais qu'il aimait à avouer à ses amis l'humble point d'où il était parti.

La jeune fille qui, la veille, avait gardé un morne silence, se mêla à la conversation, et les deux pauvres enfants me prièrent de les recommander à la protection de leur oncle, à qui il serait si facile de les placer convenablement, ainsi que leur jeune sœur élevée au couvent par charité. Ils me supplièrent surtout de tâcher d'obtenir quelque secours pour leur grand'mère ; et comme pour me témoigner d'avance leur reconnaissance, ils me promirent d'être mes guides pendant la fête de sainte Rosalie, car ils avaient la conviction que je reviendrais à Palerme pour voir cette fête. Leur mère m'assura à son tour que, malgré le parti qu'elle avait pris de ne recevoir aucun étranger chez elle, afin de ne pas exposer la réputation de sa fille, elle ferait une exception pour moi et m'accueillerait toujours avec plaisir et reconnaissance.

En me voyant vénéré par cette malheureuse famille, comme un médiateur entre elle et un riche parent, je me repentis de ma curiosité et je ne songeai plus qu'à abréger ma visite. J'allais partir, quand la mère Balsamo, qui avait fini la lecture de la lettre, se leva et me dit en me la remettant :

— Dites à mon fils que j'ai été bien heureuse du message que vous m'avez apporté de sa part ; dites-lui que c'est ainsi que je le presse sur mon cœur.

Et écartant ses bras, elle les rapprocha et les croisa sur sa poitrine avec un mouvement passionné.

— Dites-lui encore, ajouta-t-elle, que je prie tous les jours pour lui Dieu et la sainte Vierge, que je le bénis, et que je voudrais, avant ma mort, le revoir de ces yeux qui ont versé tant de larmes pour lui.

La noblesse de sa pose et de ses gestes, la douce animation de sa voix, l'exaltation de sa vénérable physionomie, l'élégance naturelle de la langue italienne, tout donnait un charme irrésistible à ses paroles et à ses gestes. J'étais profondément ému en quittant cette demeure. L'idée que mon apparition avait éveillé dans cette famille, des espérances tout aussi fausses que celles que mon introducteur y avait fait naître quelques mois plus tôt, me suggéra l'intention d'envoyer à la mère Balsamo les quatorze onces que son fils avait empruntées à sa sœur, et j'allais masquer ce don en le qualifiant d'avance, qui me serait remboursée par Cagliostro. Mais en vérifiant ma caisse, je reconnus à regret, qu'en réparant à mes dépens la fourberie d'un indigne parent, je pourrais me trouver gêné moi-même, parce qu'en ce pays il me serait difficile de me procurer de l'argent si je venais à en manquer, et ma bonne action resta en état de projet.

Palerme, le 15 avril.

Sachant qu'une grande procession devait avoir lieu aujourd'hui, j'ai demandé hier au soir comment elle pourrait passer par les rues que personne ne songeait à nettoyer. On m'a répondu qu'on s'en remettait à la Providence qui, en pareille occasion, ne manquait jamais d'envoyer une grande pluie. Et chose singulière, la pluie est venue pendant la nuit; et si elle n'a pu nettoyer complétement les rues, elle a tracé des méandres, bordés de chaque côté par des amas de boue et d'immondices.

En s'avançant gravement sur cette route bizarre, la procession à laquelle assistaient le vice-roi et toute la noblesse, offrait un spectacle singulier dont j'ai cherché à faire disparaître le côté grotesque, en la comparant à la marche des enfants d'Israël, que des anges conduisent sur un sentier sec à travers la bourbe et les marais.

Palerme, le 17 avril.

Sur le point de quitter Palerme, j'ai été de nouveau visiter le jardin public pour y lire l'Odyssée et compléter le plan de *Nausicaa*.

C'est un grand malheur que d'être tenté par plusieurs démons à la fois. Au moment où j'allais m'abandonner à celui de la poésie, un autre est venu s'emparer de mon imagination.

Les plantes que j'étais accoutumé à ne voir qu'en serre chaude étalaient en pleine terre, sous mes yeux, toute la richesse d'une végétation que rien ne contrarie; et je me suis demandé si je ne pourrais pas trouver là, la *plante primitive* qui doit exister quelque part; car comment pourrait-on dire avec certitude que certains produits du sol sont des plantes, si elles ne découlaient pas toutes d'un premier type? Mon examen n'a servi qu'à donner le change à mes intentions poétiques; le jardin d'Alcinoüs s'est évanoui, le jardin de l'univers m'est apparu, mais sans pouvoir me satisfaire. Pourquoi, nous autres mortels, sommes-nous si faciles à distraire? Pourquoi nous laissons-nous pousser à des désirs impossibles à réaliser?

Alcamo, le 18 avril.

Nos chevaux et leur conducteur sont arrivés de très-bonne heure, et nous avons quitté Palerme par la magnifique route de Montréale.

Je conteste plus que jamais toute espèce d'originalité à la folie du prince Pallagonia, car je viens de voir une fontaine décorée de monstres et de vases, dignes d'avoir été commandés par lui. Ces ornements existaient bien avant que ce prince n'ait eu l'idée d'encombrer son château d'objets semblables, d'où j'ai conclu que ce genre d'extravagance est inhérent au climat. Notre conducteur a mis pied à terre près de cette fontaine, puis il y a porté le petit baril qui était suspendu à côté de sa selle. Je lui ai demandé ce qu'il faisait là, et si le baril ne contenait pas du vin.

— Sans doute, m'a-t-il répondu ; mais comme personne ne boit du vin pur, je ne l'ai fait remplir qu'aux deux tiers, et je viens d'y mêler l'eau nécessaire, parce que celle-ci est très-bonne et qu'on n'est pas sûr d'en trouver partout.

Le mal était fait, et il fallut se résoudre à subir l'antique usage de la célèbre noce orientale.

Après Montréale, le paysage, terminé par la mer et ses promontoires, qui sont tantôt boisés et tantôt composés de sauvages rochers calcaires, prend un caractère imposant. Kniep en a esquissé plusieurs points. Pendant le repas, que nous avons pris sous la grange bien aérée d'une mauvaise petite auberge, un gros chien est venu dévorer les débris de nos saucissons ; un gamin l'a fait partir pour s'emparer des pelures de nos pommes, et il a été chassé à son tour par un vieux mendiant. Il paraît que la jalousie d'état existe partout.

Nous venons d'arriver à Alcamo, gentille petite ville, d'où nous pourrons voir sans fatigue le temple de Ségeste.

ALCAMO, le 19 avril.

Alcamo est située sur une hauteur, à quelque distance du golfe. La contrée entière a quelque chose de grandiose : des rochers gigantesques et des vallées profondes, mais larges ; et dans ces vallées, des champs fertiles, des buissons si follement couverts de fleurs qu'on ne voit plus de feuillage, des aloès dont les tiges élancées annoncent la floraison prochaine, des prairies parsemées de jacinthes, d'ophrys, d'asphodèles, de barajinées, de roses des Alpes, de cactus, etc. L'eau qui descend des hauteurs de Ségeste amène des pierres calcaires et du pétrosilex écailleux.

Ségeste, le 20 avril.

Le temple de Ségeste n'a jamais été terminé, aussi n'a-t-on déblayé que la place des colonnes qui l'entourent; elles sont encore toutes debout. La situation du temple était bien choisie, car il s'élève à l'extrémité d'une vallée, sur une colline isolée, et domine ainsi une vaste étendue de pays dont la fertilité a quelque chose de triste, puisqu'on n'aperçoit aucune trace d'habitation. Les fatigues qu'il faut subir, pour découvrir les restes d'une ville détruite, nous ont ôté l'envie de visiter la place où fut autrefois l'ancienne ville de Ségeste.

Castel-Vétrano, le 21 avril.

Pour arriver ici, il a fallu traverser de stériles montagnes calcaires et de jolies vallées, quoique sans arbres; de distance en distance, nous apercevions la mer dans le lointain. Le bétail ici n'est pas grand, mais il est bien fait et a de jolies petites cornes.

Il m'est arrivé cette nuit une singulière aventure : comme j'étais très-fatigué, je me suis endormi immédiatement après m'être jeté sur mon lit. Vers minuit, je me suis réveillé et j'ai vu une magnifique étoile briller devant moi. Bientôt cependant cette douce lumière a disparu et m'a laissé dans de profondes ténèbres. Les premiers rayons du jour sont venus me donner la clef de ce miracle, car j'ai vu qu'il y avait dans le toit, et juste au-dessus de mon lit, une ouverture assez large pour qu'une étoile ait pu passer par ce méridien. L'apparition, quoique naturelle, ne m'en a pas moins paru d'un favorable augure.

Girgenti, le 24 avril.

Ce matin, dès le lever du soleil, le printemps m'est apparu avec des enchantements dont je n'avais encore aucune idée.

La nouvelle Girgenti a été bâtie sur la plate-forme

qu'occupait la citadelle de l'ancienne ville romaine. Appuyé sur le balcon de ma fenêtre, j'ai laissé errer mes regards sur la douce pente de terrain où s'élevait jadis une cité florissante, et sur laquelle on ne voit plus aujourd'hui que de riants jardins. A l'extrémité méridionale d'une vaste plaine, on entrevoit les ruines du temple de la Concorde, et à l'est celles du temple de Junon. Les débris des autres édifices sacrés, ainsi que ceux des habitations privées, disparaissent au milieu de bosquets en fleur. Nous allions immédiatement descendre dans ce paradis; mais un aimable petit abbé nous a priés de commencer par la ville moderne, dont il nous a gracieusement fait les honneurs.

Les rues sont bien alignées et se composent de jolies maisons; la vue est belle partout où l'on s'arrête. Dans la cathédrale, on a sauvé un magnifique sarcophage en le convertissant en maître-autel. Sur un des bas-reliefs, on voit Hippolyte et ses compagnons à cheval et prêts à partir pour la chasse, la nourrice de Phèdre se jette au-devant d'Hippolyte et lui présente une tablette. Pour faire ressortir davantage sans doute la beauté et les grâces des adolescents, que l'artiste a fort heureusement groupés, il a converti la nourrice en une vieille naine difforme. Ce travail n'appartient qu'au demi-sublime de l'art grec, mais c'est du moins un beau modèle de l'époque la plus gracieuse de cet art. Plusieurs vases très-bien conservés, nous ont ramenés à des périodes plus anciennes; la cathédrale elle-même a été construite avec des restes précieux de l'ancienne architecture.

Comme il n'y a pas d'auberges dans cette ville, une famille bienveillante a bien voulu nous céder une partie de la grande chambre, qui lui sert d'atelier pour fabriquer du vermicelle. Je me suis fait expliquer tous les procédés de cette industrie, par les charmantes jeunes filles dont les doigts effilés donnent à chaque paquet de vermicelle la forme de colimaçon.

Girgenti, le 25 avril.

Ce matin, le digne abbé nous a conduits dans la plaine et par le chemin le plus long, afin de nous procurer le plus de plaisir possible. Chaque inégalité du terrain qui descend en vagues irrégulières cache tantôt des ruines majestueuses, et tantôt les trésors bigarrés d'une riche et puissante végétation. A chaque pas, tout autour de nous devenait plus pittoresque ou plus idyllique.

D'année en année, les débris de l'ancienne ville s'anéantissent; car les maisons, les édifices eux-mêmes ont été construits en tuf coquillier, pierre légère que l'air convertit facilement en terre végétale. Le temple de Junon est presque entièrement détruit, mais celui de la Concorde a bravé les siècles; sa svelte architecture atteint de bien près le plus haut degré du beau. Je ne me plaindrai pas de la maladroite restauration qu'on lui a fait subir, en remplaçant les lacunes avec du plâtre auquel on a laissé sa blancheur naturelle, au lieu de lui donner la couleur de la pierre; car grâce à cette maladresse, le monument a conservé son cachet de ruine.

Les colonnes du temple d'Hercule, renversées sans doute par quelque ouragan, car elles ont conservé le même ordre dans lequel elles s'élançaient vers le ciel, donnent encore aujourd'hui une juste idée de leur admirable harmonie. Les restes du temple de Jupiter, semblables aux ossements épars d'un géant, gisent à travers les plantes variées des jardins séparés les uns des autres par des haies fleuries. Un magnifique caroubier ombrage le temple d'Esculape, dont une famille de cultivateurs a fait son habitation. La vue du tombeau de Thérone m'a été d'autant plus agréable que je connaissais déjà ce monument, parce qu'il occupe le premier plan d'un charmant tableau de Hackert.

GIRGENTI, le 26 avril.

Lorsque je me suis réveillé ce matin, Kniep était parti pour aller dessiner une partie de ce que nous avions vu la veille. Après avoir de nouveau contemplé la magnifique contrée qui s'étend sous ma fenêtre, je me suis mis à lire dans le petit livre de Riedesel, que, semblable à un bréviaire, je porte constamment sur moi.

J'ai toujours aimé à me mirer dans les organisations qui possèdent tout ce qui me manque, c'est-à-dire une résolution calme, un but assuré, des moyens d'exécution convenables, des connaissances préliminaires et des dispositions précieuses. Je ne m'en veux cependant pas d'être obligé de conquérir, par ruse ou par assaut, ces qualités d'où découlent la perfection artistique, qu'il ne m'a pas été donné de trouver sur les routes ordinaires de la vie. Puisse un mouvement sympathique avertir l'excellent Riedesel, au milieu du tumulte du monde où il vit en ce moment, qu'un voyageur reconnaissant rend hommage à son mérite dans la même localité solitaire qui, naguère, l'a charmé au point qu'oubliant ses amis et sa famille, il aurait voulu pouvoir y rester toujours!

Dans une promenade de la soirée, j'ai remarqué des tombeaux creusés dans les rochers et les masses de murailles qui servaient de remparts à l'ancienne cité. C'étaient là, sans doute, les mausolées des braves, et certes, il eût été impossible de leur en élever de plus glorieux et de plus propres à exciter une noble émulation.

GIRGENTI, le 27 avril.

Le bon Kniep dessine continuellement, tandis que je me promène avec mon abbé. En nous arrêtant sur les bords de la mer, mes regards ont suivi une longue traînée de nuages qui se dessinait sur l'horizon méridional, semblable à une immense chaîne de montagnes. Ces nuages indiquent les rives africaines. Un autre phénomène m'a paru plus

9.

singulier encore, c'étaient des nuées légères formant un vaste demi-cercle, appuyé d'un côté sur le sol de la Sicile, et s'élançant audacieusement vers un ciel bleu et pur, pour se recourber du côté où se trouve l'île de Malte; et ce cercle, m'a-t-on assuré, se renouvelle fort souvent dans l'air. Serait-ce une manifestation mystérieuse de la force attractive qui existe entre ces deux îles?

Je me suis demandé de nouveau s'il fallait définitivement renoncer à mon projet de visiter Malte. Les dangers et les difficultés de ce voyage m'ont décidé à arrêter nos chevaux et leurs conducteurs jusqu'à Messine. Comme je n'avais encore rien vu qui puisse mériter à la Sicile son titre de grenier de l'Italie, on m'a conseillé de traverser l'intérieur de cette île au lieu de côtoyer ses rives jusqu'à Syracuse, ainsi que j'en avais l'intention. Je me suis promis de suivre ce conseil et de laisser Syracuse de côté, car je savais que cette ville n'a conservé de son ancienne splendeur, que son nom superbe.

CALTANISETTA, le 28 avril.

Je puis dire maintenant pourquoi on appelle la Sicile le grenier de l'Italie. A peu de distance de Girgenti, commencent, non pas des plaines, mais des enchaînements de collines, dont les penchants produisent une incalculable quantité d'orge et de froment. Sur les sommités, où la terre est moins fertile, s'élèvent des villages; nulle part un bosquet, pas même un arbre : les chardons seuls ont le droit de s'emparer des sentiers, tout le reste appartient à Cérès. Cette richesse a quelque chose de si monotone, que pour pouvoir m'en éloigner plus vite, j'aurais voulu avoir à ma disposition le char ailé de Triptolème.

A Caltanisetta aussi il n'y a point d'auberge. Les chevaux et les mulets sont logés dans de vastes et belles écuries voûtées, leurs conducteurs trouvent partout de quoi satisfaire leur faim et leur soif, et dorment sur le trèfle destiné à la nourriture des animaux; mais les voyageurs sont obligés de chercher un abri et d'attendre qu'on ait balayé la chambre qu'on veut bien leur céder par grâce spéciale. Et comme cette chambre ne contient d'autres meubles que des tréteaux, il faut les convertir en bancs, en tables et en lits, à l'aide de quelques planches qu'on va louer chez un menuisier.

Après nous être acquittés de ce premier soin, il fallait nous occuper de notre nourriture. Notre conducteur avait acheté une poule et il venait de se procurer du riz et du sel ; mais ce n'est qu'après une longue négociation, qu'il a pu décider un bourgeois de la ville, à nous céder du bois et quelques ustensiles de cuisine. Pendant que notre poule cuisait, nous avons été nous promener dans la ville. Les principaux habitants, assis sur la place, selon l'antique usage, nous ont adressé une foule de questions sur Frédéric le Grand, pour lequel ils ont une telle affection, que nous n'avons pas osé leur apprendre qu'il venait de mourir.

Castro-Giovani, le 29 avril.

Nous venons de traverser une contrée plus fertile et plus déserte encore, que celle qui s'étend entre Girgenti et Caltanisetta. Les chevaux sont rares ici, on laboure avec des bœufs, et il est défendu de tuer des vaches et des veaux pour les manger.

Une pluie battante est venue augmenter les inconvénients de notre voyage, car il nous a fallu passer, sans ponts, plusieurs rivières subitement gonflées. La plus grande de toutes, nommée le Salso, se traverse, en pareille occasion, par un singulier procédé. Des hommes robustes attendent les voyageurs sur le rivage ; deux de ces hommes se placent l'un à droite, l'autre à gauche de chaque cheval ou mulet chargé de son cavalier et de ses bagages, soutiennent l'animal par le milieu du corps et le conduisent ainsi sur un banc de sable au milieu de la rivière. Quand toute la caravane est arrivée sur ce point de repos, on recommence l'opération et l'on atteint l'autre rive.

Bientôt après cette singulière traversée, nous avons aperçu la montagne qui porte la ville de Castro-Giovani, et donne à toute la contrée quelque chose de très-sérieux. Cette montagne est composée de muschelkalk (espèce de pierre coquillière), qui m'a paru si beau, que je n'ai pu m'empêcher d'augmenter mes bagages de quelques pierres calcinées. La ville avec sa haute tour, le bourg de Caltascibetta, situé un peu plus à gauche, se dessinait fort agréablement; dans la plaine, les haricots étaient en pleine fleur; mais le moyen de regarder tout cela avec plaisir, puisqu'il pleuvait toujours et que la route était affreuse?

L'antique ville d'Enna, nous a fait un accueil fort peu gracieux. Enfermés dans une chambre dont les fenêtres avaient des contrevents, mais pas de vitres, il fallait rester dans les ténèbres ou livrer passage à la pluie. Après avoir fait un chétif souper avec le reste de nos provisions, et, passé une fort mauvaise nuit, nous avons fait vœu de ne plus jamais nous laisser détourner de notre route, par le charme trompeur d'un nom mythologique [1].

En route, le 30 avril.

Le chemin qui descend de Castro-Giovani, est si rapide et si mauvais, que nous avons été obligés de conduire nos chevaux par la bride. Les nuages étaient très-bas et nous ont offert un singulier phénomène. C'était quelque chose de bariolé de gris et de bleu et semblable à un corps solide; mais comment un corps solide aurait-il pu se loger dans l'air? Notre conducteur a fini par nous apprendre, que l'objet qui nous causait tant de surprise, était un côté de l'Etna, dont les rocs tantôt nus et tantôt couverts de

---

[1] Goethe fait ici allusion à la fable, selon laquelle Enna était la capitale du royaume de Cérès. Cette fable vit encore dans l'imagination des habitants du pays, et l'on montre, près d'Enna, une grotte par laquelle Pluton retourna aux enfers avec Proserpine qu'il venait d'enlever.

Note du traducteur.

neige, se montraient à travers les déchirures des nuages.

Plusieurs longues vallées, sans culture et sans habitants, se sont successivement ouvertes devant nous. Les troupeaux qui paissaient dans ces vallées y auraient trouvé une nourriture abondante, si les chardons ne s'étaient pas emparés de la plus grande partie du terrain ; aussi Kniep et moi, avons-nous beaucoup blâmé la paresse des paysans qui ne détruisent pas ces plantes nuisibles, en les fauchant en ce moment où elles étaient en pleine fleur.

Tandis que nous établissions très-sérieusement un plan de campagne pour la destruction des chardons, la preuve humiliante, que nous avions trop tôt condamné cette plante, dont le sol sicilien est si prodigue, s'est déroulée devant nos yeux. Deux gentilshommes du pays, voyageant à cheval comme nous, venaient de mettre pied à terre non loin de la place où nous avions fait halte pour prendre un léger repas. Ces messieurs, tirant chacun un couteau de leur poche, se sont mis à couper les tiges des chardons ; et après les avoir soigneusement pelés, ils les croquaient, avec autant de plaisir que nous en avions à manger de très-bon pain et à boire de très-bon vin, qui, cette fois, était sans eau. Pour nous convaincre que ces tiges étaient un mets très-agréable et très-rafraîchissant, notre conducteur nous en a préparé quelques-unes ; mais nous ne pouvions pas plus y prendre goût qu'aux artichauts, aux salades, aux oignons, aux choux-raves crus, dont on se régale en ce pays.

La fertilité des vallées que nous traversions successivement, va toujours en croissant. Le froment commence déjà à jaunir, ce qui n'a rien d'étonnant, vu que la moisson se fait vers le milieu du mois de mai. Les rivières sont bordées d'aloès, de saules et de chardons. Autour de la jolie petite ville de Molimenti, située à peu de distance d'une rivière nommée San-Paolo, on arrachait le lin déjà arrivé à sa maturité.

Kniep venait d'esquisser une perspective très-remarquable ; mais tout ce qui précédait ce point était si dépourvu d'intérêt, que mon jeune ami s'est permis d'inventer en riant, un premier plan dans le genre de ceux du Poussin. Ce dessin ainsi exécuté, fera un charmant tableau, et je suis convaincu que les cartons de la plupart des peintres touristes, sont remplis de pareilles demi-vérités.

En route, le 1er mai.

Hier au soir, nous nous sommes arrêtés, pour la première fois depuis douze jours, dans une auberge passable, aussi y avons-nous passé une bonne nuit. Ce matin, nous avons remarqué quelques lignes écrites au crayon sur les murs de notre chambre ; c'étaient des vers anglais ; en voici la traduction :

« Voyageurs, qui que vous soyez, si vous allez à Catane, gardez-vous de l'auberge du *Lion d'or*. Il vaudrait mieux pour vous, tomber au pouvoir réuni du Cyclope, de Scylla et des Sirènes ! »

Quoique persuadés que ce bienveillant avis donnait aux dangers, une extension mythologique, nous nous sommes mis en route avec la ferme résolution d'éviter le *Lion d'or* à Catane, où nous devions arriver à la fin du jour. En examinant, selon mon habitude, la nature des collines qui se prolongent jusqu'à Catane, j'ai reconnu que les cailloux dont elles se composent, sont mêlés de gangues de lave, recouvertes de cendres volcaniques, et bientôt après, j'ai distinctement reconnu la marche d'un torrent de lave, consolidé depuis les deux dernières éruptions de l'Etna. Ici la nature s'abandonne sans réserve à son penchant pour les bigarrures. Une mousse d'un jaune éclatant, couvre en partie la couche de lave où le gris clair se mêle au bleu foncé. Et sur cette couche, croît, çà et là, le sédum à fleurs rouges et plusieurs plantes à fleurs violettes, tandis qu'à travers les champs les cactus de tous genres, forment des haies aussi magnifiques que variées.

Avant d'entrer à Catane, notre conducteur nous a demandé où nous voulions descendre

— Partout où vous voudrez, lui ai-je répondu, pourvu que ce ne soit pas au *Lion d'or*.

— En ce cas, il faudra vous accommoder du cabaret où j'ai l'habitude de loger.

Et nous y avons consenti, tant nous redoutions le *Lion d'or*.

Catane, le 2 mai.

Le cabaret où logeait notre conducteur était un bien triste asile; point de lits, et pour toute nourriture une poule au riz, dont nous nous serions contentés, si l'on ne s'obstinait pas à y mettre du safran à poignée. Tout en regrettant de ne pouvoir nous recevoir mieux, le cabaretier nous indiqua de la main une belle maison en face de la sienne, où, nous assurait-il, les voyageurs de notre espèce, trouvent tout ce qu'ils peuvent désirer. Nous nous y sommes rendus aussitôt. Le maître était absent, mais un de ces domestiques, appartenant moins à la maison qu'aux voyageurs qui les payent, nous a fait entrer dans une belle chambre, précédée par une salle d'entrée. Le prix du logement et des repas dont nous avons commencé par nous informer, suivant l'usage du pays, était très-modéré; aussi avons-nous aussitôt fait apporter nos bagages.

Après les avoir logés dans des commodes dorées, nous nous sommes rendus sur le balcon pour juger de la localité; mais quel n'a pas été notre effroi en voyant tout d'abord, un beau lion d'or se balancer au-dessus de nos têtes! A cette vue, nous sommes rentrés dans notre chambre en éclatant de rire, et en cherchant du regard autour de nous quelques-uns des monstres homériques dont le bon Anglais, nous avait menacés. Presque au même instant une jeune et jolie femme, est entrée dans la salle tenant dans ses bras un enfant de deux ans environ, dont elle cherchait à calmer les cris. Le domestique faisant l'office de maître voulait la renvoyer, mais elle lui a reproché sa dureté en lui disant qu'il savait fort bien que dès qu'il sortait de la maison l'enfant ne voulait pas se tenir tranquille. Le prétendu mari n'en a pas moins persisté à vouloir la faire partir; mais l'enfant d'emprunt, qu'elle avait sans doute pincé avant d'entrer, criait si impitoyablement, que nous avons engagé la jolie petite femme à rester dans la salle ; ce qui ne pouvait avoir aucun danger pour nous, puisque le charitable avis de l'Anglais, nous avait fait deviner le nœud de cette comédie. L'enfant s'est promptement apaisé, la jeune femme a continué à jouer gracieusement avec lui jusqu'au retour du domestique, qui s'était retiré pour aller porter à l'aumônier du prince Biscaris, une lettre de recommandation dont nous étions munis pour lui.

<small>Catane, le 3 mai.</small>

L'aumônier est venu nous prendre ce matin pour nous conduire au palais du prince, où nous avons commencé par visiter le musée. Les statues, les bustes de marbre et d'airain, les vases et autres antiquités réunies dans ce musée, ont beaucoup étendu le cercle de nos connaissances artistiques. Le prince n'a pas tardé à venir nous joindre ; il nous a fait voir son cabinet de médailles. C'était une grande preuve de confiance, car quelques visiteurs s'étaient permis des larcins qui lui avaient fait prendre le parti de ne plus montrer sa précieuse collection qu'à des personnes sûres. S'apercevant bientôt que nous n'étions pas des connaisseurs, mais des amateurs très-attentifs, il nous a donné toutes les explications nécessaires sur les objets de notre admiration. Puis il nous a conduits chez sa mère, qui possède également une collection d'objets d'art. Cette dame, très-avancée en âge, d'un extérieur aussi agréable qu'imposant, nous a reçus avec une noble aisance, accompagnée de ces touchantes paroles :

— Entrez, Messieurs. Grâce à la piété filiale de mon fils, vous trouverez ici tous les objets d'art tels que feu mon mari les a laissés.

Et ouvrant de grandes armoires vitrées, elle nous a montré d'abord des coupes faites avec l'ambre jaune de la Sicile, qui se distingue de celui du Nord par des nuances plus transparentes, passant de la couleur de la cire et du miel, au jaune le plus saturé de rouge. Ces objets, ainsi que les vases étrusques et autres antiquités semblables, ont fourni à la noble dame le sujet d'anecdotes piquantes; et plusieurs heures se sont passées ainsi fort agréablement.

Catane, le 4 mai.

L'éruption de l'Etna, de 1669, a presque entièrement enseveli cette ville sous un torrent de lave; et les architectes, qui l'ont reconstruite se sont servis de cette matière volcanique, pour y tailler des rues et élever des maisons et des édifices. En visitant la partie de Catane ainsi rebâtie, je me suis emparé de plusieurs morceaux de lave, puis nous nous sommes informés de la route à suivre et des moyens à prendre pour monter sur l'Etna. Tout le monde nous a détournés du projet d'aller jusqu'au sommet de ce volcan, ascension tellement difficile, que les habitants du pays trouvent rarement deux fois dans leur vie le moment favorable pour l'entreprendre; et l'on s'est accordé à nous engager à borner notre curiosité au Monte-Rosso, une des montagnes formées par les éruptions de l'Etna. Ne voulant pas ressembler aux voyageurs, qui se sont faussement vantés d'avoir fait, ce que la nature des localités rend presque toujours impossible, je raconterai aux amis ce que j'ai réellement vu.

Catane, le 5 mai.

Montés sur des mules robustes, nous avons d'abord traversé la région des laves, encore indomptées par le temps. Des masses tantôt plates et tantôt dentelées, nous regardaient d'un air menaçant, et semblaient vouloir barrer le passage à nos montures qui les tournaient adroitement. Au-dessus de nous se dessinaient les forêts de Nicolosi, couronnées par la cime de l'Etna couverte de neige et exhalant une légère fumée.

Arrivés au pied du Monte-Rosso, qui nous montrait sa

double tête, nous nous sommes mis à le gravir à pied ; il est entièrement composé de cendres et de matières volcaniques d'un rouge foncé qui lui ont fait donner son nom. Je me disposais à faire le tour de l'orifice du cratère, mais il s'était élevé tout à coup un vent si furieux que la marche devenait incertaine et dangereuse. En vain m'étais-je débarrassé de mon manteau, mon chapeau et ma personne elle-même couraient risque d'être jetés dans l'abîme; aussi ai-je pris le parti de m'asseoir, pour jouir de la vue magnifique que l'on découvre de ce point élevé. Je n'y ai trouvé qu'une déception nouvelle ; la tempête qui passait sur le pays confondait et obscurcissait les objets au point que je n'ai rien vu, ou du moins presque rien. Au milieu des horreurs de cette tourmente, qui m'avait complétement étourdi, mon digne Kniep a trouvé moyen d'esquisser, par des lignes délicates, ce que j'avais à peine pu entrevoir.

De retour dans la gueule du lion, le domestique, qui remplaçait toujours le maître, nous a proposé d'aller voir, le lendemain, le rocher de *Jaci*, partie de plaisir que les voyageurs, et surtout les Anglais, ne manquent jamais de faire, et qu'ils ont soin de rendre plus amusante, en embarquant des musiciens, et des vivres que sa femme se charge d'apprêter au pied du rocher. Le rocher me tentait ; mais grâce à l'avertissement de l'Anglais, nous craignions la présence de cette jeune et jolie femme, et nous avons renoncé à cette excursion, abstinence dont nous étions très-fiers.

Taormina, le 6 mai.

Tout ce que nous avons vu aujourd'hui a déjà été décrit tant de fois que je puis me dispenser d'en parler, et j'en rends grâce à Dieu.

Kniep dessinera demain les deux sommets qui s'élèvent sur le bord de la mer, et qu'un demi-cercle de montagnes rattache l'un à l'autre. Je ne sais quelle forme la nature avait donnée d'abord à ces montagnes, mais il est certain que c'est l'art qui en a fait un amphithéâtre colossal. En s'asseyant sur le point le plus élevé des places jadis occupées par les spectateurs, on est forcé de convenir que, jamais le public d'un théâtre, ne s'est trouvé en face d'un pareil chef-d'œuvre de l'art et de la nature. A droite et à gauche, et au-dessus des rochers, plus haut que ceux qui ont servi de base à la construction de l'amphithéâtre, on voit d'anciennes forteresses; plus bas la ville de Taormina et la longue chaîne de l'Etna, fermant ce tableau du côté de la mer.

Pour abréger notre chemin, nous sommes retournés à la ville par les jardins, et nous avons appris alors ce que c'est qu'une haie d'agaves. Le regard passe sans peine à travers les feuilles gigantesques de ces plantes, et on croit pouvoir les traverser de même; mais les piquants, dont les bords sont garnis, offrent une résistance sérieuse; et lorsque, trompés par l'épaisseur de ces feuilles, on veut s'en servir comme d'un marchepied pour franchir la haie, elles se brisent, et l'on tombe dans les bras d'une agave voisine non moins hostile.

TAORMINA, le 7 mai.

Kniep m'a été donné par mon bon génie; en m'allégeant d'un fardeau qui eût été trop lourd pour moi, il m'a rendu toute mon individualité. Ce matin il a été dessiner tout ce que nous avons admiré hier. Je ne l'ai pas suivi, car, semblable à l'oiseau qui veut construire son nid, j'avais besoin de chercher un petit coin bien étroit et bien solitaire. Je l'ai trouvé dans un verger mal tenu, et sur une des basses branches d'un oranger, où je me suis assis, en me laissant aller aussitôt à une dramatique concentration de l'Odyssée, dont Nausicaa devait être l'héroïne. Je ne sais ce que j'aurais pu faire par la suite de cette tragédie, mais il est certain que j'en ai très-promptement arrêté le plan :

Une vierge accomplie, recherchée par l'élite des jeunes princes de la cour de son père, repousse leurs hommages, car l'amour n'a pas encore parlé à son cœur. Tout à coup un étranger se présente au milieu d'événements propres à l'impressionner et l'arrache à son indifférence. La sensation qui vient de s'emparer d'elle est si violente, qu'elle la manifeste de manière à se compromettre, ce qui rend la situation fort dramatique. Cette fable, malgré sa simplicité, pourrait devenir très-intéressante par les incidents qui en découlent, et par le caractère maritime et insulaire que l'exécution devait lui donner.

Le premier acte commence par le jeu de paume. Ulysse se présente devant Nausicaa, et l'hésitation de cette jeune fille à l'introduire dans la ville trahit son amour naissant. Au second acte, on voit la maison d'Alcinoüs. Les prétendants de la princesse font connaître leurs caractères; l'entrée d'Ulysse termine cet acte. Le troisième acte est entièrement consacré au voyageur auquel je me promettais de donner un grand attrait par le récit de ses aventures, et par les effets variés que ce récit produit sur les personnes qui l'écoutent; les passions s'exaltent et font voir le vif intérêt que Nausicaa prend à l'inconnu. Au quatrième acte, Ulysse donne des preuves si éclatantes de sa prudence, de son adresse et de sa valeur, que Nausicaa, ne se contenant plus, laisse éclater sa passion aux yeux de tout le monde et se compromet publiquement. Au cinquième acte, Ulysse, cause, ni tout à fait coupable, ni tout à fait innocente de tous ces désordres, se fait connaître et annonce qu'il va partir; alors il ne reste plus à l'infortunée jeune fille qu'à se donner la mort.

Ce sujet me souriait d'autant plus, que je pouvais en puiser tous les détails dans ma propre expérience. N'étais-je pas, à l'instar d'Ulysse, errant loin de mon pays et réduit à témoigner ma reconnaissance aux personnes qui m'avaient fait un gracieux accueil, par le récit vivement colorié de mes aventures? ce qui m'exposait à passer pour un demi-dieu chez les uns, pour un hâbleur chez les autres, et à faire naître des inclinations qui, pour ne pas amener un dénoûment tragique, n'en devaient pas moins laisser après elles des souvenirs douloureux.

En confondant ainsi mes propres aventures avec celles du héros de ma tragédie, cette composition m'a absorbé au point que j'ai fait une partie de mon voyage en Sicile, plongé dans un rêve poétique, sans cesse renouvelé et surexcité par le caractère classique du sol. Selon ma bonne ou mauvaise habitude, je n'ai rien écrit, mais le tout était achevé dans ma tête et vivait dans mon imagination.

Sur le chemin de Messine, le 8 mai.

Les rochers calcaires que nous avons à notre gauche, offrent toutes sortes de nuances et forment un très-beau golfe. Les pommes jaunes du solanum et les fleurs rouges des oléandres, égayent le paysage.

Sur le chemin de Messine, le 9 mai.

Toujours enclavés entre la mer et les rochers, le vent d'est nous assiége, et nous avons à lutter contre une multitude de ruisseaux qu'il faut traverser, et surtout contre la mer, dont les vagues soulevées par le vent, se brisent sur le rivage et nous couvrent d'une poussière humide ; la magnificence de ce spectacle nous en a fait courageusement supporter les inconvénients. Je fais beaucoup d'observations minéralogiques, et j'ai augmenté ma collection de plusieurs pierres très-curieuses.

Messine, le 12 mai.

Nous sommes arrivés ici hier au soir si tard, que nous avons été obligés de passer la nuit dans l'auberge où descendent les conducteurs des chevaux et des mulets. Pour nous rendre à cette auberge, nouvellement construite, et entourée de tous côtés par des amas de décombres, il a fallu traverser pendant plus d'un quart d'heure, des monceaux de ruines, ce qui nous a donné une juste idée de la dévastation de cette malheureuse ville. Ce matin, nous nous sommes séparés de notre conducteur, après l'avoir récompensé par un généreux pourboire, de ses bons soins dont il nous a donné une dernière preuve, en nous envoyant un de ces domestiques aux gages de tous les étrangers, qui nous a conduits dans une très-bonne auberge.

Après l'immense malheur qui avait frappé Messine et coûté la vie à douze mille de ses habitants, le reste, c'est-à-dire, plus de trente mille individus, s'était trouvé sans asile; et une vaste prairie à peu de distance de Messine, s'est aussitôt couverte de baraques en planches. Ces habitations, qui tiennent le milieu entre celles des Arabes et des marchands forains, ont exercé une grande influence sur le caractère des Messinois. La joie d'avoir échappé au tremblement de terre, et la crainte de le voir recommencer, les a poussés à jouir de tous les plaisirs que l'instant actuel pouvait leur procurer, sans jamais songer au lendemain. Depuis trois ans, déjà, ils vivent ainsi et ils sont entretenus dans cette disposition d'esprit, par des secousses périodiques qui, sans causer de désastres, sont assez fortes pour prouver que le sol ne s'est pas encore raffermi.

Un consul, dont je ne saurais assez louer la bienveillance et les aimables attentions, nous a conduits à travers des maisons, des édifices et des palais, les uns entièrement renversés, les autres tellement ébranlés, qu'ils s'écroulent par fragments. Ce tableau, rendu plus affligeant encore par quelques édifices restés debout çà et là, au milieu de tant de ruines, m'a fait prendre la résolution de retourner à Naples par la première occasion. En apprenant qu'un navire marchand français n'attendait qu'un vent favorable pour mettre à la voile, j'y ai fait d'autant plus volontiers arrêter nos places, que je savais que le drapeau blanc était respecté par les Algériens.

Pour me procurer le plaisir de voir l'intérieur du ménage d'une des familles établies dans les maisons de planches, le bon consul nous a fait entrer dans celle qu'habitait un de ses amis. Au premier abord, nous nous sommes crus transportés dans une de ces baraques où, à l'époque des foires, on montre des bêtes féroces ou autres curiosités.

Un grand rideau vert séparait l'intérieur en deux parties, celle où nous nous trouvions n'avait d'autres meubles que des chaises et une table. En regardant autour de moi, j'ai vu un coin du rideau se soulever pour laisser passer deux charmantes têtes de jeunes filles, aux yeux et à la chevelure noire ; la curiosité les avait attirées, en s'apercevant que je les avais vues, elles se sont enfuies ; mais à la prière du consul, elles ont consenti à venir nous trouver, après avoir, toutefois, fait un peu de toilette. C'était un coup d'œil ravissant que de les voir paraître devant le rideau vert et produire ainsi leurs mignonnes et gracieuses personnes couvertes de parures bigarrées. Leurs questions nous ont prouvé qu'elles nous prenaient pour des êtres fabuleux sortis d'un autre monde. Le consul les a malignement entretenues dans cette erreur, qui a prêté un charme particulier à notre entretien ; aussi ne l'avons-nous terminé qu'à regret et le plus tard possible. A peine sorti de la baraque, je me rappelai que je n'avais rien vu qui pût me donner une idée de la manière dont on s'y gouvernait : les habitantes m'avaient fait oublier l'habitation.

Messine, le 12 mai.

Averti par le consul, que le gouverneur de Messine était un vieillard bizarre, qu'il serait dangereux d'offenser par un manque d'égards, il m'a décidé à aller lui rendre visite aujourd'hui.

Dès en entrant dans le salon d'attente, nous avons entendu des éclats de voix partir de la pièce voisine où on nous a aussitôt introduits. Là, un homme très-âgé était assis près d'une table chargée de lettres, dont il coupait les feuillets blancs, afin de les utiliser à son usage. Tout en se livrant à ce singulier travail, il adressait d'une voix criarde et irritée, des questions et des jurons à un homme dont le costume, les allures et la physionomie annonçaient une grande distinction. Le gouverneur lui reprochait d'être venu déjà plusieurs fois à Messine et de courir de ville en ville, sans motifs connus, conduite qui prouvait qu'il exerçait le métier d'espion. L'accusé avait beau se défendre avec calme et dignité, et en appeler à son passe-port, et à ses relations bien connues avec plusieurs grands personnages de la cour de Naples, la fureur du colérique vieillard allait toujours en augmentant.

Une douzaine de personnes rangées en demi-cercle à quelque distance de la porte à l'entrée de laquelle nous nous étions arrêtés, nous enviaient cette place qui, certes, était la meilleure, dans le cas très-probable, où son Excellence aurait saisi sa béquille et se serait levée pour frapper à tort et à travers. Les choses, cependant, n'ont pas été jusqu'à cette extrémité. Après avoir beaucoup crié et juré, le gouverneur a fini par prononcer l'ultimatum suivant :

— Rien ne m'empêche de vous faire arrêter et de vous laisser vous débattre au fond d'une prison, mais je veux user de clémence pour cette fois du moins. Je vous donne encore deux jours pour rester à Messine, puis détalez et ne revenez jamais ici.

L'étranger, toujours impassible, a salué le gouverneur avec respect, puis il s'est retiré en passant entre le consul et moi.

En suivant l'étranger du regard, son Excellence nous a remarqués enfin et nous a fait signe d'approcher ; je n'ai obéi qu'à regret. Le gouverneur était cependant devenu un tout autre homme. Après m'avoir fait asseoir à ses côtés, il m'a adressé plusieurs questions bienveillantes ; et mes réponses l'ont tellement disposé en ma faveur, qu'en me congédiant, il m'a annoncé que pendant toute la durée de mon séjour à Messine, que je prolongerais autant que je le voudrais, mon couvert serait mis tous les jours chez lui. Le consul a été enchanté de cet accueil ; quant à moi, je me suis promis de ne plus remettre les pieds dans l'antre de ce lion.

Messine, le 13 mai.

Je dînais tranquillement avec Kniep à notre auberge, lorsque le domestique du consul est venu me dire d'un air effaré, que le gouverneur me faisait chercher par toute la ville, et qu'il ne pouvait pas comprendre comment un étranger à qui il avait fait l'honneur de l'inviter à sa table, ne se présentait pas à l'heure dite; puis il m'a instamment prié, au nom de son maître, de ne pas me faire attendre davantage, si je ne voulais pas attirer sur moi, et sur mon ami le consul, les terribles effets de la colère du gouverneur. Il ne m'en a pas fallu davantage pour reconnaître que j'avais eu tort, et, invoquant mon patron Ulysse, je me suis rendu chez le redoutable Cyclope.

Je l'ai trouvé à table avec une quarantaine de personnes, la place à sa droite était restée inoccupée, c'était la mienne. Je l'ai prise courageusement, après m'être excusé de mon mieux par des prétextes futiles, tels que mon ignorance des rues et mon peu d'habitude de compter les heures à l'italienne. Son Excellence m'a d'abord répondu fort brusquement, que lorsqu'on venait dans un pays, il fallait, avant tout, en étudier les localités et les mœurs. Grâce à d'adroites flatteries sur quelques-unes de ses mesures gouvernementales, l'irascible vieillard s'est radouci; et à la fin du repas il a chargé son aumônier de me faire voir, non-seulement l'église des Jésuites, mais les sacristies réservées, qui ne s'ouvrent que d'après son autorisation.

Le digne ecclésiastique s'est empressé d'obéir, et m'a conduit sur une place où, au milieu d'édifices et de palais en ruine, l'église des Jésuites seule est restée debout. Cette circonstance s'explique facilement dès qu'on examine la nature des ruines, car alors on reconnaît que les bâtiments entièrement écroulés ont été construits en petites pierres unies entre elles avec beaucoup de chaux, et qu'on a réservé les pierres de taille pour décorer les façades; tandis que les édifices entièrement bâtis avec ces pierres de taille, tels que le collège et l'église des Jésuites, ont résisté au tremblement de terre. L'architecture de cet édifice répond à la grandeur et à la magnificence qui caractérisent tout ce qui a été construit par la société de Jésus.

Un gardien qui nous attendait allait me faire entrer, mais l'aumônier m'a retenu en me disant que son Excellence ne tarderait pas à arriver; et elle est arrivée en effet dans un magnifique carrosse dont nous nous sommes aussitôt approchés respectueusement. Le bizarre vieillard a mis la tête à la portière en criant au gardien :

— Montrez à cet étranger les parties les plus secrètes de l'église; c'est un homme distingué, je veux qu'on lui rende les honneurs qui lui sont dus, et que de retour dans son pays, il puisse se louer de l'accueil qu'on lui a fait à Messine.

Et s'adressant à moi :

— N'oubliez pas de vous trouver tous les jours à ma table à l'heure dite; et tant que vous resterez à Messine, je vous verrai avec plaisir.

J'allais le remercier, mais le carrosse s'était déjà remis en route et nous sommes enfin entrés dans l'église. Au même instant le consul et Kniep, s'y sont précipités et m'ont embrassé avec des transports de joie, car je venais de courir un danger sérieux.

Pour réparer l'effet fâcheux produit par sa brutalité envers un étranger inoffensif et parfaitement en règle, le gouverneur s'était promis de m'accabler d'attentions et de politesses. D'abord plus étonné que fâché de mon absence au moment du dîner, il s'était résigné à m'attendre; mais ne me voyant pas paraître, il s'était mis à table de si mauvaise humeur, qu'à mon arrivée, tout le monde s'attendait à une scène qui devait nécessairement se terminer par mon arrestation.

L'église des Jésuites ne contient pas une seule production artistique remarquable; mais le bronze, les magnifiques agathes siciliennes et l'or brillent de tous côtés ; de précieux lapis-lazuli même se dressent autour du maître-autel, en colonnes cannelées avec des filets de bronze doré. Ce prétendu lapis-lazuli cependant n'est que du *calcare*, mais d'une nuance si belle et d'un travail si parfait, que pour élever une pareille colonnade, il fallait le goût et la richesse des jésuites. Les parties secrètes de l'église consistent en sacristies bien disposées, magnifiquement décorées, et qui contiennent encore quelques vases sacrés dignes de la splendeur de l'église.

Pendant que j'admirais toutes ces richesses, un officier que j'avais remarqué à la table du gouverneur, s'est approché de moi en offrant de me montrer les parties du port inaccessibles aux étrangers. Craignant que cette offre ne fût un piège tendu par le bizarre gouverneur, le consul a voulu m'empêcher de l'accepter ; mais grâce à quelques signes mystérieux, j'avais déjà reconnu un ami, un *frère*, et je l'ai suivi avec confiance.

A peine avions-nous fait quelques pas, qu'il m'a appris que les *frères* veillaient sur moi et me protégeraient contre les caprices du gouverneur, si cela devenait nécessaire, chose peu probable ; car ce vieillard a honte des accès de colère auxquels il se laisse entraîner, et cherche à les réparer par des actes de bonté, jusqu'à ce qu'une nouvelle circonstance lui fournisse de nouveau l'occasion d'épancher la bile dont il est sans cesse tourmenté. Ces accès de colère le rendent très-défiant, et lui font voir des espions de la cour de Naples, dans presque tous les voyageurs qui ont des rapports avec les seigneurs de cette cour, dont la plupart lui envient sa place.

Après m'avoir donné ces renseignements, il m'a prié de profiter d'une séance qui devait avoir lieu la même nuit, pour me faire connaître plus amplement aux *frères* de la Sicile, auxquels je ne pourrais sans doute pas refuser mon estime en voyant que, sous un gouvernement despotique, ils avaient le courage de se réunir secrètement pour protéger, contre les abus de ce gouvernement, non-seulement les habitants du pays, mais les étrangers qui font partie de cette association. Je m'excusai en alléguant mon prochain départ, car je n'avais nulle envie de m'exposer à de graves dangers, en assistant à une réunion sévèrement défendue non-seulement à Messine, mais par toute l'Italie, et dont le but, en ce pays, n'avait rien de commun avec mes manières de voir.

A bord, le 14 mai.

Le triste aspect de Messine, m'avait fait prendre trop tôt la résolution de quitter cette ville sans délai, et je n'étais pas seul à m'en repentir. L'amabilité du gouverneur à mon égard, l'inépuisable bonté du consul, la bienveillante fraternité d'hommes courageux et nobles, avec lesquels il ne dépendait que de moi d'entrer en rapports intimes, tout cela me promettait un séjour agréable. De son côté, Kniep avait trouvé de délicieuses distractions auprès des deux charmantes jeunes filles de la baraque ; mais le mal était fait, il fallait se résigner à partir d'un moment à l'autre. Vers midi, on est venu nous chercher pour nous conduire à bord.

Les deux rives du détroit qui sépare la Sicile de la Calabre, sont d'une beauté que nous ne pouvions nous lasser d'admirer. Bientôt une légère agitation à notre gauche, nous a prouvé que nous étions près de Charybde ; plus loin et à notre droite, un rocher isolé sort de l'eau, c'était Scylla. Que de fois n'a-t-on pas reproché aux poëtes, d'avoir placé si près l'un de l'autre ces deux écueils des navigateurs, entre lesquels la nature a mis une très-grande distance ; c'est qu'on a oublié que l'imagination est à la réalité, ce que la poésie est à la prose.

Avant la fin du jour, le mal de mer s'est emparé de moi, et j'ai été forcé de me coucher sans pouvoir prendre d'autre nourriture que du pain et du vin, que mon bon Kniep a eu soin de me fournir abondamment.

En reportant ma pensée sur le voyage que je venais de

faire, j'ai été forcé de convenir que je n'y ai vu que les vaines tentatives des hommes pour se garantir contre les violences de la nature, les malices du temps, et les fâcheux résultats de leurs propres discordes. Sélinonte a été méthodiquement anéantie, mais vingt siècles n'ont pu détruire entièrement les temples de Girgenti; tandis que peu d'heures, que dis-je, peu d'instants ont suffi pour renverser Catane et Messine.

A bord, le 15 mai.

Je m'étais flatté que cette traversée serait plus heureuse que la première, et que je serais moins tourmenté par le mal de mer; et cependant je souffre au point de ne pouvoir me tenir debout sans être pris de vertiges, et nous avons un vent contraire qui ne fait rien augurer de bon.

A bord, le 17 mai.

La journée d'hier s'est écoulée, sans qu'il nous ait été possible d'entrer dans le golfe de Naples. Au reste, notre navire, loin de suivre la direction du cap Minerve, s'en éloignait pour se rapprocher de l'île de Capri, ce qui contrariait extrêmement tous les passagers; tandis que Kniep et moi, car cet excellent ami m'avait fait surmonter mes vertiges pour monter sur le pont, nous regardions le monde avec des yeux de peintres; aussi avions-nous lieu d'être très-satisfaits, jamais encore nous n'avions joui d'un spectacle pareil à celui que le coucher du soleil nous offrait en ce moment.

Le cap Minerve et les montagnes qui s'y rattachent, s'étaient parés des couleurs les plus vives et les plus variées, tandis que les rochers du côté du sud se couvraient déjà de teintes bleuâtres. Un immense nuage de fumée planait au-dessus du Vésuve et décrivait dans l'air une longue traînée vaporeuse, présage certain d'une violente éruption. A notre gauche, l'île de Capri et ses rochers à pic, dont les formes bizarres se dessinaient à travers la transparente vapeur bleue qui les enveloppait; puis, sous

10.

un ciel sans nuages, brillait la surface immobile de la mer, car pas un souffle n'agitait l'air.

Tout en regrettant que l'art n'ait point de couleurs pour rendre cette harmonie, et que la main la plus habile ne puisse reproduire la pureté de ces lignes, Kniep, cédant à ma prière, a esquissé un tableau qui, si plus tard le coloris répond au dessin, prouvera que pour les arts plastiques, l'impossible devient possible.

Le passage de la soirée à la nuit n'a pas été moins attentivement examiné par nous. A peine l'île de Capri a-t-elle été complétement enveloppée par les ténèbres, qu'au-dessus du Vésuve, le nuage de fumée et sa longue traînée, se sont spontanément enflammés et ont répandu dans l'atmosphère une clarté éblouissante, semblable à celle des éclairs qui, sans être suivis de tonnerre, déchirent les nuages et les convertissent en un océan de feu.

Le plaisir que nous prenions à observer ces scènes imposantes, nous avait empêchés de remarquer que tout le monde à bord était inquiet, troublé même. Bientôt les voyageurs, perdant toute modération, ont hautement accusé le capitaine de les avoir, par sa maladresse et son inexpérience, exposés à un danger imminent. Alors j'ai demandé ce qu'on pouvait craindre par un temps aussi tranquille et sur une mer aussi calme, et j'ai appris que c'était précisément ce calme qui, s'il se prolongeait, causerait notre perte.

Le capitaine avait eu l'imprudence de s'approcher des courants formés par un des rochers de l'île de Capri, qui attirent lentement, mais avec une force irrésistible, même les plus grands navires, contre ce rocher où ils se brisent infailliblement, sans laisser aux naufragés, le faible espoir de se sauver à la nage ; car les rives de l'île sont tellement hérissées de rochers à pic, qu'il est impossible d'y prendre pied. Le vent le plus léger aurait suffi pour nous arracher à ces courants ; le calme plat nous abandonnait à leur terrible puissance. Après ces renseignements, notre position me causait un effroi véritable, car je ne pouvais me dissimuler que le navire, dont le roulis allait toujours en augmentant, s'approchait du rocher contre lequel il était menacé de se briser.

Tous les passagers étaient venus sur le pont, les femmes et les enfants criaient et pleuraient, les hommes juraient et proposaient des moyens de sauvetage bizarres; tous accablaient de reproches passionnés, l'infortuné capitaine, qui gardait un morne silence et semblait rêver aux moyens de détourner la catastrophe dont nous étions menacés. L'anarchie a toujours été, à mes yeux, un mal plus grand que la mort, aussi n'ai-je pu m'empêcher de prendre la parole.

— Mais songez donc, me suis-je écrié, que par ces plaintes et ces récriminations, vous faites perdre la tête au seul homme qui, peut-être, pourrait nous sauver encore, si vous secondiez ses efforts avec zèle et soumission. Et vous, femmes, cessez ce tapage insensé ; adressez-vous à la mère de Dieu, priez-la d'intervenir près de son fils, afin qu'il fasse pour nous ce qu'il a fait jadis pour ses disciples sur le lac de Tibériade. Lorsque les vagues étaient sur le point d'engloutir la barque, il dormait, le Seigneur; mais, réveillé par les prières des siens, il a ordonné à la tempête de s'apaiser, comme il peut en ce moment ordonner au vent de s'élever et de nous repousser loin du rocher fatal où la mort nous attend !

Et au même instant les femmes se sont prosternées en récitant, avec une ferveur fiévreuse, de pieuses litanies; et les hommes se sont joints à l'équipage pour exécuter une manœuvre que le capitaine venait d'ordonner et dont nous espérions tous un heureux résultat.

Un canot attaché au navire par une grosse corde avait été mis à la mer, et les matelots qui y étaient descendus, se sont mis à ramer de toute leur force afin de nous sortir du courant. Il nous semblait déjà qu'en effet nous nous éloignions du rocher, lorsque la corde, semblable à un fouet levé pour frapper un objet quelconque, a prescrit un demi-cercle, et le canot s'est trouvé lancé contre les flancs du bâtiment.

Après ce dernier espoir évanoui, les prières et les cris ont recommencé avec une énergie que le désespoir seul peut donner.

Pour rendre notre position plus affreuse, sur le haut du rocher, les chevriers, dont nous voyions depuis longtemps les feux de bivouac, s'appelaient pour se montrer notre bâtiment et se réjouir d'avance du butin que, dès le point du jour, ils espéraient trouver sur le rivage.

Il ne nous restait pas même la consolation de douter de l'imminence du péril, car les matelots venaient de saisir de longues perches pour les appuyer contre le rocher et empêcher ainsi le bâtiment de le toucher, du moins jusqu'au moment où ces perches, en se brisant, mettraient un terme à nos angoisses et à notre vie. Les cris et les sanglots redoublaient, les courants devenaient toujours plus sensibles et ballottaient le navire au point, que je ne pouvais plus me tenir debout et que mon mal de mer m'a repris avec tant de violence que j'ai été forcé de descendre dans la cabine, où je me suis jeté sur mon matelas. Ce que j'éprouvais n'était ni du désespoir ni de la terreur, mais une sensation agréable, que je ne puis attribuer qu'au souvenir du lac de Tibériade ; car la gravure qui, dans la Bible illustrée de Mérian, représente ce miracle, se dessinait très-distinctement devant mes yeux fermés ; preuve nouvelle que le pouvoir des impressions que nous ont laissées les perceptions intérieures ou extérieures, ne se manifeste jamais avec plus de force, que lorsque nous sommes complétement refoulés sur nous-mêmes.

Je ne sais depuis combien de temps j'étais plongé dans ce demi-sommeil, lorsque j'en ai été tiré par un grand bruit qui se faisait sur le pont, et que je ne pouvais attribuer qu'à des perches qu'on laissait tomber et à des cordages qu'on changeait précipitamment de place. Quelque chose me disait que le vent venait de se lever enfin et qu'on déployait les grandes voiles. Au bout de quelques minutes Kniep est accouru pour m'apprendre ce que je savais déjà, et qu'il m'aurait annoncé plus tôt, s'il n'avait pas été obligé d'aider à la manœuvre, de la promptitude de laquelle dépendait notre salut. Tout danger cependant n'était pas passé encore, mais on s'éloignait déjà du rocher. Bientôt les voyageurs sont venus nous apporter l'heureuse nouvelle, qu'on était sorti des courants de Capri, et tout le monde a été se coucher.

Naples, le 18 mai.

Ce matin, quatrième jour de notre navigation, je me suis levé dispos et parfaitement guéri, ainsi que cela m'était arrivé pendant ma première traversée, d'où j'ai conclu que, même pendant un long voyage de mer, je n'aurais à souffrir que les trois premiers jours. En arrivant sur le pont, j'ai vu avec plaisir que nous étions loin de l'île de Capri et à l'entrée du golfe de Naples ; quelques heures plus tard, j'étais installé dans mon ancienne auberge *del Signor Moriconi*.

A HERDER,

« Je te remercie mille fois de tout le bien que tu fais à mes ouvrages ; c'est surtout pour t'être agréable que je voudrais pouvoir faire quelque chose de mieux. Je recevrai avec bonheur, n'importe où et quand, ce qui émane de toi ; car nos manières d'envisager les choses, se ressemblent autant que cela peut se faire, sans être les mêmes ; et sur les points principaux, surtout, nous nous rapprochons toujours. Si pendant mon voyage tu as beaucoup puisé en toi-même, moi j'ai beaucoup acquis et nous pourrons faire d'heureux échanges.

« Quant à Homère, je le vois maintenant avec d'autres yeux ; ses descriptions, ses comparaisons sont d'une vérité effrayante, et les événements les plus bizarres, les plus fabuleux, ont quelque chose de naturel qui fait croire à leur réalité. Laisse-moi te rendre ma pensée en peu de mots : Les anciens représentent l'existence, tandis que nous représentons ses effets; ils peignent le terrible, nous peignons terriblement ; ils décrivent l'agréable, nous décrivons agréablement, etc. Et voilà pourquoi nous tombons si souvent dans l'exagération, dans le maniéré, dans le prétentieux, dans l'enflure, car lorsqu'on ne travaille que pour l'effet, on croit ne pouvoir jamais le rendre assez sensible.

« Si ceci n'est pas neuf, des motifs nouveaux m'en ont fait sentir toute la vérité. Depuis que j'ai vu ces rivages et ces promontoires, ces golfes et ces baies, ces îles et ces langues de terre, ces rochers et ces bancs de sable, ces collines boisées, ces vastes potagers, ces champs fertiles, ces arbres cultivés, ces vignes suspendues, ces montagnes de nuages et cette vaste mer, l'Odyssée n'est plus pour moi une lettre morte, mais une lettre vivante.

« Je conviens que tu as raison quand tu reproches à mes productions de s'attacher trop au présent; mais plus je vois le monde, moins j'espère que l'espèce humaine puisse jamais former une masse d'êtres heureux et sages. Peut-être, parmi les millions de mondes, y en a-t-il un prédestiné à ce bonheur; quant à notre monde à nous, sa constitution est si défectueuse, qu'elle ne lui laisse pas plus de chance de félicité, que la Sicile ne peut en espérer de sa constitution à elle.

« Je t'apprends, en confidence, que je suis sur le point de pénétrer enfin le mystère de la naissance et de l'organisation des plantes ; ce n'est que sous ce beau ciel qu'on peut faire des observations efficaces. Je sais déjà où se trouve le germe et j'entrevois le reste, mais dans son ensemble, seulement, quelques points me manquent encore. La plante primitive, sera la chose la plus singulière du monde et que la nature elle-même m'enviera. Avec ce modèle et sa clef, on pourra inventer une infinité de plantes nouvelles qui, si elles n'existent pas, pourraient exister, et qui, loin d'être le reflet d'une imagination artistique ou poétique, auront une existence intime, vraie, nécessaire même ; et cette loi créatrice pourra s'appliquer à tout ce qui a une vie quelconque. »

Naples, le 22 mai.

Il m'est arrivé aujourd'hui une petite aventure fort agréable, et qui mérite d'être racontée. Une dame, dont pendant mon premier séjour ici, j'avais reçu de nombreux témoignages d'intérêt, m'a fait prier de me rendre chez elle, vers cinq heures du soir, en me disant que j'y trouverais un Anglais qui désire m'entretenir au sujet de *Werther*.

Six mois plus tôt j'aurais refusé ce rendez-vous, aujourd'hui je l'ai accepté, preuve que le voyage de Sicile a favorablement modifié mon humeur.

Les distractions dans les rues de Naples sont si nombreuses, que je suis arrivé un quart d'heure trop tard. Après avoir monté l'escalier en hâte, j'allais tirer le cordon de la sonnette, lorsque la porte s'est ouverte pour laisser passer un homme dans lequel j'ai reconnu un Anglais. A peine avait-il jeté un regard sur moi, qu'il s'est écrié :

— Vous êtes l'auteur de *Werther* !

J'ai répondu affirmativement et en m'excusant de m'être fait attendre.

— C'est dommage, a-t-il répondu, car il faut que je parte à l'instant. Au reste, ce que j'ai à vous dire ne sera pas long, car je ne veux pas vous répéter ce que vous avez déjà entendu mille fois. J'avoue même que ce *Werther* ne m'a pas aussi vivement impressionné que la plupart de ses lecteurs ; mais à chaque fois que j'y pense, j'admire de nouveau tout ce qu'il a fallu de talent pour produire une pareille œuvre. Depuis longtemps je désire pouvoir vous dire cela à vous-même, ce désir s'est réalisé ; adieu donc, portez-vous bien et soyez heureux !

A peine avait-il prononcé ces mots, qu'il était déjà au bas de l'escalier ; et je suis entré chez la dame qu'il venait de quitter et qui m'a raconté une foule de traits à l'avantage de cet homme aussi honorable que bizarre.

Naples, le 25 mai.

Je ne verrai sans doute plus ma drôle de petite princesse ; elle est partie pour Sorrente et m'a fait l'honneur de se plaindre passionnément de moi, parce que j'avais préféré la *stérile et déserte Sicile*, aux splendides châteaux où elle m'avait donné rendez-vous.

En m'apprenant ces détails, on m'a donné quelques éclaircissements sur le singulier caractère de cette jeune dame :

Née de parents très-nobles, mais peu fortunés, on l'avait destinée au couvent, pour lequel elle se sentit si peu de vocation, qu'elle préféra se marier avec un prince aussi vieux que ridicule. Pour égayer les ennuis d'une telle union, elle prit l'habitude de dire, sans contrainte, les choses les plus bizarres et parfois même les plus déplacées, dès qu'elles se présentaient à sa pensée vive et originale. Sa conduite, au reste, a toujours été irréprochable, mais elle a tant de plaisir à heurter de front toutes les convenances sociales, qu'elle ne peut ouvrir la bouche, sans blesser la religion, les mœurs et le gouvernement ; et les dangers les plus graves ne sauraient dompter cette inexplicable intempérance de son esprit.

Pendant le terrible tremblement de terre qui bouleversa la Calabre, elle se trouvait dans un des châteaux que son mari possède en cette contrée. Dès les premières secousses, elle s'était, à l'exemple de tout le monde, réfugiée dans une baraque de bois, où son vieil aumônier lui tenait compagnie. Le danger paraissait passé ; assise près d'une petite table, elle s'occupait d'un ouvrage d'aiguille, l'aumônier était en face d'elle. Tout à coup la terre se soulève, et avec tant de violence, qu'un côté de la baraque s'enfonce dans le sol tandis que l'autre en sort ; la princesse est entraînée par ce mouvement ; la tête appuyée contre la partie inclinée du mur de planches, elle regarde l'aumônier qui, ballotté par les ondulations de la terre, fait de vains efforts pour rester à sa place, et finit par tomber près d'elle.

— Fi donc ! mon révérend père ! s'écria-t-elle avec une feinte colère, quelle conduite pour un prêtre, que de se jeter sur une femme !

La baraque retomba à sa place sans avoir causé d'accident fâcheux, et la petite princesse rit immodérément du prétendu air de convoitise avec lequel le bon vieillard la prenait pour point de mire, afin de tomber juste sur elle. Cette plaisanterie la consola, dit-on, de toutes les calamités causées par le tremblement de terre.

Quel singulier caractère, que celui d'une femme qui trouve le moyen de dire une bouffonnerie, au moment même où la terre menace de l'engloutir !

Naples, le 26 mai.

Tout bien considéré, on n'a pas mal fait de fabriquer une si grande quantité de saints, car chaque croyant peut choisir pour son patron celui qui lui plaît le mieux.

C'était aujourd'hui la fête du saint de mon choix, c'est-à-dire de Philippe Néri, dont le souvenir est à la fois vénérable et gai.

Depuis sa plus tendre jeunesse, Philippe Néri, fut animé d'un enthousiasme religieux qui, en se développant, lui valut plusieurs facultés extraordinaires, telles que la prière et les larmes involontaires, la muette contemplation, l'extase, et finalement le don de marcher dans l'air à une certaine distance au-dessus du sol. A ces facultés, il joignait une haute raison, une abnégation complète des biens de ce monde, et un ardent amour du prochain, dont il était toujours prêt à soulager les peines temporelles et spirituelles. Observant avec une grande sévérité tous les devoirs d'un religieux, il s'occupait en même temps de l'instruction de la jeunesse; et tout cela, sans appartenir à aucun ordre, à aucune congrégation, et même sans être prêtre.

Ce qu'il y a de plus singulier, c'est qu'il fut contemporain de Luther, et qu'il voulut, au sein même de Rome, introduire une réforme dans l'Église, en unissant le spirituel, le céleste, le sacré au mondain. C'est que cette union est l'unique clef qui puisse ouvrir les prisons du papisme, et rendre son Dieu au monde redevenu libre.

La cour de Rome devait nécessairement employer tous les moyens possibles pour s'approprier un homme aussi capable que pieux et actif; et comme il était sous sa dépendance et menait déjà une vie monastique, il ne fut pas difficile de lui faire accepter une place dans un couvent, et bientôt après l'ordination avec tous les avantages qu'elle procure, et dont Philippe avait été privé jusque-là.

On peut douter que son corps eût en effet le pouvoir de planer au-dessus de la terre; mais il est certain que son esprit s'élevait au delà de toutes les choses de ce monde; aussi rien ne lui était-il plus antipathique que l'orgueil et la vanité, ainsi que le prouvent les traits suivants :

Averti qu'une religieuse des environs de Rome se prétendait inspirée et douée de pouvoirs surnaturels, le pape chargea Philippe Néri, d'aller s'assurer de ce qu'il pouvait y avoir de vrai dans ces rapports. Le futur saint se mit aussitôt en route; arrivé au couvent, il interrogea d'abord l'abbesse, qui affirma les faits avec une profonde conviction. Philippe demanda à voir la religieuse; dès qu'elle parut, il lui tendit un de ses pieds sans même la saluer, en lui ordonnant de lui tirer sa botte toute couverte de boue. La vierge sainte, vêtue avec une extrême propreté, recula indignée et s'écria avec colère :

— Pour qui me prenez-vous? Je suis la servante du Seigneur, et non celle du premier venu.

Néri se leva tranquillement, remonta sur sa mule et alla trouver le pape, qui fut fort surpris de son prompt retour;

car si l'Église admet la possibilité des miracles, elle veut qu'ils soient constatés, par un mûr et sévère examen.

— Il n'est pas besoin de faire tant de façons, s'écria Philippe ; cette femme n'est pas une sainte et elle ne fait pas de miracles, car il lui manque la vertu capitale, l'humilité.

Un jour, un jeune prince demanda à être admis dans la congrégation de l'Oratoire fondée par Philippe, et devenue en peu de temps si célèbre, que les hommes le plus haut placés, ambitionnaient l'honneur d'en faire partie. On fit prendre l'habit de novice au postulant ; mais lorsqu'il voulut devenir oratorien, on lui dit qu'il avait encore une épreuve à subir, il s'y résigna. Alors Néri lui présenta une longue queue de renard, en lui enjoignant de se l'attacher sur le dos et de se promener ainsi dans les rues de Rome. Le prince, aussi indigné que l'avait été naguère la religieuse, déclara qu'il avait voulu entrer dans la congrégation, non pour devenir la risée du public, mais pour en être estimé et honoré.

— En ce cas, vous n'avez rien à faire parmi nous, car notre première loi, est une entière abnégation de soi-même, répondit Philippe, en congédiant l'orgueilleux prince.

Toute la vie de Néri, n'est qu'un enchaînement de traits semblables, et se résume dans cette devise qu'il a adoptée :

« *Spernere mundum, spernere te ipsum, spernere te sperni.* »

Les hypocondriaques croient pouvoir remplir les deux premiers points ; mais pour se conformer au troisième, il faut être sur la voie de la canonisation.

NAPLES, le 27 mai.

Il est temps que je quitte Naples, car chaque jour une connaissance nouvelle se joint aux anciennes, pour m'attacher à cette ville plus que de raison. C'est ainsi que j'ai retrouvé ici une aimable dame, avec laquelle j'ai passé des moments bien agréables pendant mon dernier séjour à Carlsbad. En nous rappelant la charmante gaieté de notre excellent et bien-aimé souverain, la spirituelle folie de nos amis, les agaceries, les mystifications et les piquantes railleries par lesquelles nous embellissions nos réunions, nous nous croyions encore sur le sol allemand, au milieu d'une société allemande, resserrée par les immenses rochers qui encadrent ce sol.

Il m'a été également impossible de me soustraire aux gracieusetés du duc et de la duchesse d'Ursel, deux personnes aussi distinguées par leur rang et leurs mœurs, que par leur amour des arts et leur bonté.

Hamilton et sa belle, continuent à m'accabler de témoignages d'amitié. Cet ami des arts et des jeunes filles, m'a fait voir une collection d'antiquités, qu'il ne montre qu'à des amis d'une discrétion assurée, car il s'y trouve plusieurs objets détournés des fouilles de Pompéi, que, bien qu'il les ait payés fort cher, il est obligé de tenir cachés.

Je dois parler ici d'un des principaux amusements des Napolitains, c'est-à-dire, des *presepi*, crèches, qu'aux environs de Noël, on voit dans toutes les églises.

Les crèches représentent l'adoration de l'enfant Jésus par les bergers, les anges et les rois. Ces représentations se sont étendues jusque sur les terrasses qui servent de toits aux maisons de Naples. Là, dans une cabane formée avec des arbres toujours verts, on voit la mère de Dieu, l'enfant et tous les personnages nécessaires, magnifiquement vêtus et plus ou moins heureusement groupés. Parfois on remplace les poupées par des personnes véritables, ce qui a suggéré aux familles riches, l'idée d'égayer leurs soirées par des tableaux vivants, appartenant tantôt à l'histoire et tantôt à la poésie. Si cela était permis à un hôte aussi bien traité que je le suis, je dirais que ces sortes d'amusements manquent d'âme, puisque aucun son de la voix ne les fait valoir.

Il y a partout de très-belles personnes, celles qui joignent à une âme impressionnable un organe agréable, sont rares, mais il est plus rare encore d'en trouver qui unissent à ces deux qualités, des formes accomplies.

Naples, le 28 mai.

Malgré mon estime pour l'ouvrage de Volckmann, je suis parfois forcé de n'être pas de son avis. Il dit, par exemple, qu'il y a de trente à quarante mille oisifs à Naples, et tout le monde le répète après lui.

J'ai présumé tout d'abord que c'était là une exagération dictée par les manières de voir des habitants du Nord, où l'on tient pour oisif, quiconque ne travaille et ne se tourmente pas tant que dure la journée. Pour m'en assurer, j'ai commencé ce matin de très-bonne heure à aller à la chasse d'observations sur ce sujet, et je n'ai vu partout, que des individus occupés ou ne demandant qu'à l'être, c'est-à-dire, des commissionnaires, des conducteurs de voitures de toute espèce, des pêcheurs, des bateliers, des enfants ramassant des immondices ou portant de l'eau minérale dans les maisons où l'on en fait usage; des marchands ambulants qui offrent aux passants des fruits, de la limonade à la glace, des liqueurs, des pâtisseries, etc., etc.

Il est vrai qu'on ne saurait faire un pas sans rencontrer un homme mal habillé, déguenillé même; mais parce que cet homme est dans un pareil état, cela ne prouve pas que ce soit un paresseux ou un vagabond. Je soutiens, au reste, que nulle part les basses classes ne sont plus industrieuses qu'à Naples; il va sans dire, qu'il ne s'agit point de cette industrie du Nord où il ne suffit pas de pourvoir aux besoins de l'instant actuel, mais où il faut profiter de l'été pour amasser pour l'hiver. Cette nécessité empoisonne chez nous les plus belles heures, les plus belles journées de la vie; car elle nous force à les consacrer à un opiniâtre travail de prévoyance. Cette loi de la nature a exercé une grande influence sur le caractère des nations septentrionales, et nous pousse à juger trop sévèrement les contrées du Midi que le ciel a spécialement favorisées. Ce que M. Pauw dit dans ses *Recherches sur les Grecs*, peut parfaitement s'appliquer aux Napolitains. Selon lui, on ne se fait pas une juste idée de l'existence de ces hommes; car leurs principes d'avoir le moins de besoins possible, est singulièrement favorisé par le climat. Dans les pays chauds, un homme qui nous paraît excessivement misérable, trouve sans efforts, non-seulement tout ce qui est nécessaire à la vie, mais encore le moyen d'en jouir agréablement.

L'opinion que je viens d'émettre peut paraître un paradoxe, mais on la trouverait juste, si un observateur de conscience et de talent, voulait faire un tableau détaillé de Naples. On verrait alors que le lazzaroni ne changerait pas sa position pour celle d'un vice-roi de la Norwège ou d'un gouverneur de la Sibérie; et qu'il n'est pas plus oisif que les autres classes du peuple qui, toutes, ne travaillent pas seulement pour vivre, mais pour se réjouir de la vie.

Ceci explique pourquoi les artisans de ce pays sont si inférieurs à ceux du Nord, pourquoi, aucune fabrique ne peut y prospérer, pourquoi, les avocats et les médecins exceptés, personne ne s'occupe des sciences; et pourquoi, les arts mêmes, ne sont à Naples que superficiellement cultivés; et que les grands seigneurs dépensent leur fortune en plaisirs sensuels.

Je sais que ces données sont beaucoup trop générales, et que chaque classe se caractérise par des traits particuliers qu'il faudrait étudier; mais je crois avoir dit vrai en ce qui concerne l'ensemble des résultats.

Je reviens au bas peuple de Naples : il ressemble aux enfants qui, lorsqu'on les charge d'un travail quelconque, le font aussitôt dégénérer en jeu. L'esprit des hommes de cette classe, est en général vif et leur coup d'œil juste, leur langage est figuré et leur gaieté mordante. Si Polichinelle est toujours l'objet de leur vive et constante affection, c'est parce qu'il continue les jeux de l'ancienne Atella [1], qui était non loin de Naples.

Dans le cinquième chapitre du troisième livre de son *Histoire naturelle*, Pline, trouve la Campanie, seule, digne d'une description spéciale.

« Cette contrée, dit-il, est tellement agréable et heureuse,
« qu'on est forcé de convenir que là, la nature s'est ap-
« plaudie de son œuvre. Quel air vivifiant, quelle bienfai-
« sante douceur du ciel, que de champs fertiles, que de
« collines inondées par les rayons du soleil, que de forêts
« inoffensives et utiles, que de bosquets ombreux, que de
« montagnes aérées, quelle abondances de pampres et d'oli-
« viers! que la laine des brebis est magnifique, que le
« cou des taureaux est ample et gras! quelle quantité de
« lacs, quelle richesse de sources et de fleuves, quelle
« quantité de porcs! On dirait que la terre, ouvrant partout
« son sein au commerce et empressée de seconder les
« efforts de l'homme, étend ses bras bien avant dans la
« mer.

« Je ne parlerai ni de la capacité des hommes, ni de
« leurs mœurs, ni de leur force et du nombre des peuples
« qu'ils ont vaincus, et par la langue et par les armes. Le
« peuple grec, si accoutumé à se louer outre mesure, a
« rendu de ce pays, le témoignage le plus honorable qui
« fût en son pouvoir, car il a donné, à une partie de ce
« pays, le surnom de Grande Grèce. »

Les fruits et les fleurs de toutes couleurs dont la nature se pare ici, invitent les hommes à orner leurs demeures et leurs personnes de couleurs aussi variées et aussi éclatantes que possible; et ils ont répondu à cette invitation.

---

[1] Goethe fait allusion aux pièces burlesques que, jadis, on représentait dans l'amphithéâtre d'Atella, connues sous le nom d'Atellanes, et
que le sénat de Rome finit par défendre comme offensant les bonnes
mœurs. Atella était située entre Naples et Capoue et a été remplacée
par une petite ville nommée Sant'Arpino; on n'y voit plus aucun
reste de l'ancien amphithéâtre. (*Note du Traducteur*.)

Nous avons l'habitude de regarder l'amour des bigarrures et des dorures, comme un manque de goût. Cela peut être vrai chez nous, mais sous le ciel pur et bleu de Naples, rien n'est bigarré, car rien ne peut surpasser l'éclat du soleil et de ses reflets dans la mer. Ici, la force de la lumière ternit les couleurs les plus vives ; d'un autre côté, le vert des arbres et des plantes, le jaune, le brun, le rouge du sol agissent si puissamment sur les yeux, que la bigarrure des fleurs, des vêtements, des meubles, des voitures, des harnachements, des chevaux, des nacelles, des barques et des ornements de boutiques, entrent naturellement dans l'harmonie générale ; et la manière dont vivent ces gens, se retrouve dans la manière dont ils enterrent leurs morts. Point de sombre et noir cortège qui puisse troubler la gaieté générale. J'ai vu enterrer un enfant ; le brancard était couvert d'un tapis de velours rouge brodé d'or, et sur ce tapis on voyait une petite boîte dorée et argentée dans laquelle on avait couché l'enfant, vêtu d'une robe blanche ornée de rubans roses. A chaque coin de la petite boîte, était un ange de deux pieds de haut environ, et dont chacun étendait un bouquet de fleurs au-dessus de l'enfant. Ces anges qui n'étaient attachés que par des fils de fer, suivaient tous les mouvements du brancard qui s'avançait très-vite, car les prêtres et porte-cierges couraient plutôt qu'ils ne marchaient.

Le Napolitain n'aime pas seulement à manger, mais il veut que tout ce qu'il achète à cet effet soit bien paré ; aussi les bœufs, les veaux et les moutons suspendus à la porte des bouchers, sont-ils en partie dorés. Mais c'est à Noël surtout, que Naples devient un pays de cocagne. La rue de Tolède et toutes les rues et places adjacentes, sont ornées de guirlandes de saucissons dorés, entourées de rubans rouges ; de dindes grasses dont chacune a un petit drapeau rouge sous l'aile. Des morceaux de melons et d'autres fruits et légumes s'élèvent devant les boutiques ; des ânes chargés de volailles, de quartiers d'agneaux et d'œufs ensevelis sous des fleurs et des dorures, se promènent dans toutes les rues. Et ce n'est pas assez pour le Napolitain que de consommer tant de provisions, il faut que chaque année, un agent de police, précédé d'un trompette, parcoure la ville et proclame sur chaque place, à chaque carrefour, combien de milliers de bœufs, de veaux, de porcs, de moutons, d'agneaux, de pièces de volaille, de douzaines d'œufs, de livres de poisson, etc., ont été mangés dans le courant de l'année. Et le peuple écoute attentivement, se réjouit de l'immensité des chiffres, et se souvient avec bonheur de combien il les a augmentés par sa participation.

Le macaroni est une pâte nourrissante et agréable, qui, sans autre apprêt que du fromage râpé, forme un très-bon plat. A chaque coin de rue, on voit de grandes chaudières d'huile bouillante, où l'on fait frire des poissons et des pâtisseries. C'est de ces chaudières que des milliers de personnes emportent chaque jour, leur dîner ou leur souper, sur un petit morceau de papier.

Naples, le 31 mai

Mon passe-port est prêt, le voiturier est arrêté.

Kniep s'occupe à prendre possession de son nouveau logement où il sera beaucoup mieux que dans l'ancien.

Le domestique qui avait fait viser mon passe-port, m'a assuré qu'il regrettait mon départ précipité, parce qu'une forte couche de laves venait de s'échapper du Vésuve et prenait la direction de la mer, où elle devait infailliblement se jeter au bout de quelques jours. Je ne pouvais revenir sur une détermination prise, et il m'était impossible de ne pas aller voir les personnes qui m'avaient si bien accueilli pendant mon séjour ici. La journée de demain sera absorbée par ces visites, je ne sais ce que je deviendrai après-demain. On ne saurait entièrement s'isoler de la société; mais quels que soient les plaisirs et les avantages qu'elle nous procure, elle finit toujours par nous détourner de notre but principal, sans que nous puissions contribuer au sien. Je me sens de bien mauvaise humeur ce soir.

Naples, le 2 juin.

Mes visites d'adieu sont faites, et j'ai trouvé partout une cordiale amitié.

La journée s'est bien agréablement écoulée, ce soir mes regards se sont tournés vers l'épaisse vapeur qui descend du sommet du Vésuve vers la mer et indique ainsi la marche de la lave. Et cette soirée je ne pouvais en disposer, car j'avais promis d'aller voir la duchesse de Giovine, qui demeure au château du roi. Je m'y suis rendu, on m'a fait monter une foule de marches et traverser plusieurs corridors, encombrés de caisses, d'armoires et de tout ce qui constitue l'embarras d'une garde-robe de cour, puis on m'a fait entrer dans une grande chambre de peu d'apparence. Là, j'ai trouvé la duchesse : c'est une jeune dame très-bien faite et dont la conversation est aussi aimable qu'intéressante. En sa qualité d'Allemande, elle connaît parfaitement notre littérature, et il était facile de voir qu'elle désirait marcher d'un pas égal avec les femmes-auteurs de notre pays, et exercer une influence bienfaisante sur les filles de nos premières maisons.

Un pareil entretien n'a point de limites ; aussi le crépuscule nous a-t-il surpris ; mais on n'est pas venu nous apporter des bougies, et nous avons continué à nous promener dans la chambre. Tout à coup la duchesse s'est arrêtée près d'une fenêtre, dont elle a violemment poussé le contrevent, et j'ai vu ce qu'on ne peut voir qu'une fois dans sa vie. Si elle a voulu me préparer une surprise, elle a parfaitement atteint son but.

Le Vésuve était devant nous, la lave qui en sortait ressemblait à du charbon ardent et dorait la vapeur qui planait au-dessus d'elle ; le mont mugissait puissamment, un nuage immense, immobile, couronnait le sommet et dévorait les masses qu'à chaque instant le gouffre lançait dans l'air; et de ce nuage jusqu'à la mer une longue traînée de vapeurs enflammées; puis la mer et la terre, les rochers, les jardins et les bosquets éclairés par le crépuscule, se montraient toujours calmes, paisibles et semblaient prêts à s'endormir d'un sommeil magique.

Embrasser tout cela d'un seul coup d'œil, et voir la pleine lune sortir de derrière le mont comme un complément merveilleux de ce merveilleux tableau, certes, il y avait là de quoi s'extasier! Notre conversation interrompue un instant devint plus intime, nous avions devant nous un texte qu'on peut commenter pendant des milliers d'années sans l'épuiser. Plus la nuit devenait sombre, plus les environs du Vésuve s'éclairaient; la lune brillait comme un second soleil, et ses rayons pénétraient les colonnes de fumée où l'on pouvait voir les masses embrasées, que le volcan lançait autour de lui.

On venait d'apporter des bougies, la duchesse les a fait poser à l'autre extrémité de la chambre, et cette belle femme, ainsi éclairée par la lune et servant de premier plan à un tableau incroyable, semblait devenir toujours plus belle; et son amabilité s'agrandissait à mes yeux, par l'agréable dialecte allemand qui sortait de sa bouche au milieu de ce paradis méridional. J'oubliais la marche du temps au point qu'elle a été obligée de me rappeler qu'il est tard, et qu'elle se voyait à regret forcée de me congédier, parce que l'heure approchait où, semblable au cloître d'un couvent, ses galeries se fermaient.

Je me retirai en bénissant le destin qui m'avait valu une aussi agréable soirée. En me retrouvant en plein air, je me suis redit que je n'aurais pu prendre congé de Naples d'une manière plus séduisante; et que, lors même que j'aurais vu le torrent de laves de plus près, ce spectacle ne m'eût offert que la répétition de ce que j'avais vu en petit pendant ma dernière excursion sur le Vésuve.

De retour à mon auberge, j'y ai trouvé le bon Kniep,

qui était venu pour passer quelques heures avec moi. J'avais la conviction que dès que, je pourrais montrer ses tableaux en Allemagne, je lui obtiendrais des commandes; et c'est en lui donnant cette assurance que nous avons gaiement vidé ensemble, une bonne bouteille de vin.

Naples, le 3 juin.

C'est dans une espèce d'abasourdissement que j'ai quitté cette ville incomparable que je ne dois plus jamais revoir; je m'applaudissais cependant de n'avoir laissé derrière moi, aucun sujet de douleur et de repentir.

Arrivé aux dernières limites des faubourgs, et pendant que les douaniers visitaient mes bagages, la porte d'un café s'est ouverte et un jeune homme, portant sur un plateau une grande tasse en porcelaine de Chine remplie de café noir, en est sorti, c'était Kniep. S'approchant de la portière avec cette gravité qui lui sied si bien parce qu'elle part du cœur, il m'a dit, que ce que j'avais fait pour lui exercerait une si heureuse influence sur le reste de sa vie, qu'il désirait m'offrir un symbole de sa reconnaissance. Dans de semblables occasions, les paroles me manquent toujours; en ce moment j'étais si étonné et si ému, que j'ai à peine pu lui dire, que son talent et son activité m'avaient rendu son débiteur, et nous nous sommes séparés, comme se séparent rarement des personnes qui ne se sont unies que pour un temps fort limité.

La vie serait plus agréable si on avait toujours le courage de se dire franchement ce qu'on attend les uns des autres; cette attente satisfaite, les sentiments du cœur se présentent d'eux-mêmes comme un noble et touchant supplément.

En route.

Comme je voyage seul maintenant, j'ai tout le temps de me rappeler le passé et je le fais avec plaisir; cependant je remarque bien des lacunes dans mes récits. Si un voyage coule devant celui qui l'a fait, comme un fleuve sans fin, il n'en comprend pas moins qu'il est impossible d'en faire un récit fidèle; car on est obligé de montrer tout un à un; et comment une chose aussi morcelée pourrait-elle former un tout complet, dans l'âme de celui qui lit ou qui écoute?

Chaque individu n'est, au reste, qu'un supplément des autres individus; et il ne devient réellement utile et aimable, que lorsqu'il se considère sous ce point de vue. Cette vérité s'applique surtout au voyageur chez lequel les personnalités, les relations, les hasards favorables ou fâcheux, se manifestent selon ses manières de voir à lui. Tout en connaissant ses prédécesseurs, on peut l'apprécier et attendre ses successeurs, qu'on accueillera avec une bienveillance plus grande encore, si pendant ce temps on a eu le bonheur de voir soi-même les pays qu'il a visités.

IX. — SECOND SÉJOUR A ROME.

DEPUIS LE MOIS DE JUIN 1787, JUSQU'AU MOIS D'AVRIL 1788.

« Longa sit huic ætas, dominæque potentia terræ,
« Sitque sub hac oriens occiduusque dies. »

Les tapis de haute lisse d'après les dessins de Raphaël. — Tivoli. — Mes portraits. — Je refais *Egmond* et je travaille à *Wilhelm Meister*. — Un combat d'animaux dans le tombeau d'Auguste. — Mes deux principaux défauts. — Concert nocturne qui me fait passer dans mon quartier pour un très-grand et très-riche seigneur. — Les gens de lettres ne peuvent s'entendre à l'égard du Tasse et de l'Arioste, ni les peintres à l'égard de Raphaël et de Michel-Ange. — Conviction des Italiens qu'aucun étranger ne saurait apprécier le Dante. — Mes progrès dans le dessin. — Chagrins domestiques d'Angélique Kauffmann. — L'exposition de l'Académie des beaux-arts des Français. — *Egmond* est terminé. — Le sculpteur Trippel fait mon buste en marbre. — Je refais *Erwin* et *Elmire*. — Frascati. — La villégiature à Castel Gondolfo. — Singuliers rapports qui s'établissent entre une belle Milanaise et moi. — Je refais *Claudine*. — Henry Meyer. — Nous visitons les musées des antiques à la clarté des flambeaux. — Courses à travers Rome pour prendre une idée de son ensemble. — La fontaine d'Aqua Paola. — Origine de l'académie des Arcadiens. — Ma réception à cette académie. — Je repasse toutes les compositions poétiques de ma première jeunesse. — Le carnaval de Rome. — Je revois la belle Milanaise. — Le plan de *Faust* est arrêté. — Considérations sur cette pièce. — Le plan du *Tasse* est pareillement terminé. — Je m'identifie avec les poésies de ma jeunesse. — Le crâne de Raphaël. — La villa de Raphaël. — Beauté de la musique et des cérémonies religieuses pendant le carême de Rome. — Ma dernière entrevue avec la belle Milanaise. — Mes adieux à Rome pendant une nuit éclairée par la lune. — Élégie d'Ovide sur son exil de Rome pendant une nuit éclairée par la lune.

Rome, le 8 juin 1787.

Je suis arrivé ici avant-hier, et hier la Fête-Dieu, m'a de nouveau inauguré habitant de Rome.

J'avoue que j'ai quitté Naples à regret, non-seulement à cause de la magnificence du pays, mais à cause de la lave, dont j'aurais voulu étudier la marche. Aujourd'hui je suis consolé; ce n'est cependant pas la fête qui a produit cet effet, car il est impossible qu'au milieu d'un si grand et imposant ensemble, il ne se glisse pas quelques détails absurdes qui choquent et déplaisent; non, c'est la contemplation des tapis de haute lisse d'après les cartons de Raphaël, qui m'a ramené dans le cercle des études artistiques. Les plus remarquables de ces tapis, dont les dessins appartiennent à Raphaël lui-même, sont étalés ensemble; les autres dus à ses élèves, s'y rattachent dignement et couvrent des espaces immenses.

Rome, le 16 juin.

Laissez-moi, mes bien-aimés, vous adresser quelques mots.

Je me porte bien et je commence à me retrouver moi-même, et à distinguer ce qui m'est propre et ce qui m'est étranger. Je travaille beaucoup et je grandis au dedans de moi.

J'ai été ces jours derniers à Tivoli, où j'ai vu un des plus grands spectacles de la nature. Ses cascades, ses ruines, ses magnifiques paysages, appartiennent à la catégorie des objets dont la connaissance enrichit l'âme.

Rome, le 20 juin.

Je viens de voir beaucoup d'œuvres d'art qui ont purifié mon esprit; mais il me faudra un an pour utiliser Rome à ma manière, et vous le savez, mes amis, je ne puis rien faire à la manière des autres. Si je partais à présent, je ne saurais rien, sinon quel est le sens qui ne s'est pas encore éveillé en moi.

Rome, le 30 juin.

L'illumination qui a eu lieu hier, à l'occasion de saint Pierre et saint Paul, a l'air d'un immense conte de fées; on n'ose pas en croire ses yeux. Les belles formes de la colonnade de l'église et surtout de la coupole, vues d'abord en contours de feu, et bientôt après en masses embrasées, c'est là un spectacle qui n'a pas son semblable dans le monde.

Tischbein, qui est depuis longtemps de retour à Rome, fait mon portrait ; tout le monde le trouve fort beau et très-ressemblant ; mais la toile est si grande qu'elle ne pourra peut-être pas trouver de place dans nos petites maisons du Nord. Angélique Kaufmann aussi me peint, mais à son grand chagrin elle ne peut réussir ; elle a beau recommencer, c'est toujours un fort beau garçon, mais jamais moi.

Rome, le 5 juillet.

Ma vie actuelle ressemble à un rêve de jeunesse ; nous verrons si je dois en jouir ou si je dois acquérir l'expérience que cet instant aussi n'est que vanité et illusions.

La grande chaleur fait sortir toutes les âcretés de mon corps et les pousse vers la peau, ce dont je ne suis pas fâché ; il vaut mieux souffrir des démangeaisons extérieures que de se sentir tiraillé intérieurement.

Je continue à exercer ma main et mon goût dans le dessin et j'étudie l'architecture.

Mes commensaux se composent de Moritz et de quelques artistes suisses ; je vais aussi souvent chez Angélique.

Je refais *Egmond* et je crois que je serai content de mon travail. Le premier acte est terminé et il y a plusieurs scènes dans la pièce auxquelles je ne toucherai point. J'ai tant d'occasions de réfléchir sur toutes sortes d'arts, que *Wilhelm Meister* grossit visiblement. Il faut que je me débarrasse des anciennes choses ; je commence à vieillir (1) et je n'ai pas de temps à perdre. Cent productions nouvelles me passent par la tête, mais il ne suffit pas de les *penser*, il faut les écrire.

Rome, le 16 juillet.

J'ai été avec Angélique à Farnesina, où toute la fable de Psyché est représentée en peinture.

---

(1) Goethe avait alors trente-huit ans.   (*Note du traducteur.*)

Que de fois, mes amis, n'avons-nous pas regardé ensemble les copies bigarrées de ces tableaux qui décorent ma chambre !

Il y a eu aujourd'hui un combat d'animaux dans le tombeau d'Auguste; cette vaste rotonde, entièrement vide et ouverte de tous côtés, est une espèce d'amphithéâtre qui contient plus de cinq mille personnes. Le spectacle par lui-même ne m'a nullement édifié.

Je vois tous les jours quelques nouveaux chefs-d'œuvre de l'art; mes yeux se forment, et avec le temps je pourrai devenir connaisseur.

Je suis déjà au quatrième acte d'*Egmond*, dès qu'il sera terminé je l'enverrai à Herder.

Rome, le 8) juillet.

Je m'aperçois plus que jamais des deux principaux défauts qui m'ont tourmenté pendant tout le cours de ma vie. Le premier, c'est que je n'ai jamais voulu apprendre le mécanisme de l'art que je veux ou que je dois pratiquer; voilà pourquoi, avec beaucoup de dispositions naturelles, je suis arrivé à fort peu de chose. Le second défaut, c'est que je ne puis jamais consacrer à un travail le temps rigoureusement nécessaire. J'ai le bonheur de pouvoir penser et combiner beaucoup de choses en fort peu de temps, mais une exécution graduée m'est insupportable; il me semble qu'il serait temps de me corriger. Je suis dans le pays des arts; je veux les étudier à fond afin d'avoir du repos et de la satisfaction pour le reste de mes jours et de pouvoir m'occuper d'autre chose. Au reste, tous les artistes jeunes ou vieux font leur possible pour ajuster et agrandir mon petit talent.

Rome, le 22 juillet.

Il est convenu que je dîne tous les dimanches avec Angélique; elle vient toujours me prendre dans sa voiture et nous allons voir des tableaux ou des statues avant de nous mettre à table. Aujourd'hui, nous avons été au palais Barberini pour voir la maîtresse de Raphaël peinte par ce grand artiste, et le portrait de Léonard de Vinci, peint par lui-même. C'est un plaisir que de voir des tableaux avec Angélique, son œil est très-exercé et elle joint à une incroyable modestie une grande connaissance du mécanisme de l'art, et un profond sentiment du beau, du naïf.

Après le dîner, j'ai été rendre visite au chevalier d'Agincourt. Ce riche Français consacre son temps et son argent à réunir les matériaux nécessaires pour une histoire de l'art, depuis sa décadence jusqu'à sa renaissance. S'il parvient à écrire cette œuvre, elle sera fort intéressante. Je viens d'inventer et de dessiner un paysage qu'un artiste habile a colorié devant moi ; ces sortes d'exercices accoutument l'œil à la couleur et à l'harmonie ; je fais de grands progrès, mais j'embrasse, comme toujours, trop de choses à la fois.

Après avoir pendant quelque temps vécu en silence et évité toutes les distractions de la haute société, mes commensaux et moi, nous avons commis une faute qui a tout à coup attiré sur nous l'attention générale ; voici de quoi il s'agit :

Angélique ne va jamais au spectacle ; nous n'avons pas cherché à savoir par quel motif, mais en amateurs passionnés du théâtre, nous avions le plus vif désir de faire partager à cette aimable femme, le plaisir que nous procurait le rare talent des chanteurs et l'excellente musique de Cimarosa. Pour atteindre ce but, Bury, le plus jeune d'entre nous, qui avait des relations intimes avec les chanteurs et les musiciens, les décida à venir faire de la musique dans la demeure du petit club de leurs admirateurs, dont les applaudissements ne leur manquaient jamais. Il ne s'agissait plus que de préparer notre salle pour cette solennité ; des juifs et des tapissiers se sont chargés de la décorer ; le plus proche café devait nous fournir des rafraîchissements. Angélique et son mari étaient les premiers invités à cette fête, et chacun de nous y avait convié les personnes dont il avait reçu des politesses.

Le concert était vraiment admirable et la nuit d'une

beauté merveilleuse, aussi une foule immense s'était-elle amassée sous nos fenêtres, où elle applaudissait chaque morceau comme si elle eût été au théâtre. Ce qu'il y avait de plus singulier, c'est que pendant cette même nuit un grand char à bancs, portant un orchestre complet et une foule d'amateurs de musique, faisait sa ronde nocturne dans le quartier. Arrivé sous nos fenêtres, il s'est arrêté. Après nous avoir écoutés, musiciens et amateurs nous ont gracieusement applaudis; puis une magnifique voix de basse a chanté l'air le plus célèbre de l'opéra dont nous venions d'exécuter l'ouverture. Il va sans dire que nous leur avons rendu leurs applaudissements; et l'opéra a été presque en entier exécuté ainsi, au grand bonheur des auditeurs de la rue, qui applaudissaient à outrance, et soutenaient qu'ils n'avaient jamais assisté à aussi magnifique concert nocturne.

Cet incident a fait courir le bruit par tout Rome qu'un lord anglais était venu habiter notre modeste quartier; il est vrai que si nous avions été obligés de payer les artistes, cette petite fête eût été très-dispendieuse; mais nous avions beau dire que ces messieurs étaient venus faire de la musique par amitié, et continuer notre vie modeste, on persistait à nous croire immensément riches et d'une très-haute naissance.

L'arrivée du comte Fries m'a de nouveau arraché à ma solitude. Il avait près de lui l'abbé Casti, qui nous égayait par la lecture de ses contes galants, alors encore inédits. Beaucoup d'autres littérateurs en costumes d'abbé, ainsi que cela se pratique ici, se réunissaient également chez le comte, mais il n'y avait pas moyen de causer utilement avec eux; dès qu'on cherchait à s'éclairer sur quelques points de la poésie nationale, ils vous jetaient à la tête cette question oiseuse :

« Lequel du Tasse ou de l'Arioste regardez-vous comme le plus grand poëte? »

J'avais beau répondre qu'il fallait remercier Dieu et la

nature d'avoir donné, à une seule et même nation, deux hommes aussi remarquables dont chacun a son génie et son charme particulier, on voulait absolument que je préférasse l'un ou l'autre, car chacun avait un parti qui élevait son patron bien au-dessus de son mérite, et prêtait au patron du parti opposé des défauts qu'il n'avait point. C'était bien pis encore quand je voulais parler du Dante. Un jeune admirateur de cet auteur extraordinaire a fait un bien bizarre accueil aux éloges que je donnais à ce poëte, car il m'a déclaré qu'aucun étranger ne devait prétendre à l'honneur d'apprécier le Dante, puisque les Italiens eux-mêmes ne le comprennent pas toujours. Piqué au vif, j'ai fini par lui dire que je n'étais nullement de son avis, mais que je ne comprenais pas comment les Italiens pouvaient admirer un pareil poëte; que son enfer me paraissait exécrable, son purgatoire équivoque et son paradis ennuyeux. Loin de le fâcher, cette boutade l'a charmé, car il y a trouvé une preuve nouvelle qu'il était impossible aux étrangers, de comprendre les hautes et profondes beautés de ce poëme, et nous nous sommes séparés les meilleurs amis ; il a même promis de me communiquer certains passages difficiles sur lesquels il était resté longtemps incertain, et dont il venait enfin de pénétrer le véritable sens.

Les mêmes dissentiments règnent parmi les artistes, tantôt c'est Michel-Ange, tantôt c'est Raphaël qu'ils préfèrent, d'où j'ai tiré cette conclusion :

L'homme est une créature tellement limitée que, même quand son esprit s'ouvre au beau, il ne peut s'élever jusqu'à sentir et à apprécier des grandeurs de natures diverses.

Rome, le 11 août.

Je resterai en Italie jusqu'à Pâques prochain ; je ne puis déserter mon apprentissage ; car, si je persiste, je suis certain d'arriver à un point où mes amis seront satisfaits de moi. Je vous écrirai souvent et mes œuvres vous arriveront les unes après les autres ; de cette manière, je resterai dans votre pensée comme un ami absent, mais vivant; tandis qu'avant mon départ pour l'Italie, vous avez été souvent réduits à me pleurer comme un ami présent, mais mort. Je ne vous envoie point de dessins, mais je tiens une douzaine de petites esquisses en réserve, afin de vous surprendre d'un seul coup par quelque chose de bon.

Egmond ne se fera pas longtemps attendre; le *Tasse* vous arrivera avec le commencement de l'année prochaine. *Faust*, à cheval sur son manteau, me servira de courrier pour vous annoncer mon retour. J'aurai alors nettement terminé l'époque capitale de ma vie, et je pourrai commencer à travailler là, où cela sera nécessaire. Mon esprit s'est allégé, je me sens un tout autre homme. En vivant ici dans l'abondance de tout ce qui m'est si précieux, l'art devient chez moi une seconde nature qui sort de la tête des hommes les plus remarquables, comme Minerve sortit de la tête de Jupiter. Plus tard, je vous parlerai de tout cela pendant des journées, des années entières.

Rome, le 18 août.

Cette semaine j'ai été obligé de me relâcher de mon activité septentrionale, car la chaleur était par trop grande.

Je me suis rendu hier avant le lever du soleil, à Aqua Acetosa. Il y a vraiment de quoi devenir fou, quand on voit, de loin surtout, la clarté, la variété, la transparence vaporeuse, le coloris divin d'un pareil paysage.

Moritz étudie les antiquités, et pour les approprier à l'usage de la jeunesse et de tout ce qui pense, il les dépouille de la moisissure scolastique.

J'ai été dimanche dernier voir les tableaux du prince Aldobrandini, avec la bonne Angélique. Malgré son grand talent et sa fortune qui augmente chaque jour, elle n'est point heureuse; elle mériterait pourtant bien de l'être. Travailler toujours pour de l'argent, cela la fatigue; mais son vieux mari trouve bien agréables les lourdes sommes qui arrivent, en échange d'un travail qui lui paraît bien léger. Ils n'ont point d'enfants et ne peuvent pas même dépenser les intérêts de leurs capitaux, sans compter ce qu'Angélique pourrait gagner, tout en consacrant la moitié de son temps à l'art par amour de l'art; et cela n'est pas, cela ne sera jamais! Comme elle n'a point de secrets pour moi, elle me confie ses chagrins, je lui donne des conseils et des encouragements. Son talent, comme femme, est vraiment colossal, même en ne parlant que de ce qu'elle fait, et non de ce qu'elle pourrait faire.

On voudrait m'arracher à ma solitude pour m'attirer dans le monde, je promets, je retarde, je m'excuse, en un mot, je fais l'Italien avec les Italiens. Le cardinal-secrétaire d'État Buoncompagni, surtout, insiste fortement; nous verrons ce que je ferai au mois de septembre lorsque j'irai à la campagne. Je crains ces messieurs et ces dames comme on craint une maladie contagieuse; je me sens malade, rien qu'à les voir passer en voiture.

Rome, le 28 août.

C'est aujourd'hui un jour de fête pour moi, car je viens de recevoir le livre de Herder, si plein de nobles pensées sur Dieu; c'est un véritable baume qu'une pareille lecture, au milieu de cette Babel, mère de tant d'erreurs et de fourberies.

Angélique travaille en ce moment à un tableau qui sera très-remarquable; c'est la mère des Gracques présentant ses enfants comme ses plus précieux trésors, à l'amie qui venait de lui montrer ses bijoux.

L'exposition de l'Académie des beaux-arts de France, fait ici époque parmi les artistes. Cette exposition contient beaucoup de bonnes choses telles que Pindare demandant aux dieux une fin heureuse, au moment où il tombe mort dans les bras d'un adolescent qu'il aime beaucoup. Il y a un grand mérite dans ce tableau ainsi que dans les dessins d'un artiste, dont l'un représente Rome moderne et l'autre Rome ancienne, toutes deux prises sous le même point de vue. Déjà les Horaces de David, avaient donné la suprématie à l'école française; Drais, Gagnerau, Desmarets, Chanfiel, Saint-Ours, Boquet, etc., la maintiennent à cette hauteur.

Mon buste en marbre que le prince de Waldeck a commandé au sculpteur Trippel, me fait perdre beaucoup de temps, mais j'en suis dédommagé par les instructives conversations artistiques que l'on tient dans l'atelier de ce sculpteur.

Rome, le 1er septembre.

Aujourd'hui je puis dire *Egmond* est fini ! En vous expédiant cette pièce, je la fais passer par Zurich, car je désire que Kayser compose les entr'actes et toute la musique dont elle a besoin. Puisse mon *Egmond* vous faire plaisir !

La théologie de Herde, a été un véritable bienfait pour Moritz, il avait besoin de cette base fondamentale pour réunir ses idées, qui tendent toujours à s'éparpiller.

Rome, le 3 septembre.

Il y a un an aujourd'hui que j'ai quitté Carlsbad, quel jour mémorable ! c'est l'anniversaire de la naissance de notre duc et celui de ma naissance à moi pour une vie nouvelle. Je ne puis encore calculer ni vous faire comprendre, tout ce que j'ai gagné pendant le cours de cette année, et cependant je ne fais que de commencer à comprendre Rome.

J'espère que les nuages du monde politique se dissiperont; nos guerres modernes causent beaucoup de malheurs tant qu'elles durent, et ne font le bonheur de personne quand elles sont terminées.

Rome, le 12 septembre.

C'est bien dommage que les aloès du belvédère aient choisi l'année de mon absence pour fleurir; en Sicile je suis arrivé trop tôt pour jouir de ce spectacle. L'aloès est une plante indienne qui, même sous le beau ciel de Rome, ne se sent pas chez elle.

Je commence à refaire *Erwin et Elmire*, dont j'ai rejeté

tous les plats dialogues; c'était un travail ou plutôt un bousillage d'écolier; les jolis chants qui en font la base, restent seuls tels qu'ils étaient. Je continue en même temps à cultiver les arts, la tête m'en resonne.

Mon buste est très-bien réussi et tout le monde en est content; quant à moi, je ne demande pas mieux que de laisser croire au monde que j'avais cet air là.

Que de belles choses je vous apporterai quand je debarquerai près de vous avec mon canot chargé de faisans!

Rome, le 22 septembre.

Quelle belle journée! mes chers amis, je viens de recevoir les nouvelles que vous me donnez de vous et de la manière dont vous avez célébré l'anniversaire de ma naissance; puis une lettre de la duchesse mère et une nouvelle édition de mes œuvres.

Cela m'a fait un singulier effet de recevoir ici, à Rome, ces quatre petits volumes résultat de la moitié de mon existence. Je puis le dire, il n'y a pas une lettre dans ce volumes qui ne soit une partie de ma vie, de mes sensations, de mes plaisirs, de mes souffrances; aussi m'ont-ils parlé un langage bien saisissant. Mon plus grand souci, mon plus bel espoir, consiste maintenant à ce que les volumes qui les suivront ne leur soient point inférieurs.

Je vous remercie des soins que vous avez donnés aux feuillets de ce journal; occupez-vous de ceux qui les suivront, avec un esprit aussi soigneux et un cœur aussi fidèle.

Frascati, le 28 septembre.

Je suis très-heureux ici; nous employons toutes nos journées à dessiner, à peindre, à laver à l'encre de Chine, en un mot, nous pratiquons ex professo l'art et le métier. Le soir, nous visitons les villa et nous tâchons de saisir au vol des effets de clair de lune. J'espère que le temps approche où je pourrai finir quelque chose; mais le finir est si loin pour celui qui voit loin!

Il faut que j'ajoute une observation : Les esprits vifs et toujours poussés en avant, ne se contentent pas de jouir des connaissances d'autrui, ils veulent en acquérir eux-mêmes ; ce qui les force à une activité individuelle qui, quels que soient ses résultats, nous prouve que l'on ne saurait sainement juger, que ce qu'on est capable de faire soi-même. Mais il est difficile que l'homme se mette d'accord avec lui-même sur ce point ; et plus ses efforts sont purs et sincères, plus il devient inquiet. C'est ainsi que, pendant mon séjour ici, une foule de doutes et d'incertitudes viennent m'assiéger, car je n'ai pas tardé à m'apercevoir que j'atteindrais difficilement mon seul et véritable but.

Frascati, le 2 octobre.

Vous ne croirez jamais, mes chers amis, combien il m'a été utile et difficile en même temps, de passer plus d'une année au milieu de personnes étrangères ; surtout parce que Tischbein n'a pas entièrement répondu à mes espérances. C'est un excellent homme ; pour ne pas être injuste envers lui, je ne pourrai vous le dépeindre que verbalement. Le véritable caractère d'un homme, ce sont ses actions.

J'ai l'espoir de posséder bientôt ici notre cher Kayser, ce sera un grand bonheur pour moi. Dieu veuille que rien ne vienne déjouer cet espoir.

J'ai eu beaucoup d'occasions de réfléchir sur moi-même et sur l'histoire, d'où j'ai recueilli un grand nombre de choses très-bonnes, sinon tout à fait neuves. Tout cela se trouvera dans *Wilhelm Meister*.

Moritz est mon compagnon de prédilection, mais je crains que ma société ne le rende plus instruit et meilleur sans le rendre plus heureux ; cette crainte m'empêche d'être complètement franc avec lui.

Je me trouve en général assez bien de vivre avec beaucoup de monde, car j'observe les manières de sentir et d'agir de chacun. L'un joue adroitement son jeu, l'autre ne joue pas du tout; l'un fera son chemin, l'autre ne le fera pas; l'un amasse, l'autre dissipe; l'un se contente de tout, l'autre de rien, l'un a du talent et ne travaille point, l'autre n'a pas de talent et travaille sans relâche; je vois tout cela et je m'en amuse, car tous ces gens-là sont indépendants les uns des autres.

Castel Gondolvo, le 8 octobre.

Nous vivons ici comme on vit aux eaux; le matin seulement, je m'esquive pour dessiner, le reste du jour appartient à la société, ce dont je ne suis pas fâché, car je vois beaucoup de monde à la fois. Angélique aussi est ici, puis des femmes aimables, des jeunes filles fort éveillées, des hommes distingués; on voisine, on va à la comédie où Polichinelle joue toujours le premier rôle; et on tout le jour suivant de ses bons mots, *tout comme chez nous* enfin, excepté que c'est sous un ciel plus beau.

Je voudrais m'entretenir avec Herder sur son *Dieu*. Je lui dirais tout d'abord que l'on prend son petit livre pour un mets, tandis que ce n'est qu'un plat; celui qui n'a rien à y mettre le trouve vide. Herder comprendra mon allégorie.

Rome, le 27 octobre.

Me voilà de retour dans ce cercle enchanté, et j'y oublie tout ce qui est en dehors de moi.

J'ai lu les idées de Herder; la conclusion, surtout, est admirable, pour dire tout ce que je pense de ce livre, il faudrait écrire un autre livre.

Il faut que je rapporte une petite aventure qui m'est arrivé pendant mon séjour à Castel-Gondolfo. Dans une pareille villégiature, où les repas, les promenades, les parties de plaisir, les conversations sont en commun, il s'établit promptement une grande familiarité, d'où il ne peut manquer de surgir des affinités électives très-décidées.

Le hasard a voulu que je trouve là une de mes voisines dont j'avais attiré l'attention par le fameux concert, qui m'avait valu la réputation d'un riche lord. Cette dame avait avec elle deux charmantes jeunes personnes; l'une était sa fille, l'autre une jeune Milanaise. Les deux belles, car elles sont véritablement belles, offraient un contraste frappant; les cheveux de la Romaine sont noirs, ceux de la Milanaise d'un brun clair; la première a le teint brun et les yeux noirs; la peau de l'autre est blanche et délicate, et ses yeux sont presque bleus. La Romaine est grave, sévère, retenue; la Milanaise a quelque chose d'affable, de franc, qui attire.

Assis entre ces deux jeunes filles pendant une espèce de jeu de loto, j'avais été d'abord le partner de la Romaine, mais dans le courant du jeu, je me suis fait celui de la Milanaise. Le jeu terminé, ma voisine m'a tiré à l'écart pour me dire que je m'étais conduit d'une manière inconvenante, parce que dans la villégiature, l'usage voulait que l'on terminât la partie avec la personne avec laquelle on l'avait commencée. Je m'excusai sur ma qualité d'étranger et sur les habitudes de mon pays, où l'on est obligé de se montrer aimable avec toutes les dames. Malheureusement je ne pouvais me dissimuler que je commençais à pencher du côté de la Milanaise, et qu'il s'était développé en moi une inclination naissante avec la rapidité de l'éclair, ainsi que cela se pratique dans les cœurs inoccupés.

Le lendemain matin, je me suis trouvé seul avec les deux jeunes filles, et la Milanaise a achevé de me charmer par les tendances aussi tendres que distinguées, que je remarquais en elle. Sans se plaindre de l'éducation limitée que reçoivent les jeunes femmes de son pays, auxquelles on défend d'apprendre à écrire, dans la crainte qu'elles n'emploie cet art à écrire des lettres d'amour, elle manifestait le regret de ne pouvoir lire et parler l'anglais, comme les autres personnes de la société. Je me suis aussitôt offert de lui enseigner cette langue, et nous avons commencé la première leçon en traduisant ensemble l'article d'un journal anglais, qui racontait qu'une jeune personne était tombée dans l'eau, sans dire, toutefois, si c'était par hasard ou de sa propre volonté, et si celui de ses adorateurs qui lui avait sauvé la vie, était du nombre des favorisés ou des repoussés. J'ai commencé par traduire les substantifs en lui indiquant la place qu'ils occupent dans les périodes, puis j'ai passé aux autres mots, et elle s'est mise tout à coup à lire l'article, comme s'il eût été imprimé en italien. Je n'ai jamais vu une joie plus vive que celle que lui a causé ce succès, et rien n'est plus charmant que la manière dont elle m'en a remercié.

Pendant ce temps, tous les convives étaient arrivés dans la salle, car c'était l'heure du dîner. Ma place était marquée à côté de celle d'Angélique, celle de mon écolière se trouvait en face de nous; mais elle l'a quittée brusquement pour venir s'asseoir à ma gauche, à la grande surprise de ma grave voisine. Une femme, moins sensée même, aurait deviné qu'il s'était passé quelque chose d'extraordinaire entre nous. Je m'efforçai de faire bonne contenance, mais je n'en étais pas moins extrêmement ému ; état charmant qui n'a été que trop tôt suivi par un bouleversement total.

Immédiatement après le dîner, la mère de la jeune Romaine et quelques matrones de ses amies m'ont attiré dans l'embrasure d'une croisée, et se sont mises à parler de dot, de cadeaux de noces et des aimables qualités de la future. Impatienté, j'ai demandé quelle était cette future. Alors seulement on a eu l'air de se souvenir que, pour être un commensal, je n'en étais pas moins un étranger, et que, par conséquent, je ne pouvais pas savoir que la jeune Milanaise était sur le point de contracter un mariage depuis longtemps arrêté. Effrayé de cette révélation, je me suis subitement retiré de la société qui m'avait si cruellement blessé au cœur.

Que des inclinations imprudemment nourries pendant quelque temps et tout à coup arrachées à leurs rêves insensés, se changent en désespoir, rien n'est plus ordinaire ni plus connu ; mais un tendre sentiment, détruit au moment où il vient de naître, et où il se promet un bonheur infini par son développement ; c'est là une situation digne d'intérêt. J'avais assez d'années et d'expérience pour revenir à moi promptement, mais non sans douleur. Allons donc, me suis-je dit, est-ce que tu te laisserais prendre à Rome par une destinée à la Werther, et voudrais-tu perdre ainsi tout le fruit de ta vie passée ?

Et me tournant avec ardeur vers la nature, je me suis plus que jamais appliqué à la copier. Pour éviter de nouvelles leçons de langue anglaise, j'avais soin de sortir dès le matin, et je ne m'approchais jamais de l'objet de ma secrète adoration, que lorsqu'elle était entourée de plusieurs personnes, ce qui ne pouvait manquer de la mettre parfaitement à son aise, car elle aussi savait que j'étais instruit de son prochain mariage.

Rome, le 3 novembre.

La réception que vous avez faite à *Egmond*, me rend très-heureux ; tout ce que vous y trouvez de bien, j'ai voulu le faire, donc j'ai atteint mon but. C'est une grande entreprise que de corriger une œuvre faite depuis douze ans, sans la refaire entièrement. Il y a encore deux pierres semblables devant moi, *Faust* et le *Tasse* ; mais il paraît que les dieux m'ont fait grâce de la punition de Sisyphe, et que j'arriverai avec ces rochers sur le haut du mont. Je ne comprends pas trop ce que vous me dites de *Claire*, il paraît que vous trouvez qu'il lui manque une nuance entre la servante et la déesse. J'ai traité ses relations avec *Egmond*, d'une manière très-exclusive ; son amour découle de l'idée de la perfection du bien-aimé ; son ravissement ne provient pas d'une jouissance sensuelle, mais du bonheur inconcevable qu'un pareil homme puisse lui appartenir. En un mot, j'ai fait de Claire une héroïne qui, dans la conviction de l'éternité de l'amour suit son amant ; et elle lui apparaît dans un rêve qui la sanctifie dans l'âme de cet amant, aussi ne sais-je pas où je pourrais placer la nuance dont vous parlez. J'avoue cependant que, enclavé

12.

entre les cartons et les lattes dramatiques, j'ai sans doute trop faiblement indiqué et lié entre elles, les graduations de ce caractère. Peut-être pourrez-vous m'en dire davantage à une seconde lecture.

Rome, le 10 novembre.

Kayser vient d'arriver et nous menons maintenant une triple vie, puisque la musique vient se joindre aux arts plastiques et à la littérature. Pour caser le digne compositeur parmi nous, nous avons été obligés de changer toutes nos dispositions, ce qui a beaucoup retardé mes travaux. Il faut, au reste, que je cesse de tant m'occuper des arts plastiques, sans cela je n'en finirais point avec mon bagage dramatique.

RÉSUMÉ DU MOIS DE NOVEMBRE.

Erwin et Elmire, ainsi que *Claudine* de *Villabella*, ne tarderont pas à prendre le chemin de l'Allemagne. J'ai refait tous les dialogues en prose, quant à la partie lyrique, je n'y ai rien changé ; je l'affectionne, car elle me rappelle non-seulement les heures les plus folles et les plus heureuses de ma jeunesse, mais encore les chagrins et les douleurs, que la vivacité non expérimentée de cette époque de la vie lui attire sans cesse. La musique de Kayser, mon compatriote et ancien ami, donnera du prix à ces deux pièces. Son talent est aussi remarquable que consciencieux, et mon petit opéra : *Raillerie, ruse et vengeance*, dont il a bien voulu s'occuper, l'aurait depuis longtemps fait connaître, si l'apparition subite de Mozart, n'avait pas tout à coup fermé la route à tout autre compositeur.

Henry Meyer, cet artiste suisse qui, dès ma première arrivée à Rome, a attiré mon attention en me nommant l'auteur d'un tableau que personne ne connaissait, est trop occupé, trop refoulé sur lui-même pour se mêler à nos joyeuses réunions; mais il se joint toujours à nous dès qu'il y a quelque chose d'important à expérimenter ou à voir, aussi a-t-il été des nôtres dès que nous avons pris la résolution de faire, ce qui sera toujours l'objet du plus vif désir des étrangers, des artistes et des amateurs ; c'est-à-dire, de visiter le musée des statues du Vatican et celui du Capitole, à la clarté des torches.

L'usage de voir ainsi les plus importants musées de Rome, n'était pas encore très-répandu à la fin du dernier siècle, aujourd'hui c'est une mode qui ne laisse pas d'avoir de grands avantages. Ainsi éclairée, chaque pièce se détache des pièces voisines et captive seule le regard et la pensée, et les nuances les plus délicates du travail, deviennent saillantes. Grâce à ce procédé, les statues mal placées et mal éclairées, se montrent dans tout leur éclat ; et les musées de Rome, contiennent beaucoup de chefs-d'œuvre qui ne reçoivent qu'un jour faux ou insuffisant. Ceux qui sont placés dans un jour favorable, ne gagnent rien à cet éclairage artificiel, surtout lorsqu'ils appartiennent au style de la plus ancienne et de la plus pure antiquité ; car à cette époque, les artistes ne connaissant pas encore les effets des ombres et des lumières, ne pouvaient approprier leurs œuvres à ces effets.

Si les dissensions des artistes sont presque toujours fâcheuses, il en résulte, parfois, des aventures assez gaies :

Dernièrement plusieurs de ces messieurs, après avoir passé l'après-midi au Vatican, étaient sortis de la ville et se promenaient du côté des vignes pour continuer à discuter sur ce qu'ils avaient vu. C'est ainsi qu'ils atteignirent les bords du Tibre qu'ils passèrent sur un bac. Arrivés à Ripetta, il fallait se séparer pour se rendre chacun chez soi par un chemin différent ; mais loin d'avoir épuisé leurs arguments, ils avaient encore tant de choses victorieuses à se dire, qu'ils prirent la résolution de rester ensemble et de repasser le fleuve. Pendant le trajet la discussion n'avait fait que s'échauffer davantage ; aussi se firent-ils passer et repasser maintes et maintes fois, à la grande satisfaction du batelier qui, à chaque fois, recevait un bajocco par personne. Son jeune fils, qui ne comprenait rien à cette manœuvre, se hasarda à demander à son père ce que ces messieurs prétendaient faire ainsi.

— Je n'en sais rien, répondit le batelier, mais il est certain qu'ils sont fous.

Rome, le 21 décembre.

Le temps que je consacre à dessiner et à étudier les arts plastiques, loin de nuire à mes dispositions poétiques, les favorise, car il faut écrire peu et dessiner beaucoup.

Rome, 25 décembre.

Cette fois-ci, le Christ est né au milieu du tonnerre et des éclairs, car nous avons eu à minuit juste, un violent orage.

L'éclat des chefs-d'œuvre de l'art ne m'éblouit plus, car je les contemple avec des notions justes et vraies, grâce aux instructions du solitaire suisse Meyer; c'est lui qui m'a ouvert les yeux sur les détails et les propriétés de la forme, et qui m'a initié au véritable *faire*. Il y a une céleste clarté dans ses idées et une bonté angélique dans son cœur, jamais il ne me parle que je ne sois tenté d'écrire tout ce qu'il m'a dit; sous sa direction, j'espère arriver bientôt à un degré de perfection dont je n'aurais jamais osé me flatter.

Pendant le cours de cette année, j'ai été moralement gâté; un cercle étroit m'entoure de nouveau, les hommes qui le composent sont bons et suivent la bonne route, sans cela pourraient-ils vivre avec moi qui suis impatient, impitoyable pour tous ceux qui s'en écartent? C'est sur ce point de l'activité de mon être, que je sens la force et l'étendue de ma nature. Mes pieds ne sont malades que dans des souliers étroits, et je ne vois rien quand on me place devant un mur.

RÉSUMÉ DU MOIS DE DÉCEMBRE.

Le mois de décembre nous est arrivé avec un temps égal et très-agréable, ce qui nous a suggéré une idée utile.

Imaginons-nous, nous sommes-nous dit, que nous ne faisons que d'arriver à Rome, et que, par conséquent, nous avons hâte de voir tout ce qu'il y a de plus remarquable ; commençons une excursion ensemble, et recueillons ainsi dans notre esprit, tout ce que nous connaissons déjà. Cette idée a été immédiatement mise à exécution.

Au-dessous de Rome, à une certaine distance du Tibre, se trouve une église de moyenne grandeur et contenant trois fontaines qui, lors de la décapitation de Saint-Paul, ont jailli tout à coup, à la place que son sang venait d'arroser. Ces sources répandent une grande humidité dans cette église, au reste elle est presque délaissée, car on n'y célèbre l'office qu'à certaines occasions fort rares. Les artistes seuls la visitent souvent à cause des peintures qui ornent les piliers ; elles représentent le Christ et ses apôtres, et ont été exécutées d'après les dessins de Raphaël. Ce grand génie avait déjà montré les disciples réunis autour de leur maître. Ici on les voit tels qu'ils étaient après l'Ascension, c'est-à-dire réduits à agir isolément, et à supporter la vie et ses souffrances, chacun selon son caractère ; en un mot il a fait de ces hommes pieux, une suite de figures qui, sans se ressembler, ont entre eux un rapport mystérieux.

De cette modeste petite église, il n'y a pas loin à celle de Saint-Paul, édifice magnifique dont les puissantes colonnes soutiennent la charpente entrelacée du toit ; ce qui, à des yeux peu accoutumés à ce genre de grandiose, lui donne un air de grange. J'y ai reconnu avec joie plus d'un reste colossal de l'ancienne architecture, sauvé des ruines du palais de Caracalla, dont il ne reste plus aucun vestige L'arène qui porte encore le nom de cet empereur est presque entièrement écroulée, et cependant on peut deviner encore ce qu'elle était. En se plaçant près de l'endroit où les coureurs prenaient leur élan, on voit les siéges en ruine des spectateurs, le tombeau de Cécilia Métella, et plus loin des villa et des maisons de campagne. Pour cette fois nous nous sommes contentés de saluer du regard la pyramide de Sextius et les bains de Caracalla.

Arrivés sur la place Saint-Pierre in Montorio, nous avons admiré les masses d'eau d'Aqua Paola, qui, à travers un arc de triomphe, se jettent par cinq embouchures dans un immense bassin. Je ne pouvais me lasser de contempler ces colonnes, ces arcs et ces corniches qui rappellent le magnifique portail par lequel les vainqueurs des peuples faisaient jadis leur entrée, là, où aujourd'hui, l'amie la plus utile et la plus paisible des hommes, se présente presque avec autant de force et de magnificence.

Un voyageur du Nord nouvellement arrivé exprimait le regret de ce qu'on n'eût pas entassé ici de véritables rochers afin de procurer à ces eaux une entrée naturelle. Il a été aussi impossible de s'entendre sur ce sujet, que sur le superbe tableau de la Transfiguration, que nous avons été admirer dans le couvent voisin ; on ne cessait de discuter sur la double action, comme s'il eût été possible de séparer ce qui se faisait en bas, de ce qui se passait en haut.

Le projet de nous procurer rapidement et ensemble une idée complète de Rome, ne pouvait manquer de rencontrer beaucoup de difficultés; tantôt l'un ou l'autre de nous était retenu par des affaires indispensables, tantôt des étrangers inconnus grossissaient malgré nous notre cercle; le noyau cependant restait toujours intact. Pour moi ces instructives excursions étaient sinon interrompues, du moins attristées par un sentiment douloureux qu'il m'a été impossible de vaincre.

Je venais d'apprendre que le fiancé de la jolie Milanaise avait retiré sa parole, et quoique j'eusse la conviction que nos courts rapports pendant la villégiature, n'étaient entrés pour rien dans ce manque de foi, il m'était pénible de ne plus pouvoir me figurer cette charmante jeune fille, riante et gaie telle que je l'avais connue. Pour comble de malheur, j'ai appris que le chagrin de cette rupture, lui avait attiré une fièvre qui faisait craindre pour sa vie. J'avais beau envoyer deux fois par jour prendre de ses nouvelles, mon imagination me représentait sans cesse ses beaux traits altérés par les larmes et la maladie ; et je ne pouvais me consoler de l'idée qu'une aussi brillante jeunesse fût condamnée à se flétrir avant le temps. Si un cœur joyeux, semblable à une fraîche et immortelle végétation, donne, même aux ruines, un air de vie et de gaieté, la tristesse dépouille la plus belle existence de toute sa parure et n'y voit plus qu'un squelette desséché. Nous avions projeté un voyage dans les montagnes, et je n'ai pu m'y décider qu'après avoir obtenu la conviction que l'intéressante malade allait mieux, et que j'aurais de ses nouvelles partout où je m'arrêterais.

RÉSUMÉ DU MOIS DE JANVIER 1788.

« Cupidon, méchant enfant ! tu m'as demandé un asile pour quelques heures, et depuis combien de jours, combien de nuits ne t'es-tu pas arrêté chez moi où tu règnes enfin en maître absolu !

« Tu m'as chassé de mon large lit, et je passe mes nuits assis par terre ; ta malice entasse flamme sur flamme dans mon foyer, tu consumes mes provisions d'hiver et tu incendies mon être.

« Tu as dérangé tous mes meubles, je les cherche en vain, on dirait que je suis devenu aveugle ; tu fais un tapage insoutenable, et je crois que pour le fuir, ma pauvre âme va quitter sa demeure. »

Sans prendre cette petite chanson à la lettre, on peut voir, au lieu du démon qu'on appelle amour, une réunion d'esprits actifs qui se disputent et se partagent un cœur humain ; alors on aura une juste idée de l'état où je me trouve, et l'on conviendra qu'il faut de grands efforts pour résister à tant de surexcitation.

Dès l'année dernière on avait cherché à me faire recevoir dans l'*Arcadia*, en qualité de célèbre berger; j'ai résisté longtemps, mais il a fallu finir par céder aux amis qui attachaient un très-grand prix à cette réception. Quoique tout le monde à peu près, sache ce que c'est que l'*Arcadia*, on ne sera peut-être pas fâché d'avoir quelques détails sur cette société.

Pendant le cours du XVIIe siècle, la poésie italienne s'est corrompue au point, que des hommes bien pensants se sont crus autorisés à lui reprocher qu'elle avait non-seulement perdu ce qu'on était convenu d'appeler la beauté intérieure; mais que sous le rapport de la forme même, elle s'était tellement négligée, que sa versification était devenue rude et dure, ses expressions barbares, ses figures vicieuses; et qu'en abusant des tropes, des hyperboles et des métaphores, elle avait perdu cette douceur et cette grâce séduisante qui, jadis l'avaient élevée si haut. Ces reproches, loin de ramener les poëtes égarés, les avaient poussés à proclamer comme le seul et le vrai beau, les écarts de leur imagination.

Alors des littérateurs sensés, doués d'un vrai mérite et d'un bon vouloir courageux, formèrent une association que leur modestie les poussa à envelopper de l'ombre du mystère. A cet effet, ils tinrent leurs réunions, non à Rome où elles n'eussent pas tardé à être remarquées, mais dans les campagnes et dans les jardins des environs; ce qui leur procura l'avantage de se rapprocher de la nature et de respirer en même temps, l'air pur de la poésie primitive. Assis sur le gazon ou sur les ruines de quelques monuments de l'antiquité, ils s'entretenaient du but de leur association et se faisaient mutuellement la lecture de leurs poésies, destinées à faire revivre l'élévation de l'esprit antique et l'élégance de l'École Toscane. Au milieu de ces réunions, un des membres s'écria tout à coup : voici notre *Arcadie!* et cette exclamation enthousiaste, donna son nom à cette société, nom justifié par son institution idyllique.

Repoussant la protection des personnages influents, les

Arcadiens ne voulaient ni chefs ni présidents; et celui de leurs membres chargé d'ouvrir et de fermer les portes de cette poétique Arcadie, reçut le modeste nom de *Custos*. Crecemboni, le premier de ces *Custos*, qu'on peut en même temps regarder comme un des fondateurs des *Arcadiens*, exerça cet emploi pendant une longue suite d'années, et contribua puissamment à la renaissance de la poésie italienne, non-seulement par la publication de ses œuvres, mais encore de celles de tous les membres de la société propres à atteindre ce but.

Ces dignes bergers, couchés sur leurs verts gazons, ne pouvaient manquer de se trouver dans une situation où l'amour parle puissamment au cœur humain; mais comme il y avait dans leur société beaucoup de vénérables ecclésiastiques, qui devaient nécessairement repousser tout commerce avec le Cupidon du paganisme, les *Arcadiens* pour lesquels, en leur qualité de poëtes, l'amour était un élément indispensable, dirigèrent ce sentiment vers le platonicisme; ce qui donna à leurs poésies quelque chose de décent, de réservé et d'enthousiaste en même temps, qui, sous ce rapport, du moins, les rapproche de celles du Dante et de Pétrarque.

Lors de mon arrivée à Rome, cette société avait déjà plus d'un siècle d'existence. Malgré les modifications de formes et de principes qu'elle avait subies, elle se maintenait encore, sinon avec éclat, du moins avec honneur; et son cercle s'était élargi par l'adjonction des voyageurs distingués ou célèbres, que les gardiens de ce paysage poétique s'efforcent d'y faire entrer, non-seulement par esprit de corps, mais parce que les réceptions sont pour eux l'unique moyen de se faire un revenu convenable.

La cérémonie de ma réception se passa de la manière suivante :

Dans l'antichambre d'un édifice assez appart, on me présenta à un dignitaire ecclésiastique qui devait me servir de parrain. Ce dignitaire me fit aussitôt entrer dans une grande salle où il y avait déjà beaucoup de monde, et nous nous assîmes sur le premier rang des sièges, et en face d'une chaire qui s'élevait au milieu de cette salle. Le nombre des assistants allait toujours en augmentant, et bientôt un seigneur vénérable, dans lequel je reconnus un cardinal, vint occuper le siége qui était resté vacant à ma droite. Au même instant le *Custos* monta dans la chaire, prononça un petit discours d'introduction, et appela successivement les membres de la société, inscrits pour se faire entendre soit en vers soit en prose; puis il m'adressa une allocution, après laquelle je fus reçu, aux applaudissements unanimes de l'auditoire, membre de la société des *Arcadiens*. Pendant ce temps, mon parrain et moi, nous nous étions levés, et nous fîmes force révérences pour remercier ces messieurs. Après quoi, mon parrain prononça à son tour un petit discours fort convenable et qui fut applaudi avec enthousiasme. Lorsque le silence se fut rétabli, je remerciai chaque membre en particulier. Le *Custos* m'envoya mon diplome, et je ne ménagea pas ma bourse pour lui prouver ma reconnaissance.

Rome, le 1er février.

Que je serai heureux mardi prochain, car alors, toutes les extravagances du carnaval seront terminées. C'est quelque chose de bien pénible que de voir tout le monde autour de soi, atteint d'une folie dont on n'a pas subi la contagion.

J'ai continué à travailler de mon mieux; *Claudine* est très-avancée ; si tous les génies ne me refusent pas leur secours, je pourrai, dans quelques jours, l'envoyer à Herder, et le cinquième volume de mes œuvres se trouvera complété. Maintenant que je connais toutes les exigences du théâtre lyrique, je sais qu'il faut faire des concessions aux compositeurs et aux acteurs, et que le canevas sur lequel on brode un opéra-comique, doit être fort clair; je n'en ai pas moins songé à la lecture, en un mot, j'ai fait ce que j'ai pu. Le sixième volume contiendra probable ment *le Tasse, Lila, Jery et Bœthely*, et toutes ces pièces seront refaites et refondues de façon à ce que vous aurez de la peine à les reconnaître. Mais quel travail! faut-il que Dieu ait surchargé un simple mortel d'un pareil fardeau? je revois en même temps mes petites poésies, elles formeront le huitième volume que je publierai peut-être avant le septième.

C'est une bien singulière chose que d'additionner ainsi le résultat de son existence; et qu'il est minime le chiffre qui nous en reste définitivement!

On me tourmente ici avec les traductions de *Werther*, car ils veulent absolument que je leur dise quelle est la meilleure et la plus complète. Je crois que j'aurais beau me réfugier jusqu'aux Grandes Indes, les conséquences de cet ouvrage m'y poursuivraient.

A force d'écrire et de penser, ma tête devient stérile, je lui demande plus qu'elle ne peut donner, et cela ne me rend pas plus sage.

Rome, le 16 février.

Le courrier prussien m'a apporté une lettre de notre duc, je crois que je n'en ai jamais reçu de plus aimable, de plus douce, de plus amicale. Il m'a parlé de la situation politique en général et de la sienne en particulier, et il s'est expliqué sur mon compte de la manière la plus affectueuse.

Rome, le 22 février.

Je vois chaque jour plus distinctement que je suis né pour la poésie. L'ardeur de la jeunesse m'a fait obtenir des succès qui ne m'ont pas coûté de bien grandes études; maintenant qu'il ne me reste plus qu'une dizaine d'années avant que mon talent ne vieillisse, je n'ai pas de temps à perdre pour produire encore quelque chose de bon. Quant aux arts plastiques, mon séjour à Rome m'a prouvé que je dois renoncer à les pratiquer.

Je vous enverrai incessamment l'*Amour peintre de paysages*, petit poëme auquel je souhaite que vous fassiez un bon accueil. Mes vers sur *Hans Sachs* et sur la *mort de Mieding*, termineront le huitième volume de mes œuvres. Ces deux derniers morceaux pourraient, en cas de besoin, servir de sacrifice à offrir pendant mes funérailles.

RÉSUMÉ DU MOIS DE FÉVRIER.

C'est pour la seconde fois que je vois le carnaval de Rome; aussi n'ai-je pu m'empêcher de remarquer que cette fête populaire amène avec elle une vie périodique d'un caractère particulier, et j'ai fini par m'intéresser à ce tapage comme à un grand événement de la nature et de l'esprit national. Le voici tel que je l'ai vu.

LE CARNAVAL DE ROME.

On me dira peut-être qu'une pareille fête ne saurait se décrire, qu'il faut la voir passer sous ses yeux et laisser chacun libre de la juger à sa manière. Cette observation me paraît d'autant plus juste, que je suis forcé de convenir que le carnaval de Rome, n'offre nulle part au spectateur étranger un tableau complet, et qu'il n'a rien dans ses détails qui puisse réjouir les yeux ou satisfaire l'esprit. Une foule innombrable se pousse à travers des rues longues et étroites, le mouvement est monotone, le bruit étourdissant et la fin de chaque journée incomplète. Cela vaut-il la peine d'être décrit? oui, quand on songe que le carnaval n'est point une fête qu'on donne au peuple, mais que le peuple se donne à lui-même. Le gouvernement ne fait ni préparatifs ni dépenses, et les étrangers se meuvent d'eux-mêmes. Ce n'est pas non plus une de ces solennités ecclésiastiques qui éblouissent les yeux et poussent le peuple à une adoration admirative. Point d'illuminations, point de feux d'artifice, point de brillantes processions, mais un signal convenu qui autorise chacun à être aussi fou, aussi extravagant qu'il lui plaira de l'être, et qui l'avertit en même temps, qu'à l'exception des coups de bâton et des coups de poignard, tout est permis. Les distinctions de rang disparaissent, toutes les classes se confondent, et personne ne s'offense ni ne se scandalise de ce qui peut lui arriver.

Pendant cette espèce de folie, on se réjouit de ce que la naissance du Christ, au lieu de supprimer les saturnales, se soit bornée à en reculer l'époque de quelques semaines. Je vais tâcher de retracer le vertige des Romains pendant leur carnaval, afin de rafraîchir le souvenir des personnes qui l'ont vu et de donner à celles qui espèrent le voir, une idée du tableau qui les attend.

La principale réunion du carnaval, se concentre dans la *Strada del Corso*. Cette rue, la plus longue de la ville, tire son nom des courses de chevaux qui s'y font à la fin de chaque journée du carnaval. Pendant toute l'année, elle sert de promenade aux riches romains qui viennent y étaler le luxe de leurs équipages et de leurs chevaux ; aussi le carnaval n'est-il que la continuation ou plutôt le couronnement de ces promenades, si communes dans toutes les villes d'Italie.

La vue de masques en plein air n'a rien d'étonnant sous un pareil ciel, et dans un pays où les processions et les enterrements se composent de confréries masquées.

Le carnaval commence immédiatement après le jour de l'an, alors les théâtres s'ouvrent aux masques, et l'on voit dans les loges plus d'une belle qui, déguisée en officier, étale ses épaulettes aux yeux du public ; mais c'est sur le Corso surtout que se concentre l'attente générale.

Quelques préparatifs annoncent au public l'approche de cette bienheureuse époque. Dans la rue du Corso on répare les pavés et les trottoirs de cette rue ; et autour de l'obélisque de la place du Peuple, qui, pendant le carnaval, forme une des limites de l'arène pour la course des chevaux, on élève des échafaudages ; et des barrières, d'où partiront les chevaux de course, ferment la place. Ces chevaux dont le nombre s'élève quelquefois jusqu'à vingt, sont d'une race particulière et de très-petite taille. Autrefois la noblesse romaine fournissait ces chevaux et tenait à honneur de remporter le prix ; aujourd'hui, c'est le privilége des classes moyennes et même des basses classes qui en tirent un profit assez considérable.

Un signal donné par la cloche du Capitole, avertit enfin les Romains qu'il est permis d'être fou en plein air ; les travaux cessent, les balcons, les fenêtres du Corso se décorent de tapis, et le milieu de la rue, qui est devenu une immense salle de fête, se remplit de promeneurs. Pendant ce temps les soldats du pape, un général et la musique en tête, entrent dans le Corso et se placent de manière à pouvoir veiller au maintien de l'ordre, et les loueurs des échafaudages engagent les passants à venir prendre des places.

Les premiers masques qui paraissent, sont ordinairement de jeunes hommes déguisés en femmes du peuple. Ils font des avances aux hommes et se livrent à toutes les extravagances que peuvent inspirer l'esprit et la bonne humeur dégénérés en licence ; puis les polichinelles viennent exercer leurs espiègleries. Les femmes qui, dans ces occasions ont autant d'amour pour les habits des hommes, que les hommes en ont pour les habits des femmes, se montrent parfois dans le costume bien-aimé de polichinelle, sous lequel quelques-unes sont vraiment séduisantes. Par-ci par-là, un avocat traverse la foule, déclame comme s'il était devant un tribunal, attaque les passants en les menaçant d'un procès scandaleux et reproche aux hommes, tantôt leurs dettes et tantôt des crimes ridicules, et fait aux femmes l'énumération de leurs amants. En un mot, il cherche à brouiller tout le monde et excite de grands éclats de rire ; mais ces sortes de masques n'occupent pas longtemps le public, car les folies se succèdent avec une rapidité incroyable.

Le nombre des *Quacqueri* est plus considérable encore que celui des avocats. Ces masques sont revêtus du vieux costume français ; il faut qu'ils aient un gros ventre, la figure joufflue, de très-petits yeux, une perruque bizarre et un petit chapeau bordé semblable à celui des *buffo caricati* de l'Opéra-Comique, dont ils sont une imitation, car ils représentent des amoureux suffisants, ridicules et trompés. On les voit sautiller sur la pointe des pieds, regarder à travers des lorgnons sans verres, faire de profondes et niaises révérences, sauter en l'air à pieds joints et pousser des cris produisant l'effet de la réunion de ces consonnes : *brrrr*.

Les jeunes filles et les jeunes femmes du peuple qui n'ont pas d'argent à dépenser pour des costumes, n'en trouvent pas moins le moyen de se masquer. La plupart se déguisent en mendiantes. Un masque tout blanc pour se couvrir le visage, un vêtement pauvre, un bâton à la main et un panier attaché à ce bâton, par un ruban de couleur, font tous les frais de ce déguisement. S'avançant d'un air humble sous les fenêtres, elles tendent leur panier où on leur jette des noix et parfois même des bonbons. D'autres font moins de façons encore ; elles se présentent dans leur costume habituel et se bornent à se couvrir le visage d'un masque. Toutes ces jeunes femmes sont très-rarement accompagnées par un homme ; mais chacune d'elles a soin de se munir d'une arme offensive et défensive. Cette arme consiste dans un petit balai de jonc, à l'aide duquel elles écartent fort adroitement les importuns ; parfois même elles en usent avec un grand raffinement de malice, contre les hommes sans masques, qui ont cherché à s'approcher d'elles, ou qui leur ont donné antérieurement quelque sujet de mécontentement. Dans ce cas, elles entourent de près la victime du moment et lui passent continuellement leur petit balai sous le nez ; le malheureux a beau se tourner de tous côtés, il rencontre partout un petit balai qui lui caresse le visage. La foule est trop compacte pour qu'il puisse se soustraire par la fuite à ces agaceries ; et il serait dangereux de leur opposer une résistance sérieuse, car les masques sont sous la protection spéciale des soldats et de la police.

Les diverses professions, le costume national des autres parties de l'Italie, ceux des étrangers qui viennent visiter Rome, tout cela sert de déguisement; mais le *tabarro* est toujours le plus distingué, parce qu'il n'a rien de particulier.

Les masques spirituels et satiriques sont fort rares; j'ai cependant remarqué un polichinelle coiffé de deux cornes mobiles comme celles d'un colimaçon. Lorsqu'il s'arrêtait sous les fenêtres de quelques jeunes gens nouvellement mariés, et que là, il laissait à peine voir l'extrémité d'une de ses cornes, et qu'ailleurs il les allongeait toutes deux démesurément et faisait sonner les grelots attachés à leur extrémité, le public applaudissait à outrance. Un autre masque avait deux visages et deux poitrines, et s'était habillé de manière qu'il était impossible, en le voyant traverser la foule, de savoir, s'il marchait à reculons ou s'il avançait droit devant lui. Un autre encore, avait sur la tête, en guise de bonnet, un très-haut piédestal, surmonté d'une très-petite obélisque. C'était une allusion à l'obélisque que le gouvernement voulait faire élever devant l'église de la *Trinità del Monte*. La partie éclairée du public était très-mécontente de ce projet, d'abord parce que la place est fort étroite et que l'obélisque est tellement petite, que pour lui donner une élévation convenable, il a fallu lui construire un piédestal d'une hauteur démesurée, et, par conséquent, sans aucune harmonie avec l'objet dont il allait être surmonté.

Pendant que les masques deviennent toujours plus nombreux, les carrosses arrivent et descendent le Corso par un côté de cette rue; et lorsqu'ils sont arrivés auprès du palais de Venise, ils reviennent par le côté opposé jusqu'à la place du Peuple, où ils passent derrière l'obélisque pour recommencer le même trajet. L'espace resté vide entre ces deux files de voitures et qui, sur beaucoup de points, n'a pas plus de douze à quatorze pas de largeur, reste abandonné aux piétons. Au commencement, les voitures n'ont rien d'extraordinaire, car chacun réserve pour les trois derniers jours, l'éclat et la magnificence que sa fortune lui permet d'étaler. Dès le début cependant, les laquais et les cochers sont masqués et les chevaux ornés de rubans et de fleurs.

Les gardes du pape, échelonnés de distance en distance, veillent au maintien de l'ordre. Tout à coup, ils forcent la foule des piétons à se ranger à droite et à gauche, au risque de tomber sous les roues des voitures ou sous les pieds des chevaux. C'est que le gouverneur, le sénateur, les ambassadeurs et le prétendant, qui se fait appeler duc d'Albanie, vont venir inaugurer le carnaval ; et leurs seigneuries, au lieu de suivre la file des voitures, prennent le milieu de la rue. Le gouverneur et sa suite ouvrent le cortége, après lui arrivent le sénateur, puis le duc d'Albanie et finalement les ambassadeurs. Les carrosses de tous ces illustres personnages et même ceux de leur suite, sont d'une grande magnificence. Leur passage cependant ne sert qu'à troubler la fête et à causer parfois des accidents fâcheux ; aussi le public leur sait-il très-bon gré de la réserve avec laquelle ils usent du privilége qui les autorise à venir ainsi, tous les jours, faire une pareille promenade. Le duc d'Albanie seul, ne s'en abstient jamais ; tant que dure le carnaval, il vient quotidiennement, étaler au milieu d'une mascarade générale, la mascarade individuelle de son rôle de prétendant au trône d'Angleterre.

Immédiatement après le passage du cortége officiel, les voitures qui ont été forcées de s'arrêter pour ne pas écraser les piétons, se remettent en marche jusqu'au palais Ruspoli, où elles font toujours une assez longue station ; car là, toutes les plus jolies femmes de Rome, qui ne sont pas assez riches pour avoir des équipages, viennent avec leurs amis, s'asseoir sur des estrades dressées à cet effet. Toutes sont masquées avec autant de goût que de richesse, aussi tout le monde s'arrête-t-il pour les regarder et les admirer.

Parlons maintenant d'un autre usage de ce carnaval, dont personne ne connaît l'origine, et que j'attribue à l'espièglerie d'une belle qui, en voyant passer son ami, lui a jeté quelques dragées afin de se faire remarquer par lui. Depuis de longues années déjà, ces agaceries sont devenues si générales, que trouvant les véritables dragées trop chères, on a recours à de petits morceaux de plâtre moulé, qui les imitent parfaitement. Les personnes à pied ou en voiture, les spectateurs aux fenêtres, sur les balcons ou sur les estrades, reçoivent, et font tomber à leur tour, une pluie de ces fausses dragées; mais auprès du palais Ruspoli, ces attaques dégénèrent en véritable guerre. Les dames ont devant elles des paniers dorés et argentés, remplis de dragées de plâtre ; les cavaliers sont munis de petits sacs dans lesquels ils puisent, non-seulement pour tenir les paniers de leurs dames toujours au complet, mais pour les défendre en cas de besoin. Ce cas se présente fort souvent, car ces dames ne laissent jamais passer ni voitures ni piétons sans leur lancer une grêle de dragées; alors on riposte et, parfois, avec un acharnement qu'on ne peut attribuer qu'à des haines ou à des jalousies cachées, qui profitent de cette occasion pour se satisfaire. En vain les gardes du Corso cherchent-ils à calmer les combattants, ils se trouvent eux-mêmes ensevelis sous une grêle de ces blancs projectiles.

Il est certain que de pareilles luttes se termineraient par des coups de couteau, si de en distance en distance, les apprêts du supplice de la *corde*, dont la police romaine est fort prodigue, ne rappelaient pas à tout le monde, le châtiment réservé à quiconque oserait employer d'autres armes que celles des dragées en plâtre.

A côté des combats qui ont un caractère sérieux, d'autres excitent l'hilarité générale. C'est ainsi que j'ai vu une voiture découverte remplie de polichinelles, qui s'étaient proposé de profiter du moment où ils passeraient devant le palais Ruspoli, pour couvrir tous les masques des estrades d'un torrent de dragées. Malheureusement pour ces messieurs, un encombrement de voitures les a empêchés de continuer leur route après une première décharge; et les masques des estrades, animés tout à coup d'un seul et même sentiment, se sont mis à assiéger les assiégeants qui n'ont pas tardé à manquer de munitions. Il est vrai que de nombreux marchands de dragées en plâtre circulent dans la foule, mais ils suffisent à peine pour satisfaire aux demandes des piétons et des spectateurs placés sur les estrades. Forcés de subir pendant plusieurs minutes les feux croisés de leurs adversaires, les polichinelles se sont estimés heureux quand leur voiture, devenue blanche comme si elle eût été couverte de neige, a pu enfin se remettre en mouvement au milieu des éclats de rire et des huées du public.

Pendant qu'on se divertit ainsi près du palais Ruspoli, d'autres scènes se passent sur d'autres points.

Non loin de l'académie de peinture des Français, j'ai vu paraître tout à coup un masque en costume espagnol et armé d'une longue rapière; il représentait le célèbre *capitais* du théâtre italien. Un polichinelle l'aborde, le capitaine parle de ses hauts faits sur terre et sur mer; le polichinelle les révoque en doute, et à force de jeux de mots et d'équivoques, il tourne le spadassin en ridicule, et se fait applaudir par tous ceux que cette feinte querelle a fait arrêter. Ailleurs, une vingtaine de polichinelles se réunissent pour élire leur roi; puis ils le couronnent, le placent dans une petite voiture à bras et le traînent le long du Corso, où tous les polichinelles qu'ils rencontrent viennent grossir ce grotesque cortége. Après cette scène seulement, j'ai pu juger des modifications que le peuple romain sait faire subir à ce costume favori. Les coiffures surtout varient à l'infini; j'en ai remarqué une qui se composait d'une cage dans laquelle voltigeaient deux oiseaux, habillés l'un en abbé et l'autre en grande dame.

Les rues adjacentes, moins encombrées et moins tumultueuses que le Corso, deviennent le théâtre de toutes sortes de représentations dramatiques, improvisées par les masques; je ne décrirai que celle qu'on voit le plus souvent et qui est toujours passionnément applaudie :

Une nombreuse réunion d'hommes, les uns en costume de dimanche du peuple, les autres déguisés en femmes de la campagne, dont la plus jeune paraît près d'accoucher, se promènent d'abord assez tranquillement. Tout à coup une querelle éclate : les hommes font briller de longs couteaux en carton argenté, les femmes poussent des cris aigus et s'efforcent de séparer les combattants en les tiraillant de tous côtés, tandis que les spectateurs, feignant de prendre la chose au sérieux, cherchent à calmer les esprits par de sages conseils. En ce moment, la prétendue femme enceinte pousse des gémissements et fait des contorsions comme si la frayeur avait avancé l'instant de sa délivrance. Les autres femmes l'entourent, on apporte une chaise; les contorsions et les plaintes de la malade deviennent toujours plus grotesques, et se terminent par la naissance de quelque avorton bizarre, que les spectateurs accueillent par des éclats de rire et des applaudissements frénétiques. La pièce est terminée et les acteurs s'éloignent pour aller la recommencer ailleurs.

Les *Quacqueri* aussi quittent parfois le Corso par bandes pour étaler, dans des rues moins encombrées, leurs grâces ridicules, et exécuter une manœuvre qui, quoique toujours la même, est toujours vue avec le même plaisir. A cet effet, ils s'avancent par douze de front, marchant sur la pointe des pieds à pas précipités, mais très-petits. A un signal convenu, tous tournent à gauche et forment une colonne très-serrée, en s'avançant de la même façon les uns après les autres. A un autre signal, ils tournent à droite et marchent de nouveau de front, puis la colonne se reforme, et cela continue ainsi, jusqu'à ce qu'ils aperçoivent un portail ouvert, devant lequel ils se réunissent en colonne et entrent, comme s'ils étaient poussés par une broche qui les aurait enfilés tous à la fois. Bientôt après ils sortent les uns après les autres et vont recommencer plus loin leurs manœuvres bizarres.

A mesure que la soirée s'avance, l'encombrement du Corso augmente au point que les voitures ne peuvent plus se mouvoir. A l'approche de la nuit, les agaceries et les jeux cessent, et les piétons sont de nouveau forcés d'évacuer le milieu de la rue, ce qui les met dans la nécessité de louer les places restées vacantes sur les estrades. Quand il n'y en a plus, ils cherchent un refuge dans les maisons habitées par quelques-unes de leurs connaissances; d'autres se huchent à côté des cochers, des laquais, ou même sur les chevaux des carrosses, ce, qu'en ces jours de folie, personne n'a ni le droit ni la volonté d'empêcher. Pendant que s'opère ce mouvement, qui est toujours accompagné de tumulte et souvent même d'accidents graves, le général et ses soldats passent entre les deux files de voitures afin de s'assurer que le milieu du Corso est vide, car la course des chevaux va commencer.

Des précautions semblables ont été prises sur la place du Peuple qui, alors, présente le plus beau coup d'œil que puisse offrir le monde moderne. L'échafaudage dont j'ai déjà parlé est garni de plusieurs milliers de personnes, dont les têtes échelonnées en amphithéâtre, reproduisent l'image des anciens cirques, et donnent une juste idée de l'immense hauteur de l'obélisque, qui s'élance dans les airs, bien au-dessus de toutes ces têtes si élevées au-dessus du sol.

L'arrivée du général sur cette place annonce que le Corso est évacué, et des palefreniers, en costume théâtral, amènent les chevaux. Ils n'ont aucun harnais; çà et là seulement, on leur a collé sur la peau des feuillets de faux or dont le bruit les irrite, tandis que la vue d'un public innombrable les effarouche. Leurs trépignements, leurs coups de pied et autres signes d'impatience augmentent l'intérêt des spectateurs, et les palefreniers redoublent d'attention ; car le succès d'un cheval de course dépend beaucoup de la manière dont il est lancé.

La corde qui fermait la place du Peuple du côté du Corso, tombe enfin et les chevaux s'élancent vers cette rue. L'espace d'abord est assez large pour qu'ils puissent chercher à se dépasser, mais dès qu'ils se trouvent resserrés entre les deux files de voitures, leurs efforts à ce sujet deviennent difficiles, dangereux et ne réussissent presque jamais; car pendant que les premiers arrivés dans cette arène continuent leur route avec une ardeur toujours croissante, les retardataires, qui cherchent à les rattraper, se heurtent, se gênent et se nuisent mutuellement.

Malgré la pouzzolane qu'on a soin de répandre sur les pavés, les étincelles jaillissent sous les pieds des chevaux, leurs crinières flottent au hasard, les feuilles de clinquant se détachent et marquent leur passage jusqu'au palais vénitien, où d'autres palefreniers les attendent pour les arrêter et les emmener, dès que le vainqueur a reçu le prix, appelé *palio*, et qui consiste en un grand drapeau de brocart d'or, à l'extrémité duquel on a tissé l'image d'un cheval au galop.

Cette course n'a pas eu, pour le spectateur devant lequel elle passe, la durée d'un éclair; tous cependant l'ont attendue avec impatience, et pas un ne pourrait dire ce qu'il a espéré ni ce qu'il a éprouvé ; mais il est certain que ce plaisir si éphémère est accompagné de grands dangers. En cherchant à se dépasser, deux, trois chevaux de suite se heurtent souvent contre les roues d'une voiture et tombent morts ou mortellement blessés. Ceux qui les suivent sautent par-dessus et continuent leur route, non sans avoir foulé plus d'un piéton sous leurs pieds ; car malgré toutes les précautions, le milieu de la rue n'est jamais complètement évacué. Les accidents deviennent plus graves encore quand un des chevaux effrayé, ou qu'on n'a pas pu saisir au terme de sa course, retourne sur ses pas ; car alors, il ne trouve plus une arène vide, ou à peu près du moins, mais une foule compacte, qu'il ne peut traverser qu'en causant de grands malheurs. Et ces malheurs, le peuple ne les voit point ou les oublie immédiatement.

Dès que les chevaux sont arrivés près du palais de Venise, on met le feu à un petit mortier ; le même signal est aussitôt répété au milieu du Corso et sur la place du Peuple ; les soldats et les agents de police se retirent et tout le monde jouit enfin d'une liberté illimitée. En ce moment les spectateurs les mieux placés pour n'avoir rien à redouter, ne peuvent se défendre d'un sentiment d'inquiétude et de crainte ; car les voitures avancent ou traversent la rue comme bon leur semble et les piétons leur opposent tous les obstacles qui sont en leur pouvoir ; on se pousse, on se querelle, on jure, on crie, et cette confusion dure jusqu'à ce qu'il fasse complétement nuit. Alors chacun va chercher ou du repos chez soi, ou un plaisir nouveau dans les théâtres, dont les uns donnent des opéras, des ballets, des farces, et les autres des bals masqués appelés *festine*.

Dans ces bals, le *tabarro* est encore le déguisement le plus distingué, et, par conséquent, celui qu'on voit le plus. Au milieu de tous ces noirs costumes, on remarque parfois des masques qui représentent les plus belles statues antiques de Rome, mais ces travestissements artistiques sont très-rares. La danse, quoique semblable par la forme à l'anglaise, est toujours accompagnée d'une pantomime tendant à représenter une action quelconque, tels que des amants qui se rencontrent, se brouillent, se raccommodent, etc.

Dès le point du jour suivant on nettoie et rétablit les estrades, on balaie les pavés du Corso, on les couvre d'une nouvelle couche de pouzzolane, et vers deux heures après midi les mêmes folies recommencent au même signal.

Le dimanche gras, déjà, la foule est innombrable, les agaceries et les jeux des masques à pied redoublent, et parmi les voitures, on voit de magnifiques carrosses découverts remplis de masques caractéristiques ou grotesques. Parfois on y voit deux dames sans masques, assises en face l'une de l'autre sur des siéges très-élevés, et dans chacun des quatre coins se tient un seigneur masqué ; il va sans dire qu'il n'y a que les dames remarquables par leur beauté qui se montrent ainsi à visage découvert. De temps en temps elles ont le plaisir d'entendre les piétons murmurer : *o quanto è bella*; tandis que d'autres, moins disposés à l'admiration, s'adressent au cocher, toujours déguisé en femme et lui crient à haute voix : *o fratello mio, che brutta puttana sei!*

Le mardi gras, la circulation des voitures est arrêtée presque dès leur entrée dans le Corso; toutes les places sont louées plus cher et la course des chevaux est attendue avec une impatience plus vive que jamais. Elle se fait enfin, et la détonation des mortiers annonce que la fête est terminée. Personne cependant ne quitte la place ; point de confusion, point de désordre ; tout le monde attend en silence et avec calme, que la nuit vienne succéder au crépuscule.

A mesure que cette transformation s'opère, on voit apparaître des lumières aux fenêtres et sur les échafaudages, les balcons se décorent de lanternes coloriées, les bords des voitures découvertes s'éclairent de la même façon, l'impériale des voitures couvertes se garnit de lampions, et tout le monde, à pied ou en voiture, assis ou debout, tient une bougie à la main. Quelques piétons portent des pyramides de lumières sur la tête; d'autres sont armés de torches avec des manches si longs qu'ils dépassent les premiers étages. Et tout ce monde ne songe plus qu'à souffler la bougie de son voisin ou à rallumer la sienne si on est parvenu à l'éteindre. Et ce cri sort de toutes les bouches :

Sia ammazzato chi non porta moccolo! (Qu'il soit assassiné celui qui ne porte pas un bout de lumière.)

Il est vrai qu'en cette occasion, le juron favori des Romains. *Sia ammazzato* (Soit assassiné), a perdu sa signification malveillante ; ce n'est plus que le mot d'ordre d'une allégresse générale, et parfois même d'une flatterie. En soufflant la bougie d'une belle dame, on s'écrie : *Sia ammazzata la bella Principessa*. Et en s'adressant à Angélique Kaufmann : *Sia ammazzata la Signora Angelica, la prima pittrice del secolo*, etc., etc.

Dans l'intérieur des maisons même on s'abandonne à cette frénésie ; les âges, les rangs se confondent, on ne respecte, on ne redoute plus rien. Les enfants ne craignent pas de souffler la bougie de leur père en criant : *Sia ammazzato il Signore Padre*. Mais c'est dans le Corso, et surtout auprès du palais Ruspoli, que ce jeu bizarre fait naître une confusion dont il est impossible de se faire une juste idée, même quand on l'a vu ; car la mémoire est insuffisante pour retracer un pareil tableau.

Personne ne peut plus bouger de la place qu'il occupe ; tout le monde crie, tout le monde cherche à souffler une lumière, à garantir ou à rallumer la sienne. Les vapeurs de tant de bougies, sans cesse éteintes et rallumées, et les hurlements d'une innombrable multitude d'individus qui, ne pouvant plus remuer leurs membres, veulent du moins exercer leurs gosiers et leurs poumons, finissent par donner le vertige aux têtes les plus saines.

On trouvera impossible, peut-être, que de pareilles scènes sans aucune surveillance de force armée ou de police, ne se terminent pas par des catastrophes terribles ; il n'en est rien cependant. La fatigue et le dégoût s'emparent peu à peu de tout le monde ; chacun s'esquive par une rue adjacente, et le Corso finit bientôt par devenir entièrement désert. Rentrés chez eux, les gens du peuple et les petits bourgeois, achèvent leur carnaval par un repas, entièrement composé de viandes, dont l'usage leur sera bientôt interdit pour longtemps ; tandis que la noblesse le termine aux théâtres, dont les portes ne s'ouvriront plus pendant toute la durée du carême. Dès que minuit arrive, tout est terminé, et le carnaval n'est plus, pour tout le monde, que le souvenir d'un rêve ou d'un conte de fées.

Quant à moi j'ai vu, dans les scènes extravagantes de ce carnaval, l'image des événements les plus importants de notre existence.

Cette longue rue du Corso, si encombrée, si tumultueuse, m'a retracé le chemin de la vie du monde, où le regard des acteurs et des spectateurs, qu'ils aient le visage découvert ou caché sous un masque, qu'ils soient confondus dans la foule ou élevés au-dessus d'elle, ne peut s'étendre que sur un espace étroit; où l'homme, en équipage ou à pied, marche moins qu'il n'est poussé, ne s'arrête que parce qu'on l'y contraint, et n'en cherche que plus ardemment à arriver là où il croit être plus libre, plus à son aise, et où il se sent de nouveau resserré, gêné et poussé ailleurs. Les plaisirs les plus vifs, semblables à celui que cause, aux Romains, le passage des chevaux de course, ne nous effleure qu'un instant, et ne laisse aucune trace dans notre âme; la liberté et l'égalité, sont des biens dont nous ne pouvons jouir que dans des moments de démence; et nous ne croyons toucher au bonheur suprême, que lorsqu'il se montre entouré de dangers, et mêle à ses plus douces sensations, des sentiments de craintes et le regret d'un désir non satisfait.

Loin de vouloir attrister mes lecteurs par ces réflexions de mercredi des cendres, je désire leur prouver que, puisque la vie est, ainsi que le carnaval de Rome, une époque insaisissable dans son ensemble et dont les détails présentent plus de dangers que de jouissances, il est important de profiter de chaque plaisir que l'instant actuel nous offre, quelque minime que nous paraisse ce plaisir.

Au milieu des extravagances les plus tumultueuses, il m'a été permis de goûter une joie noble et pure. Sur la place du palais Vénitien où les voitures s'arrêtent parfois avant de reprendre la file, j'ai reconnu celle d'Angélique, et je m'en suis approché pour saluer cette digne amie,

Après s'être penchée vers moi, elle s'est rejetée en arrière afin de me laisser voir le visage de la jeune personne placée près d'elle, et j'ai reconnu l'aimable Milanaise. Entièremen remise de sa maladie, elle était plus belle que jamais, et son regard s'est arrêté sur le mien, avec une expression qui a pénétré jusqu'au fond de mon âme. Voyant que nous gardions tous deux un silence embarrassé, Angélique me dit en souriant :

— Je m'aperçois qu'il faut que je serve d'interprète à ma jeune amie, puisqu'elle n'ose vous dire ce qu'elle m'a répété tant de fois; c'est-à-dire, qu'en se sentant revenir à la vie, rien n'a plus puissamment contribué à la lui faire aimer, que l'intérêt avec lequel vous n'avez cessé de vous informer d'elle pendant sa maladie.

— C'est la pure vérité, murmura l'aimable enfant.

Et elle me tendit la main, que je me bornai à serrer doucement dans la mienne, car à mon grand regret, la distance ne me permettait pas d'y appuyer mes lèvres.

En m'éloignant pour aller me mêler de nouveau à la cohue des fous, ma pensée remerciait la bonne Angélique de la protection qu'elle avait accordée à cette jeune fille, en l'admettant dans son intimité; et comme je me flattais que cette conduite lui avait été inspirée par son amitié pour moi, et par l'intérêt que je prenais à cette belle enfant, je croyais ne pouvoir jamais lui en être assez reconnaissant.

Rome, le 1er mars.

J'ai eu le courage d'arrêter l'ensemble des trois derniers volumes de mes œuvres, et je sais enfin définitivement ce que je veux faire.

Le plan de la recomposition de *Faust* est arrêté. En finissant cette pièce aujourd'hui, elle sera autre chose.

que ce qu'elle eût été si je l'eusse terminée il y a dix ans. Une scène nouvelle que je viens de faire, me rassure sur le ton de l'ensemble, et je suis étonné de voir combien je suis resté semblable à moi-même ; les années et les événements n'ont altéré ni mes dispositions ni mes facultés intellectuelles. L'ancien manuscrit de *Faust* est là, devant moi, le temps a jauni le papier et usé les bords des feuillets. A l'époque où je l'ai composé, ma pensée me transportait dans un passé antérieur à mon existence ; aujourd'hui cette même pensée me rejette dans mon passé à moi.

Le plan du *Tasse*, est également terminé et mes petites poésies sont mises en ordre, j'ai cependant refait *la Vie de l'Artiste sur cette terre,* et j'y ajouterai son apothéose. Je me suis parfaitement initié aux compositions de ma première jeunesse qui revit tout entière devant moi.

Les couleurs m'ont aussi beaucoup occupé, car cette partie de la science naturelle m'est encore fort peu connue; mais la pratique et la réflexion finiront par me mettre à même de m'approprier ce genre de jouissance de la superficie de la terre.

J'ai revu ce matin la galerie du palais Borghèse, et j'ai reconnu avec plaisir que j'apprécie beaucoup mieux, que lors de ma première visite, les trésors que contient cette galerie.

Rome, le 7 mars.

La collection de l'académie de Saint-Luc, possède le crâne de Raphaël. Cette relique me paraît véritable; car la construction osseuse est admirable, et disposée de manière à ce qu'une belle âme ait pu se promener là dedans à son aise. Notre duc désire une moulure de ce crâne et j'espère pouvoir la lui procurer.

Je commence à modeler. En ce qui concerne la théorie, je suis toujours sûr de moi, mais dans la pratique je m'embrouille.

Rome, le 14 mars.

Pendant la semaine sainte, on ne peut rien faire ni rien penser ici, car on est entraîné par le torrent des solennités. Après Pâques je tâcherai de voir tout ce que j'ai négligé jusqu'ici, puis je ferai mes paquets et je partirai avec Kayser. Si tout s'arrange comme je le désire, je serai à la fin d'avril à Florence, d'ici là, vous entendrez parler de moi.

Hier j'ai vu pour la première fois la villa de Raphaël où il s'était retiré avec sa maîtresse, préférant à toutes les jouissances de la gloire et même à celles de l'art, le bonheur de vivre seul avec elle. Le grand artiste a reproduit vingt-huit fois le portrait de sa bien-aimée sur les murs des appartements de cette villa. C'est un monument sacré ; le prince Doria qui vient de l'acheter paraît vouloir en faire le cas qu'il mérite.

Rome, le 22 mars.

Grâce aux soins et à la bonté de mes amis, j'ai tout vu, tout entendu. Pour jouir de la cérémonie du lavement de pieds et du repas des pèlerins, il faut cependant se résigner à être à moitié étouffé.

La musique est belle, au delà de toute imagination. Le *miserere* d'Allegri et les *Improperium* que le Dieu crucifié adresse à son peuple, sont admirables; on les chante dans la matinée du vendredi saint.

Il serait difficile de se figurer un moment plus solennel que celui où le pape, dépouillé de toute magnificence, descend de son trône pour adorer la croix ; tous les autres fidèles restent muets et immobiles à leurs places, et le chœur chante : *Populus meus, quid feci tibi*. Dans la chapelle Sixtine, les cérémonies les plus disgracieuses du culte catholique, deviennent dignes et grandioses; c'est que là, tous les arts sont depuis bien des siècles, à la disposition de ce culte.

Pendant mon séjour à Rome, j'ai senti chaque jour mon

bonheur s'accroître. Qu'il est pénible de m'en éloigner au moment où je me sens digne d'y demeurer ! je me console en songeant qu'il est heureux pour moi, d'avoir pu rester assez longtemps pour arriver à ce point.

Notre-Seigneur Jésus-Christ, vient de ressusciter avec un tapage effroyable ; le canon tonne, toutes les cloches sont en branle, et à chaque coin de rue, on tire des pétards et l'on met le feu à des traînées de poudre.

Rome, le 10 avril.

Mon corps est encore à Rome, mais mon âme est ailleurs. Je serais déjà parti, si Kayser était prêt, mais il a encore quelques études musicales à faire.

Tout en continuant à modeler le pied dont mon maître a été fort content, parce que j'avais d'abord étudié les os et les muscles, j'ai compris qu'il était temps de m'occuper sérieusement du *Tasse*. Ce sera un agréable compagnon pour le nouveau voyage auquel je me prépare.

On trouvera sans doute fort naturel que je n'aie point oublié, dans mes visites d'adieu, la gracieuse Milanaise. Je savais qu'introduite par Angélique dans la haute société, elle s'y conduisait avec distinction et qu'elle s'était fait remarquer par un jeune homme fort riche, qui ne paraissait pas éloigné de la demander en mariage. Lorsque je me présentai chez elle, je la trouvai dans un joli costume du matin, son accueil fut plein de grâce et d'émotion.

— Jamais je n'oublierai, me dit-elle, le plaisir que j'ai éprouvé en apprenant que vous étiez venu chaque jour vous informer de moi ; j'osais à peine le croire. Et lorsque, pendant toute la durée de ma convalescence, vous avez continué à me donner les mêmes témoignages d'intérêt, j'ai prié mon frère d'aller vous remercier de ma part ; je l'aurais volontiers accompagné si les convenances me l'eussent permis.

Puis elle me questionna sur mon voyage, et je lui fis part de mon itinéraire.

— Que vous êtes heureux, reprit-elle, d'être assez riche pour pouvoir visiter tant de beaux pays, tandis que nous autres, nous sommes obligées de rester à la place que Dieu et ses saints nous ont assignée.

Elle continua à me parler de ses relations domestiques avec beaucoup de franchise; mais moi, je ne savais quelle contenance tenir, car les moments si rapides et si doux de nos tendres rapports, me revenaient sans cesse à la pensée. Son frère survint et nos adieux se firent en prose bienveillante.

Arrivé devant la porte de la maison, je m'aperçus que le cocher avait quitté ma voiture. Pendant qu'un petit garçon était allé le chercher, j'aperçus la belle Milanaise à la fenêtre de l'entresol qu'elle habite et qui est si bas que nous aurions pu presque nous donner la main.

— Vous le voyez, lui dis-je, on ne veut pas m'emmener loin de vous, on sait que je vous quitte à regret.

Je ne flétrirai point, en le répétant, le doux entretien qui s'était spontanément engagé entre nous. Un hasard singulier, secondé par des sentiments longtemps contenus, amena l'aveu laconique et réciproque d'un penchant aussi tendre qu'innocent, et dont le souvenir ne s'est jamais effacé de ma pensée et de mon cœur.

Mes adieux à Rome se préparent d'une manière solennelle.

Pendant les trois dernières nuits la pleine lune répandait sur cette ville une magie, dont j'avais déjà plusieurs fois fait l'expérience, et qui cependant m'impressionna plus fortement que jamais.

Les grandes masses de lumière avec leurs oppositions

d'ombres épaisses, éclairées parfois par des reflets qui semblaient vouloir faire deviner les détails, produisirent un tel effet sur moi, que je me crus transporté dans un monde plus simple et plus grandiose que celui où je me trouvais en effet.

Après avoir ainsi fait deux promenades nocturnes, avec quelques-uns de nos amis, j'entrepris la dernière que je devais faire à Rome, entièrement seul. Je commençai par traverser le Corso dans toute sa longueur, puis je montai sur le Capitole qui me fit l'effet d'un palais de fées au milieu d'un désert. La statue de Marc-Aurèle me rappela celle du Commandeur dans don Juan, et sembla m'avertir que j'entreprenais quelque chose d'extraordinaire ; je n'en continuai pas moins mon chemin en descendant l'escalier opposé. L'Arc de triomphe de Septime Sévère, se dressa devant moi, grave et ténébreux, et répandant autour de lui des ombres plus ténébreuses encore. Dans la solitude de la *via Sacra*, tous les objets, que pourtant je connaissais si bien, me paraissaient étranges et fantastiques ; mais lorsque je m'approchai des ruines majestueuses du Colisée, et que je regardai dans son intérieur à travers la grille fermée, je ne dois pas le cacher, je fus saisi d'un frisson qui me fit hâter mon retour.

Les masses produisent des effets particuliers, comme quelque chose qui est à la fois sublime et saisissable ; aussi mes promenades nocturnes dans Rome, ont-elles toujours été pour moi, le sommaire immense de tout ce que j'y avais vu et éprouvé. En ce moment cet effet fut plus grand et plus profond encore ; il me jeta dans une disposition d'esprit que j'appellerai héroïco-élégiaque, et qui tendait à se manifester par la forme poétique d'une élégie. Mais pouvais-je en ce moment ne pas sentir renaître dans ma mémoire l'élégie d'Ovide qui, lui aussi banni de Rome, fut obligé de la quitter pendant une nuit éclairée par la lune? Ses souvenirs et ses plaintes sur les rives de la mer Noire, que je savais par cœur, m'empêchèrent d'exprimer mes propres sensations et je me bornai à répéter ce poëme :

« Quand la triste image de la nuit, qui fut la dernière pour moi dans
« la cité de Rome, passe devant mon âme ; quand je me rappelle cette
« nuit, où j'ai été forcé de laisser derrière moi tant d'objets chéris, je
« sens encore des larmes s'échapper de mes yeux.
« Les voix des hommes et des chiens s'étaient perdues dans le repos,
« et Phœbé, conduisait dans les cieux le nocturne attelage de ses cour-
« siers. Je levai mes regards vers elle et je les arrêtai sur le temple du
« Capitole qui en vain couronnait de si près nos dieux lares. »

FIN DU VOYAGE EN ITALIE.

MA CAMPAGNE DE FRANCE

EN 1792.

Sommaire. Le résident de Prusse à Mayence, me donne les cartes du théâtre de la guerre. — Dames françaises émigrées. — L'armée des alliés vient d'entrer en France.—Je fais, sur la route de Trèves, la rencontre de la femme d'un émigré français. — Encombrement de la ville de Trèves. — Le monument d'Ygel. — Le corps des émigrés campé dans une prairie près du village d'Ygel. — La poste aux lettres. — Mon arrivée au camp de Brocourt. — Triste état de ce camp. — Excursion à Longwy. — Heureuse conséquence que l'on tire de la soumission de cette ville. — Notre départ de Brocourt. — De quelle manière les alliés payent les vivres et les fourrages.—Épisode à l'occasion des troupeaux découverts dans les forêts par nos patrouilles. — On fait la capture d'une jolie voyageuse. — Notre camp près de Verdun. — Je fais une découverte précieuse pour la théorie des couleurs. — Le bombardement de Verdun. — Reddition de cette ville. — Trait d'héroïsme du commandant Beaurepaire. — Le maître de poste de Sainte-Menehould. — Entrée du roi de Prusse à Verdun et les jeunes filles qui viennent lui apporter des fleurs et des fruits. — Situation de notre armée et de celle des Français. — Lafayette. — Dumouriez. — Le quartier général du roi de Prusse. — Le camp du duc de Weimar. — Jardin-fontaine. — Nous recevons l'ordre de quitter ce camp. — Plaintes d'un émigré à l'occasion de la dureté du roi de Prusse envers les princes français. — Nous campons en face de l'ennemi. — Faux bruit qui circule dans le camp sur le mouvement de l'armée française. — Halte à Somme-Tourbe. — L'armée continue sa marche. — On nous place sur la route de Châlons, en face du camp des Français dit de la Lune. — État de l'armée des alliés pendant la canonnade de Valmy. — Épisodes pendant cette célèbre canonnade. — Je me procure la fièvre de canon. — Tout le monde croit qu'on en viendra enfin aux mains avec les Français. — Les calamités de tout genre qui nous assiègent, nous font regarder notre perte comme inévitable. — Le mouvement rétrograde commence. — Personne ne peut s'expliquer pourquoi les Français n'y mettent aucun obstacle. — Les maladies causées par la faim et le mauvais temps déciment notre armée. — Épisodes qui égayent et attristent tour à tour notre retraite. — Paroles que m'adresse le duc de Brunswick en repassant la Meuse. — Retour à Verdun. — A Étain, on me fait passer pour le beau-frère du roi de Prusse. — Position singulière où me met ce mensonge. — Les machines des émigrés pour fabriquer de faux assignats. — En rentrant sur le sol allemand, nous apprenons les succès de Custine qui détruisent nos dernières espérances. — Je reçois des nouvelles de ma mère. — Séjour du duc de Weimar à Trèves. — Trèves. — Je m'embarque pour Coblentz. — Incident de ce voyage. — Je quitte le théâtre de la guerre pour aller voir d'anciens amis. — Changements survenus dans ma position envers eux. — Cercle littéraire de Pempelfort. — Considérations politiques sur la situation de l'Allemagne et de la France. — Esprit de l'époque. — Ses causes et ses effets. — Mon départ de Pempelfort. — Les émigrés en Allemagne. — Souvenir d'une ancienne aventure. — La princesse Galitzin. — Mon retour à Weimar. — Le nouveau théâtre de Weimar. — Mes efforts et ceux de mes amis pour le perfectionner. — Mauvais succès de mon grand *Kophtha*, pièce qui m'avait été inspirée par l'histoire du collier. — Mon *Général-Citoyen*, n'est pas mieux accueilli. — Je retourne à l'armée pour assister au siége de Mayence. — Évacuation de la garnison française. — Les clubistes. — Le duc de Weimar quitte le service prussien et je rentre dans mes foyers.

Le 23 août 1792.

Immédiatement après mon arrivée à Mayence, j'allai rendre visite à M. de Stein, chambellan et grand-maître de la maison du roi de Prusse. Ce seigneur occupait en cette ville une espèce de charge de résident, et se faisait remarquer par une haine passionnée contre toutes les tendances révolutionnaires. Après m'avoir tracé à grands traits la marche progressive des alliés, il me remit des cartes géographiques qui venaient de paraître sous ce titre : Théâtre de la guerre.

A sa table, où je dinais tous les jours, j'eus le bonheur de trouver plusieurs dames françaises, très-dignes d'attirer toute mon attention. Une d'elles, déjà avancée en âge, imposante, fière, les yeux, les sourcils et les cheveux d'un noir de corbeau, et très-convenablement affable, passait pour la maîtresse du duc d'Orléans ; sa fille, image vivante de ce qu'avait été la mère dans sa jeunesse, ne disait mot. En revanche, la princesse de Monaco, amie déclarée du prince de Condé, et ornement des beaux jours de Gentilly, se montrait aussi éveillée qu'attrayante. Rien n'était plus gracieux que cette jeune, joyeuse et svelte blondine ; et certes, il n'est point d'homme qui, devenu l'objet de ses agaceries, eût pu lui résister. Comme je l'observais avec une parfaite liberté d'esprit, je m'étonnais de voir ma Philine de *Wilhelm Meister*, exercer hardiment son charmant manége, là où je m'attendais le moins à la rencontrer, car le reste de la société ne s'occupant que des événements politiques, était partagée entre l'inquiétude, la crainte et l'espérance.

Depuis plusieurs jours déjà, l'armée des alliés était entrée en France. La forteresse de Longwy se rendrait-elle sans résistance? Les troupes républicaines et les populations de la France viendraient-elles spontanément se joindre à nous pour défendre la bonne cause, ainsi que les émigrés nous l'avaient promis? Telles étaient les questions qui occupaient tous les esprits. Les courriers les plus récents n'apportaient cependant d'autres nouvelles que celle de la marche lente des alliés et des obstacles que leur opposaient les pluies continuelles et le mauvais état des routes.

Deux charmantes soirées passées avec d'anciennes connaissances et condisciples me firent, pour ainsi dire, respirer l'air natal, car la plupart de ces messieurs connaissaient ma mère et admiraient ses originalités. Tantôt ils me citaient quelques-uns de ses mots heureux, et tantôt ils me faisaient remarquer l'extrême ressemblance de ses allures avec les miennes. Quant à la politique, il n'en fut pas question, parce qu'on sentait la nécessité de se ménager mutuellement : si quelques-uns d'entre nous penchaient vers les idées républicaines, on savait que j'allais rejoindre une armée destinée à mettre un terme à ces opinions et à leurs résultats.

Entre Mayence et Bingen, je fus témoin d'une scène très-propre à m'éclairer sur la situation au-devant de laquelle je courais. Ma légère calèche venait d'entrer dans un chemin creux où elle ne put s'avancer qu'au pas, car elle était précédée par une immense voiture attelée de quatre chevaux. Impatienté de ce retard, je descendis et je demandai au postillon de cette voiture qui, à cause du mauvais chemin, marchait à pied, quels étaient les voyageurs qui m'empêchaient ainsi d'avancer. Il m'apprit, avec un accompagnement de jurons énergiques, que c'étaient des Françaises; qu'elles n'avaient que des assignats pour payer les frais de route, et qu'il allait les faire tomber dans le premier fossé qu'il rencontrerait à la sortie du chemin creux. Je m'efforçai de calmer ses sentiments haineux, puis je m'approchai de la voiture, en adressant quelques paroles bienveillantes aux voyageuses inconnues.

Au même instant, un beau visage de femme parut à la portière. J'étais parvenu à rassurer cette charmante Française, qui me confia aussitôt qu'elle se rendait à Trèves pour rejoindre son mari et rentrer en France avec lui. J'eus beau lui dire que cette démarche était très-hasardée, elle ne m'écouta point; car elle n'était pas seulement guidée par le désir de retrouver son mari, mais par le besoin de rentrer en France; parce qu'elle n'avait que des assignats, et qu'en France seulement on pouvait vivre avec cette monnaie.

Pendant que nous causions ainsi, on s'était approché d'une rigole, jetée sur le haut du chemin creux, pour conduire de l'eau à un moulin voisin. Malheureusement, le dessus de la voiture de la belle voyageuse était si chargé de cartons et de caisses, qu'elle ne pouvait passer sous la rigole sans être déchargée. Son postillon et le mien redoublèrent de jurons; pour les apaiser, j'appelai mon domestique, et nous nous mîmes tous deux à la besogne, qui se termina plus vite que je ne m'y étais attendu.

Lorsque ce travail fut achevé, la jeune femme me témoigna sa reconnaissance de la manière la plus aimable; puis elle me dit le nom de son mari, persuadée que je le trouverais sans peine à Trèves. Je ne partageai point cet espoir, vu l'étendue de la ville et la grande quantité d'étrangers qui devaient nécessairement l'encombrer.

Ce que j'avais prévu n'était que trop vrai; lorsque nous arrivâmes à Trèves, des troupes nombreuses, qui s'étaient emparées de toutes les habitations disponibles, et d'innombrables voitures stationnaient dans les rues, sans qu'il fût possible de trouver à loger les personnes qu'elles contenaient.

Ces sortes de confusions ressemblent aux loteries, les favoris de la fortune y trouvent toujours de bons numéros.

Un lieutenant du régiment du duc de Weimar passa par hasard près de moi, voyant mon embarras, il me conduisit chez un chanoine, où je fus aussitôt installé plus commodément et plus agréablement que je ne pouvais l'espérer en pareille circonstance.

A peine mon domestique m'eut-il rendu les services les plus urgents, qu'il me demanda la permission d'aller voir la ville, je la lui accordai; le lendemain matin, le même besoin de sortir le tourmentait, et comme cette manière d'agir ne lui était pas ordinaire, je lui en demandai la raison à son retour. J'appris alors que vivement impressionné par la belle Française, il avait cherché à la revoir et l'avait retrouvée sur la grande place, dans sa voiture surmontée de pyramides de cartons, mais qu'il s'était en vain efforcé de lui dénicher le mari qu'elle était venue chercher si aventureusement.

En me rendant de Trèves à Luxembourg, j'eus le plaisir de voir le monument romain qui se trouve au milieu du village d'Ygel. Je savais que les anciens construisaient toujours leurs édifices sur des points élevés et dégagés de tout encombrement; aussi ma pensée renversa-t-elle toutes les chaumières du village; et le monument se trouva dignement situé sur une colline que baignent la Moselle et la Sarre. Les courbures que prescrivent ces rivières, qui ne tardent pas à se réunir, les inégalités du terrain et la richesse de la végétation donnent à cette vallée quelque chose de gracieux et d'imposant. Quant au monument, c'est un obélisque décoré de riches ornements architectoniques. Sa vue m'a fait désirer que les événements de la guerre puissent conduire dans cette contrée quelque artiste habile qui, en s'arrêtant devant ce monument, en dessinerait les quatre faces avec les personnages qu'on devine encore, mais que le temps ne tardera pas à effacer complétement.

Il me fut impossible de m'abandonner longtemps aux pensées que me suggéra ce monument déjà loin de nous, car dans le village de Grevenmachern, situé près de celui d'Ygel, une scène pleine d'actualité vint s'emparer de mon imagination.

Le corps des émigrés campait dans le village. Quoique entièrement composé de nobles, presque tous chevaliers de Saint-Louis, pas un n'avait de valet, ni même de palefrenier; forcés de soigner eux-mêmes leurs chevaux, on les voyait les conduire à l'abreuvoir ou leur apporter du fourrage. Comme contraste à cette manière d'être et de voyager, on apercevait dans une vaste prairie, une foule de carrosses dorés et armoriés, dans lesquels ces messieurs s'étaient mis en campagne pour rentrer en France; en traînant avec eux, leurs femmes, leurs enfants et leurs maîtresses, comme s'ils avaient pris à tâche d'exposer aux yeux du public, tout ce qu'il y avait de contradictoire dans leur position actuelle.

En attendant les chevaux que le maître de poste m'avait promis, je m'étais assis sur un banc de pierre placé entre la porte de sa maison et la boîte aux lettres. Les émigrés faisaient foule autour de cette boîte et y précipitaient des centaines de missives dans un très-court espace de temps. C'était pour moi l'expression la plus énergique de leur désir de se rapprocher, de corps et d'esprit, d'une patrie bien-aimée qu'une secousse violente les avait forcés d'abandonner.

L'ennui et surtout le besoin instinctif de deviner les so

crets d'autrui, me poussèrent à me demander ce que pouvaient contenir toutes ces lettres ; et il me semblait que c'étaient tantôt des amants ou des amantes qui peignaient avec une ardeur passionnée, les tourments d'une longue séparation ; tantôt des seigneurs qui, voyant leurs bourses vides, se décidaient enfin à demander des secours à des amis intimes ; tantôt des partisans chaleureux des princes, qui cherchaient à communiquer aux leurs, le courage et les espérances dont ils étaient animés ; et tantôt des hommes clairvoyants qui, pressentant les terribles effets de l'orage révolutionnaire, se plaignaient amèrement de la perte de leur fortune et de leur position sociale. J'ai toujours pensé que j'avais deviné juste.

Pour me faire attendre plus patiemment l'arrivée de ses chevaux, le maître de poste vint causer avec moi, et parce que je me montrais moins furieux que la plupart des nôtres, qui voulaient entrer en France, comme une tempête, il me prit pour un républicain. Dans cette persuasion, il me confia que les alliés auraient à lutter, contre les innombrables obstacles que leur suscitaient les pluies continuelles, et contre le mauvais vouloir des habitants, qu'ils avaient eu la maladresse d'irriter par le pillage de plusieurs villages inoffensifs.

Cette dernière circonstance me rappela un certain général de la guerre de Trente ans qui, lorsqu'on lui reprochait les excès de ses troupes, en passant en pays ami, répondait qu'il ne pouvait les transporter dans sa poche jusque sur le lieu du combat.

A mesure que je m'avançais, je fis la remarque, peu rassurante, que le dos de notre armée restait entièrement à découvert.

Laissant à ma droite Longwy, dont la conquête m'avait été annoncée avec emphase, j'arrivai dans l'après-midi du 27 août dans la vaste plaine où l'on avait établi le camp de Brocourt. Mon regard dominait sans peine ce camp, mais il n'était pas aussi facile d'y pénétrer à cause de l'excessive humidité du sol. Ce qui me surprit, surtout, c'est que pas une sentinelle ne me demandait mes papiers pour prouver que j'avais le droit d'entrer au camp. D'un autre côté, personne ne se présentait pour m'indiquer le chemin que je devais suivre ; c'est que tout le monde se tenait caché pour s'abriter bien ou mal contre la pluie qui tombait à torrents.

Après avoir traversé un labyrinthe de tentes sans savoir où j'allais, je me trouvai enfin dans la partie du camp occupée par le régiment du duc de Weimar, où je fus cordialement reçu par d'anciens amis dont j'allais devenir le compagnon de souffrances.

Notre situation était plus déplorable encore que je ne m'y étais attendu.

Les habitants du pays avaient creusé au pied des montagnes contre lesquelles on avait appuyé le camp, un vaste fossé pour recevoir les eaux et les empêcher de dévaster les champs et les prairies ; mais grâce à la population nombreuse qui était venue tout à coup s'agglomérer sur ce point, le fossé s'était rempli d'immondices les plus dégoûtants, que l'eau, augmentée par la pluie, amenait jusqu'au milieu des tentes. On a voulu me loger dans une de ces tentes empestées, j'ai préféré passer mes journées chez mes amis et aller coucher dans le grand carrosse du duc, dont les confortables dispositions intérieures m'étaient connues. Pour donner une juste idée de l'état du sol, il me suffira de dire que ce carrosse, quoique situé à trente pas au plus de la tente du duc, était tellement enfoncé dans la boue, que j'étais obligé de me faire porter pour y entrer le soir et pour en sortir le matin.

29 août.

Jamais encore le jour de l'anniversaire de ma naissance, ne s'était présenté à moi d'une manière aussi singulière [1].

Dès le matin nous montâmes à cheval pour nous rendre

---

[1] Goethe avait alors quarante-trois ans.

à Longwy, petite ville bien bâtie, assez forte et située sur une hauteur. Comme je n'avais d'autre but que d'acheter des couvertures de laine, j'entrai avec mes amis dans une boutique où deux femmes s'empressèrent d'étaler devant moi les objets que je désirais. C'étaient la mère et la fille ; les trouvant aussi jolies et aussi gracieuses l'une que l'autre, je me gardai bien de marchander, et je me montrai aussi poli que peut l'être un Allemand *sans tournure*.

Je savais déjà que le patriotisme des habitants de Longwy n'était pas très-robuste, car après un court bombardement, ils avaient forcé le commandant à se rendre, mais j'ignorais qu'ils n'étaient pas même d'accord entre eux. Un bourgeois qui nous accosta au sortir de la boutique, me l'apprit. Après nous avoir dit qu'il était royaliste, et, par conséquent, de nos amis, il déplora que le hasard nous eût conduits chez des jacobins passionnés, qui ne méritaient pas le bonheur d'avoir reçu tant de bel et véritable argent, en échange de leurs misérables couvertures. Il nous pria ensuite de ne pas aller dîner dans la brillante auberge que nous voyions devant nous, parce qu'on y était également jacobins, et qu'on pourrait bien nous empoisonner ; puis il nous indiqua un cabaret où nous serions en sûreté et bien traités. Nous nous y rendîmes aussitôt.

A peine avions-nous pris place autour d'une modeste table, que nous nous rappelâmes mutuellement les diverses circonstances de l'ouverture de cette campagne, car nous étions tous attachés au régiment ou à la chancellerie du duc de Weimar. Le nom du marquis de Bouillé, que le duc de Brunswick avait admis dans son conseil, fut plusieurs fois prononcé par nous, ce qui frappa tellement notre hôte, qu'il finit par nous demander si nous avions l'honneur de connaître ce digne seigneur ; notre réponse affirmative nous valut un redoublement d'égards et un dîner passable.

Après avoir bu à la santé du duc, notre digne souverain, auquel nous étions dévoués de corps et d'âme, nous nous racontâmes les divers incidents de notre entrée en campagne, parmi lesquels les jolies femmes que nous avions rencontrées sur notre passage, occupaient le premier rang.

De retour au camp, nous passâmes la soirée dans la grande tente où nous trouvâmes une société aussi nombreuse que distinguée ; les plus heureuses espérances animaient tout le monde. La prompte soumission de Longwy, était regardée comme une preuve éclatante que les émigrés ne s'étaient pas trompés en nous assurant que, partout en France, nous serions reçus à bras ouverts. On se racontait aussi que cinq escadrons de hussards allemands avaient rencontré mille chasseurs français, venus de Sédan pour les empêcher d'avancer ; que l'attaque avait été chaude, mais que la victoire nous était restée, et que dans cette occasion, nos hussards avaient fait un riche butin. Ce récit surexcita l'esprit guerrier, et augmenta la confiance dans un prochain triomphe que le mauvais temps seul semblait retarder encore. En un mot, la haine et le mépris voués aux révolutionnaires français, et dont le duc de Brunswick s'était fait l'interprète par son célèbre manifeste, étaient aussi passionnés chez les Allemands, que chez les émigrés.

Le 29 août on leva le camp, ce qui ne se fit pas sans beaucoup de fatigues et de difficultés, car il était impossible de trouver une place sèche pour y lier un paquet quelconque.

Les deux chefs de l'armée avaient fait prendre toutes les mesures nécessaires pour éviter la confusion. Pendant la marche, les voitures et les chariots étaient forcés de ne s'avancer qu'à la suite des colonnes, et le commandant de chaque régiment avait seul le droit de faire précéder ce régiment par une légère calèche. J'eus cette fois l'honneur insigne de me trouver à la tête de toute l'armée dans un semblable équipage. Le roi de Prusse et le duc de Brunswick, s'étaient placés de manière à ce que nous fussions tous obligés de défiler devant eux. Dès qu'il aperçut ma calèche, le roi de Prusse s'avança au-devant de moi et me demanda avec son laconisme habituel, à qui appartenait cette voiture.

— Au duc de Weimar, répondis-je à haute voix.

Et Sa Majesté me laissa passer. Certes, jamais voyageur n'a été interrogé par un surveillant aussi illustre.

La route, qui passait à travers un enchaînement pittoresque de montagnes et de vallées, ne tarda pas à devenir moins mauvaise, ce qui me décida à monter sur mon cheval de selle, afin de continuer mon voyage plus librement et plus gaiement. Le régiment de Weimar avait le pas sur toute l'armée, je pouvais donc toujours être le premier, et échapper ainsi aux mouvements lents et pénibles des grands corps.

Bientôt nous quittâmes la grande route pour nous diriger vers Arancy, où je vis enfin un premier résultat de la révolution, c'est-à-dire la riche abbaye de Châtillon, vendue comme bien national, et presque entièrement démolie.

En jetant mes regards sur le pays que je venais de traverser, j'aperçus le roi de Prusse à cheval, suivi d'un long cortège de brillants personnages; on eût dit une comète, traînant après elle sa queue lumineuse. Ce phénomène disparut avec la rapidité de l'éclair, et fut suivi aussitôt par un autre non moins éblouissant et non moins éphémère; c'était le duc de Brunswick et son état-major.

Quoique plus disposé à observer qu'à juger, je ne pus m'empêcher de me demander lequel de ces deux princes était le chef suprême? lequel, en cas de dissidence, avait le droit de faire prévaloir son opinion? Forcé de reconnaître que c'était là un problème insoluble qui ne pouvait engendrer que des doutes et des incertitudes, je cessai de m'en occuper.

Pendant que l'armée s'avançait à travers des routes défoncées, où plus d'un canon, plus d'un chariot restèrent embourbés, et que déjà des fantassins accablés de fatigue n'avaient plus la force de marcher, nous entendîmes la canonnade de Thionville, et nous fîmes des vœux pour le succès des Allemands.

Le soir, mes amis et moi, nous arrivâmes au camp de Pillon, dressé dans une riante prairie, au milieu d'une vaste forêt. Un immense feu avait été allumé pour les besoins des cuisiniers; un ruisseau coulait sur la lisière du bois et formait deux bassins remplis d'une eau limpide. Prévoyant qu'en peu d'instants ces bassins ne seraient plus que des mares bourbeuses, j'abandonnai l'un aux impatients et je fis entourer l'autre de perches et de cordes, ce qui ne put se faire sans quelque résistance. Les mécontents demandèrent à nos cavaliers, tranquillement occupés à nettoyer leurs fourniments, quel était l'homme qui faisait ainsi le maître.

— Je l'ignore, répondit l'un d'eux, mais je sais qu'il a raison.

Voilà donc les Prussiens, les Autrichiens et presque toute la noblesse française arrivés sur le sol français, pour y apporter la guerre avec ses funestes conséquences. Au nom de qui en agissaient-ils ainsi? Les Prussiens et les Autrichiens y étaient autorisés, car les Français leur avaient fait plus d'une menace de guerre, et cependant ils préférèrent inventer un prétexte, en déclarant qu'ils envahissaient la France au nom de son roi, dont ils se disaient les alliés et les défenseurs.

On n'accabla point le pays de réquisitions, mais on y fit des emprunts forcés. Des bons avaient été imprimés d'avance pour cet usage; nos officiers les signaient selon leurs besoins, et celui qui les avait reçus en échange d'une fourniture quelconque, remplissait à son gré le chiffre de ces lettres de change, tirées à vue sur Louis XVI, chargé de les solder. Rien, si ce n'est le manifeste du duc de Brunswick, n'était plus propre à irriter la France contre nous que cette conduite; elle donna lieu dans l'armée à des scènes dont je n'ai jamais perdu le souvenir; je n'en raconterai qu'une, elle fera juger des autres.

Pour mettre leurs troupeaux en sûreté, les cultivateurs les avaient cachés dans les montagnes et les forêts éloignées de la route que nous devions suivre, et où ils les gardaient eux-mêmes. Nos patrouilles ne tardèrent pas à les découvrir et à les conduire au camp avec leur bétail. Le bon accueil qu'on leur fit, les décida à décliner leurs noms; mais lorsqu'on dit à chacun d'eux de faire un troupeau à part des bestiaux, qui lui appartenaient, les visages de ces dignes campagnards se rembrunirent. Leurs funestes pressentiments ne se réalisèrent que trop tôt, car les bestiaux furent partagés entre les régiments; et pendant qu'on remettait gravement à ces braves gens, des bons payables par Louis XVI, nos soldats affamés, égorgeaient sous leurs yeux les moutons et les vaches que ces infortunés avaient élevés avec tant de soin, et qui faisaient la plus grande partie de leur avoir.

Je n'ai jamais rien vu de plus déchirant, que la profonde et mâle douleur dont les traits agités de ces paysans peignaient toutes les gradations; la tragédie grecque seule offre l'exemple de tableaux aussi saisissants dans leur simplicité rustique.

30 août.

Ce jour-là nous devions arriver à la vue de Verdun; ceux de mes amis qui avaient le bonheur d'être bien montés, se joignirent à moi et nous devançâmes ensemble le corps de l'armée, qui s'avançait avec moins de difficultés que les jours précédents, car les routes étaient devenues meilleures.

Le commandant des hussards de l'avant-garde, que nous ne tardâmes pas à rejoindre, ne nous vit pas arriver avec plaisir et nous recommanda la plus grande circonspection; car il avait l'ordre positif, d'éviter tout ce qui pourrait amener une lutte prématurée. Ces hussards, sagement divisés en petits groupes, s'avançaient avec ordre et dans un profond silence, nous imitâmes leur exemple. La contrée était complétement déserte; cette solitude avait quelque chose de sinistre.

Déjà nous avions, en montant et en descendant sans cesse une longue suite de collines, passé par Maugienne, Damvilliers, Wanwille et d'Ormont, lorsqu'un coup de pistolet, parti des vignes qui s'étendaient à notre droite jusqu'au pied de la montagne dont nous venions d'atteindre le sommet, nous fit faire halte; et nos hussards se dispersèrent pour reconnaître le terrain.

Au bout de quelques minutes, ils revinrent avec un paysan barbu et la tête couverte d'une épaisse chevelure noire. Son aspect avait quelque chose de sauvage qui, joint au pistolet de poche qu'on avait trouvé sur lui, n'inspirait pas une grande confiance. On l'interrogea, il répondit hardiment qu'il s'était servi de son pistolet pour chasser les oiseaux de ses vignes, et non pour faire du mal à qui que ce soit. Le commandant garda un moment le silence afin de combiner cet incident avec ses instructions, puis il ordonna de relâcher le prisonnier. On le fit, non sans lui administrer quelques coups de cravache. Le malheureux se sauva avec tant de vitesse qu'il perdit son chapeau; les hussards le jetèrent après lui en poussant des cris de joie; mais il ne fut point tenté de revenir sur ses pas pour le ramasser.

Pendant que nous descendions l'autre revers de la montagne, deux de nos hussards qui étaient allés reconnaître le terrain, vinrent au-devant de nous en escortant une petite charrette à deux roues, couverte d'une toile grise.

Curieux de voir ce qu'il y avait sous cette toile, mes amis et moi nous nous approchâmes de la carriole, et nous vîmes un petit garçon d'une douzaine d'années qui conduisait le cheval; mais presque au même instant, une très-jeune et très-jolie personne, allongea timidement la tête pour regarder les cavaliers qui entouraient son équipage. Sa position nous inspira à tous le plus vif intérêt, nous cédâmes cependant le plaisir de la secourir, à un jeune officier prussien, dont la bienfaisance était la passion dominante. Quelques mots échangés avec la jeune voyageuse lui apprirent qu'elle habitait Samogneux, et qu'effrayée par l'approche des alliés, elle s'était mise en route pour se réfugier chez des parents fixés dans une contrée encore paisible. Ce fut ainsi que la peur, comme cela arrive presque toujours, l'avait jetée au-devant du péril.

La soupçonnant d'abord d'espionnage, le commandant finit par céder aux instances de l'officier prussien, et renvoya la belle dans sa demeure, sous l'escorte des deux hussards qui l'avaient arrêtée. Lorsque, une heure plus tard, nous traversâmes son village, nous reconnûmes avec plaisir, parmi les curieux accourus pour nous voir passer, notre charmante fugitive, qui nous salua avec un gracieux sourire.

Il est, au milieu des guerres les plus acharnées, des moments où l'on cherche à se faire estimer par des actes de loyauté ou de justice ; ces moments sont bien précieux, surtout pour les hommes qu'un long exercice du métier des armes, n'a pas encore réduits à douter de l'humanité.

On dressa un camp à peu de distance de Verdun, et nous nous promettions tous quelques jours de repos et de tranquillité.

Le 31 août, dès le point du jour, j'entendis frapper à la porte de la voiture de voyage où je continuais à coucher ; j'ouvris aussitôt et je reconnus le duc de Weimar, qui me présenta un visiteur inattendu, c'était l'aventureux Grothus.

Fidèle à son caractère, il était venu tout exprès pour se charger de la tâche délicate d'aller sommer la garnison de Verdun de se rendre à discrétion. Nous nous saluâmes avec une cordialité joyeuse, et après nous être mutuellement rappelés plusieurs de nos anciennes folies, il partit pour Verdun, accompagné de notre trompette-major, très-fier du rôle qu'il allait jouer dans cette circonstance. A son retour, Grothus nous raconta son expédition avec beaucoup de détails.

Précédé du trompette et suivi de deux hussards, il s'était avancé vers la forteresse ; mais la garnison, composée de vrais sans-culottes, ignorant ou méprisant le droit des gens, avait fait tirer plusieurs coups de canon sur lui. Alors il avait agité son mouchoir blanc, et ordonné au trompette de sonner aussi fort que le lui permettaient ses poumons. Après ces signaux un détachement de la garnison était venu le prendre et l'avait introduit seul dans la forteresse, sans oublier toutefois de lui bander les yeux. Malheureusement, le beau discours qu'il prétendait avoir tenu aux républicains, était resté sans effet ; et, selon l'antique usage, on cherchait à diminuer l'importance du service qu'il était venu nous rendre, et, par conséquent, l'honneur qu'il espérait en retirer.

Rien cependant n'était plus naturel que le refus de la garnison de se rendre à la première sommation et sans coup férir ; on s'y était attendu, aussi la journée suffit-elle pour terminer les préparatifs du bombardement.

Mon premier soin fut de classer et de faire mettre sur toile, les cartes du théâtre de la guerre que M. de Stein m'avait remises à Mayence. J'attachais d'autant plus de prix à ces cartes, qu'elles me facilitaient, pour l'instant, la connaissance des localités et m'assuraient, pour l'avenir, le moyen infaillible de faire revivre des jours aussi remarquables pour moi, qu'importants pour l'Europe entière.

Ce travail terminé, je fus me promener dans la prairie où l'on avait établi le camp, dont les tentes se prolongeaient jusque sur le sommet des collines voisines.

Bientôt mon attention fut attirée par un groupe de soldats, qui tendaient des lignes autour d'un éboulement de terre en forme d'entonnoir, et rempli d'une eau fort claire où s'agitait une foule de petits poissons qui changeaient de couleur à chaque instant. Ce phénomène me parut d'abord le reflet du mouvement incessant de tous ces petits corps, mais j'en trouvai presque aussitôt une explication plus satisfaisante. Quelques débris d'un vase de grès verni cassé, étaient tombés au fond de l'eau, d'où ils faisaient remonter les plus belles couleurs prismatiques. Sur le bord opposé à celui où je me trouvais, se montraient la couleur bleue et la violette, près de moi c'était la couleur rouge et la jaune. En faisant le tour de l'entonnoir, le phénomène me suivait pas à pas et, par rapport à ma position, les couleurs étaient toujours les mêmes.

M'étant depuis longtemps occupé avec passion de ces sortes d'expériences, je m'estimai heureux de voir enfin, en plein air et en plein jour, ce que, jusque-là, les physiciens les plus savants n'avaient pu obtenir qu'en s'enfermant dans une étroite chambre obscure. Je me fis donner quelques morceaux du vase de grès que je jetai dans l'eau les uns après les autres, et je vis très-distinctement que dès que ces morceaux avaient passé la surface de l'eau, le phénomène se reproduisait; mais à peine étaient-ils arrivés au fond qu'ils me faisaient l'effet de petits corps blancs d'où jaillissait une flamme coloriée. Je me souvins à cette occasion qu'Agricola, ayant observé de semblables résultats, s'était cru autorisé à les classer parmi les phénomènes enflammés.

Immédiatement après le dîner, nous nous fîmes amener nos chevaux, et nous montâmes sur une colline d'où nous découvrimes Verdun et ses environs. Sa situation, comme ville, est on ne peut pas plus agréable, car elle est au milieu d'une plaine arrosée par la Meuse et formée par des montagnes plus ou moins éloignées; mais comme forteresse elle est de tous côtés exposée au bombardement.

Vers minuit, nos batteries commencèrent à jouer, la plus proche de la ville y lança des raquettes enflammées qui eurent des résultats effrayants.

Un grand nombre de curieux s'étaient réunis sur la sommité d'où, à l'aide de lunettes d'approche, nous voyions ces noirs météores traverser l'air, tomber sur un quartier de Verdun et y allumer aussitôt un terrible incendie; nous distinguions même les mouvements que se donnaient les habitants pour éteindre le feu. Pendant qu'on contemplait ces scènes de désastres, on faisait les observations les plus déplacées, les plus contradictoires, et l'on énonçait les opinions les plus opposées.

Je ne tardai pas à m'éloigner pour entrer dans une batterie en pleine activité, mais le bruit des obusiers blessa tellement mes oreilles pacifiques que je me retirai aussitôt.

A peine avais-je fait quelques pas, que je rencontrai le prince de Reuss XI, et nous allâmes nous promener ensemble derrière les murs des vignes, qui nous abritaient contre les boulets dont les assiégés n'étaient point avares. Après avoir un peu causé politique, le prince quitta ce labyrinthe sans issues pour me demander, avec sa bienveillance habituelle, de quel travail je m'occupais en ce moment. Lorsqu'au lieu de lui parler de romans ou de tragédies, je l'entretins de la théorie des couleurs, il fut si étonné, que je me vis obligé de lui expliquer, comment je m'étais égaré dans un champ si opposé aux dispositions que l'on me connaissait.

Il me fut facile de faire comprendre à un prince aussi instruit, qu'un ami de la nature, accoutumé à passer une partie de sa vie dans les jardins ou dans les voyages, trouve toujours occasion d'étudier cette nature et d'en observer les phénomènes. Ceux de l'air, des vapeurs, de l'eau et de la terre, se montrent à nous sous des couleurs si variées et dans des conditions si diverses qu'on se sent, malgré soi, poussé à vouloir connaître leurs affinités respectives.

Après ces explications, je revins à ma théorie des couleurs, ouvrage dont je m'occupais depuis deux ans, aussi en parlai-je avec beaucoup de feu. Il en était pour moi de la nature comme de la poésie; je ne m'en emparais pas, c'était elle qui s'emparait de moi.

Le prince aurait pu ne pas m'écouter sans que je m'en fusse aperçu; il eut cependant la gracieuseté de m'adresser parfois quelques mots d'encouragement. J'avais, au reste, remarqué depuis longtemps qu'il est plus agréable de parler de science à des hommes du monde instruits qu'à des savants. Les premiers, accoutumés à s'entendre exposer les sujets les plus divers, ne demandent qu'à ne pas être trompés, et à se faire éclairer sur les choses qu'ils ignorent ; tandis que les savants n'ont des oreilles que pour ce qu'ils ont appris ou enseigné, et dont ils sont convenus entre eux.

Au point du jour, le froid devint si vif, que nous allâmes nous réfugier près du feu d'un bivouac autrichien.

Dès que nous fûmes réchauffés, nous reprîmes notre promenade le long des murs. Tout à coup nous vîmes, à peu de distance de nous, un piquet de chasseurs qui, après avoir passé la nuit à cette place, se mit en marche pour inquiéter les faubourgs incendiés et les remparts. En allant ainsi au-devant d'une mort presque certaine, ces malheureux entonnèrent des chansons obscènes, ce qui, en pareille circonstance, était peut-être excusable. Presque au même instant, je vis que le petit mur derrière lequel ils s'étaient abrités était couvert d'un vert clair tout à fait semblable au jaspe. Ne pouvant m'expliquer comment, dans une contrée dont toutes les montagnes étaient composées de pierres calcaires, on avait trouvé tant de pierres remarquables, je m'approchai de cette curiosité, et je reconnus que le chapiteau du petit mur était couvert de miettes de pain moisi que les chasseurs y avaient semé pour s'amuser, ou pour y laisser un souvenir de leur dernière halte.

Ma méprise nous fournit l'occasion de parler des prétendus empoisonnements, qui répandent une terreur panique dans les armées entrées en pays ennemi ; et qui s'explique presque toujours par le mauvais état dans lequel l'humidité, ou les grandes chaleurs, mettent les approvisionnements de ces armées.

Le 1ᵉʳ septembre, vers huit heures du matin, le bombardement cessa, et l'on ne s'envoya plus, de part et d'autre, que des boulets isolés.

Deux de nos hussards avaient été placés sur une hauteur, pour observer ce qui se passait dans la ville. Les assiégés les avaient laissés parfaitement tranquilles, mais lorsqu'on vint les relever, un grand nombre de curieux, dont je faisais partie, s'étaient agglomérés sur ce point. Alors les assiégés, qui nous voyaient aussi bien que nous les voyions, trouvant que le coup en valait la peine, nous envoyèrent un boulet de canon. Ce boulet passa si près de moi, que je pirouetai sur moi-même sans pouvoir me dire si la compression de l'air, ou toute autre cause physique, m'avait fait faire ce mouvement. Le boulet avait passé à travers la foule, qui s'était dispersée à son approche, et fit plusieurs ricochets dans les champs sans atteindre personne. Dès qu'il eut cessé d'être redoutable, on le poursuivit avec de grands cris de joie et on le rapporta en triomphe.

Vers midi, on somma une seconde fois la ville de se rendre; elle demanda un délai de vingt-quatre heures. Les nôtres profitèrent de cette trêve pour renouveler les provisions et se mettre plus à leur aise.

Quant à moi, je retournai à mon éboulement de terre. Tous les poissons avaient été pris, mais l'eau était toujours limpide, et je renouvelai mes expériences dont j'obtins toujours les mêmes résultats, ce qui me plongea dans une paisible contemplation scientifique. Deux incidents fâcheux me ramenèrent brusquement à la guerre avec ses tristes épisodes.

Un officier d'artillerie voulant faire boire son cheval, chose difficile, car l'eau manquait au camp, vint près de ma fontaine, mais la trouvant trop enfoncée dans la terre, il se dirigea vers la Meuse et disparut derrière le rapide talus de la rive; le cheval seul reparut, l'officier fut retiré mort de la rivière. Pendant qu'on le rapportait au camp, une explosion se fit entendre dans la partie occupée par les Autrichiens, et elle se renouvela à plusieurs reprises. Une imprudence, commise en remplissant une bombe, y avait fait prendre le feu; un grand nombre d'autres bombes avaient eu le même sort, et tout l'approvisionnement était menacé de sauter et d'embraser les tentes. Les soldats impériaux eurent le courage d'emporter les bombes et la poudre à travers les flammes, et ils nous sauvèrent ainsi d'une mort cruelle.

Le lendemain matin la ville se rendit; en en prenant possession, nous fûmes instruits d'un grand trait d'héroïsme et de dévouement républicain. Les habitants de Verdun, persuadés qu'un plus long bombardement réduirait la ville en un amas de ruines, avaient fait tout ce qui était en leur pouvoir pour empêcher le digne commandant Beaurepaire de résister plus longtemps. Dans une dernière séance à l'hôtel de ville, cet officier avait consenti enfin à rendre la forteresse, puis il avait tiré un pistolet de sa poche et s'était brûlé la cervelle.

La rapide et facile conquête de Verdun nous inspira, à tous, la certitude que nous ne tarderions pas à nous remettre de nos fatigues, grâce aux excellents vins de Châlons et d'Épernay.

3 septembre.

Dès le lendemain matin, une nombreuse société de curieux se disposa à aller visiter Verdun; je fus du nombre. Dès en entrant, nous vîmes les préparatifs d'une énergique résistance, et nous trouvâmes presque toutes les rues encombrées de barricades formées avec les pavés arrachés, ce qui, par le temps de pluie dont nous étions affligés, rendait la circulation aussi difficile que désagréable.

Notre premier soin fut de visiter les célèbres boutiques de confiseurs. En savourant les bonnes choses que nous y avions achetées en abondance, nous songeâmes aux personnes aimées que nous avions laissées chez nous. L'intervention de quelques courriers obligeants, nous mit à même d'envoyer à nos amies des liqueurs et des bonbons, et de leur prouver ainsi que nous nous trouvions dans un pays où l'esprit et les douceurs ne manquent jamais.

En continuant à visiter la ville, nous remarquâmes que dans les malheurs que l'homme cause à l'homme, comme dans ceux que la nature lui envoie, les cas isolés viennent se poser devant lui comme autant de témoins d'une protection spéciale de la Providence. Une bombe tombée sur la place était venue se heurter contre le jambage de la porte d'une magnifique boutique de faïencerie ; et ce jambage avait fait si vaillamment son devoir d'avant-poste, que l'ennemi était allé tomber sur un autre point de la place, sans causer le moindre dommage à la boutique, qui étalait fièrement ses brillantes porcelaines derrière ses immenses fenêtres à vitres étincelantes.

A midi, nous dînâmes dans une auberge où l'on nous régala de gigot et d'excellent vin de Bar, qu'il faut boire dans le pays parce qu'il ne supporte pas le transport. Il était d'usage alors qu'à ces tables d'hôtes on donnât une cuiller, mais ni couteaux ni fourchettes ; et comme nous le savions, nous avions eu soin d'acheter des couverts fort élégants qu'on trouve dans toutes les boutiques. Des jeunes filles alertes et éveillées nous servaient avec autant de zèle et de gracieuseté que, la veille encore, elles en avaient sans doute déployé envers la garnison républicaine.

La prise de possession de Verdun avait été troublée par un incident auquel on ne pouvait s'empêcher de s'intéresser.

Au moment où les Prussiens avaient défilé sur la place, un coup de fusil, qui cependant n'avait blessé personne, était parti de la foule des curieux, et un grenadier français s'était aussitôt déclaré l'auteur de cet acte d'hostilité téméraire.

J'ai vu ce militaire au corps de garde où on l'avait conduit ; il était jeune, beau et bien fait ; ses allures avaient quelque chose de calme et de grave, son regard annonçait une grande fermeté de caractère. Pendant que le conseil de guerre s'occupait à le juger, on lui avait permis de se promener sur le pont près du corps de garde.

A peine avait-il fait quelques pas sur ce pont, que, s'asseyant sur le parapet, il s'est renversé en arrière et jeté ainsi dans la Meuse, d'où on l'a retiré sans vie. Ce second suicide, inspiré par l'héroïque exaltation républicaine, excita tellement la haine passionnée des nouveaux possesseurs de Verdun, qu'ils défendirent d'enterrer, non-seulement ce brave militaire, mais encore le digne commandant Beaurepaire. Il est vrai qu'on avait été autorisé à croire l'armée française inspirée par d'autres sentiments, car, au dire des émigrés, cette armée n'attendait que notre arrivée pour passer sous nos drapeaux.

La brillante réception que la ville de Verdun fit au roi de Prusse, effaça bientôt le souvenir de ces deux lugubres catastrophes.

Quatorze jeunes personnes, les plus belles, les mieux élevées et les plus distinguées de la ville, étaient venues, toutes vêtues de blanc, haranguer Sa Majesté et lui offrir des fleurs et des fruits. Les intimes du roi lui disaient tout bas que ces fruits étaient sans doute empoisonnés ; ce qui n'empêcha pas le monarque de remercier les jeunes filles en galant chevalier, et de goûter aussitôt quelques-uns des beaux fruits qu'elles lui présentaient. Il paraît qu'elles ont exercé le même charme sur les officiers, assez heureux pour avoir pu assister au bal que le roi a donné aux vierges de Verdun, car ces messieurs ne pouvaient se lasser de vanter l'amabilité, les grâces et les bonnes manières de ces jeunes personnes.

Ainsi qu'on l'avait espéré, la forteresse était amplement pourvue de provisions, on s'en empara et on les prodigua d'une manière peu sage, du moins par rapport à notre position.

Le dépôt d'armes subit un pillage pacifique, qui donna lieu à des scènes fort gaies. Les chefs militaires avaient commencé par choisir tous les objets qu'ils trouvaient à leur convenance ; et comme, au moyen d'un léger pourboire, donné au gardien, nous pouvions tous aller visiter ce dépôt, personne n'en sortait sans emporter quelque chose dont il faisait trophée d'une manière parfois fort risible. Mon domestique s'appropria une grosse canne de peu d'apparence, mais dont la lourdeur faisait deviner la large épée qu'elle renfermait, et lui aussi faisait parade de cette conquête.

Les journées s'écoulèrent partagées entre l'ordre et le désordre, la conservation et le gaspillage, le pillage et l'acquisition loyale.

Ce sont sans doute ces contrastes inséparables de la guerre, qui exercent une si funeste influence sur le caractère des hommes pour lesquels la guerre est un métier. En jouant tantôt le vaillant et le destructeur, tantôt le pacifique, l'humain, le juste, on s'accoutume à certaines phrases qui font naître les plus douces espérances au milieu des situations les plus désespérées ; et l'on se façonne ainsi à une hypocrisie qui, pour être toute différente de celle des courtisans et des prêtres, n'en est pas moins de l'hypocrisie.

Il faut que je mentionne ici un personnage que je n'ai pu voir qu'à travers les grilles de la prison ; c'était le maître de poste de Sainte-Menehould, tombé, par sa maladresse, au pouvoir des Prussiens. Loin d'éviter les regards il cherchait à les attirer sur lui et paraissait fort tranquille sur son sort. Les émigrés cependant prétendaient qu'il méritait la mort, et faisaient tout leur possible pour pousser nos chefs à quelque acte de violence. Je dois dire en leur honneur que, dans cette circonstance comme en beaucoup d'autres, ils opposèrent aux conseils passionnés des émigrés, un calme digne et une noble impartialité.

Le 4 septembre.

Tout le monde était d'accord qu'il fallait le plus tôt possible, s'avancer vers Paris, où, en dépit du manifeste du duc de Brunswick, Louis XVI était captif et traité en malfaiteur.

On avait laissé les forteresses de Montmédy et de Sedan sans chercher à les prendre, parce qu'on avait la conviction qu'il n'y avait rien à craindre de ce côté. En effet, La Fayette, qui possédait la confiance des soldats, avait été forcé d'abandonner la cause de la république et de chercher un refuge chez l'ennemi. Dumouriez avait, comme ministre, fait preuve d'une grande habileté dans l'administration militaire ; mais il ne s'était encore rendu célèbre par aucune campagne. Passant subitement du cabinet au camp, sa conduite annonçait l'hésitation et l'embarras inséparable d'une position nouvelle, dans un moment grave et dangereux.

Cependant notre désir d'avancer se trouvait arrêté par la chaîne des montagnes boisées appelées les monts d'Argonne, et qui forcent l'Aisne à couler du sud au nord. D'un autre côté, le passage des Islettes, entre Verdun et Sainte-Menehould, occupait tous les esprits. On présumait que les émigrés s'en étaient emparés par surprise et qu'ils n'avaient pas pu s'y maintenir ; mais on savait positivement, qu'après la reddition de Longwy, la garnison française de cette forteresse était allée occuper ce passage ; et que Dumouriez y avait envoyé des troupes pour couvrir l'aile gauche de son armée, et préparé aux alliés et aux émigrés un second passage des Thermopyles.

Ne pouvant se dissimuler cette situation peu favorable, les alliés, au lieu de s'avancer directement, prirent le parti de s'engager au hasard dans des montagnes inconnues. Dans un pareil état de choses, on regardait comme un grand bonheur, que Clermont eût été pris par les Hessois, car de ce point ils pouvaient, sinon s'emparer des Islettes, du moins inquiéter les postes qui les défendaient.

Le 6 septembre.

Le camp avait été transporté de l'autre côté de Verdun ; le quartier général du roi de Prusse se trouvait à Glorieux, celui du duc de Brunswick à Regret ; Jardin-Fontaine fut assigné au duc de Weimar, je m'empressai d'aller l'y rejoindre.

Après être sortie sans accident des portes de Verdun, ma chaise se trouva prise dans une file de voitures suivant un régiment qui m'était tout à fait inconnu. La route était fort étroite, des fossés profonds la bordaient de chaque côté, il fallait donc me résigner à la suivre sans savoir où elle me conduirait. Personne, au reste, ne savait où il allait et tout le monde était de fort mauvaise humeur. Bientôt je vis, au fond d'une vallée, un amas de maisons et un château vers lequel on pouvait descendre par un chemin de traverse. Les officiers, les voitures et les domestiques qui, par une autre route, débouchaient dans la vallée, m'autorisaient à croire qu'il y avait là un quartier général, et comme j'espérais que c'était celui du duc de Weimar, je fis diriger mon petit équipage de ce côté. C'était en effet un quartier général, celui du roi de Prusse, c'est-à-dire Glorieux.

Je demandais en vain à tout le monde où était Jardin-Fontaine, lorsque le ciel m'envoya enfin une de mes anciennes connaissances, qui me dit qu'il fallait retourner vers Verdun par des chemins vicinaux et me tenir toujours à gauche.

Grâce à ces indications, je finis par trouver le camp du duc. Les tentes étaient dressées, mais les pieux se perdaient dans la boue, les boucles à demi pourries s'étaient brisées, et les toiles flottaient sur la tête et sur les épaules des malheureux, qui avaient espéré trouver là un refuge contre le vent et la pluie.

Cette situation était tellement intolérable qu'on prit le parti d'aller habiter le village. Je fus logé chez un propriétaire aisé qui avait été autrefois cuisinier en Allemagne. Il me reçut avec une gaieté moqueuse, et quoique mes repas me fussent envoyés de la table du duc, il me pria de vouloir bien tâter de sa cuisine; j'y consentis. Le dîner qu'il me servit était exquis et cependant j'en fus si incommodé, que l'idée d'un empoisonnement me revint à l'esprit. Heureusement je me souvins que les sauces de mon hôte, devaient leur excellence à un léger assaisonnement d'ail, auquel mon estomac se refuse complétement. Quoique mon indisposition ne fût pas de longue durée, je me promis de rester fidèle à la cuisine allemande.

Après quelques jours de repos et de bien-être, nous fûmes de nouveau obligés d'aller braver la pluie et la boue.

Mon hôte m'avait promis de me donner une lettre pour une de ses sœurs qui habitait Paris ; au moment de notre départ il la remit à mon domestique en lui disant avec un sourire ironique :

— La voici, cette lettre, mais je doute fort que vous puissiez la remettre à son adresse.

Le 11 septembre.

La route que nous devions suivre, nous forçait à traverser les montagnes qui séparent les eaux de la Meuse de celles de l'Aire.

Le temps était affreux et c'est en bravant des fatigues inouïes que nous arrivâmes à Malancour, où nous trouvâmes les caves et les cuisines vides et les maisons désertes ; mais dans notre position, c'était déjà un grand bonheur que de pouvoir nous abriter sous des toits impénétrables à la pluie et de manger, les pieds secs, les chétives provisions qui nous restaient.

Les dispositions intérieures de ces maisons abandonnées, me plurent infiniment, car tout y portait le cachet d'un bien-être calme, simple, conforme aux vues de la nature ; et nous venions troubler cet état heureux ! on fuyait à notre approche et nous entendions de tous côtés crier au pillage ! Nous nous empressâmes de mettre fin à ces excès ; mais, je dois l'avouer, nous fûmes profondément touchés, lorsque nos pauvres soldats, dont les vêtements avaient été pourris dans la marche, nous accusaient de cruauté parce que nous leur arrachions les chemises et les manteaux qu'ils avaient pillés. Un reproche d'une autre nature nous fut moins sensible.

Un émigré de notre connaissance qui était venu partager

notre maigre souper, avait l'air si affligé que nous lui demandâmes la cause de son chagrin.

— C'est la cruauté du roi de Prusse envers mes princes, s'écria-t-il, qui me perce le cœur; malgré la pluie battante, Sa Majesté est partie ce matin de Glorieux à cheval et sans manteau, ce qui a mis Leurs Altesses dans la nécessité d'en faire autant. En les voyant si légèrement vêtus et ruisselants d'eau, j'aurais donné ma vie, si par ce sacrifice j'avais pu transporter ces illustres princes, d'où dépend le salut de la France, dans une voiture bien fermée.

Nous n'avions rien à lui répondre, car quelle consolation aurait-il pu trouver dans cette vérité, que la guerre, en sa qualité d'avant-coureur de la mort, établit le règne de l'égalité, puisqu'elle frappe le grand aussi impitoyablement que le petit?

Le 12 septembre.

Honteux de me trouver dans une voiture couverte, tandis que des souverains bravaient le mauvais temps, je confiai ma chaise au camérien Wagner, qui devait nous suivre avec les équipages; et lorsque nous nous remîmes en route le lendemain matin, je m'élançai sur un bon cheval de selle. Beaucoup de mes amis imitèrent mon exemple, et nous partîmes tous ensemble pour Landres, village où on allait transporter le camp. Chemin faisant, notre régiment avait fait halte dans un petit bois nouvellement abattu, et allumé un grand feu, autant pour se chauffer que pour faire la cuisine. Lorsque nous le rejoignîmes, le dîner était prêt et les tables dressées. Mais les chariots qui menaient les bancs n'arrivaient point et l'on fut forcé de manger debout, ce qui nuisit beaucoup au beau coup d'œil de cet immense repas en commun.

Le soir nous arrivâmes sans encombre au camp, presque en face de Grandpré. Nous savions tous que ce point était parfaitement bien gardé par les Français, et la pluie qui ne cessait de tomber, rendait notre position aussi désagréable qu'elle était dangereuse.

Heureux celui qui, dans des circonstances fâcheuses, se sent le cœur plein d'une passion élevée !

Le phénomène de la source, que j'avais observé pendant le siège de Verdun, me préoccupait sans cesse, et je dictais mes réflexions sur ce sujet, au bon Vogel, qui voulut bien me servir de secrétaire. Je possède encore aujourd'hui ces feuillets empreints de pluie et de boue ; je les ai conservés comme un témoignage de mes efforts constants pour arriver à la vérité.

Pendant la nuit, le temps était devenu si affreux, que nos soldats avaient été chercher un abri sous les chariots du régiment. Pour augmenter l'horreur de cet état, nous étions si près de l'ennemi, que nous pouvions craindre à chaque instant, de le voir sortir de ses retranchements pour venir nous attaquer.

Du 13 au 17 septembre.

Le camérien Wagner vint nous trouver dès le lendemain matin ; lui aussi avait passé une nuit cruelle, car des valets ivres de vin et de sommeil l'avaient égaré, et de fausses alarmes étaient venues l'effrayer à chaque instant.

Dans le courant de la journée, nous vîmes luire un rayon d'espérance ; une forte canonnade se fit entendre du côté de notre aile droite, et l'on prétendit que le général Clairfait, revenu des Pays-Bas, attaquait le flanc gauche de l'armée française. Impatient de connaître la vérité, je me rendis au quartier général, mais on n'y savait encore rien de positif.

Le major de Weyhrach venait de monter à cheval pour visiter les avant-postes, je le suivis. Arrivés sur une hauteur, nous trouvâmes un détachement de hussards, commandé par un jeune officier, qui avait reçu l'ordre de s'arrêter sur ce point, afin de ne pas occasionner une attaque inutile.

Pendant que nous écoutions la canonnade qui paraissait venir de plus loin que Grandpré, le prince de Prusse arriva avec sa suite et ordonna à l'officier de l'accompagner avec ses hussards. Le jeune homme le supplia en vain de ne pas le forcer de manquer à sa consigne ; le prince s'avança rapidement et nous fûmes tous forcés de le suivre. A peine avions-nous fait quelques centaines de pas, qu'un chasseur à cheval français, sortit de la forêt, s'avança vers nous au galop jusqu'à une portée de fusil et retourna d'où il était venu. Un second, un troisième, un quatrième firent la même manœuvre, mais en tirant sur nous; le prince n'en continua pas moins sa route et les chasseurs leur petite guerre. L'officier de hussards, partagé entre son devoir et le respect dû à un prince royal, me dit à voix basse :

— Si vous avez quelque influence sur Son Altesse, décidez-la à revenir ; si nous continuons à nous avancer ainsi, l'alarme se répandra dans les avant-postes, l'on s'en prendra à moi, et je serai perdu sans avoir été coupable.

La situation critique de ce jeune homme me parut si intéressante que je m'approchai aussitôt du prince pour la lui exposer ; j'eus le bonheur de le persuader; nous tournâmes bride et les chasseurs français cessèrent de nous inquiéter.

Le lendemain seulement, nous commençâmes à connaître le véritable état des choses, car nous apprîmes que, grâce à sa position favorable près de Grandpré, l'aile droite de Dumouriez était inattaquable, et que sa gauche était défendue par deux défilés, celui de la Croix-aux-Bois et celui du Chêne-le-Populeux ; l'un et l'autre étaient regardés comme imprenables. Mais la défense de ces deux défilés avait été confiée à un jeune officier trop inexpérimenté pour une pareille tâche. Les Autrichiens vinrent fondre sur lui ; la première attaque coûta la vie au prince de Ligne, fils, à la seconde le poste fut pris ; et Dumouriez, voyant son plan de campagne détruit, abandonna sa position et remonta l'Aisne. Cette opération permit à des hussards prussiens de franchir les défilés, de poursuivre les Français jusqu'au delà de la forêt d'Orgonne et de répandre la terreur dans leur camp.

Notre régiment qui avait été envoyé à la découverte revint avec un butin considérable. Après avoir partagé l'argent et les effets, on me remit, en ma qualité de membre de la chancellerie, les papiers enlevés à l'ennemi. Parmi ces papiers je trouvai plusieurs ordres du jour de La Fayette très-proprement écrits, et un des derniers numéros du *Moniteur*, contenant, dans un article fort laconique, cette phrase significative :

« Les Prussiens pourront venir à Paris, mais ils n'en sortiront point. »

On supposait donc la possibilité que nous pouvions aller jusqu'à Paris ? quant à en sortir, cela ne nous inquiétait nullement.

A notre grande satisfaction, l'armée ne tarda pas à se mettre en mouvement, et les avant-gardes passèrent les unes après les autres. Notre tour vint enfin ; après avoir traversé des monts et des vallées couverts de vignes dont on savourait les fruits avec délices, nous aperçûmes le château de Grandpré, situé sur une hauteur, au pied de laquelle l'Aire se glisse entre un enchaînement de collines pour aller se jeter dans l'Aisne.

Pendant cette marche, le hasard me jeta au milieu de la suite du roi de Prusse et de celle du duc de Brunswick, où je trouvai le prince de Reuss, et plusieurs autres diplomates militaires de ma connaissance. Ces groupes de cavaliers décoraient si richement le paysage que je ne pouvais m'empêcher de souhaiter qu'un *Van der Meulen* pût se trouver parmi nous, et éterniser notre passage par la magie de son pinceau. Il est vrai que quelques villages brûlaient çà et là, mais la fumée et les flammes ne sont pas d'un mauvais effet dans un tableau de guerre.

Les habitants de ces villages, disait-on, s'étaient permis de tirer par leurs fenêtres sur les avant-gardes, qui, usant du droit de représaille que la guerre autorise, avaient mis le feu aux maisons. On déplorait ces calamités, mais le mal était fait, et nos chefs crurent le réparer en prenant les vignes sous leur protection ; ce qui n'empêcha pas nos soldats de les visiter si souvent, qu'après notre passage, on pouvait regarder les vendanges comme terminées.

Nous conduisant tantôt en amis et tantôt en ennemis, nous dépassâmes Grandpré et traversâmes l'Aisne pour nous arrêter près de Vaux-les-Mourons, située dans la partie de la Champagne, désignée par une épithète peu engageante ; dans les maisons abandonnées à notre approche, on ne sentait cependant aucune trace de la vermine dont parle cette épithète. Cette contrée, au reste, ne nous parut pas trop mal. Des vignes bien cultivées bordaient le côté méridional de la rivière, de riches récoltes étaient entassées dans les granges ; malheureusement les gerbes n'étaient pas encore battues et les moulins manquaient entièrement, aussi notre position commençait-elle à ressembler à celle de Tentale.

Le 18 septembre.

A chacune de nos haltes, et surtout à celle du dîner, on profitait du moment où l'on prenait le café pour se réunir, tantôt sous une tente, tantôt sous une autre. Ces réunions se composaient d'émigrés français, de diplomates et d'officiers allemands, tous hommes d'un grand mérite, mais exclus du conseil intime des souverains, et, par conséquent, toujours occupés à deviner les décisions de ce conseil. C'est ainsi qu'on croyait savoir que Dumouriez, ayant été obligé d'abandonner sa position de Grandpré, s'en était créé une plus avantageuse encore sur les hauteurs de Sainte-Menehould. Quant aux alliés, ils avaient passé un étroit défilé et laissé derrière eux, sans les prendre, les forteresses de Sedan, de Montmédy et de Stenay, ce qui, selon notre conciliabule, était une imprudence que nous pourrions payer fort cher en cas de retraite, cas que le mauvais temps, la pauvreté et les dispositions hostiles des habitants du pays, rendaient fort probable ; surtout si l'on continuait à hésiter comme on l'avait fait jusqu'ici, au lieu de s'avancer à marches forcées vers Châlons et Reims.

Par là, disait-on, notre armée se trouverait dans un pays assez riche pour satisfaire à tous nos besoins, et Dumouriez serait obligé de quitter sa position avantageuse, et de nous offrir en plaine, une bataille que nous ne pouvions manquer de gagner.

Le 19 septembre.

L'ordre de marcher sur Massige, en laissant l'Aisne et ses montagnes boisées à notre gauche, nous a été donné dès le point du jour. Pendant ce trajet, un singulier phénomène d'optique est venu me réjouir.

Afin de pouvoir faire avancer plusieurs colonnes à la fois, on avait dirigé celle dont je faisais partie à travers un enchaînement de collines. La pente d'une de ces collines était tellement rapide que, même après l'avoir adoucie à coups de pioches, la colonne n'a pu la descendre qu'en se rompant. Je m'étais arrêté sur le sommet; un rayon de soleil perça tout à coup les sombres nuages dont le ciel était chargé depuis notre entrée en France, et fit briller les baïonnettes et les fusils de nos soldats, au point que cet amas d'armes avait l'air d'un fleuve étincelant; et quand chaque homme s'est mis à descendre séparément et en sautant par-dessus des amas de pierres ou de terre, on eût dit qu'une immense cascade se précipitait dans la vallée. Et lorsqu'au pied de la colline, la colonne s'est réunie et a repris sa marche régulière, c'était, à mes yeux, le fleuve qui rentrait dans son lit.

A une heure après midi, nous sommes arrivés à Massige. Quoique sous les yeux de l'ennemi, car deux lieues à peine nous séparaient de lui, on avait déjà pris les dimensions du camp. Les pieux étaient enfoncés, un grand feu brillait au milieu de la place qui devait recevoir les tentes; et les marmitons venaient d'ouvrir le chariot qui renfermait les provisions et les ustensiles de la cuisine du duc et de sa suite. Tout à coup on entendit dire de tous côtés que le camp n'aurait pas lieu, parce qu'on venait d'apprendre que l'armée française avait quitté les hauteurs de Sainte-

Menehould, pour se retirer sur Châlons, et que le roi de Prusse, ne voulant pas la laisser échapper, avait donné ordre de la poursuivre à outrance.

Ne sachant que croire, j'ai été prendre des renseignements à la bonne source ; là j'ai appris que cette nouvelle avait été apportée par des hussards d'avant-postes, et que le duc de Weimar, accompagné du général Heymann et suivi par les hussards porteurs de cet invraisemblable nouvelle, était allé faire une reconnaissance. Au bout de quelques heures ils revinrent, bien convaincus que l'ennemi n'avait fait aucun mouvement; et les hussards ont été forcés de convenir qu'ils avaient présumé, plutôt que vu et entendu, ce qu'ils étaient venus rapporter. L'alarme, cependant, s'était répandue partout, aussi avons-nous presque aussitôt reçu l'ordre d'avancer, et de faire rétrograder les bagages jusqu'à Maison-Champagne, pour y former une *barricade de chariots*, en attendant le résultat de la bataille, que l'on croyait imminente.

J'abandonnai aussitôt à mon domestique, que je connaissais aussi prudent que soigneux, ma voiture et mes bagages, et je m'élançai sur un cheval de selle pour me joindre à mes compagnons. Depuis longtemps déjà, nous avions décidé que nous nous tiendrions toujours aussi près que possible des troupes régulières, parce que là, tout ce qui peut arriver est honorable, tandis qu'auprès des bagages et de l'arrière-train, le péril est presque aussi grand, et le séjour toujours honteux pour celui que son devoir n'y enchaîne pas. Pour ma part, je suivais partout les officiers du régiment de Weimar, et, surtout, ceux de l'escadron des gardes du corps du duc.

La route que nous devions suivre nous était tracée par le cours d'une petite rivière nommée Tourbe, et qui traverse la vallée la plus triste et la plus aride qu'il soit possible de voir ; nous avions en outre l'ordre de marcher dans le plus profond silence, comme s'il s'était agi de surprendre l'ennemi. Cet ennemi, cependant, ne pouvait manquer de voir, du haut de ses montagnes, les mouvements d'une armée de plus de cinquante mille hommes s'avançant dans les vallons.

La nuit n'a pas tardé à nous surprendre. Point de lune, point d'étoiles, un vent froid et violent; ses hurlements accompagnaient notre marche silencieuse qui, au milieu de ce bruit sinistre et d'une obscurité profonde, avait quelque chose de très-saisissant.

Tandis que nos officiers montaient et descendaient le long de la colonne, tantôt pour la faire avancer plus vite, tantôt pour l'arrêter, une douzaine de cavaliers, sans caractère officiel, mais que j'avais déjà vus, étaient venus se joindre à moi. On s'interrogeait sur ce qui allait se passer; on se plaignait et l'on ne pouvait pardonner à nos chefs de nous avoir privés du dîner, dont on avait commencé les préparatifs à Massige. Le plus joyeux de ces messieurs exprimait le désir de posséder au moins un morceau de pain et une saucisse, un autre, moins modeste, éleva ses désirs jusqu'à un filet de chevreuil et une salade d'anchois; et comme, à ces conditions, les mets les plus recherchés ne coûtaient rien, on finit par composer un repas splendide arrosé de vins exquis. Cette plaisanterie avait tellement surexcité les appétits, que tout le monde s'est mis à maudire le festin imaginaire, placé si mal à propos en face de l'absence réelle de toute espèce de nourriture.

En arrivant à Somme-Tourbe, nous avons trouvé le roi de Prusse installé dans une auberge, à la porte de laquelle le duc de Brunswick avait établi son quartier général et sa chancellerie. Plusieurs feux étaient allumés sur la place où se trouvait cette auberge, et on les entretenait soigneusement avec des sarments de vigne; mais le duc feld-maréchal a aussitôt donné l'ordre de modifier ces flammes qui pouvaient, disait-il, faire deviner notre position à l'ennemi. Nous n'avons pu nous empêcher de blâmer intérieurement cette précaution, car pas un de nous n'osait se flatter que notre marche fût restée ignorée des Français.

La nuit du 19 et la journée du 20 septembre.

J'étais arrivé trop tard ; aussi avais-je beau chercher dans les maisons voisines, il n'y avait plus rien. Pendant que je faisais ma ronde inutile, les émigrés m'ont fourni l'occasion d'apprécier une excellente ressource culinaire. Accroupis autour d'un grand feu, ces messieurs en avaient retiré de la cendre rouge dans laquelle ils plaçaient des œufs, dont ils avaient eu la sage précaution de se procurer une grande quantité dès leur arrivée dans le village. Rien n'était plus appétissant que de voir tous ces œufs debout dans la cendre, et que les nobles cuisiniers avaient soin de retirer au moment où ils étaient assez cuits pour être avalés d'un trait. Malheureusement ils m'étaient tous inconnus, ce qui m'a empêché de leur demander une part de ce festin.

En ce moment un de mes amis qui, ainsi que moi, mourait de faim et de soif, m'a rejoint pour me conter ses peines. Ses lamentations m'ont suggéré une ruse de guerre puisée dans les expériences que, dans cette courte campagne, j'avais déjà eu l'occasion de faire. J'avais observé qu'en allant à la maraude, on se conduit maladroitement. Les premiers arrivés prennent plus qu'ils ne peuvent consommer ; leurs successeurs se jettent sur leurs traces et ne trouvent plus rien ou presque rien. J'ai conclu de là qu'au lieu de suivre ses devanciers, il faut chercher sur un point opposé à celui qu'ils ont exploité.

L'instant était venu de mettre cette théorie en pratique. Quittant aussitôt la partie encombrée du village, je me dirigeai, suivi de mon ami, vers l'extrémité du village la plus éloignée de la route par laquelle nous étions entrés. Deux soldats tranquillement assis à la fenêtre d'une des dernières maisons, avaient l'air de s'y trouver si bien, que nous crûmes devoir entrer pour leur compter notre détresse, car il me semblait qu'ils pourraient nous venir en aide.

Après les avoir salués en camarades, nous commençâmes nos lamentations. Ils se regardèrent d'abord avec un sourire mystérieux, puis ils nous firent promettre de ne pas trahir le secret qu'ils allaient nous confier. Ce secret consistait dans la découverte d'une cave très-bien montée, dont l'entrée avait été cachée par des pierres et des bourrées. Ils nous y firent descendre, et eurent même la complaisance de nous indiquer les bouteilles qui contenaient les meilleures qualités. J'en cachai quatre sous mon manteau, mon ami en fit autant, et nous retournâmes sur la place très-heureux de notre trouvaille.

Non loin d'un feu autour duquel se chauffaient plusieurs officiers, on avait laissé une herse sur laquelle je m'assis, en laissant glisser mes bouteilles entre les dents de cette herse, que je recouvris de mon manteau. Après avoir causé un instant avec ces messieurs, je tirai tout doucement une bouteille et je la débouchai avec fracas. C'était à qui me féliciterait sur mon bonheur; j'offris généreusement de le partager avec eux. Les premiers burent un bon coup, les derniers se modérèrent afin de m'en laisser une petite part, la bouteille n'en était pas moins presque vide lorsqu'elle me revint. L'échangeant aussitôt adroitement contre une pleine, je bus à longs traits à la santé de ces messieurs, puis je les engageai à me faire raison en leur rendant la bouteille. Comme elle était presque pleine, tout le monde se mit à crier au sortilège. A la troisième, on trépignait de joie, et ma plaisanterie nous a procuré à tous un moment de gaieté bien précieux dans la triste situation où nous nous trouvions.

Le mystère dont on avait cherché à couvrir notre marche, nous avait fait présumer qu'on se remettrait en route pendant la même nuit, mais il faisait déjà grand jour lorsque nous avons quitté le village. Le régiment de Weimar avait le pas sur tous les autres et marchait à la tête de la colonne, aussi lui avait-on donné pour guides des hussards qui étaient censés connaître la route. C'est sous leur direction et par une petite pluie fine, que nous avons traversé, et souvent au grand trot, des champs et des prairies sans arbres et sans buissons; à notre gauche cependant nous voyions toujours les monts d'Argonne avec leurs épaisses forêts.

La pluie était devenue plus forte et nous fouettait le visage, lorsque nous arrivâmes sur une grande et belle route bordée de peupliers; c'était celle qui de Sainte-Menehould conduit à Châlons et à Paris. Bientôt cependant il a fallu la quitter pour traverser des prairies bourbeuses. Pendant cette marche, nous voyions distinctement l'ennemi aller et venir dans ses retranchements, et nous ne pouvions plus douter qu'il ne lui fût arrivé des troupes nouvelles; Kellermann venait en effet de se joindre à Dumouriez et de former l'aile gauche de son armée.

Nos officiers et nos soldats brûlaient du désir de commencer l'attaque, et notre marche précipitée leur faisait espérer qu'ils ne tarderaient pas à en recevoir l'ordre; mais Kellermann s'était emparé d'une position trop avantageuse pour qu'il nous fût possible de prendre l'offensive. La canonnade cependant venait de commencer; on a beaucoup parlé, beaucoup écrit sur cette cannonade, dont il est impossible de décrire le terrible effet; on essayerait même en vain de faire revivre cet effet en imagination.

Déjà nous avions laissé la grande route loin de nous en nous précipitant toujours vers l'occident, lorsqu'un aide de camp arriva à bride abattue. On nous avait conduits trop loin; il a fallu retourner sur nos pas, repasser la grande route et nous poster à sa gauche, afin d'appuyer l'aile droite de notre armée. Ainsi placés, nous faisions face aux travaux avancés de l'ennemi, connus sous le nom de *camp de la Lune*.

Notre commandant, qui venait de conduire sur les hauteurs une batterie volante, vint presque aussitôt nous donner l'ordre d'avancer sous la protection de cette batterie. A peine avions-nous fait quelques pas que nous trouvâmes un vieux maître d'équipage étendu mort sur le terrain : c'était la première victime de cette mémorable journée.

A mesure que nous nous avancions, nous voyions le camp de la Lune de plus près, et bientôt nous nous trouvâmes dans une position fort étrange. Les boulets nous assiégeaient d'une manière sauvage, sans que nous pussions comprendre d'où ils nous venaient; car nous marchions sous la protection d'une batterie amie, et celle de l'ennemi était trop éloignée pour pouvoir nous atteindre. Arrêté sur le côté de notre front, je voyais les boulets tomber par douzaines devant notre escadron. Heureusement qu'au lieu de ricocher, ils s'enfonçaient dans le sol humide et fraîchement remué, en couvrant de boue nos cavaliers et leurs chevaux, qui reniflaient avec tant de fureur qu'il fallait beaucoup de force pour les maintenir.

Au premier rang de cette masse d'hommes et de chevaux si cruellement agitée, je vis un tout jeune porte-enseigne qui, quoique fortement balancé par sa monture, n'abandonnait point son drapeau. La gracieuse figure de cet adolescent me rappela celle, plus gracieuse encore, de sa mère; et malgré l'horreur du danger qui nous menaçait tous, ma mémoire me retraçait les moments heureux que j'avais passés près d'elle.

Nous reçumes enfin l'ordre de revenir sur nos pas, ce qui se fit sans confusion et sans accident; un seul cheval avait été tué dans cette expédition qui aurait pu nous coûter la vie à tous. A peine revenus de la surprise que nous avait causée le feu meurtrier et inexplicable que nous venions de subir, nous trouvâmes la batterie volante par laquelle nous nous croyions protégés, établie dans un bas-fond. Elle avait été chassée des hauteurs et s'était retirée là, sans que nous ayions pu nous en apercevoir; une batterie ennemie était venue occuper sa place et c'était elle qui avait tiré sur nous.

Je blâmai d'abord les canonniers, d'avoir ainsi abandonné

16.

leur poste, mais je ne tardai pas à les excuser; car j'eus bientôt occasion de voir combien il faut déployer de force et de courage, et braver de fatigues et de dangers, pour transporter une batterie volante à travers des terrains marécageux et inconnus. Ces expériences ne me rassurèrent point sur l'état de notre armée.

La canonnade continuait toujours; Kellermann s'était posté près du moulin de Valmy, et c'était sur lui que nous dirigions notre feu. Un chariot de poudre sauta dans son camp, et l'on se réjouit beaucoup chez nous, du désastre que cet accident ne pouvait manquer d'avoir causé.

De retour sur la grande route qu'on nous avait fait quitter si mal à propos, nous fîmes halte près d'un poteau de bois étendant un de ses bras vers Paris; ce qui me fit voir que nous tournions le dos à cette capitale, et que l'armée française était postée entre nous et notre pays.

Jamais peut-être, une armée entrée en pays ennemi, ne s'est trouvée dans une position plus terrible; j'en comprenais tous les dangers, moi qui, depuis notre entrée en campagne, étudiais sans cesse le théâtre de la guerre.

Nos hussards s'étaient emparés de quelques chariots de pain qui, de Châlons, se rendaient à Valmy; moyennant un modique pourboire, je m'en fis céder une certaine quantité que je distribuai à mes amis, à la condition qu'ils me garderaient une part pour les jours suivants. Ce pain était fort bon et surtout très-blanc; les Français ont horreur du pain noir.

Je pris en même temps une autre mesure de précaution. Un chasseur de notre suite avait acheté une couverture de laine à ces mêmes hussards; il ne voulait pas me la céder, mais je le décidai à me la louer à raison de vingt-quatre sous par nuit; car celle que j'avais achetée à Longwy était restée avec les bagages, et je n'avais plus que mon manteau pour me garantir du froid et de la pluie. Tous ces marchés s'étaient conclus au milieu du tonnerre du canon.

Plus de mille boulets déjà avaient été tirés de chaque côté, sans amener aucun résultat, et les alliés avaient inutilement perdu douze cents hommes.

La canonnade, qui se suivait comme un feu de peloton, avait éclairci le temps; vers midi il y eut une pause, puis le feu recommença avec tant de fureur, que le sol tremblait sous nos pieds. Les deux armées cependant restaient toujours à la même place, et personne ne savait comment cela finirait.

J'avais tant entendu parler de la *fièvre de canon*, qu'il me prit envie d'apprendre à la connaître par moi-même. Poussé par l'ennui et par les dispositions naturelles de mon esprit, que le danger surexcite jusqu'à la témérité, je dirigeai mon cheval vers le camp de la Lune, occupé en ce moment par les nôtres. Ce n'était plus qu'une scène de dévastation au milieu de laquelle gisaient des blessés étendus sur des bottes de paille; tandis que parfois un boulet de canon, qui venait se perdre par là, achevait de renverser un pan de mur ou d'enlever les derniers restes d'une toiture.

Seul, abandonné à moi-même, je continuai à suivre les sommets des montagnes à gauche du camp de la Lune, et j'ai pu enfin apprécier complètement la position avantageuse des Français. Placés en amphithéâtre, ils pouvaient, avec calme et sans crainte, attendre nos attaques; l'aile gauche seule était moins invulnérable, c'est là que commandait Kellermann.

Des généraux et des officiers d'état-major qui passaient par là, ne pouvant s'expliquer ma présence, voulurent me ramener avec eux. Je déclarai que j'avais mes projets à moi; et comme ils savaient que j'étais sujet à des accès d'entêtement bizarres, ils me laissèrent agir à ma guise. Continuant ma route, j'atteignis bientôt la véritable région des boulets; le son dont ils remplissaient l'air me paraissait un composé du bourdonnement d'une toupie, du clapotement de l'eau et du sifflement d'un oiseau. Le sol était tellement détrempé par la pluie, que les boulets y restaient enfoncés à mesure qu'ils tombaient ; ce qui me garantit du danger des ricochets.

J'étais assez de sang-froid pour m'apercevoir qu'il se passait en moi quelque chose de singulier, que je ne pourrais décrire que par comparaison.

Il me semblait que j'étais dans un endroit très-chaud, et cette chaleur me pénétrait tellement, que je me sentais au niveau de l'élément au milieu duquel je me trouvais. Dans cet état, la vue ne perd rien de sa force et de sa clarté, mais on eût dit que le monde s'était tout à coup teint d'un rouge brunâtre. Loin de sentir le cours de mon sang s'accélérer, je trouvais au contraire que tout mon être s'absorbait dans le brasier dont j'étais entouré ; ce qui explique, jusqu'à un certain point du moins, pourquoi on a donné à cette sensation le nom de fièvre. Il est toutefois digne de remarque que, ce qu'il y a d'horrible dans cette sensation, nous est transmis par les oreilles ; c'est-à-dire par les craquements, les hurlements, les sifflements, les bourdonnements des boulets.

Lorsque je sortis de cette région et que je me trouvai enfin à l'abri de tout danger, la singulière chaleur dont j'avais été pénétré disparut tout à coup, et il ne me resta rien que j'eusse pu prendre pour une agitation fébrile. Il est incontestable, toutefois, que la sensation que je venais d'éprouver, n'a rien qui puisse la faire désirer ; et que parmi les plus vaillants guerriers, je n'en ai pas connu un seul qu'un penchant passionné ait poussé à se la procurer.

La journée touchait à sa fin ; les Français étaient restés immobiles, à l'exception de Kellermann, qui avait pris une position plus favorable. Celle des alliés était toujours la même, et sans la sombre consternation qui régnait dans le camp, on aurait pu croire qu'il ne s'était rien passé.

Le matin encore on n'avait songé qu'à embrocher, et à manger en masse tous ces Français, maintenant on n'osait plus ni se parler ni se regarder; et si on s'adressait la parole, c'était pour maudire cette expédition. Moi-même je commençais à me repentir de mon aveugle confiance aux talents du duc de Brunswick, puisqu'elle m'avait poussé à vouloir être témoin oculaire de ses victoires.

Il faisait déjà complétement nuit, lorsque je me trouvai enclavé dans un vaste cercle, au milieu duquel on n'avait pas même osé allumer du feu. Le plus grand nombre des personnes, dont se composait ce cercle, gardait un morne silence; quelques-unes exprimaient leurs craintes sur les résultats de cette journée, puis on finit par me demander ce que j'en pensais.

— Je pense, dis-je, que, sur cette place, et à partir de ce jour, commence une nouvelle époque pour l'histoire du monde; et nous pourrons dire : J'étais là !

A peine la canonnade avait-elle cessé, que la pluie et le vent recommencèrent, ce qui ajouta à nos angoisses morales, de cruelles souffrances physiques. Le besoin de dormir, cependant, ne tarda pas à se faire sentir.

Pour nous mettre à l'abri du vent, nous nous étions d'abord retirés derrière une élévation de terrain; puis nous songions aux moyens de nous procurer un point de repos. Ne trouvant rien de mieux, un des nôtres nous proposa de creuser un fossé et de nous y coucher enveloppés dans nos manteaux. L'artillerie volante nous prêta des outils, et le duc de Weimar lui-même, ne dédaigna pas de passer quelques heures dans ce tombeau anticipé.

Le colonel nous fit remarquer, que sur une colline en face de nous, les Français avaient établi une batterie masquée, qui pourrait bien nous enterrer sérieusement et pour toujours; pas un de nous cependant ne quitta l'abri où nous nous étions si bizarrement installés.

L'expérience me prouvait ainsi, et pour la première fois, que pour se procurer un petit bien-être, on s'expose étourdiment à un grand danger.

Notre réveil ne fut rien moins qu'agréable, car nous ne pouvions nous dissimuler que notre position était aussi humiliante que désespérée. Allégés de plus de dix mille boulets, nous étions, moins que jamais, disposés à attaquer les Français, toujours retranchés dans leur imprenable amphithéâtre dont nous étions séparés par des étangs, des ruisseaux et des marais.

Nos hussards et ceux des Français cependant, se poursuivaient à travers les champs et les jardins, et avançaient et reculaient tour à tour, comme s'ils eussent voulu nous amuser par le simulacre d'une guerre. Un seul des nôtres perdit la vie dans ce jeu sans résultat; mais la maladie épidémique qui, depuis plusieurs jours déjà, régnait dans notre armée, fit de si nombreuses victimes, et répandit un découragement si général, que les plus courageux, les plus déterminés, reconnurent la nécessité d'une trêve et l'impossibilité d'offrir ou d'accepter une bataille.

Par respect pour soi-même, on ne fit aucun mouvement rétrograde pendant la journée; mais dès que la nuit fut venue, on se retira insensiblement, et l'on fit avancer les bagages, ce qui exposait nos serviteurs à une mort presque certaine, et nous autorisait à craindre la perte de tout ce que nous possédions.

Les monts d'Argonne étaient, depuis Sainte-Menehould jusqu'à Grandpré, occupés par les Français, dont les hussards continuaient à nous faire une petite guerre destructive.

Un secrétaire du duc de Brunswick et plusieurs personnes de sa suite, avaient été faits prisonniers dès la veille, non loin de notre barricade de chariots qui, au reste, ne méritait pas ce nom. Les chariots étaient mal placés et n'avaient pas assez de monde pour les défendre, même contre un coup de main.

Au milieu de ces dangers réels circulaient les bruits les plus alarmants. Un coureur du général Kalckreuth, pris par les Français et presque aussitôt relâché par eux, captiva pendant plusieurs heures l'attention générale; car il soutenait que l'ennemi s'était préparé à attaquer nos bagages et qu'il l'en avait empêché, en faisant l'énumération des nombreuses troupes et batteries volantes qui les gardaient. Ce coureur nous avait-il réellement rendu un pareil service? qui pouvait le savoir? car dans de semblables moments, tout le monde cherche à se donner de l'importance.

Nos tentes, nos voitures et nos chevaux venaient d'arriver, mais aucune espèce de nourriture ; et malgré les pluies continuelles, nous manquions d'eau, car les étangs avaient été rendus insalubres par la grande quantité de chevaux qui s'y étaient noyés. Paul, mon élève, mon domestique et mon fidèle compagnon, recueillait l'eau arrêtée sur le cuir des voitures pour me préparer mon chocolat, et j'ai vu plus d'un de mes amis, boire dans les traces que les pieds des chevaux faisaient après eux ; d'autres achetaient à des prix exhorbitants, un peu de pain aux soldats qui, accoutumés à souffrir la faim, ne songeaient qu'à se procurer de l'argent pour acheter de l'eau-de-vie dès que l'on pourrait en avoir.

Le 22 septembre.

Les généraux Mannotien et Deymann, s'étaient rendus dès le matin à Dampierre, quartier général de Kellerman, où Dumouriez devait également se rendre. Le but avoué de cette démarche était d'échanger les prisonniers et d'obtenir des asiles pour nos malades et nos blessés ; mais la véritable mission de ces messieurs, avait une plus haute portée, nous le présumions du moins.

Tout le monde savait que Dumouriez était partisan du roi et de la constitution, et que, par conséquent, il ne pouvait approuver la révolution, telle qu'elle venait de se dessiner par l'arrestation du roi et par les massacres de septembre. Certes, c'eût été un grand événement, si ce général avait pu se décider à marcher sur Paris, comme allié des alliés ; et nous nous perdions à ce sujet dans des conject.res qui nous tenaient suspendus entre la crainte et l'espérance.

Depuis l'arrivée des bagages du duc de Weimar, nous étions beaucoup moins malheureux ; car, il faut rendre justice au camérien, au cuisinier et à tous les officiers de bouche, au milieu de la disette générale, ils trouvaient toujours moyen de nous préparer quelques mets chauds et nourrissants.

Ranimé par ce régime, je montai à cheval afin d'étudier la contrée ; elle était sans caractère. Pour m'orienter, je cherchais des yeux, l'avenue de peupliers non loin de laquelle nous avions essuyé la veille le feu de l'ennemi, ne la découvrant point, je crus que je m'étais égaré. Après un plus mûr examen, je reconnus que ces magnifiques arbres avaient été abattus. Les places où la canonnade avait spécialement porté, offraient un spectacle déplorable ; des cadavres humains jonchaient le sol et les chevaux mortellement blessés ne pouvaient mourir. J'ai vu un cheval dont les pieds de devant s'étaient pris dans ses propres entrailles, tombées de la large blessure qui déchirait ses flancs ; la malheureuse bête errait ainsi en boitant à travers les corps morts.

En retournant au camp, je vis le prince Louis-Ferdinand, assis sur une escabelle au milieu des champs et non loin d'un village, d'où plusieurs soldats revenaient en triomphe, portant un buffet fermé à clef, et où l'on comptait trouver des provisions, car en remuant ce meuble on avait entendu quelque chose de lourd tomber de côté et d'autre. On le défonça et l'on reconnut que ce quelque chose, était un gros volume, indiquant la manière de faire une excellente cuisine. Quelle amère raillerie du destin, que d'offrir ainsi des hommes affamés, non du pain et de la viande, mais les théories de la bonne chère !

Le 24 septembre.

La trêve vient d'être conclue, les avant-postes vont cesser leurs hostilités, mais l'ennemi s'est réservé le droit de continuer ses opérations; c'est-à-dire, qu'il pourra charger de position pour nous enfermer plus complétement encore, tandis que tout mouvement nous est interdit. Les avant-postes, ont profité de cette trêve d'une manière qui mérite d'être rapportée.

Leur premier soin fut de se donner mutuellement l'assurance que, dès que l'on aurait le vent ou la pluie en face, on pourrait tourner le dos à cet inconvénient, sans avoir rien à redouter des avant-postes ennemis. Bientôt après, les Français, sachant fort bien jusqu'à quel point nous manquions de vivres, en firent passer à nos soldats comme s'ils eussent été leurs camarades; et joignant à la nourriture du corps celle de l'esprit, ils leur communiquaient des imprimés qui exposaient, en français et en allemand, tous les avantages de la liberté et de l'égalité. En un mot, nos ennemis, imitant le manifeste du duc de Brunswick, mais en sens inverse, nous offraient une amicale hospitalité.

Cette tentative de fraterniser avec nous, tendait moins à fortifier leur parti, qu'à affaiblir le nôtre, car ils avaient plus de monde qu'il ne leur en fallait pour nous empêcher de **revoir notre pays.**

Parmi nos compagnons d'infortune, se trouvaient deux jeunes gens de quatorze à quinze ans, mis en réquisition avec les quatre chevaux qui avaient amené ma chaise de poste. Forcés de partager notre misère, ils étaient tristes et désolés; et comme j'étais la cause innocente de leur douleur, je leur offris la moitié du pain de munition que je venais d'acheter à nos soldats. A ma grande surprise, ils n'en voulurent point, la faim leur paraissait préférable à une pareille nourriture. Je leur demandai ce qu'ils mangeaient chez eux, l'aîné me répondit aussitôt:

— Du bon pain, de la bonne soupe, de la bonne viande, de la bonne bière.

Or, comme chez eux tout était bon et que chez nous tout était mauvais, je ne fus nullement étonné, lorsqu'on m'apprit qu'ils s'étaient évadés en nous abandonnant leurs chevaux. Cet incident acheva de me prouver que les mots *pain blanc, pain noir*, sont un véritable *schibolet* entre les Allemands et les Français.

Le 25 septembre.

Les Français ont profité de la trêve pour rétablir leurs communications avec Châlons, et pour repousser les émigrés sur nous, comme si nous n'étions pas déjà que trop resserrés. Pour comble de malheur, l'ennemi était en position d'empêcher les convois de vivres d'arriver jusqu'à nous.

Le 26 septembre.

On savait que tout objet dont l'aspect sort de la ligne ordinaire excite toujours ma curiosité ; aussi s'est-on empressé de me présenter un boulet de canon, dont la surface, au lieu d'être unie et polie, était couverte d'une multitude de petites pyramides cristallisées. Fatigué de me perdre dans une foule d'hypothèses, sur les causes qui avaient pu produire de semblables formes après la fusion du métal, j'avais cessé de m'en occuper lorsque le hasard est venu me donner la solution désirée.

En revenant sous ma tente, dont je m'étais éloigné un moment, je redemandai mon boulet pour recommencer mon examen. On fit semblant de le chercher, puis on m'avoua qu'en lui faisant subir quelques-unes des expériences dont j'avais donné l'exemple, il s'était brisé en plusieurs morceaux. Je me les fis apporter et je reconnus que la cristallisation partait du centre, et se répandait par rayons sur la circonférence ; d'où je conclus que le phénomène était le résultat de pyrites sulfureuses qui s'étaient formées sur cette circonférence exposée à l'air. En poursuivant cette première découverte, je retrouvai cette pyrite sulfureuse sur plusieurs points du pays où nous nous trouvions ; ses formes étaient plus ou moins régulières et se ressemblaient, en ce qu'elles ne s'attachaient nulle part, et que leur cristallisation partait toujours d'un centre déterminé. Était-ce un produit naturel du sol? le temps me manquait pour résoudre cette question.

Quant à la craie que, dans cette contrée, on trouve en abondance de tous côtés, elle avait attiré l'attention des deux chefs de l'armée, au point, que les soldats reçurent l'ordre de faire une ample provision de cette matière, si nécessaire à la propreté de leurs habits et de leurs fournimnents. Cet ordre malencontreux ne fut point exécuté et donna lieu à des railleries amères ; en effet, rien n'était plus absurde que de vouloir faire recueillir de la poussière, pour nettoyer leurs buffleteries, à des hommes submergés dans une boue atroce, et qui soupiraient après un morceau de pain.

Nos officiers aussi, eurent de justes motifs de se plaindre du peu d'intérêt, qu'au quartier général on prenait à notre déplorable position; car lorsqu'ils s'y présentaient, on trouvait mauvais que leurs armes et leurs uniformes ne fussent pas aussi brillants, qu'ils auraient pu l'être à une revue de Berlin ou de Potsdam.

L'ordre de faire une ample provision de craie fut suivi d'un autre tout aussi bizarre, quoique portant sur un objet plus sérieux. D'après cet ordre, les soldats devaient battre, tant bien que mal, les gerbes d'orge qu'ils pourraient se procurer, jeter les grains ainsi obtenus, dans de l'eau bouillante, et les manger dès qu'ils seraient un peu attendris. Heureusement la Providence ne tarda pas à nous trouver une ressource plus efficace.

Deux chariots chargés de vivres s'étaient embourbés non loin de notre camp; l'écuyer du duc s'empressa d'envoyer des hommes pour les tirer d'embarras et nous les amener. Les conducteurs refusèrent d'abord de nous livrer leur chargement, car on les avait expédiés pour l'armée autrichienne, ainsi que le prouvaient leurs passe-ports; mais comme ils étaient en notre pouvoir, et que nous ne demandions pas mieux que de payer leurs marchandises au prix qu'ils en exigeaient, ils finirent par céder.

Le maître d'hôtel, le cuisinier et ses aides se présentèrent les premiers et s'emparèrent, moyennant finances, du beurre, des jambons et de toutes les autres bonnes choses que contenaient ces chariots. Quant aux soldats, ils demandaient du tabac avant tout; mais la foule était si compacte qu'on ne pouvait plus s'approcher des bienheureuses voitures. Me faisant frayer un passage, je montai sur une d'elles, où j'achetai autant de paquets de tabac que mes poches pouvaient en contenir, puis je les distribuai gratis à nos pauvres soldats, qui me proclamèrent le plus grand des bienfaiteurs qui aient jamais pris pitié de l'humanité souffrante. Il y avait aussi plusieurs barils d'eau-de-vie, qui se vendaient quatre francs la bouteille; ce prix exorbitant ne nous empêcha pas d'en faire une ample provision.

Le 17 septembre.

Les nouvelles qui circulaient au quartier général étaient fort alarmantes; on y connaissait tous les excès des révolutionnaires de Paris, et l'on savait qu'ils se disposaient à prononcer la déchéance de l'infortuné Louis XVI, et à le mettre en accusation. D'un autre côté, l'armée française avait établi ses communications avec Châlons, où se trouvait le général Luckner à la tête des volontaires, partis de Paris à travers les flots de sang des massacres de septembre. Puis, les émigrés, refoulés sur nous, augmentaient l'inquiétude générale en nous apprenant que vingt mille paysans de la Champagne, armés de haches et de faux, étaient prêts à fondre sur nous. Aussi, lorsque le soir nous nous réunimes dans la tente du duc de Weimar, les officiers les plus courageux, les plus justement estimés, avouèrent qu'un miracle seul pouvait nous sauver.

Persuadé que, dans les moments critiques, on aime à se rappeler l'exemple de personnes illustres qui, après s'être trouvées dans des cas semblables, s'en sont heureusement tirées, je me suis mis à raconter les calamités contre lesquelles saint Louis eut à lutter en Palestine, d'où il n'est pas moins revenu sain et sauf dans sa patrie. Je citais même les joyeuses paroles qu'au plus fort de la mêlée avec les Sarrasins, dont les chrétiens étaient entourés de toutes parts, le comte de Soissons adressa au chevalier de Joinville :

« Courage, sénéchal, laissez aboyer et hurler ces chiens « d'infidèles ; de par le trône de Dieu (c'était son juron), « nous parlerons de cette journée chez nous et devant nos « dames. »

On accepta en souriant l'augure qu'on pouvait tirer de ce récit, et dont la conduite de l'ennemi à notre égard ne tarda pas à augmenter la probabilité.

Les Français observaient religieusement la trêve, et s'abstenaient même de toute démarche qui aurait pu nous être nuisible ; ce qui nous faisait espérer qu'ils avaient plutôt l'intention de nous ménager que de nous perdre. Pour fortifier cet espoir, j'étalai une de mes cartes du théâtre de la guerre devant ces messieurs, et je leur prouvai que nous étions tout près du *Champ du Diable*, où jadis Attila avait été battu par les Romains et par les Bourguignons leurs alliés.

Les Huns se trouvaient alors dans une position semblable à la nôtre, c'est-à-dire, que pas un d'eux n'eût revu son pays, si les vainqueurs l'eussent voulu. Heureusement pour les Huns, il n'entrait pas dans la politique du général romain Aétius, que les Bourguignons n'eussent plus rien à craindre des autres barbares, parce qu'alors ils auraient tourné leurs armes contre les Romains ; cette considération le décida à faciliter secrètement la retraite de l'ennemi qu'il dépendait de lui d'exterminer.

Les mêmes événements se reproduisent parfois sur les mêmes lieux.

La nouvelle de l'arrivée d'un convoi de vivres et de pain qui nous venait du côté de Grandpré, vint tout à coup appuyer mes arguments. On se sépara presque consolés, et je passai le reste de la nuit à faire, au duc, la lecture d'un livre français que le hasard avait fait tomber entre mes mains. Les railleries hardies de ce livre produisirent l'heureux effet de faire rire mon bien-aimé souverain, et de détourner sa pensée des calamités qui pesaient sur nous.

Le 28 septembre.

Le convoi de pain n'a pas répondu à la joie qu'il avait causée ; les chariots s'étaient embourbés en route et le pain s'était gâté au point, que la croûte se séparait d'elle-même de la mie, et cette mie avait une couleur orange très-propre à faire supposer un mélange de soufre ou d'arsenic. Au reste, abstraction faite de toute idée d'empoisonnement, ce pain était si mauvais et si dégoûtant, que personne n'y toucha. Cette déception augmenta les angoisses de la faim, le nombre des malades s'accrut d'une manière effrayante ; et au milieu de toutes ces calamités matérielles, une nouvelle sinistre vint mettre le comble à nos tortures morales.

Le duc de Brunswick, disait-on, venait d'envoyer un nouvel exemplaire de son manifeste au général Dumouriez qui, outré de cette bravade, venait d'ordonner la reprise des hostilités. Malgré nos justes terreurs, nous ne pouvions nous empêcher de plaisanter sur l'amour-propre des auteurs, qui les pousse à reproduire leurs travaux aussi souvent que possible, sans s'occuper de l'à-propos des lieux et des événements.

Persuadés que l'ennemi allait d'un instant à l'autre fondre sur nous, du haut des collines au milieu desquelles il nous avait enfermés, nous croyions déjà entendre la fusillade des avant-postes. Tout autour de nous cependant était calme et silencieux, ce qui ne diminua en rien notre inquiétude ; car nous savions trop bien que les Français pouvaient nous exterminer d'un instant à l'autre. Peu à peu, des indices de relations amicales avec les Français, vinrent nous rassurer ; je n'en citerai qu'un seul exemple.

Nos ennemis venaient de rendre la liberté à quelques personnes de la suite du roi de Prusse tombées en leur pouvoir; de son côté, le monarque avait fait sortir le maître de poste de Sainte-Menehould des prisons de Verdun.

Le 29 septembre.

Selon l'ordre que nous en avions reçu, nos équipages se sont mis en mouvement dès la fin du jour. A minuit, l'armée entière devait commencer la retraite sous l'escorte du régiment du duc de Brunswick. Les préparatifs avaient été lents et difficiles ; car des accidents fâcheux causés par l'état du sol, entièrement défoncé, gênaient et arrêtaient les mouvements. Minuit n'en arriva pas moins plus vite que nous ne l'eussions voulu ; c'est que le temps et les heures courent toujours, même à travers les journées les plus cruelles.

Cette nuit-là aussi s'est passée sans sommeil. La lune était dans son plein, mais elle n'avait rien à éclairer autour de nous. Les tentes, les chariots, les voitures et les bagages avaient pris l'avance, et mes amis et moi, nous nous trouvions seuls, sur une place déserte, qu'on nous avait indiquée pour y attendre nos chevaux de selle.

Depuis plus d'une heure déjà nous écoutions et nous regardions autour de nous, mais en vain ; pas un son ne se faisait entendre, pas une forme ne se dessinait à travers cette immense solitude. Rien n'est plus pénible que de se voir ainsi delaissés en face d'un ennemi, de la part duquel on peut à chaque instant attendre une démonstration hostile ; mais si rien de rassurant ne se faisait entendre, il en était heureusement de même pour ce qui aurait pu nous alarmer.

Le froid était devenu si violent qu'il menaçait de nous engourdir; alors nous prîmes le parti de rassembler la paille et les morceaux de bois épars autour de nous, et d'y mettre le feu, au risque de dénoncer notre présence aux Français. Au bout de quelques instants, une vieille cantinière vint se chauffer avec nous, et les paquets dont elle était chargée nous prouvèrent qu'elle ne s'était pas attardée ainsi sans profit pour elle. Après avoir élevé

Frédéric le Grand au troisième ciel, elle se plaignit amèrement du roi de Prusse actuel, parce qu'il avait conduit une nombreuse armée dans un pays où les cantinières ne pouvaient que difficilement exercer leur profession. La haute opinion que cette femme avait de son métier, égaya le temps qui devait s'écouler encore avant l'arrivée de nos chevaux. Ils arrivèrent enfin ; nous nous mîmes joyeusement en selle, et nous eûmes bientôt rejoint le régiment du duc de Weimar, pour commencer avec lui cette retraite de l'armée des alliés, dont les conséquences ont exercé une si grande influence sur les destinées de l'Europe.

Les premières heures de cette retraite furent remplies d'anxiété, car nous ne pouvions nous dissimuler que nous marchions entourés de toutes parts par l'armée française, maîtresse absolue de notre sort. Ce ne fut que par degrés, qu'on se livra à l'espoir que, grâce à quelque convention secrète, l'ennemi nous laisserait tranquillement regagner notre pays ; mais le défaut de vivres et l'état affreux des routes nous préparaient encore assez de souffrances et de dangers.

Ici des artilleurs sont forcés d'abandonner leurs canons dans la bourbe où ils s'étaient enfoncés, là des fourgons et des chariots chargés d'objets précieux, tombent dans un étang d'où il est impossible de les retirer ; partout des malades, des mourants que, faute de secours et de moyens de transport, on est forcé d'abandonner. Une halte enfin nous est accordée et nos voitures, nos chariots et nos fourgons, se rangent en bon ordre au-dessus du village de Saint-Jean, preuve irrécusable que notre retraite se fait avec le consentement de l'ennemi, et que *nous pourrons parler de nos souffrances et de nos dangers chez nous devant nos dames*. Ces paroles que je m'empressai de répéter à nos amis ranimèrent leur courage.

On n'établit point de camp, mais nos gens dressèrent une grande tente dont ils formèrent plusieurs chambres à coucher, en la divisant par des gerbes de blé entassées les unes sur les autres.

Une multitude d'hommes dormaient sur les bottes de paille ou de blé étendues autour de cette tente et de nos voitures, les chevaux seuls avaient été tenus éveillés par la faim. L'air était calme, une légère traînée de nuages passait au-dessus de nos têtes, et la lune, dans son plein, éclairait toute la contrée. La blancheur de la paille, celle des toiles qui couvraient nos chariots et la robe blanche de quelques-uns de nos chevaux, tout cela jetait des reflets mats et lumineux sur ce tableau fantastique et grandiose, digne d'être reproduit par le pinceau d'un grand peintre.

Je ne m'étais retiré que fort tard sous la tente où j'espérais enfin goûter les douceurs du sommeil ; mais la nature se plaît à mêler des inconvénients à ses dons les plus précieux. C'est ainsi que la plupart des hommes troublent en dormant, le repos de leurs voisins par un ronflement démesuré, et je ne devais pas tarder à en faire l'expérience.

Un individu couché à l'extérieur de la tente et dont la tête touchait la mienne à travers la toile qui nous séparait, ronflait au point qu'il me fut impossible de m'assoupir. Curieux de connaître l'ennemi de mon repos, je soulevai la toile et je reconnus un des hommes les plus actifs et les plus utiles de notre domesticité. Il dormait si délicieusement sous les rayons de la lune qui l'enveloppaient de toutes parts, qu'on aurait pu le prendre pour Endymion en personne. La certitude qu'il était impossible de dormir avec un pareil partner, réveilla en moi l'esprit de malice de ma première jeunesse. Choisissant un bel épi, je le promenai sur son front et sous son nez. A ce chatouillement, il passa la main sur son visage et se rendormit ; je recommençai le même jeu jusqu'à ce que je fusse parvenu à le réveiller parfaitement. Alors il se leva en jurant, mais sans pouvoir comprendre ce qui avait troublé son repos. Moi aussi je n'avais plus aucune envie de dormir et je sortis de la tente.

Tout autour de moi offrait encore l'image d'un repos complet, à côté du danger le plus terrible et le plus imminent; car l'ennemi nous entourait de toutes parts, et il lui eût suffi de le vouloir pour nous exterminer tous.

Le point du jour changea le cours de mes idées par des scènes variées. Je vis d'abord deux vieilles cantinières affublées de robes de soie de différentes couleurs qu'elles s'étaient attachées autour du cou et des reins, et qu'elles prétendaient avoir acquises par des échanges; puis les chariots se mirent en mouvement, et nous les suivîmes de près pour continuer notre retraite.

Le 30 septembre.

Dès neuf heures du matin, nous nous sommes arrêtés de nouveau entre Laval et Varge-Moulin, tandis que l'armée, qui nous suivait de près, avec le plus grand ordre et dans un profond silence, s'était postée sur les hauteurs. Bientôt des personnes venues du quartier général nous ont appris que le roi de Prusse et le duc de Brunswick, envoyaient des éclaireurs de tous côtés, et s'entretenaient secrètement avec des personnages qui nous étaient entièrement inconnus.

Ces mesures prouvaient que tout danger n'était pas passé encore; mais elles ne détruisaient point l'espoir que nous avions conçu, que notre retraite se faisait à la suite d'une convention secrète conclue avec Dumouriez. A cette époque, les généraux français les plus célèbres, n'étaient pas toujours sûrs de se faire obéir; aussi les troupes campées dans les monts d'Argonne pouvaient, sans en avoir reçu l'ordre et même en dépit d'un ordre contraire, fondre sur nous et nous tailler en pièces; et, certes, Dumouriez n'aurait pas eu le droit de leur en faire un crime.

La journée et une partie de la nuit s'est écoulée dans une tranquillité parfaite que nous avons utilisée de notre mieux. Vers minuit on s'est remis en route. Le duc de Weimar qui commandait l'avant-garde, protégeait en même temps la retraite des bagages.

1er octobre.

Cette marche aussi fut très-courte. On voulait que l'armée prussienne et les bagages avançassent de front avec les

Autrichiens et les émigrés, qui opéraient leur retraite à notre gauche, sur une ligne parallèle à celle que nous suivions.

Dès huit heures du matin, et immédiatement après avoir dépassé Rouvray, nous dressâmes quelques tentes ; le temps était clair et serein, et rien ne vint encore troubler notre repos.

Je dois rappeler ici un vœu railleur que je fis au plus profond de notre misère : par ce vœu, je m'engageai, pour le cas où j'aurais le bonheur de me retrouver sain et sauf chez moi, à ne plus jamais me plaindre des toits de mes voisins qui me masquent la vue, et à supporter surtout, sans mot dire, le malaise et l'ennui auxquels on est exposé dans les théâtres allemands, où l'on est du moins à l'abri des injures du temps, et parfaitement libre de ne pas s'occuper de ce qui se passe sur la scène.

Malgré les mauvais chemins et les calamités de tout genre qui se renouvelaient sans cesse, nos chevaux, nos hommes et nos voitures ne se dispersaient jamais ; et à chaque halte, on avait soin de nous préparer un repas, bien chétif il est vrai, mais en face de la misère générale, nous ne songions pas à nous en plaindre.

Vers la fin du jour, ma bonne étoile me procura un dédommagement auquel j'étais loin de m'attendre. Je venais à peine de m'endormir sur ma litière, lorsqu'un rêve séduisant me fit assister à un repas splendide. Réveillé en sursaut par cette illusion, je me soulevai et je respirai en effet un parfum de graisse et de chair de porc rôti ou grillé, qui me fit venir l'eau à la bouche. En considération de l'état où je me trouvais, on me pardonnera, sans doute, d'avoir élevé un rôti de porc au rang d'un mets des dieux.

A peine sorti de ma tente, je vis, à une certaine distance, un grand feu d'où me venait ce parfum ; j'en suivis les traces, et je me trouvai aussitôt près d'un groupe de nos gens, occupés à faire rôtir les reins d'un immense cochon gras, et à faire des boudins et des saucisses. Pendant que je contemplais cette scène d'activité dans une muette satisfaction, le travail se termina et l'on procéda à la distribution. Ces braves gens me voulaient trop de bien pour m'en exclure. Je reçus d'abord une belle tranche de rôti avec un gros morceau de pain, et l'on me fit boire un bon coup d'eau-de-vie; puis j'eus ma part du restant de la chair crue, des boudins et des saucisses, provisions précieuses que, lorsque quelques heures plus tard nous remontâmes à cheval, je cachai dans les fontes de mes pistolets.

Le 2 octobre.

Dans l'état où nous nous trouvions, on a beau s'être fortifié le corps par une nourriture substantielle, et rassuré l'esprit par des raisonnements plausibles, l'âme continue à flotter entre l'espérance et la crainte, le plaisir et le dépit; l'on maudit une pareille vie, et l'on s'applaudit cependant de l'avoir conservée.

Il était minuit passé lorsqu'on se remit en route. Après avoir côtoyé avec beaucoup de précaution, la lisière d'un bois et traversé les maisons de Vaux, où quelques jours plus tôt nous avions établi notre camp, nous arrivâmes sur les bords de l'Aisne.

Le pont qu'on avait jeté sur cette rivière, se trouvait coupé dans le milieu par un îlot couvert de saules; c'était là que nous devions dîner; aussi le cuisinier s'empressa-t-il de faire allumer un grand feu autour duquel on fit cuire d'excellentes lentilles, des pommes de terre rouges d'un goût exquis, et un des jambons qui nous étaient arrivés dans les chariots de vivres destinés aux Autrichiens. Ce festin dépassa toutes nos espérances, et nous nous apprêtâmes à nous réconforter de notre mieux; mais bientôt un spectacle d'une imposante tristesse donna le change à nos impressions.

L'armée prussienne passa le pont; une morne tristesse, un sombre abattement obscurcissaient le front et fermaient la bouche de tous ces guerriers malheureux. Nous nous empressâmes d'aller au-devant de nos amis et connaissances; on s'adressa des questions, on se lamenta, on s'embrassa en versant des larmes de honte et de rage!

Personne de nous ne pouvait ignorer que le duc de Weimar aimait à partager ce qu'il possédait; aussi notre couvert, mis d'abord sur la caisse d'un tambour, s'agrandit-il si promptement, qu'on fut obligé d'envoyer chercher des chaises et des tables dans les villages voisins. L'héritier présomptif de la Prusse et le prince Louis, trouvèrent nos lentilles excellentes et firent honneur à notre jambon. Bientôt les généraux et les officiers attirés par la fumée de notre feu, devinrent si nombreux, qu'il fallut recommencer à faire la cuisine; des soldats malades ou affamés eurent leur part du festin : en un mot, on distribua tout ce qu'il était possible de donner, sans exposer notre souverain à manquer lui-même du plus strict nécessaire.

La journée entière s'écoula ainsi; et ce ne fut point par récit ou par comparaison, mais par une réalité palpable, que j'appris à connaître tout ce que notre retraite avait de cruel et de déchirant; et cette scène si noblement triste, devait avoir un dénoûment digne d'elle.

A la fin du jour, le roi de Prusse entouré de son état-major, arriva à l'entrée du pont que son armée venait de franchir. S'arrêtant tout à coup, il regarda du côté de Paris, comme pour se demander une dernière fois, si une retraite aussi humiliante, était en effet, le seul parti qui lui restait à prendre; puis il suivit résolûment son armée. Le duc de Brunswick hésita plus longtemps encore avant de passer le pont, mais enfin il le passa...

La nuit s'écoula sans pluie, mais le vent était violent et froid; fort peu d'entre nous songèrent à dormir.

Le 3 octobre.

Vers six heures du matin, nous quittâmes notre îlot pour nous diriger sur Grandpré, où nous trouvâmes notre armée campée. Le château, que nous avions converti en hôpital, était encombré de malades, que nous fûmes obligés d'abandonner à l'humanité de l'ennemi. C'est en frémissant d'horreur que mes amis et moi nous passâmes sous les murs de cet édifice. Une pluie terrible survint de nouveau et augmenta les difficultés de la marche de l'armée.

Le 4 octobre.

La grande route était tellement défoncée, qu'on se fraya un passage à travers champs. La craie de la Champagne avait été tout à coup remplacée par une terre rouge et forte, dans laquelle mes quatre petits chevaux avaient tant de peine à faire avancer ma chaise, que je crus devoir les alléger du poids de ma personne. Ne voyant nulle part les chevaux de selle, je me jetai dans le grand fourgon de cuisine qui, attelé de six chevaux robustes, passait près de moi. Je vis avec plaisir que ce fourgon était encore bien garni, mais l'aspect d'une fille de cuisine blottie dans un coin, m'attrista ; elle était de fort mauvaise humeur et paraissait atteinte de l'épidémie qui décimait notre armée.

Pour donner le change à mes idées, je me mis à feuilleter le troisième volume du dictionnaire de Fischer, que j'avais toujours dans ma poche, car selon moi, rien n'est plus propre à procurer des distractions momentanées que la lecture d'un dictionnaire, puisqu'on peut la laisser et la reprendre sans nuire à l'intérêt de l'ensemble. Je ne tardai cependant pas à reconnaître qu'on s'était imprudemment engagé dans cette terre rouge et bourbeuse. Malgré leur vigueur prodigieuse, nos six chevaux ne pouvaient plus faire avancer notre fourgon, dans lequel je me faisais l'effet d'une caricature de Pharaon voulant passer la mer Rouge. Les cavaliers et les fantassins, luttant autour de moi contre les flots de boue rouge qui menaçaient de les engloutir, complétaient la ressemblance. Tout à coup j'aperçus nos chevaux de selle sur le haut d'une colline ; à force de cris et de gestes, je parvins à me faire amener celui qui m'était destiné et je m'y élançai avec joie, après avoir confié mon volume à la servante, et en jurant de ne plus jamais me fourvoyer dans une voiture quelconque ; il est vrai que je n'avançais pas plus vite à cheval, mais j'étais au moins maître de moi-même.

A notre première halte, je vis plusieurs de mes compagnons de guerre et d'infortune, qui formaient un cercle autour d'un grand feu, en tenant leurs chevaux par la bride. Je me joignis à eux ; mais c'était pour la première fois, m'ont-ils dit depuis, que mon visage exprimait un profond chagrin, et que je n'avais eu ni raisonnements pour les consoler ni plaisanteries pour les égayer. C'est que dans un lointain peu éloigné je voyais encore les toits de Grandpré, Grandpré, où gémissaient, où expiraient nos malades abandonnés au bon plaisir de l'ennemi.

Le 5 octobre.

L'armée s'était dirigée vers Buzancy, parce qu'on voulait passer la Meuse au delà de Dun ; quant à nous, nous établimes notre camp près de Sivry, dont les environs n'avaient pas encore été entièrement dévastés. Nos soldats commencèrent par se précipiter dans les potagers, et gaspillèrent sans pitié ce qu'ils ne pouvaient emporter. Comme nous devions séjourner dans cette contrée, on nous avait logés à Sivry même. Après tant de traverses, je m'estimai heureux de retrouver enfin la vie de ménage, et j'observai avec plaisir l'intérieur, si idylliquement homérique, des demeures champêtres de la France.

Arrivé à la porte de la maison où je devais loger, j'entrai immédiatement dans une grande pièce pavée en briques, et où je vis pétiller un bon feu. Saluant d'abord les maîtres de la maison, j'allai m'asseoir dans un coin de la cheminée autour de laquelle les divers membres de la famille formaient un cercle, qui ne tarda pas à s'élargir pour faire place à mes compagnons qui arrivèrent successivement. Au-dessus du feu pendait une grande marmite de fonte, dans laquelle bouillait le mets national appelé *pot au feu*, et j'en suivis les apprêts avec beaucoup d'intérêt. Le bœuf était déjà presque cuit, lorsqu'on mit dans la marmite des carottes, des navets, des poireaux, des choux et autres légumes semblables. Pendant que tous ces ingrédients cuisaient à petit feu, j'admirais le sage ordre architectonique dans lequel on avait placé l'évier, le buffet, le dressoir, etc.

La maîtresse de la maison restait tranquillement assise auprès du feu, tenant un petit garçon sur ses genoux, deux autres enfants se pressaient autour d'elle, tandis qu'une jeune servante ou sœur de mes hôtes, mettait le couvert et posait sur la table une grande terrine remplie de petites tranches de pain blanc. Elle y versa le bouillon de la marmite et nous engagea à venir manger la soupe. Les légumes et la viande complétèrent ce dîner si simple, et dont tout le monde cependant pouvait se trouver très-heureux.

Nos hôtes ne tardèrent pas à s'apercevoir de mes dispositions bienveillantes à leur égard ; aussi me confièrent-ils que notre premier passage leur avait déjà été fort onéreux, et qu'ils craignaient d'être complètement ruinés par notre retraite ; je les rassurai de mon mieux, et je leur indiquai quelques mesures de précaution contre les traînards.

Le vent était si violent et la pluie si froide, que je m'estimai heureux de passer le reste du jour à couvert et auprès d'un bon feu. Dès que la nuit fut venue, je vis avec plaisir les enfants s'approcher respectueusement de leurs parents en disant avec une grâce charmante : *Bonsoir, papa, bonsoir, maman*, puis on les coucha. Bientôt après, un beau jeune homme vêtu du costume des campagnards français, armé d'un gros bâton, entra d'un air agité et vint s'asseoir près du feu ; c'était le frère de mon hôte. Lorsqu'il se fut silencieusement chauffé et séché, il engagea son frère à le suivre dans une pièce voisine. Après un entretien qui paraissait avoir été très-animé, il repassa par la première pièce et sortit en dépit du temps affreux qu'il faisait. Quelques instants plus tard, mes amis et moi, nous fûmes à notre tour forcés de quitter l'excellent feu près duquel nous nous trouvions si bien.

Des cris perçants avaient retenti à travers le village, et l'on était venu nous apprendre que sous prétexte de chercher des fourrages, nos soldats pillaient une maison qu'on nous indiquait de la main; c'était celle d'un tisserand à qui, faute de mieux, les pillards avaient pris ses outils. Grâce à des représentations entremêlées de menaces, les fauteurs du désordre restituèrent leur butin, et se retirèrent en promettant de ne plus se laisser tenter par le bien d'autrui, ce qui ne me rassura pas complétement; car ces tentatives de pillage pouvaient se renouveler sur d'autres points, et soulever contre nous toutes les populations de la contrée.

A peine étions-nous parvenus à apaiser le tumulte, qu'un hussard du régiment de Weimar, vint me confier que, dans une maison voisine, il avait découvert un magnifique cochon gras, qu'on avait refusé de lui vendre, mais qu'il fallait s'approprier par tous les moyens possibles, parce qu'il ne nous restait plus aucune espèce de provisions. Il me parut singulier de m'engager dans une expédition à peu près semblable à celle que je venais d'empêcher, mais le besoin ne connaît pas de loi, et nous suivîmes notre hussard dans la maison en question. Après avoir vanté les vertus des troupes régulières, qui ne cherchent à se procurer les vivres dont elles ont besoin qu'en les payant comptant, nous opposâmes à cette apologie l'esprit de rapine des traînards et des cantiniers, d'où nous arrivâmes naturellement à conclure, qu'il était dans l'intérêt du propriétaire du cochon de nous le vendre, parce que les écus étaient plus faciles à cacher qu'un bétail quelconque.

La négociation en était là, lorsqu'on frappa violemment à la porte. Nous restâmes tous muets et immobiles, car personne ne se souciait d'introduire un nouveau venu, mais lorsque nous entendîmes la voix d'une femme demander en allemand la grâce de la laisser entrer, nous allâmes ouvrir. Une vieille cantinière, tenant dans ses bras un objet soigneusement enveloppé, se présenta la première, une jeune personne pâle et se soutenant à peine la suivait de près. Pour expliquer d'un seul coup la situation de sa compagne, la cantinière montra un enfant nu dont cette malheureuse venait d'accoucher, pendant qu'elles cherchaient toutes deux à rejoindre le régiment de Weimar. Tout en nous parlant elle demanda du lait et du linge à la maîtresse de la maison, fit prendre à la jeune mère la meilleure place auprès du feu, et se mit à emmaillotter l'enfant en lui faisant boire quelques gouttes de lait ; nous ne pouvions nous lasser de la regarder en nous disant, qu'une telle femme était capable de mettre toute une contrée en réquisition.

Profitant d'un moment où la pluie tombait avec moins de violence, nous retournâmes chez notre hôte avec le cochon qu'on venait enfin de nous céder en échange d'une somme assez modique. Aidé par nos hôtes, le hussard tua, découpa, sala et emballa notre précieuse acquisition; tout cela, et même les boudins, s'était achevé comme par enchantement. L'opération terminée, nous allâmes nous coucher sur quelques bottes de paille fraîche, où nous ne tardâmes pas à nous endormir profondément.

A notre réveil, nous trouvâmes un déjeuner splendide, que le hussard nous avait préparé avec les débris du cochon ; et que nous partageâmes avec nos hôtes, à son grand regret, car il soutenait que ces gens-là avaient une grande quantité de provisions cachées, dont nous aurions pu nous emparer, si nous avions été plus adroits et plus expérimentés.

Le 6 octobre.

En apprenant que le duc de Weimar s'était mis en marche, nous partîmes immédiatement, car nous ne voulions point rester en arrière ; à peine eûmes-nous rejoint notre régiment qu'on nous fit part d'un incident fâcheux. Pendant la nuit qui venait de s'écouler, l'avant-garde des princes français avait été attaquée par des paysans armés, entre Grandes et Petites-Armoires, attaque pendant laquelle un officier des émigrés avait eu un cheval tué sous lui. Je me souvins alors qu'à la vue du frère de notre hôte de Sivry, j'avais eu le pressentiment que ce sombre jeune homme se trouvait engagé dans une expédition de cette nature.

Quoique nous eussions franchi les passages les plus périlleux, notre retraite n'en continua pas moins à être très-pénible. Nous étions entrés en campagne avec une batterie de cuisine complète et un mobilier commode, mais les chevaux devenaient si difficiles à requérir, que nous nous vîmes forcés d'abandonner un des chariots contenant les objets les moins indispensables ; et à mesure que nous nous approchâmes des rives plates et bourbeuses de la Meuse, un deuxième, un troisième, un quatrième subirent le même sort.

Pour comble de malheur, j'étais depuis plusieurs jours sans nouvelles de ma voiture et de mes malles. Connaissant la fidélité et le courage de mon Paul, je ne pouvais m'expliquer son absence, qu'en supposant que nos quatre petits chevaux avaient péri, qu'il n'avait pu s'en procurer d'autres, et qu'il avait été forcé d'abandonner dans quelque marais, ma jolie petite chaise à laquelle je tenais d'autant plus, qu'elle m'avait été donnée par le duc. Puis je me figurais mes effets, mon argent, mes manuscrits et mes dessins volés et dispersés de tous côtés. Après m'être bien tourmenté, je repris confiance en l'adresse et l'activité de mon Paul, et je m'attendais à chaque instant à le voir paraître avec le dépôt confié à sa garde.

Le 7 octobre.

En traversant une prairie marécageuse au bout de laquelle nous devions franchir la Meuse, on nous apprit que le duc de Brunswick nous suivait de près. Nous fîmes aussitôt halte pour le laisser passer, et dès que nous le vîmes paraître nous le saluâmes respectueusement. Il nous rendit notre salut et s'arrêtant près de moi, il me dit :

— Je regrette beaucoup de vous voir dans une situation aussi pénible, et je suis bien aise cependant de vous savoir parmi nous, car votre présence m'assure un témoin éclairé et digne de foi, qui pourra apprendre au monde que ce ne sont pas les Français, mais les éléments qui nous ont vaincus.

Je lui fis une réponse convenable, puis j'exprimai la part que nous avions prise à la maladie du prince son fils, et la joie que nous avait causée son rétablissement. Il parut sensible à cette attention et me désigna de la main, le jeune prince arrêté à peu de distance, je m'inclinai devant lui, son père nous engagea tous à la patience et au courage. Je lui souhaitai en échange une santé inaltérable, parce qu'alors il ne lui manquerait plus rien pour nous sauver ainsi que la bonne cause.

Le duc ne m'a jamais aimé, je ne pouvais rien à cela, il le disait hautement, je le lui ai pardonné. En ce moment le malheur était devenu un doux médiateur, qui, pour la première fois, nous rapprochait amicalement.

Le 8 octobre.

Nous avions passé la Meuse, pris la route qui des Pays-Bas conduit à Verdun, et établi notre camp près de Consenvoy.

La pluie devenait toujours plus abondante et plus glacée, l'eau pénétrait la toile des tentes dressées dans la boue, et personne ne pouvait se procurer une botte de paille pour s'y étendre. Deux jours s'étaient écoulés ainsi, ma voiture ne revenait point, je manquais de tout. Touché de l'état où je me trouvais, le duc eut la bonté de m'offrir une place dans la voiture qu'il envoyait à Verdun, pour y conduire son valet de chambre et un officier du régiment, subitement atteints par l'épidémie. Le camérier Wagner était chargé de les soigner en route, le hussard Liseur nous escortait; c'était le même qui, à Sivry, avait si bien exercé le métier de charcutier. Né dans la province de Luxembourg, il connaissait parfaitement le pays où nous nous trouvions et en parlait la langue avec facilité; à ces avantages il joignait l'adresse et la témérité d'un flibustier.

Monté sur un beau cheval, il caracolait à côté de notre voiture attelée de six robustes chevaux blancs, et donnait ainsi à notre équipage et à nous-mêmes, un air imposant.

Quoique enfermé dans un espace étroit avec deux personnes atteintes d'une maladie contagieuse, j'étais parfaitement tranquille. Dans les circonstances dangereuses, tout homme sensé trouve en lui-même une maxime qui le soutient, pour moi cette maxime est le fatalisme, où toutes les personnes qui exercent un état périlleux, puisent la force et le courage dont elles ont besoin ; témoin la religion de Mahomet.

Notre hôpital ambulant suivit pour se rendre à Verdun, la même route sur laquelle, un mois plus tôt, nous en étions sortis le cœur gonflé des plus belles espérances. Tout avait changé d'aspect, et les conséquences fâcheuses d'une campagne manquée, vues à travers le voile d'une pluie permanente, me parurent plus affligeantes que jamais.

Pendant que je me livrais à ces tristes préoccupations, nous rejoignîmes une petite voiture que quatre misérables petits chevaux traînaient lentement devant nous ; c'était ma voiture, c'était mon domestique !

— Paul ! m'écriai-je, mon cher Paul ! petit diablotin, est-ce toi ? que fais-tu là sur cette route ?

Tandis que pour toute réponse il me montrait mes malles intactes derrière la voiture, deux de mes amis en sortirent et vinrent se jeter dans mes bras. Après la première effusion de joie, Paul m'apprit que depuis la fuite du jeune garçon qui ne mangeait que de bonnes choses chez lui, il s'était mis en route en se dirigeant tantôt d'un côté tantôt de l'autre, fourrageant et payant tour à tour, et qu'il était parvenu enfin à gagner la route de Verdun, où il espérait me retrouver.

Pendant cette scène d'explication, notre hussard était entré à Verdun pour nous faire préparer un logement ; mais la foule y était si grande, qu'il reconnut bientôt l'impossibilité d'arriver à son but par l'intervention de l'autorité légale, aussi eut-il recours à un autre moyen. Ayant remarqué dans une maison de belle apparence des préparatifs de départ, il vint au-devant de nous et nous fit arrêter devant cette maison. Bientôt une voiture remplie d'officiers prussiens sortit de la cour, et Liseur y fit aussitôt entrer les nôtres en dépit des protestations d'une vieille femme de charge. En moins d'une minute les chevaux furent dételés et conduits à l'écurie, et nous nous installâmes dans la maison qui appartenait à un émigré chevalier de Saint-Louis, et très-peu disposé à faire bon accueil à des alliés réduits à faire retraite.

Le 10 octobre.

J'étais sorti pour aller voir la ville; en traversant une des rues encore dépavées, je vis une charmante jeune fille qui regardait par la fenêtre, je demandai son nom au jeune homme qui me servait de guide, il me le dit, puis il ajouta:

— C'est une de celles qui ont offert des fleurs et des fruits au roi de Prusse, sa famille croyait déjà remonter sur ses grands chevaux; mais le vent a tourné, toutes ces petites filles n'ont qu'à prendre garde à elles, si elles veulent garder leurs têtes sur leurs épaules.

Et il disait cela aussi tranquillement que s'il se fût agi de la chose la plus simple du monde.

De retour dans la maison du chevalier de Saint-Louis, j'y trouvai une ordonnance du commandant de place, chargée de me dire qu'il fallait nous apprêter à quitter Verdun dès le lendemain matin. Je lui objectai que nous avions des malades avec nous; il me répondit que c'était une raison de plus pour partir, puisque l'ordre était donné de vider, pendant la nuit, les hôpitaux et les ambulances. Cette décision nous désola, car nous y vîmes la preuve que nous nous étions vainement flattés de conserver Verdun, Longwy et plusieurs autres forteresses, pour y prendre nos quartiers d'hiver et recommencer la campagne au printemps prochain. Pour achever de nous convaincre que nos craintes n'étaient que trop fondées, une seconde ordonnance vint nous dire que ce n'était pas le lendemain matin, mais à deux heures après minuit qu'il fallait quitter Verdun. Il n'y avait plus lieu de douter que la ville allait être immédiatement rendue aux Français.

Pour chasser les tristes réflexions que je ne pouvais m'empêcher de faire sur les conséquences de notre campagne, j'ouvris la bibliothèque qui se trouvait dans une de nos chambres; elle était presque entièrement composée de brochures in-quarto, j'en feuilletai quelques-unes, et je vis avec surprise que l'émigré devenu malgré lui notre hôte, avait fait partie de l'assemblée des notables de 1787. Les brochures contenaient les instructions aux membres de cette assemblée, et me prouvaient qu'ils ne devaient demander, qu'avec une modération respectueuse, des réformes aussi justes qu'indispensables. Frappé du contraste de la situation de la France de cette époque, avec celle où nous nous trouvions et qui en était si peu éloignée, je parcourus une de ces brochures avec émotion et je me promis de l'emporter.

Le 11 octobre.

Nous étions prêts à partir à l'heure indiquée, mais nos voitures arrêtées sous la porte cochère ne pouvaient sortir, car le convoi des malades encombrait la rue. Pendant que nous nous consultions sur le moyen de trouver une place à la file de ce convoi, notre hôte passa près de nous et se glissa dans la rue sans nous saluer, ce qui nous offensa d'abord; mais en voyant son domestique le suivre de près avec un petit paquet attaché au bout d'un bâton, nous ne pûmes nous empêcher de le plaindre. L'infortuné chevalier de Saint-Louis, qui croyait avoir retrouvé sa patrie, sa famille et ses foyers, se voyait de nouveau forcé de tout abandonner.

Grâce à l'adresse de Liseur, nous parvînmes à entrer dans la file des voitures chargées de malades; on marchait lentement, mais enfin on marchait, et au point du jour nous étions sortis de la ville. Il est impossible de s'imaginer une scène plus tumultueuse et plus confuse que celle qui alors s'offrait à notre vue.

Une foule d'hommes à cheval et à pied, et d'innombrables voitures de tout genre, parmi lesquelles je reconnus les carrosses dorés et armoriés des émigrés, que j'avais vus campés dans la prairie de Grevenmacher, suivaient une route étroite et bordée de fossés remplis d'eau, dans lesquels le moindre obstacle pouvait les faire tomber; aussi ne recula-t-on devant aucune considération pour éviter ce malheur. Un seul exemple suffira pour le prouver : Un des quatre chevaux d'un fourgon venait de tomber; on coupe les traits pour le laisser sur la route, mais les trois chevaux ne peuvent plus traîner leur charge, et on les précipite dans le fossé avec le fourgon. Tout cela s'est fait sans bruit et si rapidement que le convoi n'a éprouvé aucun retard, et les roues du fourgon suivant ont broyé les os du pauvre cheval qui venait de faire un mouvement pour se relever.

Une partie des cavaliers et des piétons qui avaient été assez prudents pour ne pas s'engager sur cette route, suivaient le convoi à travers les prairies; malheureusement un danger presque aussi grave les attendait là, car le sol était si mouvant que plus d'un de ces malheureux s'y est embourbé, et personne ne prêtait secours à personne, chacun ne pensait qu'à soi. Ces mêmes prairies étaient jonchées de chevaux morts depuis longtemps : rien de plus naturel, c'étaient les traces de notre premier passage; mais ce qui me fit frémir, c'est que les parties charnues avaient été soigneusement enlevées: quel affreux témoignage de la misère générale !

Vers midi, nous arrivâmes enfin à Étain, jolie petite ville que notre passage encombra en peu d'instants au point, que toutes les rues et la grande place elle-même, offraient l'image d'un désordre dont l'aspect frappait de vertige; jamais de ma vie je n'avais rien vu de semblable ! Le mouvement qui s'opérait autour de moi, ne peut être comparé qu'à celui d'un fleuve débordé qui, après s'être étendu sur un vaste terrain, se trouve tout à coup resserré entre les arches d'un pont.

La confusion dépassait tout ce que l'on en pouvait dire, lorsque Liseur, qui nous avait quittés à l'entrée de la ville, vint faire sortir ma calèche et notre carrosse de la file des voitures, et les fit arrêter devant la plus belle maison de la place. Le maître et la maîtresse de cette maison, arrêtés sur le seuil de la porte, dans une attitude respectueuse, nous introduisirent cérémonieusement dans une chambre basse fort bien meublée. Un feu ardent pétillait dans une cheminée en marbre noir, surmontée d'une grande glace. Je n'y jetai cependant qu'un regard fugitif, car je me faisais peur à moi-même; mes longs cheveux que je n'avais pu me résoudre à faire couper, ressemblaient à une quenouille de chanvre embrouillée, et ma barbe inculte achevait de me donner un air sauvage. A peine avions-nous eu le temps de nous réchauffer, qu'on nous servit un excellent dîner assaisonné de vins exquis. Malheureusement une scène déchirante ne tarda pas à troubler mon bonheur :

Le fils de nos hôtes, ardent et beau jeune homme, entraîné par l'exaltation générale, s'était enrôlé dans la garde nationale de Paris, où sa valeur l'avait fait distinguer. Au moment où les alliés étaient entrés en France avec les émigrés, si follement certains d'une prochaine et complète victoire, les parents du jeune patriote l'avaient sommé de renoncer à ses coupables erreurs, et de revenir à l'instant même, pour se joindre aux émigrés et combattre avec eux pour la bonne cause. Subjugué par la piété filiale, l'infortuné quitte Paris, et arrive à Étain, au moment où cette ville est envahie par les alliés et les émigrés en pleine déroute. Il se fait jour à travers la foule et se présente dans la maison paternelle, où, à la joie de le revoir, se mêle la douleur d'être forcés de le faire partir aussitôt. Déjà son nom est inscrit à Paris, sur la liste des traîtres à la patrie, et la famille à laquelle il a sacrifié les convictions qui l'attachent au système nouveau et lui font abhorrer le parti qu'on lui a ordonné de défendre, n'a plus d'asile à lui offrir ! Les malheureux parents le retiennent et le chassent tour à tour, lui-même ne sait plus que faire, que dire; les embrassements deviennent des reproches, les adieux des cris de désespoir, la séparation est une scène de délire !

Et tout cela, s'était passé dans le vestibule de notre chambre dont la porte était restée ouverte.

Les parents venaient de se retirer en pleurant lorsqu'un événement d'un autre genre, me mit personnellement dans un pénible embarras. Un fermier et sa nombreuse famille vint se jeter à mes pieds en implorant mon secours. Pendant que le fermier me racontait avec toute l'éloquence du désespoir, que des soldats prussiens lui avaient enlevé tous ses bestiaux, Liseur me tira à l'écart et me dit tout bas:

— Pour vous assurer une bonne réception dans cette maison, je vous ai fait passer pour le beau-frère du roi de Prusse; il est vrai que je ne m'attendais pas à vous voir assailli par cette bande de paysans, mais que cela ne vous inquiète pas, adressez-leur quelques paroles gracieuses, je me charge du reste.

Que pouvais-je faire ? Décliner mon nom et causer ainsi un scandale inutile, déplacé même, puisque la ruse est une vertu à la guerre ? Me donnant des airs de prince, je congédiai ces braves gens avec des paroles et surtout une pantomime, dans lesquelles ils pouvaient voir les plus belles promesses du monde.

Immédiatement après cet incident, nous nous remîmes en route. A Sebincourt, où nous n'arrivâmes que bien avant dans la nuit, il nous eût été impossible de trouver un souper ni même un logement, si l'adroit Liseur n'avait pas eu recours à la même ruse qui lui avait si bien réussi à Etain. Une douzaine d'émigrés cédèrent galamment au beau-frère du roi de Prusse et à sa suite, la chambre à deux lits dont ils s'étaient emparés, et même le repas qu'on allait leur servir

CAMPAGNE DE FRANCE.

Le 12 octobre.

La route que nous suivîmes ce jour-là était encore plus désolante que celle de la veille, partout des chevaux tombés et des voitures renversées! Le corps des émigrés avait été obligé d'abandonner ses fourgons de bagages; les soldats d'infanterie qui les suivaient de près, regardèrent d'abord par curiosité dans ces fourgons; y voyant plusieurs petites caisses fort lourdes, ils s'en emparèrent et les portèrent péniblement jusque sur une petite éminence où ils en firent l'ouverture. Quelle ne fut pas leur déception lorsqu'au lieu d'or ou d'argent, ils ne trouvèrent qu'une grande quantité de jeux de cartes ! C'est cet incident, sans doute, qui a fait courir le bruit que, pendant leur retraite, les Prussiens s'étaient mis à piller les émigrés.

Nous continuâmes à nous avancer vers Longwy, en passant par Longuion. Le beau ainsi que l'horrible, lorsqu'il se présente sans cesse à notre imagination, ne l'impressionne plus avec la même force; il est donc bien naturel que j'aie fini par regarder avec moins d'émotion les tristes tableaux dont j'étais entouré.

Le 13 octobre.

Notre rusé hussard nous avait déjà parlé bien des fois et avec emphase de ses riches parents établis dans cette contrée, et pour nous prouver qu'il ne nous avait point trompés, il nous fit passer par une jolie petite ville nommée Arlon. Nous y fûmes parfaitement reçus chez de fort honnêtes gens, très-heureux de revoir leur cousin en aussi bonne compagnie, et chargé d'une importante mission ; car le drôle leur avait fait accroire que nous étions de très-hauts personnages, que nous possédions de très-grandes sommes d'argent; et que connaissant sa prudence, son adresse et son courage, on l'avait chargé de nous guider et de veiller sur nous.

Pendant que nous déjeunions avec des viandes froides et d'excellent vin, plusieurs voitures vinrent s'arrêter presque sous nos fenêtres. Étonné de leur forme singulière, je demandai à mes hôtes à quel usage pouvaient servir ces espèces de caissons, si longs et si hauts. Après une courte hésitation, ils m'apprirent, confidentiellement, que ces voitures contenaient les machines avec lesquelles les émigrés fabriquaient de faux assignats, que, depuis leur entrée en France à la suite des alliés, ils avaient répandus à profusion. Cette manœuvre achevant de discréditer les assignats, portait le désordre et la confusion dans les opérations commerciales les plus importantes comme les plus minimes; car il était difficile de distinguer les faux assignats des véritables qui, eux-mêmes se dépréciaient chaque jour. Aussi personne ne connaissait-il plus la véritable valeur du papier qu'il recevait ou qu'il donnait. Malgré tant de calamités diverses qui pesaient sur tout le monde, nos hôtes parlaient et agissaient avec une dignité calme et bienveillante, dont j'avais déjà remarqué le reflet dans les drames français qui peignent la vie bourgeoise. Notre Allemagne n'offre aucun exemple d'une pareille manière d'être et de sentir. La *petite ville* française peut être ridicule, cela est possible; mais il est certain que les habitants d'une petite ville allemande sont absurdes.

Le 14 octobre.

Au sortir d'Arlon, nous eûmes enfin le plaisir de nous trouver sur une belle grande route, que nous suivîmes jusqu'à Luxembourg, et nous entrâmes dans cette forteresse, ordinairement si bien gardée, comme on entre dans un village. Dans cette ville aussi tout était encombré de malades, de blessés et de personnes qui avaient besoin de se remettre de leurs fatigues, ce qui nous mit dans la nécessité de nous séparer et de chercher à nous caser chacun de notre côté. Avant de nous quitter, pour aller voir son père et sa mère établis à Luxembourg, Liseur m'installa dans une petite chambre donnant sur une cour étroite; les fenêtres de cette chambre étant fort grandes, elle se trouvait suffisamment aérée.

Là, seulement, je pus enfin ouvrir mes malles et passer en revue, mon argent, mes effets et mes manuscrits. Je commençai par la théorie des couleurs, me promettant d'étendre mes expériences et de perfectionner la méthode. Quant à mon journal, je ne voulais pas même y jeter les yeux, il ne pouvait que me rappeler les calamités de notre désastreuse campagne; et je voulais oublier la guerre et ses conséquences. Tant que je restais chez moi cela était possible, mais dès que je sortais, je me retrouvais au milieu du tumulte; et je sortais souvent, car je voulais connaître dans tous ses détails, cette ville de Luxembourg qui est bien la plus singulière localité du monde.

Un ruisseau nommé Petrus qu'on voit bientôt se joindre à l'Else qui vient au-devant de lui, entoure de ses méandres un échafaudage de roches échelonnés sur une vaste étendue de terrain. L'ancienne ville qui s'élève sur la rive gauche ressemble à toutes les villes fortifiées. Pour la garantir du côté de l'ouest, on construisit des remparts dans les bas-fonds où serpente la rivière. Mais à mesure que la stratégie s'est perfectionnée, on a compris que pour protéger la ville au sud, au nord et à l'est, il fallait élever des bastions sur la rive droite de la rivière et sur les sommets des rochers qui la bordent irrégulièrement. Comme chacun de ces bastions en demandait un autre pour le protéger, on finit par construire un véritable labyrinthe de redoutes, de bastions, de demi-lunes, de retranchements et de tenaillons. Et au milieu de tous ces moyens de défense, chaque petit espace resté vide, a été taillé en terrasse et converti en jardins qui entourent de jolies petites maisons de plaisance.

Tout ceci est à la fois si grandiose et si gracieux, si grave et si souriant, qu'on ne saurait assez regretter que le pinceau d'un Poussin, ne se soit pas appliqué à en reproduire quelques points.

Les parents de mon malin hussard, possèdent un de ces jardins suspendus où je pouvais aller me promener tous les jours; je profitai de cet avantage, car cette partie de la ville est un véritable Élysée. On l'appelle la Vallée des Prêtres, l'église et le monastère qui se cachent dans un bas-fond, justifient ce titre, et l'on aurait la conviction que les habitants laïques aussi, jouissent là d'un repos profond et d'une sainte paix, si en élevant ses regards vers les hauteurs, on n'y voyait pas les sinistres insignes de l'abus de la force, de la destruction, d la guerre enfin !

Le 16 octobre.

L'inimaginable variété des constructions de défense qui, à chaque pas, changent de forme et d'aspect et dont la plupart sont unis entre eux par des ponts-levis, des galeries suspendues et autres moyens de communication extraordinaires, tout cela réveilla en moi le besoin de reproduire, à l'aide du crayon, ce qui avait fr ppé mes yeux, malheureusement il était défendu de dessiner n'importe quel point des fortifications.

Pendant mon séjour à Luxembourg, j'avais eu le temps de classer le passé, mais l'avenir devenait toujours plus incertain et plus sombre. On savait enfin que, pour sauver leurs personnes et le reste de leur armée, le roi de Prusse et le duc de Brunswick, avaient conclu un traité honteux avec des hommes que, dans son manifeste, le duc avait qualifiés de monstres et voués à l'exécration publique. Une sourde fureur s'était emparée de la plupart des têtes, j'ai vu plusieurs de mes amis sur le point de devenir fous. Nous étions tous plus ou moins dans cette disposition d'esprit, lorsque nous reçûmes l'ordre de quitter Luxembourg pour nous rendre à Trèves.

En passant par Grevenmacher, je vis la prairie, où naguère étincelaient les carrosses dorés des émigrés, couverte de chevaux morts et de débris de fourgons. La boîte de la poste aux lettres était toujours là, mais une nobles ivre d'espérance ne faisait pl foule autour de cette boîte pour y jeter l'annonce de son prochain retour en France.

De sinistres pensées s'étaient emparées de moi, un rayon de soleil les dissipa, car ce rayon éclairait le monument d'Ygel, qui brillait devant moi comme un phare lumineux devant le navigateur égaré au milieu des ténèbres de la nuit.

Jamais, encore, je n'ai mieux compris la puissance de l'antiquité qu'en face de ce monument. Quel contraste entre le présent et l'époque où il fut construit! Cette époque aussi était celle de la guerre, mais d'une guerre victorieuse, civilisatrice et répandant à pleines mains la gloire et la prospérité. Quoique cette époque fût celle des Antonins, l'art était encore dans toute sa perfection; aussi ce monument produit-il un effet à la fois sévère et gracieux; et les détails, quoique fort endommagés, retracent les scènes les plus joyeuses d'une vie active. L'ensemble unit et confond la vie et la mort, le présent et l'avenir; *faire admirable* des anciens qui s'est longtemps conservé dans le monde artistique.

La hauteur du monument ne dépasse pas soixante-dix pieds, il s'élève en forme d'obélisque, et se sépare en quatre divisions architectoniques. Lorsqu'on le suit du regard depuis sa base, on voit d'abord un socle qui porte les masses principales, puis un attique surmonté d'un fronton, et puis une pointe bizarrement tournée et supportant les restes d'un globe et d'un aigle. Des images et des ornements décorent chaque division, ce qui indique une époque déjà loin de la véritable antiquité, car les images et les ornements ne paraissent que lorsque la perfection de la beauté de l'ensemble disparaît; et sous ce rapport, le monument d'Ygel n'est pas sans reproche.

On n'en reconnaît pas moins que cette œuvre est basée sur une perfection artistique tout récemment altérée. Ces images portent le cachet du sentiment antique qui aime à représenter la vie réelle en la parfumant d'allusions mythologiques. Dans le champ principal, un homme et une femme, de dimensions colossales, se donnent la main devant un troisième qui, quoique à demi effacé, a l'air de les bénir.

Ce groupe se trouve entre deux pilastres ornés d'enfants qui dansent. Toutes les autres surfaces représentent des scènes de famille dont l'activité est le génie dominant. Sans oser les interpréter toutes, je dirai que dans quelques-unes, des commerçants intelligents semblent s'être réunis pour parler d'affaires ; dans d'autres on voit un navire chargé de marchandises et entouré de dauphins, des ballots ouverts aux regards des acheteurs, des chevaux de somme, etc. Au milieu d'un zodiaque, galope un cheval qui autrefois sans doute, traînait un char ; les frises et autres espaces sont ornés de divinités et d'emblèmes appropriés à la place qu'ils occupent.

Vu l'état où se trouvent aujourd'hui l'architecture et la sculpture, on pourrait, en imitant l'esprit de cette construction, élever à nos plus grands contemporains, un monument digne d'eux. Me souvenant que c'était l'anniversaire du jour de naissance de la duchesse douairière Amélie, ma pensée lui consacra un obélisque semblable, dont je décorai les surfaces de scènes propres à caractériser la haute instruction, les vues élevées et les vertus privées de cette princesse.

Trèves, le 25 octobre.

La maladie contagieuse si funeste à notre armée, ne m'avait pas entièrement épargné, aussi avais-je besoin de repos et de médicaments ; l'un et l'autre m'attendaient à Trèves.

Quelques jours passés dans cette ville et dans une retraite absolue, avaient suffi pour me rétablir et je me mis aussitôt à rédiger mes observations d'optique, travail pour lequel j'avais besoin du dictionnaire de physique de Fischer. Je n'en possédais plus que deux volumes, car j'avais confié le troisième à la garde de la servante avec laquelle je m'étais trouvé dans le chariot de cuisine.

A force de recherches, je parvins à retrouver cette fille dans un monastère converti en hôpital. Elle était trop faible encore pour me parler, mais dès qu'elle me reconnut, elle retira mon livre du chevet de son lit et me le remit. J'aime à croire, qu'à ma recommandation, on aura redoublé de soins pour elle.

Un jeune maître d'école dont le hasard m'avait fait faire la connaissance, m'apportait tous les jours les journaux qui venaient de paraître ; et comme j'aimais à causer avec lui, il fut bien étonné de me voir si indifférent à la poésie et si empressé à étudier et à observer les phénomènes de la nature. Nos entretiens ne tardèrent pas à me prouver qu'il s'adonnait à la philosophie de Kant, et je m'efforçai alors de le jeter sur la route que je suivais moi-même.

Selon moi, Kant, dans son examen de l'entendement, appuie l'entendement esthétique sur celui de la théologie, pour nous prouver qu'il faut voir dans une œuvre d'art une œuvre de la nature, et dans une œuvre de la nature une œuvre d'art ; et que, par conséquent, le mérite de chacune d'elles doit se développer de sa propre essence et n'être considéré que sous le point de vue de sa spécialité. En traitant de semblables matières, je devenais facilement éloquent, et je crois avoir dit à ce jeune homme beaucoup de choses qui ont pu lui être utiles.

Chaque époque amène avec elle les vérités et les erreurs d'un passé plus ou moins éloigné; les esprits vifs, il est vrai, se frayent une route nouvelle, mais ils sont forcés d'y marcher longtemps seuls ou de traîner de distance en distance quelques enfants perdus à leur remorque.

Dès que je sortis de mon paisible réduit, je me croyais en plein moyen âge; partout les insignes de la vie claustrale se confondaient avec le tumulte sauvage de la guerre. Dans l'intérieur des familles on n'entendait parler que des calamités causées par les faux assignats des émigrés, car tout le monde se trouvait plus ou moins enveloppé dans une ruine qui paraissait devenir générale. A la table d'hôte où je prenais mes repas, les convives gardaient un douloureux silence ou s'exprimaient avec une aigreur désespérante.

Pendant un de ces lugubres dîners je devins le héros d'une scène très-attendrissante. Un vieil officier de hussards me prit tout à coup par la main et me demanda si, en effet, j'avais partagé tous les maux que notre armée venait d'éprouver. Pour toute réponse je lui racontai quelques anecdotes sur la journée de la canonnade de Valmy, il devina le reste.

— C'est assez, s'écria-t-il avec un enthousiasme chaleureux, c'est trop déjà d'avoir exposé à des calamités aussi terribles qu'infructueuses des guerriers de profession, mais il est impardonnable d'avoir fait partager ces calamités à un homme tel que vous.

La manière avec laquelle il continua à s'exprimer à mon égard était si flatteuse, que je la passe sous silence. J'ajouterai seulement que je cherchai à le consoler en lui assurant gaiement que je ne regrettais pas ce que j'avais souffert, puisque dans cette circonstance je n'avais pas été complètement inutile à mon prince. Et comme il persistait dans ses lamentations, un autre convive l'interrompit en disant qu'au lieu de tant me plaindre, il fallait me remercier d'avoir eu le courage d'assister à tant de graves et terribles événements, que ma plume ne tarderait sans doute pas à faire connaître sous leur véritable jour.

— Ne vous en flattez pas, répondit mon vieil admirateur, il ne voudra pas se borner à écrire ce qu'on lui permettrait de dire, et il est trop prudent pour dire ce qu'il sait.

Le mécontentement général se manifestait toujours plus hautement, et la confiance que depuis plusieurs années on avait eue dans la capacité du duc de Brunswick, semblait perdue pour toujours.

La nouvelle que le général Custine s'était emparé du grand dépôt d'armes et de vivres de Spire, et qu'il avait forcé Mayence à lui ouvrir ses portes, n'était pas de nature à calmer les esprits ; et déjà on regardait comme au pouvoir des Français, les villes de Coblentz, Francfort, Hanau, Cassel ; ce qui ne pouvait manquer de rendre le retour dans nos pays sinon impossible, du moins très-difficile.

Au milieu de la consternation causée par cette nouvelle, je reçus une lettre de ma mère, écrite depuis longtemps et qui n'avait pu m'être remise en France. J'appris ainsi que mon oncle Textor venait de mourir, et que ma mère avait été chargée de me demander si je consentirais à le remplacer, dans le cas où la boule d'or m'appellerait à la charge de sénateur.

A la lecture de cette lettre, mille images, mille pensées diverses étaient venues s'emparer de moi et je m'y abandonnai comme un malade s'abandonne aux contes fantastiques qu'on lui débite pour soulager sa douleur. Tantôt mon imagination me transportait dans le jardin de mon grand-père, si riche en pêches que je laissais mûrir, parce que j'en recevais ma part de la main du vénérable aïeul ; tantôt je le voyais occupé autour de ses rosiers, les mains abritées contre les épines, par les gants antiques si solennellement offerts par les cités commerçantes, pendant la cérémonie qui précède l'ouverture de nos foires. Puis il m'apparaissait dans le costume de prévôt, décoré de sa chaîne d'or et assis sur un siége en forme de trône sous le portrait de l'empereur ; parfois même, je le voyais dans son fauteuil de malade et bientôt après dans son cercueil !

A ces souvenirs d'enfance succédèrent des craintes douloureuses pour l'avenir de ma ville natale, exposée à toutes les calamités que j'avais vues fondre sur Longwy et sur Verdun. Ce ne furent cependant pas ces craintes qui me décidèrent à refuser la charge que l'on m'offrait. J'avais, depuis dix ans, le bonheur de posséder la confiance du duc de Weimar ; grâce à l'indulgence de ce prince à qui la nature avait prodigué tous ses dons, il était satisfait de mes faibles services, et sa bonté l'engageait à m'accorder tout le temps dont j'avais besoin pour développer mes dispositions littéraires et artistiques, ce qui, dans toute autre position, m'eût été impossible. Aussi ma reconnaissance était-elle aussi illimitée que mon attachement à la personne du prince, à sa famille et à son pays, auquel j'avais déjà eu quelquefois l'occasion d'être utile. Ce fut en ce que j'écrivis à ma mère qui, au reste, s'attendait à un re... dont elle appréciait les motifs.

Mon jeune maître d'école, qui connaissait parfaitement la ville et son histoire, s'y promenait avec moi, toutes les fois que le temps nous le permettait, et ces excursions me furent aussi agréables qu'utiles.

Trèves a un cachet particulier qu'elle doit au grand nombre de ses édifices religieux, l'intérieur de cette ville est pour ainsi dire surchargé d'églises, de monastères et de collèges; à l'extérieur, les abbayes, les chapitres, les couvents, la bloquent, l'assiègent. A côté de ces témoins d'une ancienne puissance cléricale qui s'étendait sur Metz, Toul et Verdun, le pouvoir temporel de l'archevêque, Electeur de Trèves, se manifeste par des palais splendides dignes d'un prince qui règne sur une vaste étendue de pays. L'origine de cette ville se perd dans des traditions fabuleuses, mais il est certain que la beauté et la fertilité du pays, ont de bonne heure décidé des colonies nomades à s'y fixer.

Les Trévires, premiers habitants connus de cette contrée, firent partie de l'empire romain; d'abord païens, puis chrétiens, ils subirent le joug des Normands et des Francs, et finirent par être enclavés dans l'empire allemand. Au milieu de ces changements, ils ont conservé la réputation d'un peuple bienveillant et joyeux. J'ai retrouvé chez eux des traces de la première qualité, la seconde avait entièrement disparu. Au reste, comment la joie aurait-elle pu trouver place au milieu d'un aussi pénible état de choses?

Le pays de Trèves, cependant, était accoutumé aux horreurs de la guerre. Attila avait fait de la vallée de la Moselle, le théâtre de son invasion et de sa retraite; et combien de désastres cette contrée n'a-t-elle pas éprouvés depuis la guerre de Trente ans jusqu'à la fin du xviie siècle? Les dissensions intestines ont aussi plus d'une fois affligé la ville de Trèves, ainsi que cela n'arrive que trop souvent dans les résidences épiscopales, où les citoyens ne peuvent pas toujours vivre en paix, avec des autorités qui exercent en même temps le pouvoir spirituel et le pouvoir temporel. Il paraît que ces bonnes gens retrouvent leur gaieté avec la paix; puissent l'une et l'autre leur être bientôt rendues!

Les édifices de la ville appartiennent à diverses époques; tous sont curieux, mais fort peu satisfaisants sous le rapport artistique. Les restes d'un amphithéâtre romain m'ont paru fort respectables; c'est tout ce que je puis en dire, car cet édifice, écroulé depuis plusieurs siècles, a servi de carrière aux constructions du moyen âge. Lorsqu'on dépasse les premières collines du mont Martin, où gisent ces ruines, le regard plane au-dessus des reliques des saints et de leurs dômes, pour s'arrêter sur le mont Apollon, où les dieux du paganisme perpétuent leur souvenir. Tout en contemplant ce tableau, j'admirai l'heureuse situation de la ville, son pont, ses moulins, et surtout ses vignes; leur vue me fit éprouver ce sentiment de bien-être qu'on respire avec l'air des pays vignobles.

Toujours plein de sollicitude pour son régiment, le duc de Weimar avait pris le parti de louer un bateau de transport, afin de conduire nos malades à Coblentz aussi commodément que possible. Cet exemple me suggéra l'idée de quitter Trèves par une voie semblable, et je louai un canot sur lequel je m'embarquai dès le lendemain matin.

Je m'étais, à regret, séparé de ma chaise, mais on m'avait promis de me l'envoyer à Coblentz. Un officier prussien que j'avais connu page à la cour du duc de Weimar, et qui prétendait se souvenir de la manière gracieuse dont il me présentait le café, m'avait prié de l'accepter pour compagnon de voyage, ce que je fis avec beaucoup de plaisir.

Le temps était passable et je sentais d'autant plus vivement les avantages du parti que j'avais pris, que sur la route qui cotoie la rivière, je voyais nos colonnes s'avancer péniblement et s'embourber très-souvent. Pour comble de malheur, ces braves soldats ne pouvaient pas espérer de se reposer la nuit dans un logement passable, car la retraite se faisait avec tant de précipitation, que chaque corps de troupe trouvait toutes les places prises par ses devanciers.

Les rives de la Moselle, qui se dessinaient devant moi pendant ce trajet, étaient aussi variées que gracieuses. La rivière persiste opiniâtrément à courir du sud-est vers le nord-ouest ; mais comme elle traverse des contrées hérissées de montagnes, elle est forcée de se diriger tantôt à droite, tantôt à gauche, pour tourner les pointes de rochers qui viennent successivement s'opposer à son passage. Pour naviguer sur une pareille rivière, il faut un batelier robuste et habile, le nôtre ne manquait ni d'adresse ni de force ; et nous passâmes rapidement devant de nombreux villages habités par des populations joyeuses, et entièrement adonnées à la culture de la vigne. Ici cette plante croît jusque sur les rochers les plus escarpés, et produit des qualités de vins justement célèbres.

Notre navigation continua avec bonheur jusqu'à la chute du jour, mais dès que la nuit fut venue, nous nous trouvâmes égarés dans les circuits de la rivière, et entourés de toutes parts de masses de rochers plus ou moins élevés. Pour surcroît de malheur, une tempête, qui depuis longtemps s'était annoncée par des bouffées irrégulières, éclata tout à coup. Les vagues se soulevèrent et se croisèrent rapidement au-dessus du canot, qu'elles inondaient en retombant avec fracas. Bientôt nous fûmes mouillés jusqu'aux os, et notre pauvre batelier, qui avait cherché d'abord à nous cacher son embarras et sesc raintes, fut forcé de nous avouer qu'il ne savait plus où il était, ni de quel côté il fallait se diriger.

Mon compagnon garda un morne silence ; de mon côté, je m'aperçus, malgré les ténèbres, que des masses plus sombres et plus épaisses que des nuages, se dressaient au-dessus de nos têtes; je n'en dis rien, car ce n'était là ni une consolation ni une espérance. Après avoir été pendant plus d'une heure ballottés au hasard, au milieu d'une obscurité profonde, une lumière nous apparut enfin dans le lointain. Le batelier rama de toutes ses forces de ce côté, mon brave Paul le seconda de son mieux, et bientôt nous débarquâmes sans accident à Trarbach, où il n'y a qu'une méchante petite auberge.

Heureusement, un jeune marchand, instruit de notre arrivée tardive et du danger que nous avions couru, vint nous prendre et nous conduisit chez lui. Sa femme nous accueillit de la manière la plus affable ; les appartements étaient aussi bien éclairés que richement décorés. Dès que nous fûmes séchés, on nous servit un splendide souper et d'excellent vin de la Moselle.

Quoique touché de cette gracieuse hospitalité, je ne songeai qu'à me rembarquer le plus tôt possible, et notre aimable hôte chercha vainement à me retenir pour un jour au moins en me promettant toutes sortes de distractions et de plaisirs. C'est une des plus singulières particularités de notre nature que de s'accoutumer aussi facilement au repos et à la stabilité qu'au mouvement et au changement. Dominé par un irrésistible besoin d'aller en avant, je retournai, dès le point du jour, au canot où notre hôte avait fait porter deux matelas tout neufs dont sa femme ne se séparait qu'à regret, car qui pouvait lui répondre que je n'oublierais pas de les renvoyer ?

Nous arrivâmes sans accident à Coblentz où ma navigation se termina en m'offrant un des plus magnifiques points de vue que la nature et l'art puissent produire.

À mesure qu'on s'approche du pont de la Moselle, ce

noir édifice se présente dans son majestueux ensemble, tandis qu'à travers ses arcades, on voit la vallée avec ses maisons de campagne et le château d'Ehrenbreitstein, et à droite la ville de Coblentz, qui se prolonge jusque sur le pont et forme un fond imposant à ce superbe tableau, dont malheureusement on ne jouit que pendant quelques minutes, car il disparait dès que le bateau touche à la rive.

A peine avais-je mis pied à terre, que je fis consciencieusement porter les deux matelas chez les personnes que mon digne hôte de Trarbach m'avait désignées comme pouvant facilement les lui faire parvenir, puis j'entrai dans Coblentz, où je trouvai un asile aussi agréable que commode, dans le superbe logement qu'on y avait préparé pour le duc de Weimar.

Pendant mon séjour à Coblentz, je fis de nombreuses remarques concernant mes études chromatiques, ce qui me fit espérer que je pourrais unir entre eux les divers phénomènes physiques que j'avais observés, et que je parviendrais à les séparer de ceux avec lesquels ils n'avaient qu'une affinité éloignée.

Après un court séjour à Coblentz, le régiment de Weimar, reçut l'ordre de passer le Rhin, et le duc se disposa à le suivre de près avec toute sa suite. Je frémissais à la seule pensée de me retrouver de nouveau sur le théâtre de la guerre ; et dominé par le besoin de me reposer dans la société d'amis paisibles, je me rendis à Pempelfort, après en avoir obtenu la permission de mon souverain.

Depuis plusieurs années déjà, j'étais séparé des amis que je venais de prendre la résolution d'aller voir ; ils étaient toujours restés fidèlement enfermés dans leur genre de vie et dans leurs habitudes, tandis qu'une destinée particulière et des épreuves de tout genre, m'avaient rendu méconnaissable même pour mes meilleurs amis.

Il est toujours difficile de se rendre compte des diverses époques de sa vie, qui tantôt nous semble progressive et tantôt rétrograde. J'essaierai cependant de donner quelques explications à ce sujet.

L'homme ne peut obtenir l'affection des autres hommes qu'autant qu'il le désire ardemment, car ce désir prouve qu'il a un cœur aimant et qu'il voudrait que celui des autres fût de même. Dans ma première jeunesse je ne me suis que trop abandonné à ce désir, depuis je l'ai combattu et remplacé par la recherche d'une satisfaction pleine et finale. Mon séjour en Italie, m'a détaché de toutes les vues rétrécies, et élevé au-dessus de tous les faux désirs, en ne me laissant que celui de connaître l'art lui-même. L'étude de l'art ancien, comme celle des auteurs anciens, conduit au contentement de soi-même, car elle remplit l'âme de grandes images et de sentiments élevés; et l'on se met à travailler seul et en silence, à un bonheur qu'on trouve rarement l'occasion de faire partager. D'un autre côté, mon penchant pour la nature vers laquelle mon individualité me poussait avec une force irrésistible, acheva de m'éloigner du monde. Ne trouvant dans ce genre d'étude ni maître ni compagnon, je fus obligé de chercher tout en moi-même, dans la solitude des forêts et des jardins, dans les ténèbres des chambres obscures; et je me serais alors complétement isolé, si de douces relations domestiques n'étaient pas venues à mon secours. Ce fut à cette époque que je composai les *Épigrammes vénitiennes* et les *Élégies romaines*.

En assistant d'après les ordres de mon souverain à la campagne de Silésie, et au congrès de Reichenbach qui termina cette campagne, je pris un avant-goût des opérations guerrières et j'acquis au milieu d'agréables distractions, une très-grande expérience. Pendant ce temps, les bouleversements qui agitaient la France s'étendaient toujours plus au loin, et les esprits les plus accoutumés à ne s'exercer que dans le domaine des idées, étaient ramenés sur le sol de l'Europe où la plus cruelle réalité venait s'imposer à eux. Alors mon devoir m'a fait une loi de suivre mon souverain dans une campagne d'abord difficultueuse, et qui a fini par nous plonger dans un abîme de maux. Malgré la modération et la réserve que j'ai mises dans la peinture de cette campagne, elle prouvera à mes lecteurs que de telles situations auraient pu étouffer complétement tout ce qui pouvait me rester encore de sentiments affectueux, de penchants délicats et tendres.

Par ce retour sur moi-même, j'espère avoir rendu moins énigmatique, la situation que je vais esquisser, sur des notes fugitives, écrites depuis bien des années sous l'impression du moment, et que j'ai eu le courage difficile de ne pas mettre en harmonie avec mes manières de voir et mes convictions actuelles.

Pempelfort, novembre 1792.

Il faisait déjà nuit lorsque j'arrivai à Dusseldorf, et c'est à l'aide de lanternes, que je me fis conduire à Pempelfort.

A la surprise de ma brusque arrivée succéda l'accueil le plus amical, et une partie de la nuit s'écoula en douces causeries. Le lendemain, la malheureuse campagne de France ne nous fournit que trop de sujets de conversation. Personne encore n'en avait supposé les résultats aussi déplorables qu'ils l'étaient en effet, et personne surtout, n'osait avouer les craintes éveillées par l'absence de toutes nouvelles de l'armée, sur le sort de laquelle on était dans une complète ignorance depuis quatre semaines. On eût dit que cette armée avait été engloutie par la terre, tandis que l'armée ennemie menaçait déjà les deux rives du Rhin.

Pour nous distraire de ces tristes préoccupations, nous dirigeâmes nos entretiens sur la littérature et sur la morale, sujets qui fournirent à mon réalisme le moyen de se produire, ce dont mes amis ne furent nullement édifiés.

Au milieu des plus graves événements de la révolution française, j'avais entrepris une œuvre singulière, c'est-à-dire, la relation de voyages de sept frères dont chacun servait les alliés selon son caractère, mais toujours d'une manière aventureuse et fantastique, et sans jamais dévoiler son véritable but ni ses véritables espérances. En un mot, c'était la peinture de l'état de tous les esprits en Allemagne.

On me pria de lire quelques passages de cette production, je le fis avec plaisir, mais je ne tardai pas à m'apercevoir qu'elle ne plaisait à personne, ce qui me décida à déposer mes voyageurs dans un port quelconque et mon manuscrit dans mes cartons.

Ne pouvant comprendre le changement de mes idées, mes amis cherchèrent à me faire redevenir ce que j'avais été autrefois, en me rappelant mes anciens travaux littéraires. A cet effet ils me présentèrent mon *Iphigénie en Tauride* pour leur en faire la lecture ; je m'en tirai fort mal, car les sentiments tendres qui respirent dans cette pièce m'étaient devenus complétement étrangers, lus par un autre, ils m'étaient odieux. On renonça à *Iphigénie*; mais, comme si on avait voulu me faire passer par divers degrés de torture, on lut *Œdipe à Colone*, dont la noble sainteté, parut absurde à mon esprit tout à fait tourné vers l'art, la nature et le monde réel, et que les cruelles expériences d'une déplorable campagne avaient endurci. Il me fut impossible de supporter plus de cent lignes de cette lecture, et mes amis se résignèrent à mon changement ; les sujets de conversation, au reste, ne nous manquaient pas. La littérature allemande nous en fournissait de fort agréables, mais on resta dans les généralités, parce qu'on savait qu'on n'était point d'accord sur les détails.

Cette réserve était une nécessité de l'époque. Les hommes les plus remarquables se rapprochaient sous certains rapports, tout en sachant que sous beaucoup d'autres, il leur serait impossible de s'entendre ; et comme chacun apportait dans les réunions sociales une très-haute opinion de lui-même, tous se faisaient un devoir de se respecter et de se ménager mutuellement. On se servait de ses relations pour se défendre et se pousser; et comme il était très-difficile de conserver par son propre mérite les avantages qu'on s'était acquis, on s'appuyait sur une coterie toujours d'accord entre elle. On se pardonnait ses originalités; une susceptibilité tenait la balance à une autre susceptibilité, et les mésintelligences restaient des secrets de famille.

Au milieu de ce monde ainsi organisé, je me trouvais isolé. Mon talent m'y assurait une place honorable; mais ma passion pour tout ce que je croyais vrai et conforme à la nature, me poussait à des sorties impertinentes contre toute fausse tendance. Ces sorties amenèrent des brouilles et des demi-réconciliations ; car, dans la présomptueuse certitude que j'avais raison, je poursuivais opiniâtrement ma route à moi. Je dois ajouter que j'ai conservé, jusque dans un âge assez avancé, quelque chose du Huron de Voltaire, au point que je pouvais être tout à la fois ou très-aimable ou très-insupportable.

La littérature occidentale, pour ne pas dire la littérature française, ouvrait à nos entretiens un champ plus libre et moins hostile.

En dénouant les liens qui resserrent l'humanité entre elle, Voltaire avait fait naître dans les têtes fortes, dont quelques-unes faisaient partie du cercle littéraire de Pempelfort, un doute funeste sur tout ce qu'on avait vénéré jusque-là; mais, comme il ne voulait que diminuer le pouvoir et l'influence du clergé, et combattre les superstitions et le fanatisme nés de ce pouvoir et de cette influence, le philosophe de Ferney a pu borner ses attaques à l'Europe. De Pauw, qui rêvait la conquête du monde, avait étendu les siennes sur les contrées les plus éloignées, et dépouillé les Chinois et les Égyptiens de la gloire dont ils avaient été surchargés par d'antiques préjugés. Or, en sa qualité de voisin du cercle de Pempelfort, Pauw entretenait des relations intimes avec Jacobi et plusieurs autres, parmi lesquels je ne nommerai que Hemsterhuys qui, tout dévoué à la princesse Galitzin, habitait souvent Munster. De son côté, Diderot, ce dialecticien passionné, s'était arrêté pendant quelque temps à Pempelfort, où il avait exposé avec une très-grande franchise ses nombreux paradoxes. Les idées de Rousseau avaient également leurs interprètes dans ce cercle qui n'excluait rien, pas même moi.

J'ai déjà dit que dès ma première jeunesse, j'aimais à utiliser la littérature étrangère, mais que je n'ai jamais pu la naturaliser en moi, ce qui, sur ce point aussi, me séparait de mes amis. Quant à mes productions, elles marchèrent toujours du même pas que les événements de ma vie ; et comme ces événements étaient un secret pour tout le monde, on avait peine à comprendre mes compositions nouvelles, parce qu'on s'attendait à quelque chose de semblable à celles qui les avaient précédées.

Si mes *Sept Frères* avaient été mal reçus, parce qu'ils ne ressemblaient en rien à leur sœur *Iphigénie*, mon *Grand Cophtha*, imprimé depuis quelque temps, avait blessé tous mes amis ; ils évitèrent de me parler de cette pièce, et je me gardai bien de leur en fournir l'occasion.

On conviendra que la position d'un auteur forcé de se taire sur les ouvrages qu'il vient de publier, est aussi fâcheuse que celle d'un compositeur qui n'oserait faire entendre ses plus récentes mélodies.

Mes *Observations dans le domaine de la nature* ne furent pas mieux accueillies. Ne pouvant comprendre ma passion pour ce genre d'étude, on n'y vit qu'un caprice, et l'on chercha à ramener mon talent sur la route qu'il avait suivie d'abord. Il est impossible d'être plus complétement isolé que je le fus alors et que je le suis resté longtemps après. L'*Hylobiennisme,* seul nom sous lequel je pourrais désigner l'état dans lequel mon âme se trouvait alors, me rendait inaccessible aux manières de voir qui érigent en article de foi, une matière morte, car elle res-

19.

tait morte pour moi, quelle que fût la manière dont on croyait l'avoir ressuscitée.

Kant m'avait convaincu que l'attraction et la répulsion sont aussi inhérentes l'une que l'autre à la matière, et que, par conséquent, on ne saurait les séparer ; c'est ce qui m'a fait découvrir la polarité primitive des êtres, qui pénètre et anime tout ce qui existe.

J'avais déjà énoncé ces opinions chez la princesse Galitzin pendant son séjour à Weimar, mais on les taxa d'impiété et de sacrilége. Le cercle de Pempelfort ne fut pas plus indulgent. Ce cercle, au reste, avait amplement usé du droit de se concentrer sur lui-même, droit qu'on ne saurait contester à aucune société organisée. Ma *Métamorphose des plantes* n'y avait trouvé aucune sympathie, et j'avais beau exposer mes pensées morphologiques dans le plus bel ordre et de la manière la plus convaincante, selon moi du moins; l'engourdissant principe: « On ne peut rien ajouter à la création, » s'était tellement emparé de tous les esprits, que je fus même obligé de m'entendre répéter que tout ce qui vit est sorti d'un œuf. A quoi je répondais par cette question si connue : « L'œuf est-il antérieur à la poule, ou la poule est-elle antérieure à l'œuf ? »

De vagues rumeurs sur mes essais optiques ayant pénétré dans le cercle de Pempelfort, on me pria d'y renouveler quelques-unes de mes expériences, à quoi je me prêtai avec d'autant plus de plaisir, que la démonstration de mes découvertes me fournissait presque toujours le moyen d'en faire de nouvelles.

N'ayant aucune faculté dialectique, je procédais toujours didactiquement et dogmatiquement; parfois même je me laissais aller à une mauvaise habitude innée chez moi, et qui tirait son origine de mon aversion pour discuter sur des manières de voir toutes personnelles. En ces cas, je ne manquais jamais de pousser ces sortes de discussions à la dernière extrémité, en y jetant tout à coup des paradoxes trop dénués de fondement pour être pris au sérieux, et trop acerbes pour être acceptés comme une plaisanterie.

Cette manie m'a fait beaucoup d'ennemis et refroidi plus d'un ami.

Heureusement j'avais à ma disposition une baguette magique pour chasser à l'instant les mauvais esprits, que je faisais trop souvent apparaître dans le cercle de Pempelfort. Cette baguette, c'était mon voyage en Italie ; dès que j'en parlais, on m'écoutait avec autant d'intérêt que de plaisir. Ce beau pays était resté si vivant dans ma mémoire, que je le décrivais comme si j'y étais encore.

Les récits sur mon séjour à Pempelfort seraient incomplets, si je n'y ajoutais pas une esquisse des localités.

Qu'on se figure une grande et belle maison entourée de tous côtés de vastes jardins fort bien tenus. En été, c'était un paradis, et en hiver même le séjour en était agréable. Chaque rayon de soleil était reçu en plein air ; le soir on se retirait dans des appartements bien meublés sans magnificence, et dignes pourtant d'être le théâtre de graves et dignes entretiens. Dans une immense salle à manger, une nombreuse famille et des convives plus nombreux encore, se plaçaient autour d'une table bien servie, dont le maître de la maison faisait les honneurs de la manière la plus engageante. Sa sœur, aussi bienveillante que sensée, le secondait de son mieux ; son fils donnait les plus belles espérances ; sa fille, aussi aimable que naïve, me rappelait feu sa mère, auprès de laquelle j'avais passé à Francfort, vingt ans plus tôt, bien des heures agréables.

Pour utiliser le peu d'heures dont je pouvais disposer dans cette maison hospitalière, je me mis à revoir des *ordres du jour* poétiques et satiriques, que j'avais composés comme un complément de la relation de ma campagne. M'apercevant que, dans ces ordres du jour, j'avais envisagé beaucoup de choses sous un faux point de vue, et qu'en tout cas il serait dangereux d'exposer de pareilles compositions à tomber entre les mains de lecteurs futiles ou malveillants, je jetai le manuscrit sur le brasier de charbon de terre qui brûlait dans ma cheminée. Aujourd'hui je regrette amèrement cette action, car je sens combien ces papiers m'eussent été utiles pour juger l'ensemble de la marche des événements, et l'enchaînement des pensées qu'ils ont fait naître en moi.

Je faisais de fréquentes excursions à Dusseldorf, pour y voir les amis appartenant au cercle de Pempelfort. La galerie des tableaux était notre rendez-vous habituel, ce qui me fournit l'occasion de remarquer qu'on avait une prédilection marquée pour l'école italienne.

Un jour nous nous étions arrêtés longtemps dans la salle de Rubens et des autres peintres flamands. Nous trouvant, en sortant de cette salle, droit en face de l'*Ascension* du Guide, un de mes amis s'écria :

— Ne dirait-on pas qu'on passe tout à coup d'un cabaret, dans un salon de bonne compagnie?

Je n'étais pas fâché de voir admirer ici avec tant d'enthousiasme, des maîtres qui naguère m'avaient enchanté au delà des Alpes, ce qui ne m'empêcha pas de rendre justice aux peintres flamands, avec lesquels je cherchai à faire ample connaissance.

Les opinions qui s'étaient introduites dans la haute société me causèrent une véritable surprise.

Sans songer à tout ce qu'il fallait se résigner à perdre avant d'arriver à un avantage quelconque, on affichait, pour ainsi dire, l'esprit de liberté et des tendances démocratiques. Les bustes de Lafayette et de Mirabeau étaient dans tous les salons, car ces deux hommes étaient devenus l'objet d'un culte enthousiaste, l'un à cause de ses vertus civiques et chevaleresques, l'autre à cause de sa haute intelligence et du pouvoir de sa parole. Ces tendances étaient plus prononcées encore chez ceux de nos compatriotes qui venaient de Paris, où ils avaient entendu parler et agir les hommes éminents de l'époque, et puisé le désir de les imiter autant que le permettaient l'esprit et le caractère allemand. Malheureusement ce désir s'était emparé d'eux, au moment même où tout nous autorisait à craindre que la rive gauche du Rhin ne fût envahie par les révolutionnaires.

Les émigrés français arrivaient en foule à Dusseldorf, les frères du roi eux-mêmes ne tardèrent pas à venir y chercher un refuge; tout le monde voulait les voir. Je me suis trouvé avec eux à la galerie des tableaux, et leur vue m'a rappelé ce pauvre émigré qui se désolait tant parce qu'en sortant de Glorieux avec le roi de Prusse, ils s'étaient mis en route sans manteau par une pluie battante. Ne sachant où caser ces princes, on les avait logés chez un apothicaire, qui ne pouvait disposer en leur faveur que de son cabinet d'histoire naturelle, ce qui mit leurs Altesses dans la nécessité de dormir au milieu de singes et de perroquets empaillés.

Les réfugiés allemands qui fuyaient devant l'armée française, nous arrivaient également en grand nombre et nous firent connaître le véritable état des choses. Francfort qui avait été pris par les Français, était toujours en leur pouvoir, les opérations de la guerre s'étaient concentrées entre le Lahn et le mont Taurus. Des Pays-Bas aussi nous arrivaient des nouvelles peu rassurantes. M'apercevant toutefois que ces nouvelles étaient souvent contradictoires, je cherchais à égayer les esprits par des paradoxes absurdes ou par des railleries imprévues. Un soir, par exemple, on vanta tellement la mâle résistance que les citoyens de Francfort avaient opposée à Custine, qu'une belle dame, naguère l'ornement de la cour de Mayence, s'écria avec enthousiasme, qu'elle donnerait tout au monde pour être citoyenne de Francfort.

— Je connais un moyen très-facile de réaliser ce désir, lui dis-je, mais je n'ose pas l'indiquer.

Tout le monde insista.

— Eh bien! dis-je enfin, que cette dame m'épouse, et elle sera à l'instant même citoyenne de Francfort.

Et chacun **partit d'un grand éclat de rire. Une autre fois** on racontait qu'il avait été question à la **table du roi de Prusse**, de ma promenade au milieu de la canonnade de Valmy, et qu'on avait fini par conclure qu'il ne fallait pas s'en étonner, parce qu'il était impossible de qualifier les singularités d'un homme singulier ; et je relevais ce récit de manière à justifier la qualification qu'on m'avait donnée à la table royale.

Un médecin fort spirituel avait souvent été l'objet de mes railleries, je ne prévoyais pas alors que j'aurais sitôt besoin de son secours. Lorsqu'il me trouva au lit retenu par une douleur rhumatismale, il commença par me rire au nez, puis il me fit prendre une dose de camphre, appliqua sur la partie malade du papier gris, saupoudré de ce même ingrédient, qui passait alors pour un remède universel, et quelques jours après, je fus complétement rétabli.

Mon séjour à Pempelfort ne s'était déjà que trop prolongé, j'attendais toujours ma chaise que j'avais laissée à Trèves, et comme elle n'arrivait point, je me décidai à partir dans une lourde voiture de voyage, que Jacobi voulut bien me céder. Ce fut ainsi que je me trouvai de nouveau et par un temps affreux, jeté sur des routes presque impraticables et encombrées de fugitifs ; car les frères du roi et les émigrés, ne se croyant pas assez en sûreté si près des bords du Rhin, avaient pris le parti de se retirer en Westphalie. En entreprenant ce nouveau voyage il me restait l'espoir d'une halte agréable, car je ne voulais pas passer si près de Munster, sans m'arrêter chez la princesse Galitzin.

Duisbourg, novembre.

Quoique déjà fort loin du théâtre de nos infortunes, je retrouvai partout des hommes qui en avaient eu leur large part.

Les émigrés, définitivement repoussés de la France se

répandaient en Allemagne, semblables à un torrent refoulé sur lui-même ; mais en dépit de l'échec qu'ils venaient d'éprouver et de la misère qui les menaçait de près, ils conservaient toujours les mêmes prétentions et le même orgueil de rang. La table d'hôte de l'auberge où je venais d'entrer pour dîner, m'en fournit une preuve nouvelle. Un petit vieillard bien fait, aux allures calmes mais insignifiantes, occupait la première place, les autres convives, tous émigrés, lui témoignaient un profond respect et l'accablaient de soins et de prévenances. J'appris bientôt que c'était un haut et puissant personnage, réduit par son grand âge à l'état d'automate, et que ses ci-devant courtisans cherchaient à lui cacher son malheur en l'entourant de l'ombre d'une grandeur passée.

Je savais qu'une de mes anciennes connaissances, le professeur Plessing, habitait Duisbourg, et je m'étais promis de ne pas passer par cette ville sans aller le voir. Ma visite inattendue lui fit oublier les craintes et les inquiétudes du moment, et nous nous rappelâmes avec une douce tranquillité les circonstances romanesques qui, seize ans plus tôt, m'avaient fait faire sa connaissance.

J'ai déjà eu occasion de dire que *Werther*, loin d'avoir occasionné la maladie morale dont la jeunesse allemande était atteinte à l'apparition de ce livre, n'avait fait que dévoiler cette maladie. Parmi les lettres sans nombre dont, après la publication de ce roman, je fus accablé de la part des personnes qui m'exposaient leur douleur, il s'en trouvait une qu'on aurait pu appeler une brochure. Elle était datée de Wernigerode et signée *Plessing*.

Dans ce singulier écrit se déroulait l'état pénible d'un jeune homme qui, après avoir fait de bonnes études, y cherche en vain le moyen d'arriver à une satisfaction morale de lui-même.

Le récit de ses souffrances me prouva qu'il mettait l'entêtement à la place de la résignation, et qu'il affectait des manières d'être qui repoussaient au lieu d'attirer. Je désirais le voir, et cependant je ne l'appelai point près de moi, car à cette époque je m'étais déjà entouré de trop de jeunes gens qui, au lieu de marcher avec moi sur la route du perfectionnement moral, cherchaient à m'attirer sur celle qu'ils suivaient, et retardèrent ainsi mes progrès.

La lettre de Plessing resta sans réponse, il m'écrivit de nouveau et me conjura de lui communiquer mes opinions sur son état; je ne répondis pas davantage, mais je conservai le désir de voir ce jeune homme; le hasard me fournit l'occasion de le satisfaire. Souvent déjà il avait été question à Weimar, qu'il serait utile de reprendre les travaux des mines d'Ilmenauer; et quoiqu'on fût à la fin de novembre, je pris la résolution d'aller visiter ces mines, peut-être aussi ne me suis-je si facilement décidé à faire ce voyage, que parce qu'il devait me conduire dans la ville qu'habitait mon jeune correspondant.

A peine avais-je visité la principale caverne de la mine, que j'écrivis un petit poëme qui resta longtemps une énigme pour mes amis, et qui a pour titre : *Voyage dans les montagnes du Hartz pendant l'hiver.* Je donne ici les strophes qui concernent Plessing, parce qu'elles dépeignent mieux que ne pourraient le faire de longues dissertations, les sentiments de bienveillance dont alors mon cœur était rempli.

« Quel est celui qui marche là-bas ? le sentier qu'il suit se perd dans
« les buissons, les buissons se referment derrière lui, l'herbe se relève,
« la solitude l'engloutit.

« Par quel moyen pourrait-on les guérir, les souffrances de celui
« qui transforme le baume en poison, et qui, en buvant à longs traits
« dans la coupe de l'humanité, y a trouvé la haine des hommes?
« D'abord méprisé par eux, il les méprise maintenant, et anéantit sa
« propre valeur dans son insatiable besoin de se concentrer sur lui-
« même.

« Père de l'amour universel, y a-t-il sur ton psaltérion un seul son
« accessible à son oreille ? Oh ! alors rafraîchis son cœur, dessille ses
« yeux et permets-lui de voir les mille sources qui, au milieu du désert,
« jaillissent sous les pas de l'infortuné que la soif dévore. »

Dans l'auberge de Wernigerode, où j'étais descendu, je me mis à causer avec le garçon de service, car je m'étais aperçu qu'il était intelligent et connaissait très-bien tous les habitants de cette petite ville. Dans le cours de la conversation, je lui dis que lorsque j'arrivais dans une ville où je ne connaissais personne, j'avais l'habitude d'aller faire une visite aux jeunes hommes qui s'étaient fait remarquer par leur amour pour les sciences, les arts ou les lettres, et je lui demandai s'il n'y avait pas à Wernigerode un jeune homme de ce genre avec lequel je pourrais aller passer la soirée. Il me nomma le jeune Plessing, fils du président du consistoire, en ajoutant que ce jeune homme, malgré la misanthropie à laquelle il s'était abandonné, au grand regret de ses parents, était aimable et bienveillant avec les étrangers.

Je me fis aussitôt conduire chez lui. On m'introduisit dans une grande salle basse. Il y était seul. Son extérieur était tel que je m'y étais attendu, car il ressemblait à ses lettres; il intéressait sans attirer. Je me fis passer pour un peintre de Gotha que des affaires de famille appelaient à Brunswick.

— Puisque vous demeurez si près de Weimar, me dit-il vivement, vous avez sans doute été plus d'une fois dans cette ville si célèbre aujourd'hui ?

Je lui répondis affirmativement et je lui parlai des personnes les plus remarquables de Weimar comme étant de mes amis.

— Et pourquoi, s'écria-t-il avec impatience, ne me dites-vous rien de Gœthe ?

— Je me suis plusieurs fois trouvé en société avec lui; mais nous n'avons eu que des relations de politesse.

— En ce cas, continua-t-il, et toujours avec la même vivacité, vous pourrez du moins me décrire l'extérieur et les allures de ce jeune homme qui fait tant parler de lui?

Je le satisfis; et si la nature lui avait accordé un peu plus de sagacité de cœur, il se serait aperçu que le visiteur étranger faisait son propre portrait. En ce moment, une servante apporta un souper froid et du vin. Dès qu'elle se fut retirée, Plessing déboucha la bouteille, remplit nos verres, choqua son verre contre le mien, et le vida d'un trait ; puis il saisit mon bras d'un air passionné en s'écriant :

— Ma conduite doit vous paraître bien étrange ; mais vous m'inspirez tant de confiance, qu'il faut que je vous dise tout. J'ai écrit à Gœthe pour lui peindre mes tourments, je l'ai supplié de me donner des conseils, j'en ai appelé à sa pitié, pas un mot de réponse. Est-ce bien, cela?

— Je ne puis ni expliquer ni justifier cette conduite, mais je sais que Gœthe est tellement entouré, obsédé même, que, malgré son bon vouloir, il lui est souvent impossible de faire ce qu'il désire le plus.

— Puisque je vous ai confié la démarche que j'ai faite auprès de lui, il faut que je vous lise ma lettre.

Et apportant aussitôt les nombreux feuillets de cette lettre, il m'en fit la lecture. Quoique je la susse par cœur, je l'écoutai avec attention, et jamais peut-être je n'ai mieux senti qu'en ce moment combien le physionomiste Lavater a raison, quand il prétend que tout être vivant est toujours semblable à soi-même dans ses manières d'agir ; et que, dès en entrant dans la réalité, chaque monade déploie, dans toutes ses particularités, l'unité la plus complète.

Le lecteur ressemblait parfaitement à ce qu'il lisait et ne parlait pas plus à mon cœur de près que de loin ; mais il conserva l'intérêt et l'estime qu'il était impossible de lui refuser. Sa vue, au reste, acheva de m'expliquer son état moral. La connaissance du monde extérieur lui manquait entièrement, et s'il avait développé son intelligence par des lectures variées, il s'était, en concentrant toutes ses forces sur le monde intérieur, précipité au fond de l'abîme d'une vie ténébreuse, où aucun talent productif ne peut prendre racine. Pour comble de malheur, il avait dédaigné l'étude des langues antiques, et s'était privé ainsi de la consolation et des avantages qu'elles procurent. L'expérience m'avait prouvé plus d'une fois que, dans de semblables cas, un appel subit à la nature et à ses innombrables variétés est un remède infaillible, et je me promis de décider Plessing à employer ce remède.

A peine eut-il achevé sa lecture, qu'il me demanda si une pareille lettre ne demandait pas une réponse.

— Je comprends, lui dis-je, pourquoi le jeune homme en qui vous avez placé votre confiance est resté muet avec vous. Ses manières de voir actuelles sont trop éloignées des vôtres pour qu'il ait pu espérer de vous être utile. Je l'ai souvent entendu dire que, pour s'arracher aux sombres et douloureuses dispositions de l'âme qui empoisonnent la vie, il fallait s'attacher à l'étude de la nature, et s'intéresser sincèrement au monde extérieur au lieu de s'en isoler. Selon lui, une connaissance générale de la nature et une participation active, soit en qualité de jardinier, de cultivateur, de chasseur ou de mineur, suffit pour diriger nos facultés intellectuelles sur des réalités, et pour leur procurer une satisfaction qu'elles ont vainement cherchée en se concentrant sur elles-mêmes.

Ces conseils l'impatientèrent, on eût dit que je lui parlais une langue étrangère. Je les renouvelai à l'aide de quelques détours ingénieux ; mais il me déclara si positivement que rien en ce monde ne pouvait le satisfaire, que mon cœur se referma ; et ma conscience me dit qu'après la démarche que je venais de faire, je n'avais plus rien à me reprocher. Il allait me lire sa seconde lettre, je m'excusai en alléguant une excessive fatigue, et je me retirai. Avant de me laisser partir, il m'avait fait promettre de venir le lendemain dîner avec lui.

Les rues et les places étaient couvertes de neige; d'innombrables étoiles brillaient sur un ciel pur et clair. Tout en admirant cette magnificence d'une nuit d'hiver, je réfléchis à l'entretien que je venais d'avoir, et je pris la résolution de ne plus revoir mon jeune correspondant. A cet effet, je me mis en route le lendemain dès le point du jour, après avoir remis au garçon d'auberge un billet pour le jeune Plessing; ce billet, dans lequel je m'excusais de mon mieux de n'avoir pu me rendre à son aimable invitation, était écrit au crayon et sans signature.

Un jour, et plusieurs années après cette petite aventure, on me remit, dans ma maison de campagne près de Weimar, une lettre du jeune Plessing qui m'annonçait sa visite. J'écrivis en hâte quelques mots pour lui dire qu'il serait le bien venu, et je m'attendais à une scène assez vive. Plessing, cependant, se présenta d'un air très-calme et me dit qu'il n'était nullement surpris de retrouver en moi son mystérieux visiteur, parce que, dans le peu de lignes que je venais de lui envoyer, il avait reconnu l'écriture du billet que ce visiteur lui avait adressé avant son départ de Wernigerode. Ce début me fut fort agréable, et notre conversation devint bientôt intime. Il est vrai qu'il me fut impossible de lui accorder l'amitié passionnée qu'il me demandait avec tant d'instance, ce qui ne m'empêcha pas d'entretenir avec lui une correspondance suivie. J'eus même occasion de lui rendre quelques services, et il voulut bien s'en souvenir avec reconnaissance.

La soirée que nous passâmes ensemble dans sa demeure de Duisburg, où j'étais venu le surprendre, ne fut cependant pas entièrement consacrée à nous rappeler un passé déjà bien éloigné. Plessing qui, en étudiant et en commentant les anciennes philosophies, s'était assuré un rang distingué dans la littérature, me parla d'abord de ses ouvrages, qu'il m'avait régulièrement envoyés. Malheureusement, je ne les avais pas lus; car la nature de ces travaux ne m'intéressait point.

En l'interrogeant sur sa situation actuelle, j'appris à regret qu'elle n'était pas très-heureuse. L'étude tardive et passionnée des langues anciennes, avait épuisé sa santé, et ses modiques revenus ne lui permettaient pas de se soigner autant qu'il aurait dû le faire. Au reste, son esprit tendait toujours vers l'impossible, et je le quittai non sans inquiétude sur l'influence que les événements de la guerre pourraient exercer sur sa destinée.

———

Munster, novembre 1792.

Instruite de mon arrivée, la princesse de Galitzin avait tout fait préparer pour me recevoir chez elle. Je connaissais depuis longtemps la société dont elle est entourée, il m'était donc facile de m'y conduire convenablement. Cette société ainsi que ses enfants l'avaient accompagnée à Weimar, où elle était venue faire une visite au duc et aux siens. J'avais reconnu alors que cette princesse était une de ces personnes qu'on ne peut apprécier, qu'après s'être trouvé en contact avec elles.

Arrivée de bonne heure à la conviction que le monde ne peut rien donner, elle s'était renfermée dans un cercle étroit d'amis intimes pour y chercher le bonheur terrestre et travailler à son salut éternel. Une manière de vivre qui rappelait les maximes de Jean-Jacques Rousseau, lui avait fait trouver le bonheur terrestre. Dans sa maison tout était simple, presque rustique; la poudre à friser, les corsets, les souliers à talons en avaient été bannis, ses enfants apprenaient la natation et la gymnastique. La princesse sa fille, que j'avais vue enfant, était devenue une jeune personne robuste, aimable, sensée, bonne ménagère, et se conformant sans peine à un genre de vie qui tenait du monastère et du village.

Quant à son salut éternel, la princesse le fondait sur la religion catholique, qui promet positivement ce que toutes les autres se bornent à faire espérer. Pendant les loisirs que lui laissaient les actes de bienfaisance et les pratiques religieuses qui occupaient la plus grande partie de son temps, se développaient des conversations intimes, cordiales, dont la philosophie et les arts étaient l'objet.

On ne pouvait se dissimuler, toutefois, qu'il est impossible de mettre la religion catholique d'accord avec les arts, car cette religion tend à nous éloigner de toutes les jouissances que procurent les sens, tandis que les arts n'ont d'autre objet, d'autre but que ces jouissances. A la suite d'une discussion sur ce sujet, je fis les vers suivants :

« L'amour, non pas l'enfant malicieux, mais le sublime jeune homme
« qui séduisit Psyché, promène sur l'Olympe ce regard hardi que
« donne l'habitude du triomphe. Il aperçoit une déesse, la plus ravis-
« sante de toutes, c'était Vénus Uranie, et il s'enflamme pour elle.
« La sainte, hélas ! ne peut résister à son ardeur et il l'enlace de ses
« bras. Cette union donna naissance à un nouvel amour, et cet amour
« était doué du génie de son père et de la chasteté de sa mère. Tu le
« trouveras partout où règnent les muses, ses flèches embrasent les
« cœurs du saint amour des arts ! »

On ne fut pas trop choqué de cette allégorique profession de foi.

Un jour, la princesse de Galitzin m'avoua, en souriant, qu'avant mon arrivée on lui avait écrit pour l'engager à se tenir sur ses gardes avec moi, parce que je savais prendre des airs de piété au point qu'on pourrait me croire religieux et même catholique.

— Ma noble amie, lui répondis-je, je ne fais pas semblant d'être pieux, je le suis en effet, dans certains moments et en certains lieux du moins. La dissimulation et le mensonge me sont odieux, mais j'admire tout ce qui est vrai et sincère, même quand cela n'est pas conforme à mes manières de voir ; car les autres ont autant raison de se conduire d'après leurs principes que j'ai raison de persister dans les miens.

C'est ainsi que l'avis malveillant qui devait m'enlever la confiance de la princesse, la rendit plus illimitée.

Malgré le bonheur paisible dont je jouissais à Munster, je ne pouvais y rester toujours. Lorsque je pris congé de la princesse, elle me dit :

« Au revoir. Si ce n'est en ce monde, du moins dans l'autre ! »

Cette formule d'adieu toute catholique, n'avait rien de neuf pour moi, et je l'ai toujours trouvée très-touchante.

La douce société de la princesse m'avait fait oublier que j'allais me trouver de nouveau dans la cohue des infortunes qui fuyaient le théâtre de la guerre. A peine avais-je fait quelques lieues, que je fus forcé de me le rappeler, car je me trouvai au milieu des émigrés. Leur empressement à fuir le plus vite possible jusque dans l'intérieur de l'Allemagne, retarda leur marche et fit renaître toutes les calamités qui avaient rendu notre retraite de France si pénible et si dangereuse. Trop souvent déjà il m'a fallu parler de routes défoncées, de convois qui se frayaient un passage à travers des prairies marécageuses, de chevaux et de voitures embourbées ; aussi ne reproduirai-je pas ici l'esquisse de ce lamentable tableau.

Après Cassel, je pus enfin continuer mon voyage avec moins de difficultés, car les émigrés, ces hôtes non invités qui nous arrivaient en foule, et qui se conduisaient chez nous comme en pays conquis, se dirigeaient vers la Westphalie, tandis que je prenais la route de Weimar.

J'arrivai chez moi à minuit, et la scène de famille qui eut lieu alors, était très-propre à jeter une clarté joyeuse au milieu des ténèbres de quelque roman fantastique.

La maison que mon souverain m'avait destinée était presque habitable ; cependant on m'avait réservé le plaisir de la faire achever à ma guise. Bientôt j'eus le plaisir d'y recevoir, en qualité de commensal, Henry Meyer, ce digne artiste dont j'avais fait la connaissance à Rome. Son secours me fut d'une grande utilité dans les établissements que mes amis et moi, nous nous proposions de créer à Weimar pour le progrès des arts plastiques.

Mes premiers regards cependant, se tournèrent vers le théâtre, je trouvai qu'il s'était maintenu mieux que je ne m'y étais attendu. Grâce au système d'imitation, et à l'esprit de routine qu'il avait adoptés, le public se montrait très-satisfait; les acteurs cependant manquaient complétement de ce que j'appellerai la grammaire, et qu'il faut connaître avant de passer à la rhétorique et à la poésie. Mon désir de les ramener à ce point de départ, se trouva secondé par la manie qu'on avait alors de ne parler en scène que sur le ton de la conversation. Ce ton est admirable quand il est le complément de l'art, c'est-à-dire, une seconde nature, mais il est insoutenable quand chaque acteur s'imagine que, pour produire de grands effets, il ne s'agit que de mettre à nu sa propre individualité. Il est vrai que, par cette liberté illimitée, les grandes dispositions se développent rapidement; aussi dès que je les voyais surgir ainsi, je m'efforçais de les soumettre aux règles qui conduisent à la perfection de l'art.

Les pièces d'Iffland et de Kotzebue étaient de véritables bonnes fortunes pour notre théâtre; les auteurs du second ordre et dont le talent ne pouvait se soutenir à la longue, défrayaient les besoins du jour, en offrant au public l'attrait de la nouveauté. L'opéra s'était enrichi des compositions de Cimarosa, de Guglielmi et d'autres maestro d'une exécution facile; Mozart lui-même finit par s'y faire jour. Si l'on veut bien prendre en considération que tout cela était entièrement neuf et inconnu sur notre scène, on conviendra que le jeune théâtre de Weimar, a donné à la jeunesse de l'art dramatique en Allemagne, l'exemple d'une perfection dont il a trouvé les éléments en lui-même. Peut-être me dira-t-on que pour seconder plus efficacement les progrès du théâtre de Weimar, j'aurais dû travailler pour lui en qualité d'auteur.

Il me serait impossible d'expliquer les motifs qui m'en ont empêché, sans parler de mes premiers travaux dramatiques. Appartenant à l'histoire du monde, ces travaux se trouvaient trop larges pour la scène; plus tard, mes compositions sondaient si profondément les plaies du cœur humain, que presque tout le monde se sentit blessé par elles. Je finis par chercher un terme moyen qui aurait pu faire naître des pièces agréables au public, si je ne m'étais pas mépris sur le choix des sujets, ou plutôt si les sujets les plus impossibles à être dramatisés, ne m'avaient pas malgré moi contraint à les traiter.

Dès 1785, le procès du collier fut pour moi une véritable tête de Gorgone, je voyais déjà la majesté royale minée, anéantie par un semblable procès. D'un autre côté, les extravagants et les fous volontaires, m'avaient fait déplorer l'aveuglement des hommes distingués dont ils avaient fait leurs dupes. Pour me débarrasser de tous ces monstres, je composai le *Grand Kophtha*. Quoique admirablement jouée, la pièce produisit un très-mauvais effet. Un sujet à la fois terrible et insipide, et traité sans aucun ménagement, indigna tous ceux qui, par leurs rapports mystérieux avec le fait, à peine accompli, se croyaient attaqués personnellement; et la hardiesse des aventures amoureuses épouvantait la délicatesse des femmes.

J'ai toujours été insensible à l'effet immédiat de mes œuvres, et cette fois encore, je n'ai pas été ému du peu de succès de mon *Grand Kophtha*, quoique je m'en fusse occupé avec amour pendant plusieurs années. J'éprouvais même une joie maligne lorsque des personnes, que j'avais vues se laisser tromper par les ruses les plus grossières, me soutenaient hardiment qu'il était impossible de devenir la dupe d'une tromperie aussi maladroite que celle qui faisait le nœud de ma pièce.

Malgré le mauvais succès du *Grand Kophtha*, tout ce qui occupait ma pensée continuait à m'apparaître sous des formes dramatiques. L'histoire du collier avait été pour moi le pronostic de la révolution; la révolution elle-même vint s'emparer de mon imagination comme la réalisation de ce pronostic. L'imprudence d'une partie de mes concitoyens qui, avec les meilleures intentions du monde, se laissaient aller aux principes révolutionnaires dont nous voyions chaque jour les terribles effets, me parut à la fois si dangereuse et si ridicule, qu'elle m'inspira *le Général citoyen*. Un de nos acteurs, qui semblait né pour le rôle de ce général, le remplit avec une rare perfection. La pièce n'en fut pas moins si mal accueillie que, dans leur intérêt et dans le mien, mes amis et mes protecteurs soutinrent que je n'en étais pas l'auteur, et que, par un de ces caprices qui m'étaient communs, je l'avais signée après y avoir fait quelques dialogues.

Tout cela ne m'empêcha pas de chercher des consolations dans la peinture de l'esprit de l'époque, et je composai les *Entretiens des réfugiés*. Après ces nouvelles, je fis une pièce appelée *les Insurgés*, mais je ne l'ai pas terminée. Le poëme de *Hermann et Dorothée*, découle de la même source qui finit par se tarir, car mon imagination ne pouvait plus marcher du même pas que les événements politiques.

Quoique loin du théâtre immédiat de la guerre, personne n'en éprouvait tous les maux plus cruellement que moi. Le monde me paraissait plus ensanglanté et plus altéré de sang que jamais. La mort d'un roi sur le champ de bataille est un malheur plus grand que la perte de plusieurs milliers de combattants ; mais quand il succombe dans une lutte sociale, cette catastrophe a des conséquences immenses, car le principe d'ordre et de stabilité s'anéantit avec lui, et l'œuvre des siècles est remise en question.

Déjà je ne voyais plus, dans le monde entier, qu'un misérable assemblage de méchancetés et de frivolités indignes de mon attention, lorsqu'un hasard providentiel fit tomber entre mes mains, *le Renard Reineck*. J'arrêtai avec bonheur mes regards sur ce miroir où se reflète la vie des cours et des rois. L'espèce humaine s'y montre ouvertement dans sa bestialité naturelle ; et si tout ne se passe pas d'une manière exemplaire, une franche gaieté y règne constamment et excite la bonne humeur. Pour mieux goûter cet excellent ouvrage, je me suis mis à l'imiter en hexamètres.

Quoique fort éloignés de la France, nous ne tardâmes pas à voir quelques-uns des hommes marquants qui l'avaient consciencieusement servie, être forcés de la fuir et venir chercher un refuge chez nous. Leurs manières décentes, leur douce résignation, leur louable désir de se procurer des moyens d'existence par un travail quelconque, nous prévinrent tous en leur faveur, et effacèrent la mauvaise impression que la masse des émigrés avait produite en Allemagne. Les noms de Mounier et de Camille Jourdan suffiront pour expliquer ma pensée. J'ajouterai que, si tous les compagnons d'infortune de ces hommes remarquables, ne purent s'élever à leur hauteur, ils ne se sont jamais montrés complétement indignes d'eux.

On comprendra facilement que le mois de décembre de cette année, et le mois de janvier de l'année suivante, fut une époque bien terrible pour tous ceux qui étaient entrés en campagne afin de défendre le roi de France, et qui maintenant ne pouvaient rien pour arrêter son procès et empêcher l'exécution de son arrêt de mort.

Francfort, cependant, était retombée au pouvoir des Allemands, et l'on se disposait à reconquérir Mayence, bloquée depuis le 14 avril 1793. Ces nouvelles me parvinrent en même temps que l'ordre de quitter Weimar, pour aller prendre part à une calamité stationnaire, comme à la fin de l'année précédente j'avais partagé les calamités mobiles de la campagne de 1792.

SIÈGE ET REDDITION DE MAYENCE EN 1793.

Le 27 mai 1793, je rejoignis mon souverain au camp de Marienborn, situé au milieu des batteries dont on avait hérissé la rive gauche du Rhin, un peu au-dessus de Mayence. On parla beaucoup dans ce camp de notre dernière campagne, et l'on me rappela les paroles que j'avais prononcées après la canonnade de Valmy [1]; elles ne s'étaient pas seulement réalisées dans un sens général, mais encore à la lettre, car à dater de ce jour, les Français avaient changé leur calendrier.

Réduits pendant toute la durée du siége à craindre pour la vie de son prince et de ses meilleurs amis, on oubliait de s'occuper de sa propre santé. Fasciné par l'aspect d'un danger sauvage, comme on aurait pu l'être par le regard d'un serpent, on se précipitait dans les tranchées pour entendre les obus passer au-dessus de sa tête, et pour voir des pans de murs et de remparts s'écrouler autour de soi. Aux blessés sans espoir qu'on trouvait sur son passage, on souhaitait une prompte fin à leurs souffrances, et lors même qu'on en aurait eu le pouvoir, on n'aurait point rappelé les morts à la vie.

Après avoir vécu ainsi pendant deux mois, j'assistai enfin à l'évacuation de la forteresse par les troupes françaises, car dès le 22 juillet, le commandant d'Oyre avait signé la capitulation; la garnison cependant ne sortit que le 24.

La cavalerie prussienne, qui ouvrait le cortége, fut immédiatement suivie par une colonne de Marseillais, petits, noirs, mal vêtus et marchant à petits pas; on eût dit que le roi Edwin venait d'ouvrir une de ses montagnes pour livrer passage à une armée de nains agiles et éveillés. Les troupes régulières marchèrent d'un air grave et contrarié, mais rien dans leur contenance n'annonçait la tristesse ou l'humiliation. Les chasseurs à cheval s'avancèrent d'abord en silence, puis leur musique exécuta tout à coup la Marseillaise.

Ce *Te Deum* révolutionnaire a toujours quelque chose de triste, même quand il est gaiement joué; mais en ce moment où les musiciens réglaient leur mesure sur le pas lent des cavaliers, il avait quelque chose de saisissant et de terrible.

[1] « Je pense, que, sur cette place, et à partir de ce jour, commence une nouvelle époque pour l'histoire du monde. » (Voyez page 285.)

Les chasseurs étaient tous grands, maigres et déjà d'un certain âge; pris isolément, ils tenaient du Don Quichotte, leur ensemble était imposant et respectable.

Bientôt le groupe des commissaires captiva tous les regards. Merlin de Thionville, en costume de hussard, se faisait remarquer par sa barbe et son regard sauvages; deux hommes, également en costume de hussard, se tenaient à sa gauche. Le peuple prononça avec fureur le mot de clubistes et s'apprêtait à attaquer les commissaires. Merlin arrêta son cheval et dit avec toute la dignité convenable à un représentant de la nation française, qu'il conseillait à cette populace de se modérer, parce que ce n'était pas pour la dernière fois qu'elle le voyait ici; puis il s'adressa à un officier prussien pour lui rappeler que la parole de son roi garantissait, à tous ceux qui avaient fait partie de la garnison de Mayence, l'inviolabilité de leurs personnes. L'officier ne répondit rien; la foule cependant était devenue muette et immobile, et le groupe des commissaires passa sain et sauf.

Le lendemain, je vis à regret qu'on n'avait pas plus que la veille songé à empêcher les désordres. Les deux côtés de la route étaient garnis par les habitants de la ville et des campagnes, qui croyaient sans doute se dédommager des maux qu'ils avaient soufferts, en poussant des cris de haine et de vengeance contre les clubistes et les commissaires français.

La veille plusieurs voitures de voyage étaient parvenues à s'échapper en faisant mettre les chevaux au galop, ce qui avait tellement stupéfié la foule, qu'on n'avait songé à les arrêter, que lorsqu'on avait cessé de les voir. Ce jour-là, pas une ne put passer sans être arrêtée. Lorsqu'elles contenaient des femmes, des hommes sans importance, on les laissait tranquillement continuer leur route, il n'en fut pas de même des clubistes. Un seul exemple suffira pour donner une idée des excès commis par la populace et que les plus simples mesures de précaution eussent empêchés.

Un beau carrosse de voyage parut sur la route, une charmante jeune dame, se montrait tantôt à une portière, tantôt à une autre, en saluant la foule qui, loin d'être touchée par cette politesse, arrêta les chevaux. Les plus déterminés des assaillants ouvrirent le carrosse et en firent sortir un homme de petite taille, très-gros, le visage large et marqué de petite vérole ; c'était un des clubistes les plus exaltés.

Après avoir ordonné au postillon de continuer sa route avec la belle, on traîna le malheureux dans un champ voisin, où on le foula aux pieds, et on le maltraita au point qu'il devint bientôt méconnaissable. Un poste voisin vint enfin arracher à ces forcenés leur malheureuse victime, qu'on transporta dans la plus proche maison. Là, étendu sur une botte de paille, il était à l'abri des voies de fait, mais les curieux qui demandaient à le voir l'accablèrent d'injures et de menaces. L'officier du poste finit par ne plus laisser entrer personne, il ne fit pas même une exception pour moi, quoique je le connusse intimement. Aussi son refus n'était-il pas basé sur la crainte que j'insultasse ce malheureux, mais sur la conviction que je serais trop péniblement impressionné par un spectacle, qui réunissait tout ce qu'il y avait de plus dégoûtant et de plus triste.

Pendant ce temps l'infanterie française défila. Plusieurs jeunes filles de Mayence qui suivaient leurs amants, marchaient à côté d'eux ; les spectateurs leur adressèrent d'abord des moqueries, puis des insultes, dans lesquelles les militaires eux-mêmes ne tardèrent pas à se trouver compris. Les femmes du peuple excitèrent leurs maris en leur criant de ne pas laisser partir si tranquillement ces gens-là qui étaient la cause de leur ruine.

Malgré la contenance sévère des soldats, et la dignité calme des officiers qui marchaient à côté d'eux pour maintenir l'ordre, on s'attendait à chaque instant à voir la foule se jeter sur eux. En ce moment dangereux, parut un homme à cheval dont l'uniforme tenait le milieu entre le militaire et le civil ; une très-belle femme en habit d'homme, également à cheval, était à ses côtés, plusieurs fourgons à quatre chevaux et chargés de caisses et de ballots les suivaient. La foule garda d'abord un silence sinistre, puis on entendit crier de tous côtés :

— Qu'on l'arrête, qu'on l'assomme ! c'est ce coquin-là qui a donné le signal du pillage de nos églises.

Ne songeant qu'à l'insulte qu'on ferait au duc de Weimar, en se livrant à de coupables violences devant sa demeure, je m'élançai sur la route en criant :

— Arrêtez ! arrêtez !

La foule, frappée de surprise, me regarda en silence, et je repris :

— C'est ici le quartier général du duc de Weimar, cette place est sacrée ! Si vous voulez absolument assouvir votre vengeance, allez ailleurs, mais songez que le roi de Prusse a accordé une libre sortie à toute la garnison de Mayence, sans en excepter personne. Votre rôle ici, au milieu de l'armée allemande, doit donc se borner à celui de spectateurs paisibles.

La foule recula et laissa le passage libre aux deux voyageurs et à leurs fourgons. L'homme dirigea son cheval vers moi et me demanda mon nom, parce qu'il voulait savoir qui lui avait rendu un si grand service, dont il espérait pouvoir un jour se montrer reconnaissant ; je lui dis que je n'avais fait que mon devoir et lui fis signe de continuer promptement sa route.

Trente pas plus loin, personne n'aurait empêché la populace de se jeter sur les cavaliers et les fourgons, mais personne ne bougea. Ainsi va le monde ; qui a vaincu un premier obstacle en vaincra mille. Un de mes amis me demanda quelle mouche m'avait piqué, et pourquoi je m'étais mêlé d'une affaire qui aurait pu mal tourner pour moi.

— Eh ! que m'importe ? répondis-je. Si je les avais laissés faire, cette place maintenant serait jonchée de sang et de débris ! Ne vaut-il pas mieux que cet homme ait pu s'en aller avec des objets mal acquis, peut-être, que de les avoir laissé gaspiller sans qu'ils profitassent à personne ? En tout cas, je préfère l'injustice au désordre; c'est dans ma nature!

J'employai les jours suivants à visiter Mayence, et malgré les dégâts occasionnés par le siége, je reconnus qu'on aurait pu résister plus longtemps. Les magasins étaient pleins de sacs de farine, de vin et d'autres provisions; d'où je conclus que la prompte reddition de Mayence avait eu un but de politique personnelle. Merlin de Thionville, Rewbel, ainsi que les autres commissaires, appartenaient au parti qui venait de triompher à Paris, et ils avaient eu hâte, sans doute, d'aller prendre possession des places les plus éminentes avant que leurs concurrents ne s'en fussent emparés; conduite qu'ils pouvaient d'autant plus facilement justifier à leurs propres yeux, qu'ils ne voyaient dans la reddition de Mayence, qu'une halte à leurs victoires, car ils énonçaient hautement le dessein de venir reprendre cette ville et bien d'autres encore.

Mayence et ses environs étaient tellement dévastés, que personne ne se souciait d'y rester dès qu'on n'y était plus forcé. Le roi de Prusse partit le premier avec sa garde, les régiments le suivirent; et mon souverain, me dispensant de prendre plus longtemps part aux horreurs de la guerre, me permit de retourner à Weimar.

A la table d'hôte de Manheim, il m'arriva une singulière petite aventure :

M. de Rietz, camérier du roi de Prusse, dînait à cette table avec un grand nombre de ses amis. Sa corpulence et ses larges épaules attirèrent mon attention, lui aussi me regarda, et lorsqu'on lui eut appris qui j'étais, il vint s'asseoir près de moi. Puis il me dit, au milieu de beaucoup de choses flatteuses, qu'il s'estimait heureux de faire ma connaissance.

— J'y ai un intérêt particulier, ajouta-t-il, et je vais vous l'expliquer : On prétend que les beaux esprits sont chétifs, maigres et pâles, ce que je n'ai jamais pu croire, car enfin, je ne suis pas une bête, et Dieu merci je me porte bien et j'en ai l'air; jugez de ma joie en trouvant en vous la preuve qu'on peut avoir beaucoup de génie sans être rabougri.

Je ne pouvais passer par Heidelberg sans aller voir mon ancienne amie, mademoiselle Delf. J'y trouvai mon beau-frère Schlosser. Ma *Théorie des couleurs*, que je m'empressai de lui communiquer, ne lui souriait que médiocrement, car elle ne s'accordait pas avec celle d'Euler, dont il était partisan. Ce fut pis encore lorsque je lui lus quelques passages d'une œuvre que j'avais écrite pendant le siége de Mayence.

Mon but était de prouver par cette œuvre, que pour faciliter une entreprise aussi difficile et aussi périlleuse que ce siége, les hommes de toutes les professions devraient y apporter le tribut de leur savoir. A cet effet, je mettais en scène les philosophes, les physiciens, les mathématiciens, les peintres, les teinturiers, et Dieu sait qui encore.

Schlosser écouta patiemment l'exposition de l'ensemble, mais lorsque j'entrai dans les détails, il m'imposa silence, se mit à rire et me dit que je resterais, sans doute, enfant jusque dans ma vieillesse, puisque je ne cessais de m'imaginer que le monde devait s'associer à tout ce qui m'intéressait, et que je ne pouvais comprendre, qu'en Allemagne, surtout, toute action en commun était impossible.

Il nous fut aussi difficile de nous entendre sur divers autres points, et je vis avec chagrin qu'en passant des horreurs de la guerre au calme de la vie privée, je ne pourrais pas espérer d'y trouver une participation, ou du moins un intérêt bienveillant pour des entreprises qui, selon moi, devaient être utiles au monde entier. Cette triste pensée réveilla mon péché originel ; j'opposai aux raisonnements de Schlosser, des paradoxes railleurs; il y répliqua avec irritation. Grâce à l'intervention de mademoiselle Delf, nous nous séparâmes, plus tôt il est vrai que nous n'en avions eu d'abord l'intention, mais du moins sans rancune.

Je n'ai conservé qu'un vague souvenir de mon séjour à Francfort et de mon retour à Weimar.

La fin de cette année et le commencement de l'autre, se sont écoulés au milieu des excès d'une nation ivre de victoires.

Le duc de Weimar avait quitté le service de Prusse à la fin de la campagne, les regrets et les lamentations du régiment qui perdait en lui un chef expérimenté, un bienfaiteur et un père, l'accompagnèrent dans la vie privée où je rentrai avec lui.

Je vais terminer ici afin de ne pas me laisser entraîner à des considérations sur des événements qui, après nous avoir menacés de loin pendant plus de douze ans, ont fini par nous envahir.

FIN DE MA CAMPAGNE DE FRANCE.

EXTRAITS D'UN VOYAGE SUR LE RHIN.

LA FÊTE DE SAINT-ROCH, A BINGEN.

Du 16 août 1814.

Depuis plusieurs semaines déjà, la société dont je faisais partie, jouissait des eaux salutaires de Wisbaden, lorsqu'on prit tout à coup le parti d'exécuter une excursion dans la vallée du Rhin, projetée depuis longtemps.

Arrivés sur les hauteurs de Bieberich, une large et riche vallée s'étala devant nous dans toute sa magnificence. Puis nous vîmes briller les clochers du couvent du Johannisberg (mont Jean); quelques points lumineux se dessinaient sur les deux rives du fleuve.

Pour nous prouver immédiatement que nous venions d'entrer dans une pieuse contrée, un Italien passa près de nous, portant adroitement sur sa tête une planche chargée de figures de plâtre, et ces figures n'étaient ni des héros, ni des dieux, mais des saints. La Mère de Dieu siégeait au milieu d'eux, et parmi les quatorze patrons *de bon secours*, saint Roch, avec son noir costume de pèlerin et son petit chien portant un morceau de pain entre les dents, occupait le premier rang.

Après avoir traversé les vastes champs de seigle plantés de noyers qui s'étendent jusqu'à Schierstein, nous vîmes les collines se rapprocher de la rive droite. La situation de Walluf, non loin d'une petite baie, est fort belle, mais elle semble périlleuse, car les maisons se prolongent jusque sur l'extrême pointe d'une langue de terre fort étroite. A travers les branches d'arbres à fruits, nous vimes plus d'un bateau descendre le Rhin fort gaiement et à voiles déployées.

Le regard est sans cesse attiré tantôt sur une rive, tantôt sur l'autre; à gauche, des champs fertiles et de riants villages, à droite, les ruines d'une chapelle et des tertres couverts de vignes. Une paix profonde régnait dans la petite ville de Walluf, mais les marques de craie par lesquelles, pendant le dernier passage des alliés, on désignait les maisons propres à loger des soldats, n'étaient pas encore effacées. Après Walluf la vigne envahit les deux rives. Elfeld est également située très-près du Rhin; une ancienne église et les tours d'un vieux *burg*, font pressentir le voisinage de tableaux plus grandioses.

Au sortir d'Elfeld, on voit une magnifique maison de campagne entourée de vastes jardins; puis les fermes, les petites villes et les villages se succèdent à des intervalles si rapprochés, que, vus de loin, ils ont l'air de se toucher. Les rues d'Erbach sont bien pavées, l'aisance et la propreté respirent dans les maisons; là aussi on voit une maison de campagne qu'on pourrait appeler un palais; ses jardins, ses terrasses, ses longues avenues de peupliers, se prolongent jusque sur les bords du Rhin.

A partir de ce point le fleuve change de caractère, car, borné par les vallées qui le précèdent, on n'en voit qu'une partie; et les collines couvertes de vignes et soutenues par de fortes murailles, s'avancent jusque sur le bord de la route qui, près de Hattenheim, commence à monter jusqu'à Reichardtshausen, ancien couvent et aujourd'hui propriété de la duchesse de Nassau.

De riches plaines s'étendent sur les hauteurs, et la route qui s'était éloignée du Rhin s'en rapproche jusqu'à Mittelheim, où ce fleuve reparaît de nouveau dans toute sa magnificence et dans toute son étendue. Aux environs de Geisenheim, les rives s'aplatissent; très-souvent inondées, elles ne peuvent être utilisées que pour le jardinage et le trèfle. Sur la rive opposée, une large vallée parsemée de collines se dirige entre deux montagnes vers le *Hundsrück*, (Dos du Chien). A mesure qu'on approche de Rüdesheim, on comprend que, dans les temps primitifs, lorsque les montagnes des environs de Bingen, n'avaient pas encore d'issues, les eaux, refoulées sur elles-mêmes, ont dû creuser les vallées et les plaines, au milieu desquelles elles ont fini par se frayer le lit dans lequel coule aujourd'hui le Rhin.

Environ quatre heures après notre départ de Wiesbaden, nous arrivâmes à Rüdesheim. La position de l'auberge de la Couronne, nous inspira le désir d'y descendre, car cette auberge est appuyée contre une vieille tour, et ses fenêtres sont percées de manière que d'un côté le regard suit le cours du Rhin, tandis que de l'autre il le remonte. De ce dernier côté, les vallées et les plaines fertiles apparaissent dans une ravissante perspective. Sur la rive opposée et en suivant le cours du Rhin, on voit Bingen, un peu plus bas et dans le fleuve même, s'élève le célèbre *Maüsethurm* (la Tour des Souris).

La montagne qui s'élève derrière Bingen, devait, à l'époque primitive dont je viens de parler, former un promontoire imposant; maintenant on voit à son extrémité orientale, une chapelle consacrée à saint Roch. Détruite pendant la guerre, elle vient d'être restaurée, on n'a même pas encore enlevé tous les échafaudages, ce qui n'empêchera pas d'y célébrer la fête du saint.

Persuadé que nous étions venus pour assister à cette solennité, on nous assura que saint Roch, ne manquerait pas de nous récompenser de cet acte de dévotion; ce qui me prouva que la profanation de la chapelle, qui pendant la guerre avait servi de bivouac, de corps de garde ou d'écurie, n'avait nullement diminué la foi à la toute-puissance de ce saint, dont la spécialité est de détourner la peste et les maladies contagieuses.

Depuis vingt-quatre ans les pèlerinages annuels à Bingen, avaient été défendus, dans la crainte que ces pieuses processions ne servissent à cacher des conjurations ou des projets de révolte. Une fois cependant les fidèles osèrent braver cette défense d'une manière aussi inattendue qu'originale. Au milieu de la nuit du 15 au 16 août, on vit tout à coup une procession armée de torches, gravir la montagne de Bingen et s'arrêter autour de la chapelle. Il est probable que les autorités françaises, cédant au pressant besoin des croyants, leur avaient permis cette infraction aux anciennes défenses, car personne ne fut puni. Le petit nombre d'habitants de Rüdesheim, qui par hasard se trouvaient éveillés, et placés de manière à voir cette procession, assurent que jamais un spectacle aussi effrayant ne s'était offert à leurs regards.

Quoique le rétablissement des pèlerinages à la chapelle de saint Roch, ne puisse intéresser immédiatement que la ville de Bingen, on en était presque aussi enchanté à Rüdesheim ; car cette pieuse cérémonie allait définitivement rétablir les communications si souvent interrompues entre les deux rives du Rhin ; aussi la contrée entière était-elle en émoi, et tout le monde s'apprêtait à fêter cet heureux événement.

En nous promenant sur les rives du fleuve, nous étions arrivés près d'une vieille forteresse romaine, où le comte d'Ingelheim a fait préparer, en faveur des étrangers, un point de vue admirable. La cour de cette forteresse est fort étroite et entourée de toutes parts de hautes murailles noircies, dans lesquelles on a pratiqué des escaliers qui conduisent dans l'intérieur de l'édifice. Là, on passe avec surprise par des appartements très-bien meublés et de grandes salles voûtées, sombres et à demi dévastées, puis on arrive finalement sur une terrasse qui domine toute la contrée. Des ponts rattachent les tours et les murs les uns aux autres. Il est impossible de traverser tous ces ponts, sans croire que l'on marche dans l'air, car l'on voit sans cesse à ses pieds des jardins bien cultivés, entrecoupés de bosquets et de buissons en fleurs.

La vue qu'on découvre sur la terrasse, est vraiment ravissante : d'un côté Rüdesheim, de l'autre une ruine du moyen âge, partout des vignes plantées jusque dans la fente des rochers et sur les décombres de murs écroulés. Çà et là, des couvents et des châteaux, et le Johannisberg qui domine toute la contrée. Le crépuscule l'enveloppa par degrés, et la disparition graduelle de tout ce que nous venions d'admirer, avait un charme mélancolique et particulier.

Une canonnade partie tout à coup de la chapelle Saint-Roch, accompagna notre retour à Rüdesheim ; c'était l'annonce de la solennité qui devait avoir lieu le lendemain.

Le saint qu'on allait fêter avec tant d'éclat, devint naturellement le sujet de la conversation pendant le souper. Un étranger, qu'on prenait également pour un pèlerin, était venu prendre place à la table d'hôte, et on s'attendait à l'entendre vanter les mérites du saint ; mais à la surprise générale il se déclara son adversaire.

— Le 16 août, dit-il, jour où tant de monde célébrait la fête de saint Roch, le feu dévora ma maison, l'année suivante, à pareille époque, mon fils fut blessé à la guerre. Quant au troisième malheur qui est venu me frapper à une autre fête du même saint, je ne vous le dirai pas.

Un convive bel esprit, répondit que pour détourner un malheur, le grand point était de s'adresser au saint que cela regarde spécialement. Les incendies sont l'affaire de saint Floriant, saint Sébastien guérit les blessures ; quant au troisième malheur, saint Hubert aurait peut-être pu le détourner. Il ajouta, qu'au reste, les croyants étaient bien partagés, puisqu'il y avait quatorze saints de *Bon-Secours*. On passa leurs spécialités en revue, et l'on finit par reconnaître qu'il n'y en avait pas encore assez.

Un profond sommeil succéda à cette joyeuse soirée ; nous n'en fûmes pas moins réveillés dès le point du jour, et nous sortîmes aussitôt pour contempler les gorges grisâtres et les verts défilés des bords du Rhin.

Déjà un mouvement inquiet règne de tous côtés, les bateliers étendent leurs voiles, le canon annonce la naissance de la fête qu'il avait prédite la veille, des groupes et des personnages isolés, semblables à des ombres sur un ciel pur, se meuvent autour de la chapelle et sur le versant de la montagne ; mais pas un pèlerin ne se montre encore, ni sur le fleuve, ni sur le rivage.

Poussé par mon penchant pour les sciences naturelles, je quittai nos amis pour aller, en attendant l'arrivée des pèlerins, visiter une collection de minéraux composée de toutes les productions métalliques de la contrée. A mon retour sur le rivage, j'y trouvai une foule empressée et tous les bateaux surchargés de voyageurs ; la rive opposée avait entièrement changé d'aspect. Une longue file de piétons, des voitures, des cavaliers, des bateaux descendaient ou remontaient le cours du Rhin, et venaient s'arrêter au pied de la montagne. La montagne elle-même se couvrait d'une foule bigarrée qui gravit péniblement les sentiers rapides, tandis que la canonnade continuait et annonçait que d'autres pèlerins encore étaient en marche.

Nous aussi, nous traversons enfin le fleuve, l'amour de la géologie me retient au pied du mont, car j'y vois des rochers étranges ; heureusement un marteau est mis à ma disposition, et je trouve une pierre de quartz, brisée au moment où elle allait se former, et dont des masses de quartz ont réuni les débris. Cette pierre était si solide que je ne pus en détacher que quelques parcelles. Puisse un savant naturaliste examiner plus longuement ce rocher, et me faire part de ses découvertes ! combien je lui serais reconnaissant !

Une foule ondoyante se presse autour de la chapelle, nous y pénétrons avec elle.

La nef de cette chapelle forme un carré d'environ trente pieds, le chœur est un peu moins grand. A gauche du maître-autel, on voit une relique dans un cercueil de verre ; on touche légèrement ce cercueil en passant devant lui, on se signe, on voudrait s'arrêter longtemps, mais la foule vous pousse, et l'on est forcé de sortir par une porte latérale.

Dès que je fus revenu au grand air, des milliers d'individus se disputèrent mon attention. Les costumes étaient peu variés, mais les physionomies offraient des contrastes frappants. Le tumulte cependant est si grand que le fil de l'observation se rompt; on se laisse entraîner par la vie réelle et agissante.

Un rang de baraques a été construit autour de la chapelle; on y vend des cierges, des livres de prières, des rosaires. J'ai vainement cherché une brochure contenant la vie du saint qu'on célèbre. Plus loin, on voit des boutiques remplies de pain blanc, de pâtisserie, de pain d'épice, de joujoux d'enfants et d'objets de parure.

L'arrivée des processions continue, chaque village forme une bande à part, il a sa bannière, ses cierges, des rubans à ses couleurs, sa statue de la Vierge habillée de neuf et portée par des enfants. Un grand mouvement annonce l'arrivée de la procession principale, celle de Bingen. Moi aussi, je vais au-devant d'elle, et le paysage a changé tout à coup devant mes regards, car je vois à mes pieds la ville de Bingen avec ses jardins et ses vergers, située à l'extrémité d'une vallée par laquelle s'échappe la Nahe, puis le Rhin, le Maüsethurm, l'Ehrenburg, et pour fond du tableau, les graves et sombres rochers au milieu desquels le puissant fleuve disparaît bientôt!

A mesure que la procession gravit la montagne, son originalité se dessine plus distinctement. Les petits garçons ouvrent le cortège, les adolescents les suivent, puis des hommes faits portent la statue de saint Roch. Cette statue est vêtue d'un habit de pèlerin en velours noir et d'un manteau royal également en velours noir bordé de galon d'or. La tête d'un petit chien tenant un morceau de pain entre ses dents, sort de dessous un pan du manteau. Immédiatement après le saint, s'avancent de jeunes garçons en costumes de pèlerins, des bourdons à la main et les chapeaux garnis de coquillages. Des hommes graves les suivent de près; leur physionomie annonce qu'ils pratiquent un métier qui demande à la fois de la force, du courage et de la réflexion ; ce sont les bateliers du Rhin. Ce groupe précède un baldaquin en soie rouge, sous lequel marche avec dignité l'évêque du diocèse ; il porte le saint sacrement, un nombreux clergé l'entoure, des militaires autrichiens et les autorités du pays l'escortent.

La présence des autorités civiles et militaires était d'autant plus à propos, que cette solennité n'était pas seulement une fête religieuse ; les circonstances lui donnaient une importance politique, car la résurrection des pèlerinages à la chapelle de Bingen, était pour tout le monde le symbole et la preuve, que l'Allemagne venait de reconquérir la rive gauche du Rhin, et les habitants de cette contrée, la liberté de croire aux miracles.

Tous les enfants avaient l'air joyeux et les jeunes hommes indifférents ; nés au milieu de guerres désastreuses, cette fête ne leur rappelait rien, et le cœur qui n'a pas d'heureux souvenirs ne saurait avoir de belles espérances. Les vieillards étaient profondément émus ; en voyant renaître devant eux les fêtes de leur jeunesse, ils sentaient qu'ils n'en jouiraient pas longtemps.

Des cris étranges se font tout à coup entendre du côté opposé de la montagne que gravit la procession ; on va, on vient, on veut savoir ce que c'est. Au milieu de ce tumulte un garçon alerte et robuste accourt, et montre d'un air de triomphe un blaireau encore tout sanglant. Effrayé par des mouvements et des bruits inaccoutumés, le pauvre animal était sorti de son souterrain, et les hommes, toujours impitoyables, ont profité de son malheur pour le tuer au milieu d'une fête, dont le but est de détourner tous les malheurs. C'est ainsi que semblables à des intermèdes burlesques, les incidents absurdes viennent presque toujours se mêler aux événements les plus graves.

L'ordre et la gravité se sont rétablis, et l'attention générale se dirige vers une dernière procession ; c'est celle de la commune de Rüdesheim, elle est aussi imposante que nombreuse

L'évêque vient d'entrer dans la chapelle, tout le monde s'y presse ; mes amis et moi, nous restons en plein air, afin de jouir des magnifiques points de vue qui s'ouvrent du côté opposé de la montagne. Là, un œil exercé peut embrasser toute l'étendue de la fertile et magnifique contrée qui s'étend entre Bingen et le *Donnersberg* (Mont du Tonnerre), dont la masse imposante ferme majestueusement le fond de ce tableau.

La partie de la montagne vers laquelle nous venions de nous diriger était couverte de bancs, de tables, de tentes et de boutiques contenant tous les objets nécessaires pour satisfaire la soif et la faim des pèlerins. Le vent nous apportait une agréable odeur de rôti ; dirigeant aussitôt nos regards de ce côté, nous vîmes un immense brasier, près duquel une jeune et jolie fille faisait griller des saucisses et des boudins. Après nous être munis de bon pain frais que nous garnîmes amplement de ces gras et fumants comestibles, nous nous dirigeâmes vers une table où déjà une nombreuse famille s'était installée ; on se resserra pour nous faire place, et bientôt nous reconnûmes que le hasard nous avait conduits au milieu d'une société aussi aimable que bienveillante.

De petites cruches brunes avec le chiffre du saint incrusté en blanc, circulaient à la ronde. Nous nous hâtâmes d'en acheter de semblables et de les faire remplir ; elles ne tardèrent pas à se vider, et lorsque nous les reportâmes au marchand de vin, il nous pria d'attendre qu'il eût percé son quatrième tonneau ; trois déjà avaient été vidés, quoiqu'on ne fût encore qu'aux premières heures de la matinée. Personne n'avait honte de son amour pour le vin, l'on se faisait même un mérite de pouvoir en boire beaucoup ; les femmes et les enfants ne cédaient point leur part aux hommes.

J'avais entendu dire plus d'une fois que parmi les dignitaires ecclésiastiques, et même parmi les princes Électeurs, il s'était trouvé des buveurs capables de consommer par jour, huit mesures du Rhin, c'est-à-dire plus de seize bouteilles, et je demandai à mon voisin de table si en effet, cela était possible. Pour répondre à cette question, il me cita les passages suivants d'un sermon de carême, par lequel l'évêque du pays s'efforçait de combattre le vice abominable de l'ivrognerie :

« Je vous ai déjà prouvé, mes chers frères, que c'est un
« très-grand péché que de se servir des dons de Dieu pour
« s'enivrer ; l'abus cependant n'exclut point l'usage, bien
« au contraire, car il est écrit : *Le vin réjouit le cœur de*
« *l'homme.* Il en est bien peu d'entre vous, mes frères, qui
« ne puissent boire par jour, deux mesures de vin au
« moins. Que celui qui, à la troisième ou quatrième me-
« sure, sent sa raison se troubler au point de méconnaître
« sa femme, ses enfants, ses amis et de les maltraiter par
« des coups ou des paroles injurieuses, s'en tienne à ses
« deux mesures de vin, s'il ne veut pas offenser Dieu et se
« faire mépriser par son prochain. Mais que celui qui, après
« avoir bu quatre, cinq, six mesures, reste en état de faire
« son travail, de se conformer aux commandements de ses
« supérieurs ecclésiastiques et séculiers, et de secourir son
« prochain en cas de besoin, que celui-là absorbe hum-
« blement et avec reconnaissance, la part que Dieu lui a
« permis de prendre. Qu'il se garde bien cependant de
« passer les limites de six mesures, car il est rare que la
« bonté infinie du Seigneur accorde à un de ses enfants la
« faveur qu'il a bien voulu me faire, à moi, son serviteur
« indigne. Je bois huit mesures de vin par jour, et pas un
« de vous cependant ne peut dire qu'il m'ait jamais vu,
« livré à une injuste colère, injurier mes parents ou mes
« commensaux, oublier ou même négliger un seul de mes
« devoirs. Vous m'avez, au contraire, toujours trouvé prêt
« à faire tout ce qui peut être agréable à Dieu et utile à
« mon prochain. Que chacun de vous, mes frères, se for-
« tifie donc le corps et se réjouisse l'esprit avec la quan-

« tité de vin que la bonté divine a bien voulu lui permettre
« d'absorber. »

Les petites cruches, décorées du chiffre du patron de la fête, amenèrent la conversation sur l'histoire de ce patron. Si personne ne la savait parfaitement et en entier, tout le monde en connaissait quelques traits. Je me les fis raconter dans l'intention de reproduire les divers récits en forme de dialogue, mais il m'a fallu renoncer à ce projet, car chaque narrateur s'intéressait plutôt à un fait qu'à un autre, et lui donnait ainsi, malgré lui, le reflet de ses propres sensations, ce qui eût rendu l'ensemble, sinon contradictoire dans ses détails, du moins décousu et presque inintelligible. Pour éviter cet inconvénient, je me suis donc borné à prendre leur quintessence, et à les classer en me conformant à l'ordre de la marche des faits.

Saint Roch naquit à Montpellier; sa mère s'appelait Libera et son père Jean. Ce Jean ne gouvernait pas seulement Montpellier, mais tous les environs. Malgré sa grande piété, Dieu lui avait pendant longtemps refusé des enfants. Touchée de sa douleur, sainte Marie lui accorda enfin un fils, qui vint au monde avec une croix rouge sur la poitrine. Cet enfant reçut le nom de Roch. Pendant les jours de jeûne, sa mère ne lui donnait le sein qu'une fois par jour, plus tard il jeûnait aussi souvent que ses parents. A cinq ans à peine, il ne mangeait et ne buvait presque pas; à douze ans il renonça à toutes les superfluités, à toutes les vanités de ce monde, et donna aux pauvres tout l'argent dont il pouvait disposer. Bientôt il se fit remarquer par son aptitude à l'étude et s'acquit une grande réputation dans les sciences et les lettres.

Il n'avait pas encore vingt ans, quand il perdit ses parents. Son premier soin fut de distribuer aux pauvres la grande fortune qu'il en avait héritée, puis il se rendit en Italie et entra dans un hôpital où régnait une maladie contagieuse. On refusa d'abord son offre de soigner les malades

21.

dans la crainte qu'il ne fût atteint par la contagion; mais il insista si fortement qu'on finit par céder; et le jeune voyageur guérit les malades en les touchant et en faisant sur eux le signe de la croix. A Rome aussi, où il ne tarda pas à se rendre, il sauva un grand nombre de personnes atteintes de la peste, et notamment un cardinal chez lequel il demeura pendant trois.

Cependant le futur saint ne tarda pas à être frappé lui-même par le fléau dont il avait garanti tout le monde, et on le transporta dans un hôpital de pestiférés.

Ne voulant pas importuner ses compagnons d'infortune par les cris que lui arrachaient ses souffrances, il alla s'asseoir à la porte de cet hôpital. Les paysans crurent d'abord qu'il avait été relégué là par le mauvais vouloir des infirmiers; en apprenant le contraire, on le crut fou et on le chassa de la ville.

Comptant sur la protection de Dieu, Roch se dirigea vers la forêt voisine, et ne se sentant pas la force d'aller plus loin, il se coucha sous un ormeau, au pied duquel jaillit aussitôt une fontaine dans laquelle il put étancher sa soif. Non loin de cet arbre se trouvait une maison de campagne, où beaucoup de personnes riches de la ville s'étaient réfugiées pour échapper à la contagion. L'un de ces réfugiés, nommé Gotthardus, avait beaucoup de valets et un grand nombre de chiens de chasse.

Un jour il advint qu'un de ces chiens, le plus docile et le mieux dressé de tous, vola sur la table de son maître un morceau de pain avec lequel il disparut aussitôt. Quoique sévèrement puni dès qu'on le vit revenir, il recommença le même manége le lendemain et parvint encore à s'échapper. Soupçonnant alors quelque mystère, Gotthardus, accompagné de ses domestiques, suivit le chien qui les conduisit sous l'ormeau où gisait le pieux pèlerin. En vain ce malheureux les supplia-t-il de s'éloigner afin de ne pas s'exposer à son mal, Gotthardus le fit transporter chez lui et le soigna de son mieux.

A peine Roch eut-il senti ses forces renaître, qu'il partit pour Florence où il guérit un grand nombre de pestiférés, tandis que par une voix du ciel il fut lui-même complétement guéri. De retour chez Gotthardus, il décida ce seigneur à venir avec lui habiter la forêt pour y servir Dieu jour et nuit. Dès qu'il s'aperçut que le néophyte était suffisamment initié à cette pieuse vie d'anachorète, Roch partit pour Montpellier. Dans cette ville qui lui avait appartenu et dont il avait fait don à son cousin, il fut pris pour un espion, car le pays était alors en guerre. On le conduisit devant son cousin qui, ne le reconnaissant point sous ses misérables vêtements, le fit jeter en prison. Loin de murmurer, Roch remercia Dieu de ce qu'il voulait bien lui accorder tant de malheurs; et non content de refuser toute autre nourriture que du pain et de l'eau, il s'imposa volontairement des jeûnes et des veilles.

Cinq ans s'étaient écoulés ainsi, lorsque sentant sa fin s'approcher, il pria un de ses geôliers de lui amener un prêtre. A peine celui-ci fut-il arrivé que le cachot s'éclaira subitement, et le visage de Roch prit une expression si divine, que le serviteur de Dieu, d'abord saisi d'effroi, puis d'admiration, courut chez le seigneur de la ville et lui apprit ce qu'il venait de voir.

Cet incident merveilleux se répandit dans la ville, et les habitants, convaincus que le prétendu espion, que depuis si longtemps on retenait dans un cachot affreux, était le plus pieux des hommes, se portèrent en foule pour le voir.

Roch venait de rendre l'âme, mais à travers les fentes de la porte de son cachot, on voyait briller la lumière des lampes qui brûlaient autour de son corps étendu sans vie sur le sol de la prison. La croix rouge empreinte sur sa poitrine et avec laquelle il était venu au monde, le fit reconnaître par son cousin, qui donna l'ordre de le faire enterrer avec la plus grande pompe; le peuple suivit le convoi en poussant des cris de douleur; il ne pouvait se consoler d'avoir perdu un aussi saint homme.

Cette mort et les prodiges dont elle fut suivie immédiatement, eurent lieu le 16 août 1327 ; plus tard Venise fit construire en l'honneur de ce saint, une église où ses restes ont été déposés.

Lorsqu'en 1414, la peste éclata à Constance, pendant que le concile y était assemblé, on eut d'abord recours aux remèdes ordinaires, voyant leur inutilité, on invoqua le saint, on fit des processions en son honneur, et la peste cessa.

Pendant que je recueillais les matériaux de cette édifiante histoire, un nouveau mouvement dans la foule annonça un nouvel événement. Le sermon allait commencer, non dans la chapelle, mais dans une chaire pratiquée contre la partie extérieure des murs. La porte qui, de cette chaire conduit dans la nef, venait de s'ouvrir et l'évêque parut. Le sacristain qui l'avait suivi, étendit aussitôt un très grand parapluie, pour garantir le vénérable pontife des rayons du soleil qui commençait à répandre une chaleur excessive.

Le sermon était approprié à la circonstance et donnait à tout le monde des conseils salutaires. Puis l'évêque rentra dans la chapelle et l'on se mit à chanter le *Te Deum;* c'était la fin de la fête.

Les processions défilèrent les unes après les autres, et nous retournâmes à Bingen afin de nous remettre, par la contemplation imposante de la nature, de la confusion que les scènes auxquelles nous venions d'assister, avaient jetée dans notre imagination.

ANNALES

COMPLÉTANT TOUT CE QUE J'AI DÉJA DIT SUR MOI-MÊME.

De 1749 à 1764.

Dominé par un talent précoce, je reproduisis les impressions de mon enfance, soit en vers, soit en prose, en imitant presque toujours les modèles qui existaient alors. Mon imagination cependant ne se préoccupait encore que d'images riantes, et qui se rattachaient complaisamment à ma personnalité, ainsi qu'aux choses qui me concernaient immédiatement.

En composant des poésies de circonstance, mon esprit se rapprocha de la nature réelle et vraie, ce qui me valut des notions positives sur les relations sociales avec leurs diversités individuelles.

Exercices multipliés en différents idiomes.

De 1764 à 1769.

Séjour à l'université de Leipzig.

Je commençai à sentir la nécessité d'une forme littéraire déterminée, afin de pouvoir mieux juger mes propres compositions. L'absence de cette forme avait fait adopter des lois gréco-françaises, surtout pour les œuvres dramatiques.

Des sentiments tendres, mais douloureux, vinrent m'assiéger, et m'inspirèrent plusieurs petites poésies et pièces de théâtre. D'un autre côté, je commençai à m'apercevoir que plus d'un vice poli se cache sous le vernis de l'organisation sociale, découverte qui se traduisit également par de petites poésies et des pièces de théâtre.

Parmi les compositions de la première catégorie, quelques chansons et le *Caprice des Amants*, ont seules été conservées ; de celles de la seconde, il n'est resté que le petit drame intitulé : *Les Complices,* dans lequel il est facile de reconnaître une étude consciencieuse du monde de Molière. La teinte étrangère que cette étude a donnée aux mœurs des personnages a, pendant fort longtemps, exclu ce petit drame de la scène allemande.

De 1769 à 1775.

Pendant cette époque, la vie commença à s'ouvrir devant moi, par les événements, par les passions, par les plaisirs et par les chagrins.

Me sentant trop à l'étroit dans le cercle des lois littéraires gréco-françaises, j'adoptai la forme anglaise et je produisis *Werther, Gœtz de Berlichingen, Egmond.* En traitant des sujets plus simples, tels que *Clavigo, Stella, Erwin et Elmire, Claudine de Villa-Bella,* je revins à la forme limitée. Dans les deux dernières pièces, j'ai cherché à mêler le chant au dialogue en prose. Plusieurs poésies adressées à *Belinde* et à *Lili,* appartiennent à cette époque, ainsi que beaucoup de pièces de circonstance et d'épîtres perdues.

Peu à peu ma pensée pénétra plus avant dans les mystères de l'humanité, et je conçus une aversion passionnée pour les théories fausses ou bornées. Cette aversion me poussa à m'opposer énergiquement à la préconisation de mauvais modèles. Tout ce que j'ai composé dans cette disposition d'esprit, est profondément senti et toujours vrai, mais souvent mal exprimé et envisagé d'un seul côté seulement, ou sous un faux point de vue. C'est en ce sens qu'il faut juger *Faust,* le *Théâtre de marionnettes,* le prologue de *Barthe,* ainsi que tout le monde peut s'en assurer.

Il en est de même des fragments du *Juif errant* et des *Noces de Paillasse,* qui n'ont jamais été imprimées. Les *Noces de Paillasse,* avaient quelque chose de singulièrement joyeux, car les personnages n'étaient autre chose que les termes d'injure de la langue allemande, personnifiés et agissant suivant leurs caractères. Beaucoup de compositions de ce genre ont été perdues ; mais *les Dieux, les Héros* et *Wieland*, ont pu être insérés dans mes œuvres.

Les critiques littéraires de la *Gazette savante de Francfort* de 1772 et 1773, donnent une idée complète de mon individualité de cette époque et de celle de mon entourage ; des tendances illimitées à renverser les entraves qui pouvaient arrêter l'élan de notre esprit, nous caractérisaient tous.

Mon premier voyage en Suisse, me fit envisager le monde sous un point de vue plus vaste ; ma visite à Weimar m'enlaça par des liens séduisants, et me poussa d'une manière imprévue, dans une carrière aussi neuve qu'heureuse.

De 1775 à 1780.

Pendant les premiers temps de mon séjour à Weimar, il me fut impossible de continuer les travaux commencés que j'y avais apportés ; car m'étant créé par anticipation un monde imaginaire, le monde réel qui s'imposait à moi, ne pouvait manquer de me troubler. Ce monde voulait me donner ce que j'avais déjà, mais sous une autre forme ; aussi fus-je obligé de m'approprier une seconde fois ce que j'avais acquis.

La création d'un théâtre d'amateurs, me mit à même de faire représenter *Lila, le Frère et la sœur, Iphigénie, Proserpine*. Cette dernière pièce a été sacrilégement intercalée dans *le Triomphe de la sensibilité*, où l'effet qu'elle devait produire s'est annulé.

La fade sentimentalité qui, alors n'avait pas encore fini son règne, a donné lieu à une dure réaction du réalisme, à laquelle mes amis et moi, nous avons puissamment contribué par une foule de vers dont la plupart ont été perdus ; la *Mission poétique de Hans Sachs*, a cependant été conservée et se trouve dans mes œuvres. L'idée primitive de *Wilhelm*

Meister, commença à se faire jour, mais son développement et son perfectionnement se sont prolongés pendant un grand nombre d'années.

Le projet d'écrire la vie du duc Bernard, me préoccupa alors très-vivement. Après en avoir recueilli les matériaux, je me mis à les schématiser à plusieurs reprises, et je reconnus que les aventures de ce héros ne pouvaient former un tableau spécial. Le rôle qu'il a joué dans la lamentable Iliade de *la guerre de Trente ans*, est digne et grand, mais il ne saurait être séparé de son entourage. Pour tourner la difficulté, je conçus l'idée d'écrire cette vie dans un premier volume qui en demanderait un second, et ce second à son tour en exigerait un troisième, dans lequel on verrait le héros élever des commencements d'édifices, qui feraient regretter vivement que l'architecte n'eût pu achever son œuvre. Quoique ce travail soit resté à l'état de projet, il ne m'en a pas été moins utile, car il m'a donné une idée juste et nette des désordres du xviie siècle, comme naguère les études qu'avaient exigées *Goetz de Berlichingen* et *Egmond*, m'avaient appris à juger sainement des xve et xvie siècles.

Vers la fin de 1779, je fis un second voyage en Suisse[1]. Les objets extérieurs et le soin de diriger nos courses aventureuses, rendirent ce voyage très-peu productif sous le rapport littéraire. L'*Excursion de Genève au mont Saint-Gothard*[2], est le seul souvenir resté de ce voyage. De

---

[1] Pendant ce voyage, Goethe accompagnait la duchesse de Weimar.

[2] Il ne se trouve rien de semblable, sous ce titre et à cette date, dans les *Voyages* de Goethe, ce qui autorise à croire, qu'il a décrit cette excursion dans la seconde partie des *Lettres de la Suisse*, attribuées à Werther, et publiées à la fin de ce roman, dont elles pourraient former l'introduction, puisqu'elles sont, pour ainsi dire, la clef du caractère de ce jeune homme, et l'esquisse des incidents qui ont développé en lui le germe du dégoût de la vie. Il est à regretter qu'aucun des nombreux traducteurs de *Werther*, n'ait songé à y joindre la traduction de ces lettres qui, dans la pensée de l'auteur, sont le complément de son œuvre. (*Note du traducteur.*)

retour dans la partie moins montagneuse de la Suisse, je composai *Jery et Bœtely*, que je rapportai tout achevé en Allemagne.

Aujourd'hui encore, quand je vois les personnages de ce petit opéra, s'agiter sur notre scène au milieu de montagnes en carton, je crois respirer de nouveau l'air de ces belles contrées.

De 1780 à 1786.

Les premiers jets de *Wilhelm Meister*, avaient pris naissance dans le vague pressentiment de cette vérité : l'homme est souvent tenté de se jeter dans une carrière pour laquelle la nature lui a refusé toutes les dispositions nécessaires. Un sentiment intime lui dit de changer de direction, mais il ne peut se mettre d'accord avec lui-même, et se trouve poussé sur de fausses routes vers un but faux, sans qu'il puisse s'expliquer pourquoi cela est ainsi. Si de temps en temps un vague rayon de lumière vient l'éclairer à demi, il se désespère, ce qui ne l'empêche pas de se laisser entraîner de nouveau par la vague, à laquelle il ne résiste que faiblement.

Un grand nombre de jeunes gens gaspillent ainsi la plus belle partie de leur vie, et finissent par tomber dans une sombre et bizarre mélancolie. Il n'en est pas moins possible d'arriver à travers tant de fausses démarches à un bonheur inestimable. Cette possibilité se développe, s'explique, se confirme dans *Wilhelm Meister*, et finit par être clairement exprimée par ces paroles que l'espiègle Frédéric adresse à Wilhelm Meister : « Tu me fais l'effet de Saül, fils de Cis; il partit pour chercher l'ânesse de son père et finit par trouver un royaume. »

En lisant avec attention le petit opéra : *Raillerie, ruse et vengeance*, on reconnaîtra que cette composition a coûté une plus grande dépense d'esprit qu'elle n'en méritait. J'ai été séduit par le désir de produire de grands effets dans un cercle étroit et par des moyens mesquins ; aussi les chants se sont-ils tellement multipliés, que les trois uniques personnages de la pièce ne pouvaient y suffire. Puis la fourberie audacieuse par laquelle on mystifie un pédant avare, très-propre à charmer les Italiens et les Français, ne pouvait avoir beaucoup d'attraits pour les Allemands, chez lesquels l'art n'excuse jamais l'absence des sentiments.

Cet essai ne m'en a pas moins été fort utile, car il a renoué avec mon compatriote, le compositeur Kayser, des relations qui, depuis notre rencontre à Rome, ne se sont plus jamais refroidies.

Les Oiseaux, imités d'Aristophane, font partie d'une suite de pièces composées pour certaines solennités, et dont la plupart ont été perdues. En 1783, je fis les deux actes d'*Elpénor*, tragédie que je n'ai point achevée. Bientôt après, je pris la résolution de publier mes œuvres complètes ; les quatre premiers volumes parurent à la Saint-Michel de 1786, chez le libraire Gœschen.

1787 et 1788.

Les quatre derniers volumes de mes œuvres, ne devaient d'abord contenir que des compositions commencées ; excité par Herder, je me mis à les achever, en partie du moins.

Les deux volumes qui contiennent mon *Voyage en Italie*, donnent des détails sur les événements au milieu desquels je me suis livré à ces travaux littéraires. *Iphigénie en Tauride* fut terminée avant mon départ pour la Sicile ; dès mon retour à Rome, je m'occupai d'*Egmond*, et je fus fort étonné de retrouver dans les journaux de Bruxelles, qui exposaient la situation politique et actuelle de leur pays, des scènes semblables à celles par lesquelles j'avais peint la situation politique des Pays-Bas, du temps de mon héros.

Initié par mon séjour dans un pays musical aux formes de l'opéra, je refis *Claudine de Villa-Bella*, ainsi qu'*Erwin et Elmire*. Ce ne fut qu'à mon retour d'Italie, que je mis la dernière main au *Tasse*.

1789.

A peine m'étais-je familiarisé de nouveau avec la vie de Weimar, que la révolution française occupa tous les esprits. Dès 1785, l'histoire du collier m'avait vivement impressionné et avait ouvert devant moi un abîme d'innovations, du fond duquel je voyais sortir des fantômes sinistres qui s'emparèrent complétement de mon imagination. Les amis chez lesquels j'étais alors à la campagne, me crurent fou, mais ils ne me l'avouèrent que lorsque le développement de la révolution fut venu réaliser mes étranges prévisions.

Après avoir suivi le procès du collier dans tous ses détails, je profitai de mon voyage en Sicile pour me procurer des renseignements sur Cagliostro; et voulant enfin me débarrasser de cette désagréable affaire, je la dramatisai, selon mon habitude, sous ce titre : *Le Grand Kophtha*.

Immédiatement après mon retour d'Italie, un travail d'un autre genre, la révision du journal de ce voyage, ne tarda pas à m'occuper agréablement. Depuis la publication de l'inimitable *Voyage sentimental* de Sterne, les relations de voyages n'étaient plus que le récit des sensations et des manières de voir du voyageur; ce qui m'avait fortifié dans la résolution que j'avais prise, en écrivant mon journal, de m'effacer autant que possible et de m'identifier avec les objets. Je me suis surtout fidèlement conformé à ce principe dans ma description du *Carnaval de Rome*. Aussi fut-elle si bien accueillie, qu'elle inspira à plusieurs hommes de mérite, la résolution de ne s'occuper dans leurs voyages, que des particularités des peuples et de les décrire avec clarté et précision.

Je m'étais empressé de renouer mes relations avec l'université de Iéna, et le plaisir que j'avais à seconder des hommes spéciaux, qui cherchaient à réorganiser et à compléter le musée d'histoire naturelle de cette université, me consola de l'absence de toute jouissance artistique ; d'un autre côté, je soulageai mon cœur de cette privation en composant une élégie intitulée : *Les Métamorphoses des plantes.*

Comme je m'occupais en même temps des couleurs employées par les peintres, je reconnus avec surprise que l'hypothèse de Newton, sur ce sujet, était insoutenable et fausse. De nouvelles expériences me confirmèrent dans cette conviction, et m'inoculèrent le besoin maladif de développer et d'approfondir cette question.

D'agréables relations domestiques et sociales, me mirent dans les dispositions nécessaires pour revoir et achever mes *Élégies romaines.* Un assez long séjour à Venise, à la suite de la duchesse douairière Amélie, me fournit l'occasion de composer mes *Épigrammes vénitiennes,* et me procura l'avantage d'étudier l'histoire de la célèbre école de peinture de cette ville. A peine revenu de cet heureux voyage, mon souverain m'envoya en Silésie, où deux grandes puissances protégeaient, par leur attitude armée, le congrès de Reichenbach. Les difficultés occasionnées par les divers cantonnements, me suggérèrent plusieurs épigrammes insérées çà et là dans mes poésies.

La plus haute noblesse de la Silésie, et même celle de la Prusse entière, était venue se joindre à la cour guerrière qui s'était établie à Breslau, et cependant je ne m'y occupai que de l'anatomie comparée. On trouvera cela bien singulier, mais j'ai cru devoir le dire.

Vivant ainsi en solitaire au milieu d'un monde agité, je me livrai sans réserve, à une étude dont la passion avait été éveillée chez moi par un hasard singulier. Dans une de mes promenades sur le Lido, pendant mon récent séjour à Venise, j'avais trouvé un crâne de brebis, dont les crevasses ne m'avaient pas seulement confirmé dans l'idée que les os des crânes n'étaient que des vertèbres transformées ; elles m'avaient révélé en même temps comment certaines masses organiques intérieures et informes deviennent, par un développement extérieur, les plus précieux instruments des sens, et contribuent puissamment au perfectionnement matériel et intellectuel d'un corps organisé.

Raffermi ainsi dans mon ancienne conviction, que la nature n'a point de mystères qu'elle ne dévoile, d'une manière ou d'une autre, aux yeux de l'observateur attentif, je ne pouvais m'empêcher de revenir, malgré mon entourage animé, à mes travaux ostéographiques ; travaux dont le docteur Loder a bien voulu parler dans son Dictionnaire d'anatomie, avec le bienveillant intérêt qu'il m'a toujours témoigné.

Mes écrits sur l'ostéologie n'ayant pas encore été imprimés, je crois devoir dire ici qu'ils sont tous basés sur la conviction profonde qu'un type universel, se perfectionnant par des métamorphoses, traverse tous les êtres organisés ; que l'on peut observer ce type dans toutes ses parties et à tous ses degrés, et qu'on le retrouve même encore, quand, arrivé chez l'homme à son apogée de perfection, il se cache modestement [1].

1791.

Année calme, passée dans l'intérieur de la ville et de ma maison. La chambre obscure que j'avais établie chez moi et l'étendue du jardin où l'on pouvait, même en plein air, faire des expériences d'optique, m'engagèrent à terminer mon Essai sur les phénomènes du prisme. Je le publiai aussitôt, mais l'école l'accueillit fort mal, et le réfuta par des phrases creuses.

---

[1] Ces écrits ont été imprimés depuis et font partie des œuvres complètes de Goethe. *(Note du traducteur.)*

Pour ne pas me sevrer entièrement d'exercices poétiques et esthétiques, je me chargeai de la direction de notre théâtre. La troupe qui depuis 1784, jouait sur ce théâtre, était sur le point de nous quitter ; je retins les sujets les plus remarquables et j'en fis venir d'autres de toutes les parties de l'Allemagne. Secondé par le compositeur Kranz et par le poëte dramatique Vulpius, nous donnâmes d'abord des opéras traduits du français et de l'italien, appropriés au goût allemand, moyen infaillible et commode de plaire au public. Pendant ce temps je m'efforçai de mettre la troupe en état de jouer avec ensemble, et même avec talent les drames et les comédies d'Iffland.

1792.

Dans le courant de l'hiver, le théâtre avait pris de la consistance, et le goût des spectateurs s'était tellement formé, qu'ils commençaient à sentir tout le mérite d'Iffland, ce qui ne nous empêcha pas d'admettre Kotzebue dans notre répertoire. De son côté, la troupe s'était perfectionnée au point que, dès le commencement de l'année, *Don Carlos* de Schiller, put être représenté à la satisfaction générale.

Vers le milieu de l'été, je fus lancé de nouveau dans un monde guerrier, mais cette fois, je devais assister à des scènes plus graves que celles dont j'avais été témoin en Silésie.

Passant rapidement par Francfort, Trèves et Luxembourg, je rejoignis l'armée prussienne à Longwy, puis je la suivis à Valmy et pendant sa retraite. Chemin faisant, et en dépit des travaux de la guerre, je continuai mes travaux d'optique avec d'autant plus de plaisir et de succès, qu'au milieu des champs et des montagnes, les occasions neuves et intéressantes s'offraient d'elles-mêmes. Pendant le séjour que je fis à Dusseldorf, avant de retourner à Weimar, j'eus lieu de reconnaître que mes anciens amis me trouvaient complétement changé sous le rapport intellectuel.

1795.

L'aversion du public pour le sentimental, et sa manie de s'attacher passionnément à des réalités inévitables en apparence, valurent un accueil très-favorable à mon *Renard Reinerk*. Ce poëme, espèce de Bible mondaine, qui tient le milieu entre la composition et la traduction, m'occupa très-agréablement, d'abord chez moi, puis pendant le siége de Mayence où je l'avais emporté avec moi.

Je ne dois pas oublier de dire que je regardai ce travail comme un moyen de m'exercer dans les hexamètres, pour lesquels alors nous ne consultions encore que l'oreille. Voss en savait plus que nous sur ce point, mais tant que vécut Klopstock, le respect dû à ce bon vieux monsieur, l'a empêché de lui dire que ses hexamètres étaient mauvais. Les conséquences de ce ménagement sont cruellement retombées sur nous qui, depuis notre première jeunesse, nous étions accoutumés à ce rhythme.

La théorie des couleurs me suivit aussi sur les bords du Rhin, où je fis de nouvelles découvertes sur les conditions d'après lesquelles les couleurs nous apparaissent. Cette diversité d'études, comparée à mes facultés bornées, me fit éprouver le besoin d'une association scientifique. J'en communiquai le projet à mon beau-frère Schlosser, qui se moqua de moi. Je lui répondis en croyant, et il m'opposa des arguments que je trouvai faux, mais dont l'expérience m'a depuis prouvé la justesse.

On pardonnera sans doute à un homme doué d'un esprit actif, du besoin de produire et du désir de faire progresser la littérature nationale, de s'être effrayé en voyant tout s'écrouler autour de lui, sans donner le moindre indice du bien qui pourrait résulter de ce bouleversement. C'est dans cette disposition d'esprit que j'ai composé le *Général-citoyen*, les *Insurgés* et les *Causeries des réfugiés*.

1794.

Les terribles événements dont j'avais été témoin pendant les deux années précédentes, m'avaient fait éprouver le besoin de repos et de distractions, mais le moyen de s'y livrer? Chaque jour nous apportait de la France quelque nouvelle terrible et menaçante. Nous déplorions encore la mort du roi et de la princesse Élisabeth, quand Robespierre répandit la terreur sur le monde entier; et nous osâmes à peine nous réjouir de sa chute, car la France était si agitée, qu'elle menaçait de tout bouleverser, de tout détruire autour d'elle.

Dans les grands dangers, tout homme sent la nécessité de combattre, si ce n'est avec des armes, du moins avec la plume; ce qui donna lieu à des brochures dictées par une haine passionnée contre les Français, au moment même où ils s'avançaient vers nos frontières. D'un autre côté, les chants révolutionnaires de la France, circulaient mystérieusement en Allemagne, et y gagnaient des partisans à la révolution. Cette division des Allemands se manifesta clairement dans la marche des événements politiques.

La Prusse, en bonne harmonie avec les Français, en apparence du moins, demandait aux souverains allemands de contribuer à l'entretien de ses troupes, sans leur dire l'usage qu'elle prétendait faire de ces troupes, aussi personne ne lui donna-t-il le moindre secours. A la diète de Francfort, tantôt on s'irrita contre la Prusse, qu'on accusait de cacher des projets d'agrandissement sous son opiniâtre neutralité, et tantôt on lui faisait des avances dans l'espoir de gagner pour soi une demi-amie des Français. Pendant ces stériles délibérations, les Anglais s'établirent dans les Pays-Bas, et les Autrichiens passèrent le Rhin. L'ennemi cependant gagnait toujours du terrain, les réfugiés allemands nous arrivaient de tous côtés, de tous côtés aussi on m'adressa des dépôts de bijoux et d'objets précieux, témoignages de confiance qui m'affligèrent profondément, car j'y vis la preuve que la nation entière se sentait menacée, mais à Francfort surtout, le danger était imminent.

Depuis la mort de mon père, ma mère jouissait seule des vastes propriétés, de la belle maison et de tous les meubles et objets d'art qui s'y trouvaient réunis. Tout cela n'était plus qu'un fardeau dont elle cherchait à se débarrasser. Malheureusement, les craintes qui s'étaient emparées de tous les esprits en rendaient la vente très-difficile. Son infatigable activité vainquit tous les obstacles, et elle put s'établir dans une jolie maison où elle loua un appartement à sa convenance. Je lui avais en vain offert de venir demeurer chez moi, elle ne pouvait se résoudre à quitter sa ville natale avec laquelle elle s'était complétement identifiée.

Si le théâtre où j'eus la satisfaction de faire représenter les pièces les plus importantes d'Ifflund, continua à m'occuper agréablement, l'université d'Iéna, ne tarda pas à attirer mon attention.

Après le départ de Reinhold, si justement regretté, on osa donner sa chaire à Fichte, je dis qu'on osa, parce que ce professeur s'était exprimé sur la morale et sur la politique d'une manière large et élevée, mais peu appropriée aux circonstances. C'était une des personnalités les plus distinguées, et ses manières de voir envisagées dans leur ensemble, n'avaient rien de répréhensible; mais comment un homme qui regardait le monde comme une propriété qu'il s'était créée, aurait-il pu marcher du même pas que ce monde ?

Pour se dédommager des limites trop bornées qu'on avait mises à ses cours, il prit le parti d'en faire un chaque dimanche. Cette innovation rencontra beaucoup d'opposition. A peine était-on parvenu à apaiser les dissensions survenues à cette occasion, qu'il causa de nouveaux embarras par ses dissertations sur Dieu et les choses divines, qu'on ferait toujours mieux de passer sous silence. Elles furent surtout très-mal accueillies dans la Saxe électorale;

et malgré les efforts de ses amis pour modifier et faire passer en d'autres termes, ce qu'il avait énergiquement et nettement énoncé, ils ne purent les lui faire pardonner.

Le professeur Gœttling, qui, dans ses voyages, s'était identifié avec les hautes idées de la nouvelle chimie française, nous surprit avec la découverte que le phosphore se trouvait même dans l'air méphitique.

Le conseiller Voigt revint de Carlsbad avec des trésors minéralogiques du plus haut intérêt. Alexandre de Humboldt, nous força d'entrer dans les généralités de l'histoire naturelle, tandis que son frère aîné, également présent à Iéna, répandait autour de lui un vif intérêt, en séparant de l'enseignement, les tendances et les recherches. A cette même époque, le docteur Loder développa son enseignement sur les ligaments inter-osseux qui sont certainement la partie la plus importante de l'anatomie.

Je venais de prendre la résolution de déclarer enfin comme terminé, le premier volume de *Wilhelm Meister*, et cependant j'y voyais encore bien des choses à faire. A peine l'avais-je livré à l'impression, que la nécessité d'en donner la continuation vint m'inquiéter, je m'y soumis cependant.

En revenant du siége de Mayence, je m'étais rapproché de Frédéric Jacobi et de la princesse Galitzin, nos relations n'en conservèrent pas moins quelque chose de singulier, que l'on ne pourra s'expliquer, qu'en les comparant à la situation où se trouvait alors la partie de la société allemande instruite, ou plutôt cherchant à s'instruire. La nation entière venait de comprendre qu'elle touchait au moment de sortir des régions désertes, dans lesquelles le pédantisme l'avait retenue. Beaucoup de personnes se trouvaient animées du même esprit ; on s'estimait, on se cherchait, on reconnaissait le besoin d'une union étroite et on ne pouvait y arriver. Aussi le grand cercle invisible, se divisa-t-il en plusieurs petites réunions locales qui ne tendaient qu'à s'isoler.

Ces faits se reproduisent à toutes les époques de transition, ainsi que l'histoire politique et celle de l'Église nous en offrent plus d'un exemple.

Chez nous, comme partout ailleurs, les figures principales agissaient sur les masses d'une manière absolue ; autour d'elles se groupaient des capacités plus sociables, et disposées à se contenter d'une influence secondaire.

Parmi ces figures principales, Klopstock doit être nommé le premier, et cependant le nombre de ses adeptes était très-restreint ; sa chaste et imposante personnalité éloignait au lieu d'attirer. Wieland aussi avait peu de relations personnelles, mais sous le rapport littéraire, il jouissait d'une confiance illimitée ; tout le sud de l'Allemagne et Vienne, surtout, lui devaient leurs progrès littéraires. L'influence de Herder se fit sentir plus tard ; son pouvoir attractif n'attira point la foule, mais tous ceux qui s'étaient rapprochés de lui ne s'en détachaient plus jamais. Gleim était également un centre autour duquel se réunissaient beaucoup de talents. Quant à moi, j'eus en partage un si grand nombre de têtes volcanisées, que le titre honorable d'*homme de génie*, était sur le point de devenir un sobriquet.

Et comme non-seulement chaque chef, mais encore chaque adepte tenait à ses principes et cherchait à les faire partager aux autres, on voyait de tous côtés un singulier mélange d'actions et de réactions. Si Lavater exigeait qu'à son exemple on se substantialisât avec le Christ, Frédéric Jacobi voulait que l'on reçût et renfermât en soi, sa manière de penser à lui, manière si individuelle, si profonde et si difficile à définir ! La princesse Galitzin avait trouvé dans le catholicisme, le moyen de vivre et d'agir selon ses nobles intentions. Cette princesse et Jacobi m'aimaient sincèrement, et comme ils nourrissaient le secret espoir de me faire partager leur opinion, ils supportèrent patiemment les sorties que je me permettais parfois, dans le seul but de respirer un peu plus librement au milieu d'eux.

Dans son ensemble, cet état de l'Allemagne était une anarchie aristocratique, semblable à la lutte des puissances du moyen âge, qui ne cherchaient qu'à acquérir du pouvoir ou à agrandir celui qu'elles possédaient déjà. Au reste, nous vivions bien alors dans une espèce de moyen âge, précurseur d'une civilisation plus élevée, ainsi que nous pouvons le voir aujourd'hui, où il nous est permis de mieux juger cette époque, qui restera peut-être toujours incompréhensible pour les générations à venir. Les *Lettres* de Hamann pourront donner la clef de l'ensemble, mais on ne trouvera sans doute jamais celle des détails.

Les luttes intérieures que me causaient mes diverses études scientifiques étaient loin d'être apaisées, lorsque mes relations avec Schiller, qui se développèrent tout à coup, vinrent surpasser mes désirs et même mes espérances. Dès le premier moment de ces relations, nous ne marchâmes plus qu'ensemble et sans relâche, sur la route du perfectionnement philosophique et de l'activité esthétique. La publication d'un ouvrage périodique qu'il avait appelé *les Heures*, lui faisait prendre un grand intérêt aux ouvrages que j'avais commencés, et plus ou moins achevés en silence, car il se mit à les utiliser à sa façon.

Une telle union était pour moi un nouveau printemps pendant lequel les germes des semences et des boutons, se développaient joyeusement les uns à côté des autres. Notre correspondance, classée aujourd'hui, en est un témoignage aussi pur, aussi complet qu'irrécusable.

1795.

Schiller publia *les Heures*, et y inséra beaucoup de mes *épîtres* et *élégies*, et mes *Causeries des réfugiés*. Notre travail en commun me rendit plus sociable et me fit connaître plusieurs auteurs qui, dans tout autre moment, ne seraient point parvenus à attirer mon attention. Schiller était en général beaucoup moins exclusif que moi; du reste, sa qualité d'éditeur d'un recueil périodique, lui faisait un devoir de l'indulgence.

Vers la fin de juillet, je me rendis à Carlsbad, dont les eaux m'avaient déjà été plus d'une fois très-salutaires. Le grand nombre d'étrangers avec lesquels je me trouvais, malgré moi, plus ou moins en rapport, m'empêcha de m'occuper des travaux commencés que j'avais apportés; mais j'acquis une connaissance plus étendue du monde et de la personnalité des individus.

A peine étais-je revenu chez moi, que j'appris qu'un terrible éboulement avait à jamais détruit les mines d'Ilmenau. Je me rendis sur les lieux, et je vis avec chagrin qu'une œuvre qui avait coûté tant de temps et d'argent, était devenue par elle-même, son propre tombeau. J'avais amené avec moi, mon fils, alors âgé de cinq ans. Sa jeune imagination fit revivre pour moi une contrée que, depuis vingt ans, j'avais vue trop de fois pour m'y intéresser encore. C'est ainsi que quelque chose de vivant succède toujours à une chose morte, et que rien ne saurait détruire l'intérêt que l'homme prend à la terre.

En quittant Ilmenau, je fus obligé de me rendre à la cour d'Eisenach, que je trouvai encombrée d'étrangers et surtout d'émigrés français. Le comte Dumanoir était sans contredit le plus sensé des émigrés, et j'avais souvent admiré la droiture de son caractère et la justesse de son jugement. Quelques jours après mon arrivée à Eisenach, il m'aborda d'un air joyeux, en me disant qu'il venait de lire dans la *Gazette de Francfort*, des nouvelles très-favorables à sa cause. Je venais de lire le même journal, et je n'y avais trouvé que le récit d'événements très-fâcheux. Il est vrai qu'il y avait un passage concernant les émigrés; mais ce passage leur était tout à fait contraire.

Lorsqu'on a entendu un homme d'un mérite aussi incontestable, se méprendre ainsi sur le sens d'une relation concernant les événements les plus positifs et les plus clairs, on ne peut plus s'étonner des faux et ténébreux jugements dans lesquels s'égare l'espèce humaine, quand il est question de matières religieuses et philosophiques.

De retour à Weimar, je m'occupai d'abord de faire parvenir à mes amis des exemplaires du premier volume de *Wilhelm Meister;* les réponses que j'en reçus furent rarement satisfaisantes. Le plus grand nombre, tels que le duc de Gotha, Schlosser, les frères de Humboldt, ma mère elle-même, se tinrent sur la défensive contre la puissance secrète de cette œuvre. Une de mes amies, fort spirituelle du reste, me désespéra en cherchant partout des allusions dont elle me demanda la clef, au lieu de prendre l'ouvrage tel qu'il est, et de s'approprier ce qu'il pouvait avoir de saisissable pour elle. Frédéric Jacobi, qui avait quitté les bords du Rhin pour se réfugier chez le comte de Reventlau, dans le Holstein, ne se montra pas plus juste en cette occasion. Ses *Lettres sur Wilhelm Meister*, me prouvèrent que lui et son noble entourage, n'avaient pas été édifiés par la réalité toute nue qui respire dans ce livre, et qui se développe dans des classes peu élevées.

Je n'ai rien à dire sur l'intérêt vif et sincère que Schiller prit à cet ouvrage ; les lettres qu'il m'écrivit à ce sujet existent encore, et l'impression de ces lettres serait le plus beau présent que l'on pourrait faire à un public civilisé[1].

La *Flûte enchantée* conserva sa vogue; *Don Juan, le Médecin et l'apothicaire*, et autres opéras du même genre, continuèrent à attirer la foule au théâtre, dont je ne cessais de m'occuper, ce qui me fit essayer de représenter les œuvres de Lessing. Quelques-unes réussirent; mais moins que celles d'Iffland, de Kotzebue et de Schrœder.

En détournant ma pensée de cette scène limitée, pour

---

[1] La correspondance entre Goethe et Schiller, est en effet un des monuments littéraires, les plus intéressants et les plus curieux du xixe siècle. Cette correspondance a été publiée à Stuttgart en 1829, avec le consentement et sous la direction de Goethe, qui survécut encore quatre ans à cette publication, dont malheureusement il n'existe aucune traduction française. (*Note du traducteur.*)

l'arrêter sur le grand théâtre du monde politique, je me rappelle un paysan qui, pendant le siège de Mayence, bêchait son champ situé à la portée des canons, et qui, pour se garantir des boulets, faisait tranquillement rouler devant lui un immense gabion. L'homme est ainsi fait : quelle que soit la gravité des calamités publiques, il n'oublie jamais ce qui le concerne personnellement.

Les préliminaires du traité de Bâle, nous firent espérer une paix prochaine ; mais cet espoir ne fut pas de longue durée. L'Autriche continua la guerre, l'électeur de Saxe refusa son adhésion à une paix particulière ; on parla d'un soulèvement des paysans suisses du côté de Zurich, et la rive droite du Mein se trouva menacée de nouveau.

Dans le monde intellectuel aussi, tout présageait des troubles et des dissensions. La tentative d'associer les idéalistes au système si ouvertement réaliste de l'université d'Iéna, avait amené des conflits déplorables. Par ses cours du dimanche, et surtout par l'activité avec laquelle il étendait son influence de tous côtés, à l'aide de ses écrits périodiques, Fichte s'était attiré une foule de tracasseries de la part de ses collègues. Un jour même les étudiants s'étaient attroupés devant la maison qu'il habitait, et cassèrent les vitres à coups de pierres. A ces désagréments s'en joignit bientôt un autre plus grave encore. Pour s'assurer un collaborateur de mérite, Fichte avait fait venir à Iéna un jeune professeur nommé Weisshuhn. Le nouveau professeur, cependant, s'était séparé des doctrines du maître, sur quelques points du moins, ce qui, en philosophie, est une rupture complète.

Pendant que les philosophes se divisaient ainsi, nous autres naturalistes, nous saisissions toutes les occasions pour agrandir et perfectionner le cercle de notre activité. Batsch, déjà établi dans le jardin du prince, parvint à y faire construire une serre dont nous fûmes enchantés, car c'était le commencement d'un jardin botanique que nous révions tous.

A cette époque, Herder s'était déjà éloigné de moi. Son aversion pour la philosophie de Kant et, par conséquent, pour l'université d'Iéna, allait toujours en augmentant; tandis que mes relations avec Schiller m'avaient mis en très-bons rapports avec cette université et la philosophie nouvelle. Mes efforts pour rétablir mon ancienne intimité avec Herder, restèrent sans effet. De son côté, Wieland maudissait les doctrines nouvelles dans la personne de son gendre; car, en sa qualité de latitudinaire, il se croyait autorisé à trouver très-mauvais qu'on voulût fixer les droits et les devoirs par la raison, et mettre un terme à toutes les facéties humoristiquement poétiques. Sommering s'appliqua à découvrir le véritable siège de l'âme, et Brand chercha à résoudre les problèmes les plus mystérieux de la nature.

Au reste, toutes les têtes étaient tellement surexcitées, que l'Allemagne commençait à se plaindre de l'abus que ses enfants faisaient de la faculté de penser.

Je dois convenir qu'à cette époque on vit plus d'un cerveau dérangé, entrer dans l'arène des luttes philosophiques; mais comme les tendances de ces hommes égarés étaient nobles, et qu'on espérait qu'ils finiraient par se soumettre aux lois de la raison, on s'intéressait à la marche de leurs idées, jusqu'au moment où le suicide ou une démence complète viendrait en interrompre le cours.

1796.

Notre troupe était au complet et fort bien exercée, lorsque Iffland, en tournée en Allemagne, vint, par quatorze représentations, charmer le public de Weimar, et perfectionner le talent de nos acteurs par l'exemple de son jeu, si entraînant, si savant, que rien ne saurait lui être comparé. Pour la dernière représentation de ce grand artiste, Schiller arrangea mon *Egmond*, tel qu'on le donne encore aujourd'hui sur les théâtres allemands. Cette époque peut, en général, être regardée comme le point de départ du véritable progrès de l'art dramatique en Allemagne.

Déjà Schiller avait, dans son *Don Carlos*, accepté la forme limitée et fait preuve de modération. Ce fut pendant cette phase de son génie qu'il conçut *Wallenstein*, sujet pour lequel il s'était approprié les immenses matériaux de la guerre de Trente ans. Son vif désir de communiquer au théâtre une vie forte et durable, me poussa à retravailler mon *Faust* ; mais j'avais beau faire, je l'éloignais de la scène, au lieu de l'en rapprocher.

Le succès des *Heures* se soutint, ce qui n'empêcha pas l'infatigable Schiller de créer *l'Almanach des Muses*, que le public accueillit également avec une grande faveur. Schiller, au reste, était né pour de semblables entreprises. Un coup d'œil lui suffisait pour apprécier un poëme, et quand l'auteur avait été prolixe, il retranchait d'un trait de plume toutes les inutilités. Je l'ai vu réduire une ode au tiers et en faire ainsi une composition très-remarquable.

Encouragé, surexcité par lui, je composais une quantité de poëmes qui, sans cette circonstance, n'eussent jamais vu le jour. *Alexis et Dora*, *la Fiancée de Corinthe*, *un Dieu et la Bayadère*, furent publiés dans *les Heures* et dans *l'Almanach des Muses*, où nous insérâmes aussi les *Xénies*. Le début de ces poésies n'était d'abord qu'une raillerie fort innocente ; mais elles ne tardèrent pas à dégénérer en satires amères qui causèrent une grande commotion dans le monde littéraire. Le public les condamna comme un dangereux abus de la liberté de la presse ; leur effet n'en fut pas moins incalculable.

Vers la fin d'août, je me débarrassai d'un fardeau bien cher, mais bien lourd ; car je venais de livrer à l'impression le dernier livre des années d'apprentissage de *Wilhelm Meister*. Soit qu'on juge, dans ses parties ou dans son ensemble, cette composition de ma jeunesse, que j'ai mis plus de six ans à revoir et à corriger, sa portée est tellement incalculable, qu'il me manque à moi-même une échelle de proportion pour la mesurer.

Le plan de *Hermann et Dorothée*, m'a été inspiré par les événements du jour; il s'est développé avec eux, je l'ai exécuté facilement et avec plaisir, et son effet a été agréable et bienfaisant. Au reste, j'ai été moi-même si pénétré de ce poëme, qu'il m'a toujours été impossible d'en faire la lecture sans une profonde émotion.

L'histoire artistique de Florence, venait de me préoccuper très-sérieusement; pour y acquérir un droit de cité, je me procurai les documents de la vie de *Benvenuto-Cellini*, écrits par lui-même, et je fis la biographie de ce grand artiste, non-seulement parce que ce sujet me plaisait, mais parce que Schiller trouva que son insertion dans les *Heures*, serait très-favorable à ce recueil.

Ces travaux ne me firent point oublier l'histoire naturelle; j'élevai des plantes sous des verres de couleur ou dans les ténèbres, et j'observai les métamorphoses des insectes dans leurs plus minutieux détails.

L'électeur de Saxe persiste dans son attachement à l'Empire et se dispose à mettre son contingent en marche; Weimar aussi arme ses troupes; la fille de Louis XVI, restée au pouvoir des républicains, est échangée contre des généraux français prisonniers des Autrichiens; le pape achète chèrement une courte trêve, les Autrichiens veulent se maintenir à Francfort; la ville est prise par les Français, et ma bonne mère, après avoir fait porter ses meubles et ses effets dans une cave voûtée et assez forte pour résister à l'incendie, se réfugie à Offenbach. La lettre dans laquelle elle me raconte ces événements mérite d'être conservée.

Le roi de Prusse décide le duc de Weimar et l'électeur de Saxe à adopter son système de neutralité, les Autrichiens remportent plusieurs victoires; Moreau commence sa retraite, Jourdan aussi recule, et l'on se repent d'avoir cédé à des craintes mal fondées.

1797.

Vers la fin de l'année précédente, j'avais accompagné mon souverain dans un voyage qu'il fit à Leipzig. On donna un grand bal en son honneur; j'y trouvai MM. Dyk et autres, que mes *Xénies* avaient offensés ou effrayés; aussi me fut-il facile de m'apercevoir qu'ils me regardaient comme la personnification du principe du mal.

Immédiatement après la publication de *Hermann et Dorothée*, je fis le plan d'un autre poëme épico-romantique, malheureusement je le communiquai à quelques-uns de mes amis qui me conseillèrent de ne plus y songer. Je me repens encore aujourd'hui d'avoir suivi ce conseil; l'auteur seul peut juger son sujet, et prévoir les beautés dont son exécution est susceptible.

Ne voulant pas rester oisif, je composai le nouveau *Pausias* et *la Métamorphose des plantes*; Schiller fit paraître son *Plongeur :* en un mot, nous ne pouvions nous tenir tranquilles ni jour ni nuit. Mes *Xénies* avaient remué l'Allemagne, tout le monde se plaignait et riait en même temps. Les offensés cherchèrent à nous blesser à leur tour, mais nous n'opposâmes à leurs efforts qu'une activité inépuisable.

Le 30 juillet je partis pour la Suisse à la rencontre de mon ami Meyer, qui revenait d'Italie. Pendant ce voyage la géologie m'occupa spécialement. En passant par Francfort, je fis la connaissance du professeur Thouret; chemin faisant je composai le *Garçon* et *le Ruisseau du Moulin*, *l'Adolescent et la Zigueune*. Le principal attrait de ce voyage était pour moi dans la société de Meyer. Nous nous rappelions mutuellement notre séjour en Italie; et pour détourner notre pensée des scènes désolantes de la guerre nous arrêtâmes le projet des *Propylées*.

A mon retour à Weimar, j'y trouvai notre société augmentée par l'arrivée de plusieurs émigrés de distinction.

Schiller continua à donner les plus belles espérances pour l'avenir de notre théâtre. Il était sur le point de se renfermer dans les limites de la scène et de renoncer à la rudesse, à l'exagération, au gigantesque qu'on reprochait à ses premières productions dramatiques. Déjà il était parvenu à saisir le véritable grand, et à l'exprimer d'une manière naturelle et simple. Près l'un de l'autre, nous nous voyions chaque jour, éloignés, nous ne laissions jamais passer une semaine sans nous écrire.

1799.

Iffland était venu de nouveau jouer sur notre scène; l'éclat que lui prêtait ce talent hors ligne, fit comprendre à tout le monde la nécessité d'un meilleur local. On fit venir l'architecte Thouret, il se mit à l'œuvre, et le 12 octobre, on donna pour l'ouverture du nouveau théâtre, un prologue de Schiller et son *Camp de Wallenstein*.

Quant à mes travaux littéraires, *les Prophéties de Bakis*, m'occupèrent pendant quelque temps, puis je fis le plan de *l'Achilléide*. J'en parlai à Schiller, qui me gronda très-fort de ce que je ne me mettais pas immédiatement à versifier, ce qui vivait si clairement dans mon imagination. Pour le satisfaire, je me mis à l'œuvre et je composai les deux premiers chants; mon amour pour les arts plastiques, réveillé par la présence de Meyer, m'empêcha d'aller plus loin.

Après avoir fait le premier livre des *Propylées*, je revins à *Benvenuto Cellini* que j'aimais à continuer, car la vie de cet artiste est un remarquable point d'arrêt pour l'histoire du XVIe siècle.

L'histoire naturelle ne fut point non plus négligée, et je traçai l'ordre dans lequel je voulais écrire la *Théorie des couleurs*. J'en parlais souvent à Schiller, et c'est lui qui me donna la solution du problème, pourquoi certaines personnes se trompent sur les couleurs, car il me dit que c'était parce que ces personnes ne les voyaient pas toutes, et que le bleu, par exemple, était imperceptible pour elles. Un jeune homme qui faisait ses études à Iéna, se trouvait en ce cas, et il fut obligé de se prêter à toutes mes expériences jusqu'à ce que je fusse arrivé à la certitude que l'opinion de Schiller était juste et vraie.

Dans le courant de l'été nous eûmes la visite de Mme de Laroche, elle n'avait jamais pu sympathiser avec Wieland, en ce moment ils vivaient en guerre ouverte. Il est vrai que sa bienveillante sentimentalité, à la mode trente ans plus tôt, nous paraissait à tous aussi ridicule qu'insupportable. Sa petite-fille, Sophie Brentano, qui l'avait accompagnée, jouait un rôle tout aussi singulier quoique dans un genre opposé.

1799.

Pendant que Schiller faisait représenter son *Piccolomini*, et bientôt après son *Wallenstein*, il s'apprêtait à composer *Marie Stuart* et *les Frères ennemis*. Pour continuer de mon côté à assurer à notre théâtre un répertoire solide, je rédigeai *Macbeth* et je traduisis *Mahomet*. Quant à ma *Fille naturelle*, elle me fut inspirée par les mémoires de Stéphanie de Bourbon-Conti, et par les divers événements de la révolution française, que je me proposais de faire successivement entrer dans cette composition. Je continuai à travailler aux *Propylées*. Dans le mois de septembre, nous inaugurâmes notre première exposition des beaux-arts à Weimar. La théorie des couleurs m'occupa souvent. Schiller me soumit son introduction à la philosophie de la nature, Tieck et Schlegel, me communiquèrent leurs productions; de mon côté, j'étudiai dans l'intérêt de notre théâtre, celui des Anglais, en un mot je ne restais pas un instant oisif.

1800.

Pendant le cours de cette année j'étais tantôt à Weimar et tantôt à Iéna. Le 30 janvier nous donnâmes la première représentation de *Mahomet* que je venais de traduire ; cet essai contribua beaucoup au perfectionnement de nos acteurs. Forcés de renfermer le ton et les allures naturelles dans des limites artistiques, ils se préparèrent par cette tragédie à donner convenablement d'autres pièces du même genre.

Palæophron et Néoterpe, que j'avais composée pour célébrer l'anniversaire de la duchesse douairière Amélie, fut représentée ce jour avec un talent admirable sur un théâtre de société et par des amateurs. Tous les personnages, à l'exception de la dame, étaient masqués. Cette innovation nous conduisit à des comédies masquées qui nous fournirent pendant fort longtemps des amusements nouveaux et variés.

Après avoir livré à mon éditeur plusieurs petites poésies, et la nouvelle intitulée : *les Bonnes femmes*, je me mis à traduire *Tancrède*, que je terminai pendant mon séjour à Iéna.

Notre seconde exposition des beaux-arts avait eu lieu dans le mois d'août ; les sujets mis au concours étaient la mort de Rhésus et les adieux d'Hector à Andromaque. Hoffmann obtint le premier prix, Nahl le second. De nombreuses difficultés me forcèrent de suspendre le troisième morceau des *Propylées*. Que les efforts des méchants qui s'opposèrent au succès de cette œuvre, servent de consolation à nos neveux qui, en pareille occasion, ne seront sans doute pas plus heureux.

1801.

L'ardeur avec laquelle je travaillais à *Tancrède*, ne m'avait pas permis de m'apercevoir de l'humidité de l'appartement du château ducal que j'occupais à Iéna, et je fus tout à coup atteint d'un rhume violent. Un jeune médecin me conseilla l'usage du baume péruvien mêlé d'opium et de myrrhe. J'eus recours à ce remède qui me soulagea à l'instant, et je retournai gaiement à Weimar; mais au bout de quelques jours la toux recommença avec une telle violence, que je perdis entièrement le sentiment de moi-même. Les miens au désespoir ne savaient que faire; son Altesse le duc de Weimar, eut la gracieuseté d'intervenir personnellement en envoyant chercher à Iéna, le célèbre docteur et conseiller de la cour Stark. Grâce à ses soins, je revins à moi, et ma convalescence fut si heureuse, que je ne tardai pas à éprouver le besoin de reprendre mes travaux.

Repassant d'abord avec notre excellente actrice mademoiselle Caspers, le rôle d'Aménaïde, je me remis à revoir mon *Faust*. Dès l'année précédente, et pendant que je m'occupais de la traduction de *Tancrède*, mes amis m'avaient reproché de consacrer à la littérature française une ardeur que je devais à la nôtre. Touché de ce reproche, je repris *la Fille naturelle*, dont j'écrivis le premier acte d'après le plan depuis si longtemps arrêté dans mon esprit.

La diversité de mes études et de mes relations me détournait souvent de mes travaux littéraires; et des affaires domestiques concernant un petit domaine que je venais d'acquérir, me fournirent d'involontaires sujets de distraction.

L'époque où mon fils devait faire sa première communion était arrivée. Herder qui s'était chargé de cette pieuse solennité, s'en acquitta noblement; à cette occasion nous nous rappelâmes tous deux notre ancienne intimité, et nous nous abandonnâmes mutuellement à l'espoir de la voir renaître.

Les médecins et les amis me poussèrent à aller prendre les eaux de Pyrmont, que le système médical de l'époque, qui consistait à fortifier les malades, faisait regarder comme préférables à toutes les autres.

Arrivé à Gœttingen, je descendis à l'auberge de la Couronne. Bientôt après je remarquai un mouvement extraordinaire dans les rues; des étudiants arrivaient de tous côtes, s'arrêtaient sous ma fenêtre, m'adressaient de joyeux vivats et disparaissaient presque au même instant, car ces sortes de démonstrations sont sévèrement défendues. Cela me rendit le témoignage d'intérêt de ces jeunes gens plus précieux encore, puisque pour me le donner ils s'exposaient à une réprimande.

Les amis que j'avais dans cette université, me firent l'accueil bienveillant auquel ils m'avaient accoutumé depuis longtemps, et nous visitâmes ensemble l'école d'équitation, la bibliothèque et plusieurs autres établissements. Mon fils, quoiqu'il n'eût encore que dix ans, fut charmé de la manière ingénieuse avec laquelle mon ami, le conseiller de cour Blumenbach, savait attirer et instruire la jeunesse.

Le 12 juin je me remis en route.

La ville d'Einbeck avec ses toits couverts de dalles en pierres de grès, m'impressionna vivement. En la visitant ainsi que ses environs, à la façon de Zadig, je m'aperçus que trente ans plutôt elle avait eu un *Burgermeister* parfait, car je voyais de tous côtés des arbres superbes dont la plantation devait remonter à un pareil nombre d'années.

Une habitation tranquille et commode, des amis éprouvés, une société aimable, instructive et amusante, tels furent les avantages que je trouvai à Pyrmont. Dans mes moments de loisir, je traduisais *Théophraste*, ou je revoyais et complétais ma *Théorie des couleurs*.

La curieuse caverne d'où s'échappe le gaz méphitique qui, uni à l'eau, agit salutairement sur le corps humain, tandis que dans la caverne il forme une atmosphère mortelle, devint pour nous tous un sujet d'expériences amusantes. Les bulles de savon qui dansent joyeusement sur un élément invisible, les torches qui s'éteignent tout à coup et se rallument de même, causaient un très-grand plaisir aux personnes qui n'avaient jamais vu de semblables phénomènes.

Une vieille église située non loin de la ville, me rappela le point de départ de l'architecture allemande. On prétend qu'elle remonte à Charlemagne; quoi qu'il en soit, on y reconnaît sans peine une des premières tentatives de construction renfermant sous un même toit, une nef de chapelle et des cloîtres.

Mon fils fut surpris et charmé de l'excursion que nous fîmes sur une hauteur nommée le Mont des Cristaux. Pour nous conduire sur cette montagne, on avait choisi une de ces journées où aucun nuage ne voile le soleil, aussi tous les champs d'alentour brillaient-ils comme inondés par une pluie de petits cristaux. Ce phénomène fort remarquable, prend son origine dans de petites cavités de pierre marneuse, d'où un minimum de la silice que contiennent les pierres calcaires s'échappe en une vapeur qui, en se condensant spontanément, passe tout à coup de l'état d'eau à celui de cristal.

Nous visitâmes aussi la fabrique de couteaux des quakers, ce qui nous fournit l'occasion d'assister plusieurs fois à leurs cérémonies religieuses. Malgré toute ma bonne volonté, il me fut impossible de trouver de l'inspiration dans leur rhétorique tant vantée. Il est triste d'être forcé de reconnaître que tout culte, quelque pur qu'il puisse être, prend une teinte d'hypocrisie, dès qu'on le renferme dans un lieu fixe et qu'on le limite par un temps donné.

La reine de France épouse de Louis XVIII, était venue à Pyrmont, sous le nom de comtesse de Lille. Sa société, quoique peu nombreuse, l'entourait de si près, qu'aucune personne étrangère à cette société, ne pouvait l'approcher. Parmi les autres personnes remarquables qui se trouvaient à ces eaux, je ne nommerai que le conseiller de cour Marquart, ami et successeur de Zimmermann.

Le mauvais temps nous fit souvent visiter le théâtre, et je vis avec plaisir, que là aussi, Iffland était goûté. Quelques pièces de Kotzebue eurent du succès, surtout *Misanthropie et repentir*. Quoique personne ne puisse s'expliquer le rôle d'Eulalie, l'actrice le débitait avec une si douceureuse sentimentalité, que les dames ne manquaient jamais de fondre en larmes.

Malgré tous les agréments qu'offrait la société de Pyrmont, elle s'était laissé enlacer par un serpent venimeux; ce serpent c'était la passion du jeu. Le monstre trouvait toujours le moyen d'avertir, de sa présence même les personnes qu'il ne pouvait atteindre. Dans les salons, à la promenade, on venait nous raconter qu'une femme désolée suppliait son mari de renoncer au jeu, qu'un jeune homme désespéré des pertes qu'il venait de faire, avait quitté sa maîtresse ou rompu avec sa fiancée.

Au milieu de ces récits confus retentit tout à coup le cri inattendu :

— On a fait sauter la banque !

Et le fait était réel ; et le prudent favori de la fortune s'était jeté dans une chaise de poste, pour aller mettre son trésor en sûreté chez les siens. Au bout de quelques jours il revint, et acheva le temps de sa cure en homme dont la bourse est fort bien garnie.

Il est impossible de visiter les environs de Pyrmont, sans se sentir ramené vers l'époque primitive de notre histoire, dont les écrivains romains ont posé les fondements. Ici des restes de remparts qui entouraient une montagne, là, des collines et des vallées où des armées entières ont pu se fortifier et livrer de grandes batailles ; et partout les noms des localités appuient les rêves dans lesquels on a été plongé malgré soi, à l'aspect d'usages traditionnels qui remontent aux temps les plus reculés. En un mot, on a beau faire et se roidir contre des suppositions qui ne sauraient conduire qu'à l'incertitude, on se trouve enlacé dans un cercle magique, où le passé s'identifie avec le présent.

Après la terrible maladie inflammatoire que je venais de subir, il n'avait peut-être pas été prudent de me prescrire l'usage d'eaux aussi excitantes que celles de Pyrmont.

Quoi qu'il en soit, j'étais devenu si irritable, que les événements les plus simples me causaient une surexcitation extraordinaire.

Peu satisfait de ce résultat, je quittai Pyrmont le 17 juillet. Grâce aux distractions du voyage, et surtout parce que je ne faisais plus usage d'eaux minérales trop fortes pour moi, je revins à Gœttingen dans les meilleures dispositions du monde ; et je me promis de m'arrêter quelque temps dans cette ville, afin de remplir les lacunes historiques de ma *Théorie des couleurs*. Les heures de liberté que me laissait ce travail, furent partagées entre les plaisirs que mes amis s'efforçaient de me procurer, et diverses études dans lesquelles les savants professeurs de l'université se faisaient un plaisir de me seconder. Bientôt cependant je m'aperçus qu'il était dangereux de se rapprocher d'une si grande masse de sciences, car en cherchant des lumières sur mon travail spécial, je me heurtais contre tant d'attrayants sujets d'études, que mes notes devinrent très-bigarrées. Je finis cependant par arriver à mon but en prenant des conclusions déterminantes.

Pendant nos promenades sur le Heinberg, mon fils s'était passionné pour les fossiles qu'on y trouve en assez grand nombre. Ce qu'il y avait de singulier, c'est qu'il avait toujours soin de choisir les plus remarquables, avec l'attention d'un connaisseur, tandis que son jeune camarade, le fils de Blumenbach, se bornait à ramasser des bélemnites dont il se servait pour entourer de remparts un tas de sable dans lequel son imagination lui représentait une forteresse. Ce jeu me fit remarquer les tendances opposées de ces deux enfants, dont l'un était certainement né pour être soldat.

Mes journées se passèrent ainsi d'une manière aussi agréable qu'utile, mais les nuits furent troublées par un de ces incidents fort désagréables, tant qu'on est sous leur influence, et qui deviennent ridicules dès qu'on s'en est affranchi.

M⁰⁰ Jagemann, ma belle amie, et la meilleure chanteuse de notre théâtre, était venue se faire entendre à Gœttingen, peu de temps avant mon arrivée. Les hommes mariés s'exprimaient sur son mérite avec un enthousiasme dont leurs femmes n'étaient pas fort satisfaites, et les jeunes gens s'étaient laissés aller à une adoration exaltée. Moi, je n'admirais que la supériorité de son talent, et pourtant je fus réduit à subir les dangereux effets de son passage par cette ville.

La fille de mon hôte avait une assez jolie voix, mais elle ignorait le charme que le trille peut donner au chant. La grande cantatrice qu'elle venait d'entendre le lui ayant appris, elle passait une partie des nuits à répéter des morceaux remplis de pareils battements de voix. A peine la fatigue la contraignait-elle de cesser ce fatal exercice, qu'une troupe de chiens se mettaient à aboyer dans la rue, et je m'efforçais vainement de les faire taire, car ils étaient attirés là par les hurlements d'un de leurs camarades enfermé dans une chambre dont on laissait les fenêtres ouvertes. Et quand ils se lassaient enfin d'aboyer, les crieurs de nuit tiraient de leurs cors autant de sons rauques et monotones que l'horloge venait de sonner d'heures, afin de prouver qu'ils veillaient sur notre tranquillité, que cependant ils interrompaient avec tant d'inhumanité.

Ce charivari nocturne, réveilla mon irritabilité maladive, au point, que j'entrai en négociation avec la police, qui eut l'extrême complaisance de défendre aux crieurs de nuit, de donner du cor dans la rue qu'occupait le bizarre étranger.

Le 14 août je partis de Gœttingen et je n'oubliai pas de visiter en passant les carrières de basalte de Damsfeld, qui alors déjà étaient pour les naturalistes une apparition problématique.

A Gotha, j'eus occasion de voir M. de Grim. Effrayé par les excès de la révolution, il avait quitté Paris presque en même temps que Louis XVI, mais plus heureux que ce monarque, il était arrivé sain et sauf à la cour de Gotha, où il avait reçu l'accueil le plus favorable. En fuyant, M. de

Grim avait laissé entre les mains d'un homme d'affaires de Paris plusieurs centaines de mille francs, qui ne tardèrent pas à être réduits de moitié par les mandats. Tout le monde prévoyait que ces mandats ne tarderaient pas à diminuer de valeur; aussi s'empressait-on d'acheter du riz, des bougies, enfin tout ce qu'on pouvait se procurer. L'homme d'affaires hésita longtemps et finit par échanger l'immense capital qu'on lui avait confié, contre un jabot et des manchettes en dentelles qu'il envoya à son client. M. de Grim aimait à montrer cette parure et ne manquait jamais d'ajouter, que personne ne pouvait se vanter d'en posséder une aussi chère. Quelle preuve désolante de la promptitude avec laquelle les fortunes les mieux acquises se réduisent à zéro !

Le 30 août, je revins à Weimar, où je repris le cours de mes travaux artistiques et scientifiques.

Schiller n'avait pas été oisif: tout en refaisant le *Nathan* de Lessing pour l'approprier à notre théâtre, il venait de terminer sa *Pucelle d'Orléans*. Les difficultés de la mise en scène, nous privèrent du plaisir de la donner immédiatement. C'est à l'activité et au génie d'Iffland, qu'était réservé le bonheur de s'assurer une gloire immortelle dans les annales du théâtre, par la représentation de ce chef-d'œuvre.

1802.

Le talent de nos acteurs et le goût du public avaient acquis un tel degré de perfection, qu'*Iphigénie* réussit au delà de mes prévisions. La satisfaction que me causaient nos progrès dramatiques, fut plus d'une fois troublée par les discordes qui régnaient alors dans le monde littéraire et dont Weimar, à cause du voisinage d'Iéna, ressentait les effets plus que toute autre ville.

Schiller et moi nous avions pris parti pour la philosophie nouvelle, sans nous occuper des personnes qui s'en étaient faites les apôtres, et dont la conduite n'était pas toujours irréprochable. Les deux frères Schlegel venaient d'offenser le parti de nos adversaires qui, pour s'en venger, cherchaient à troubler nos représentations dramatiques, par d'indignes témoignages de blâme. Je les repoussai énergiquement, car je ne voulais pas souffrir que l'esprit de parti se fît jour sur notre théâtre. Ce motif m'avait déterminé à effacer des *Petites Villes*, les attaques que, dans cette pièce, Kotzebue s'est permis de diriger contre les personnes qui partageaient nos opinions sur les principales questions philosophiques et littéraires. De violentes réclamations m'arrivèrent de tous côtés.

On prétendait que de pareilles suppressions ne pouvaient se faire sans le consentement de l'auteur, qu'en pareil cas j'avais toujours eu soin de demander celui de Schiller; que Kotzebue avait droit aux mêmes égards, et qu'il m'était d'autant plus facile de les avoir pour lui, qu'en ce moment il se trouvait à Weimar.

Je répondis que toutes les tendances de Schiller étant nobles et grandes, il était aisé de le faire revenir des erreurs qu'il pouvait commettre, tandis que la plupart des auteurs dramatiques ne cherchaient qu'à ravaler les esprits, à défigurer le beau et le bon; et je maintins mes suppressions. Comme je les avais remplacées par des généralités comiques, j'eus le plaisir de voir le public rire de bon cœur.

Les choses en étaient là, lorsque mes adversaires de Weimar, fortifiés par les partisans de Kotzebue, se disposèrent à célébrer le 5 mai, par une grande fête en faveur de Schiller. Le but de cette fête était de capter sa bienveillance et de le détacher de moi. D'après le programme que tout le monde connaissait déjà, on allait faire paraître tous les personnages des pièces de Schiller et mettre son ode de *la Cloche* en action. Puis au moment où le métal en fusion tomberait dans le moule, ce moule devait se briser, et laisser voir dans un éclat lumineux le buste de Schiller.

La tranquillité avec laquelle mes amis et moi nous laissions faire tous les préparatifs de cette fête, enhardit les organisateurs jusqu'à demander le buste de Schiller qui était à la bibliothèque. On le refusa en déclarant, et avec raison, que jamais encore de pareils objets, prêtés pour une solennité, n'avaient été rendus intacts.

De son côté, Schiller très-contrarié du rôle qu'on voulait lui faire jouer, eut un instant l'idée de se dire malade; mais naturellement plus sociable que moi et entraîné par des relations de famille, il promit d'assister à son ovation, car nous croyions avec tout le monde, qu'elle allait avoir lieu. Aussi quelle ne fut pas la fureur des conjurés lorsque, suivis des charpentiers et des tapissiers qui devaient monter les échafaudages et décorer la salle de l'hôtel de ville, ils trouvèrent la porte fermée, et qu'on vint leur dire que ce local ayant été nouvellement restauré, on ne pouvait permettre à une aussi tumultueuse assemblée de s'y établir!

Le premier finale du *Sacrifice interrompu* n'a jamais produit un effet plus terrible que ce renversement inattendu d'un projet si longtemps combiné. La surprise et le mécontentement passèrent des classes les plus élevées jusqu'au peuple; tout le monde crut voir dans cet événement l'influence d'un esprit ennemi, et cet esprit ennemi, c'était moi.

On aurait dû songer qu'un homme tel que Kotzebue qui, par ses attaques réitérées, venait de s'attirer tant de mécontentements, tant de haines, se trouvait naturellement exposé à une explosion de ces haines, qui agissent toujours avec une spontanéité et un ensemble, qu'on ne rencontre jamais dans les conspirations les mieux combinées. Une partie de la haute société était, il est vrai, pour lui; mais les classes moyennes lui étaient hostiles et se plaisaient à réveiller les souvenirs de tous les écarts de sa jeunesse.

Le duc et les siens, trop haut placés pour abaisser leurs regards sur des démêlés privés, n'y prirent aucune part; le hasard cependant qui, ainsi que le dit Schiller, est parfois si naïf, vint couronner cet événement de la manière la plus singulière. Le *Burgermeister*, dont le duc appréciait depuis longtemps le mérite, reçut, le jour même, où il avait si brusquement refusé aux conjurés l'entrée de la salle de l'hôtel de ville, sa nomination de conseiller. Les Weimariens, qui ne manquent pas de ces heureuses saillies par lesquelles le théâtre se rattache à la vie réelle, lui donnèrent le surnom de *prince Piccolomini*, qu'il conserva fort longtemps.

De pareilles dissensions ne pouvaient manquer d'influencer désagréablement nos relations sociales, je me bornerai à mentionner ce qui me concerne personnellement.

Dans le cours de l'hiver de l'année dernière, une société aimable s'était formée autour de moi, sans autre but que de jouir des prémices de mes travaux.

Ces réunions, qui avaient lieu dans ma maison et sous ma direction, réveillèrent ma verve poétique. La chanson, commençant par ces mots : « *C'est à mon insu qu'une céleste béatitude s'empare de moi,* » a été composée pour le 25 février, jour où son Altesse le prince héréditaire, sur le point de partir pour Paris, vint pour la dernière fois avant son départ, nous honorer de sa présence, événement auquel la dernière strophe fait allusion. Dans la chanson de fondation : « *Pourquoi, belle voisine, te promènes-tu ainsi seule dans ton jardin,* » chaque membre pouvait se reconnaître sous le voile léger de mes vers. Bien d'autres chants encore et du même genre naïf, furent composés pour cette réunion, où tous réagissaient les uns sur les autres par des penchants sans passions, de l'émulation sans envie, du goût sans prétention, de l'amabilité sans affectation et du naturel sans crudité.

En vain Kotzebue avait-il cherché à pénétrer dans ce cercle, il ne lui avait jamais été possible de franchir le seuil de ma maison. Réduit ainsi à se créer un entourage, il y avait réussi grâce à ses allures insinuantes et modestement importunes. Plusieurs membres même de notre cercle avaient passé de son côté. La sociabilité se sent chez elle partout où elle s'amuse. Tout ce monde s'était fait une grande joie de prendre une part active à la fête du 5 mai, et comme on m'accusait d'avoir empêché cette fête, je devins le point de mire de toutes les rancunes. Le cercle qui s'était formé autour de moi se dispersa, et il ne m'a plus jamais été possible de composer des vers semblables à ceux qu'il m'avait inspirés.

Les travaux commencés avec Schiller et d'autres amis, n'en suivirent pas moins leur cours. Nous nous étions accoutumés depuis longtemps à oublier nos pertes, pour ne nous occuper que de ce que nous pouvions acquérir. Dans la même année nous fondâmes un prix pour la meilleure pièce d'intrigue qu'on fournirait à notre théâtre. On nous en envoya plus d'une douzaine, mais toutes étaient si diaboliquement extravagantes, que nous ne pouvions assez nous étonner des folles idées qui germaient dans notre chère patrie, et que notre appel y avait fait éclore. L'impossibilité de formuler un jugement motivé sur de pareilles productions, nous fit prendre le parti de les renvoyer tout simplement à leurs auteurs.

A cette même époque, les œuvres de Calderon, que nous ne connaissions encore que de nom, nous remplirent de surprise et d'admiration.

La construction d'un nouveau théâtre à Lauchstadt, ou notre troupe passait l'été, me donna de nombreuses occupations. Le prologue que je composai pour l'ouverture de ce théâtre, eut un très-grand succès; mes amis en ont conservé le souvenir pendant plusieurs années.

L'exposition de peinture que j'avais eu le bonheur de créer, et qui prenait toujours plus d'extension, me rappela à Weimar; nos artistes s'étaient surpassés et les connaisseurs étrangers que cette exposition avait attirés, croyaient ne jamais pouvoir leur faire assez de compliments. Je reçus en même temps la visite de plusieurs anciens amis de diverses parties de l'Allemagne; et comme un bonheur ne vient jamais seul, une société intime se réorganisa autour de moi. Au milieu de ce mouvement perpétuel, je travaillais à ma *Fille naturelle* en silence, mais avec un amour qui explique l'étendue que je donnais aux détails. L'ensemble étant toujours devant mon imagination, ma pensée se concentrait sur la scène à laquelle je travaillais dans le moment.

Benvenuto Cellini, quoique appartenant à un genre un peu sauvage, réclamait également mes soins, car cette œuvre était plus importante que je ne l'avais cru d'abord.

1803.

Le fait suivant prouvera combien j'étais soigneux d'éloigner de notre théâtre la malveillance et l'esprit de dénigrement. Un de mes amis m'envoya une petite comédie intitulée le *Phrénologue*. Je la lui renvoyai avec cette lettre :

« Nos anciennes et bonnes relations me font un devoir de
« vous expliquer pourquoi, votre charmante petite pièce
« ne peut être jouée sur notre théâtre. Nous nous sommes
« posé le principe de repousser tout ce qui tend à jeter
« du dédain ou du ridicule, sur les louables efforts par
« lesquels les savants cherchent à arracher un nouveau
« secret à la nature. Tout en reconnaissant que ces efforts
« peuvent par eux-mêmes, et surtout par le charlatanisme
« qui s'y mêle trop souvent, exciter la verve comique d'un
« auteur dramatique, il nous serait pénible de voir ridiculiser la doctrine du docteur Gall, qui peut tout aussi bien
« que celle de Lavater, s'appuyer sur des bases réelles. »

WEIMAR, le 24 janvier 1803.

Notre troupe venait de s'enrichir de plusieurs artistes distingués, et je me suis laissé entraîner à lui faire jouer la première partie de ma *Fille naturelle*. La seconde partie devait se passer dans la retraite, où l'infortunée avait trouvé un refuge contre l'exil et la mort. La troisième allait nous ramener dans la capitale. Mais en voilà assez. Si j'allais plus loin, il me faudrait exposer tout l'ensemble du sujet de cette trilogie, dont j'ai eu l'imprudence de faire représenter la première partie avant d'avoir terminé les deux autres.

C'était une faute que je n'aurais pas commise si j'étais resté fidèle à un de mes vieux préjugés, si ingénieusement mis en action dans le conte du *Chercheur de trésors*, qui, pour ne pas perdre un trésor, au moment où il va s'en emparer, doit garder un morne silence et ne jamais détourner la tête, quelles que soient les choses terribles ou séduisantes qu'il puisse voir ou entendre autour de lui. Mais le mal était fait et les scènes tant aimées de la suite de la *Fille naturelle*, ne venaient plus se présenter à mon imagination que sous la forme de fantômes errants, qui, à chaque apparition, me demandaient leur délivrance.

L'université d'Iéna continuait à nous donner de graves inquiétudes.

Depuis la révolution française une activité inquiète s'était emparée de la plupart des hommes, et les poussait à changer de position, ou du moins de demeures.

Cette observation était indispensable pour faire comprendre les changements survenus dans l'université d'Iéna. La partie médicale avait perdu le célèbre Hufeland, qui était allé professer à Berlin. Fichte, dans son *Journal philosophique*, continuait à s'exprimer sur Dieu et les choses divines, dans des termes très-opposés à ceux dont on s'était servi jusque-là. On l'attaqua, ses défenses, loin de calmer les esprits, les aigrirent, et on lui fit entendre qu'il s'exposait à une réprimande officielle.

Poussé à bout par cette menace, il adressa au ministère un écrit passionné dans lequel il déclara qu'il ne se laisserait point réprimander, qu'il préférait quitter l'université immédiatement, et qu'en ce cas il ne la quitterait pas seul, parce que les professeurs les plus justement estimés partiraient avec lui. Le ministère avait eu l'intention de le ménager, mais après cet écrit, on ne pouvait plus qu'accepter son imprudente démission. Pour comble de malheur, pas un des amis qu'il croyait décidés à partager sa destinée ne le suivit. Quelques mois plus tard, trois autres professeurs passèrent à d'autres universités, non pour joindre Fichte, mais pour améliorer leur position.

A la même époque, la *Gazette littéraire*, si généralement estimée, était sur le point d'être transférée d'Iéna à Halle. Mes amis et moi, nous eûmes le bonheur de la retenir à Iéna, en nous chargeant de sa rédaction. C'était presque de la témérité, mais grâce aux hommes de mérite qui vinrent à notre secours, nous nous trouvâmes au niveau de notre tâche. Ces divers soins ne me firent négliger ni notre société pour le progrès de l'histoire naturelle, ni notre exposition pour la peinture. Celle de 1803 donna lieu à un incident si gracieusement gai, que je me fais un devoir de la rapporter ici :

Parmi les trésors artistiques que possède la galerie de Cassel, la *Charitas* de Léonard de Vinci, attire spécialement l'attention des amateurs et des artistes. M. Riepenhausen, qui avait copié à l'aquarelle la charmante tête de cette figure, l'envoya à notre exposition. La douce tristesse de la bouche, la langueur des yeux, la position penchée, presque suppliante, de la tête, tout le charme enfin de l'original était si parfaitement rendu par cette copie, qu'elle attira l'admiration générale.

Notre exposition avait excité tant d'intérêt, que nous avions été forcés de la prolonger au delà du terme ordinaire. Le froid commençait à se faire sentir; cependant on ne chauffait les salles que pendant les heures consacrées au public et, surtout aux étrangers qui, par une rétribution volontaire, contribuaient aux frais de l'établissement. De leur côté, les habitants de la ville pouvaient, pour un modique abonnement, se procurer l'avantage d'entrer à toute heure.

Un matin nous trouvâmes, sur le verre de la copie dont je viens de parler et à la place de la bouche, les traces d'un ardent baiser. Il ne fallait pas beaucoup de pénétration pour deviner que ce baiser avait été donné par un jeune homme, qu'il s'était trouvé seul dans la galerie et que, par conséquent, il nous y avait précédés. Le reste s'expliquait par le froid qui avait congelé le souffle échappé des lèvres de l'amateur passionné de l'art, au moment où il les appuyait sur celles de cette charmante tête, ou plus tôt sur le verre qui la couvrait Quelques informations auprès des gardiens, nous firent connaître le nom du visiteur matinal; nous avons eu la discrétion de lui laisser ignorer notre découverte, mais nous ne le rencontrions jamais sans le saluer, et sans admirer sa belle bouche si digne d'un baiser réel.

Parmi les voyageurs qui s'arrêtèrent à Weimar, je ne dois pas oublier le compositeur Zelter. Pendant les quinze jours qu'il passa parmi nous, j'appris à apprécier complétement tous les embarras de sa situation. Un métier, héréditaire dans sa famille, et que depuis sa première jeunesse il exerçait avec une grande perfection, lui avait acquis, à Berlin, le droit de bourgeoisie et lui assurait d'honnêtes moyens d'existence; mais un instinct artistique, inné et tout-puissant, avait développé en lui toutes les immenses richesses du monde des sons. S'il possédait son métier, l'art le possédait à son tour et le poussait à s'y perfectionner. Sous le rapport artistique, moral et esthétique, son séjour à Weimar, nous fut à tous aussi utile qu'à lui-même, et convertit en relations intimes, les rapports que depuis longtemps j'entretenais avec lui [1].

Pendant que l'organisation de la *Gazette littéraire* me

---

[1] La correspondance de Goethe avec ce compositeur, se prolonge jusqu'en 1832; elle fut publiée à Berlin, en 1833, immédiatement après la mort de Goethe. Ce n'est que dans cette correspondance qu'on trouve des détails sur la vieillesse du grand écrivain, et sur la prodigieuse activité de son génie que la mort seule a pu arrêter. (*Note du traducteur.*)

retenait à Iéna, une lettre de Schiller, datée du 21 décembre, m'instruisait de l'arrivée de Mme de Staël à Weimar. Voici le passage dans lequel il explique l'effet, que produisit la présence de cette femme remarquable :

« Mme de Staël vous apparaîtra telle, que sans doute
« vous vous l'êtes représentée *à priori*. Tout en elle est
« d'une seule pièce ; on ne trouve pas un trait étranger,
« faux ou pathologique : voilà pourquoi, malgré la diffé-
« rence de sa nature aux nôtres, on se sent à l'aise près
« d'elle, qu'on peut tout entendre de sa part, et qu'on se
« sent disposé à tout lui dire. C'est la représentation aussi
« parfaite qu'intéressante de la culture de l'esprit français.
« Sur tout ce qui concerne ce que nous appelons la phi-
« losophie, on est en opposition avec elle, et on le reste,
« en dépit des plus longs entretiens ; son naturel et ses
« sentiments valent mieux que sa métaphysique, et son
« esprit s'élève souvent jusqu'à la puissance du génie.
« Voulant tout expliquer, tout comprendre, tout mesurer,
« elle n'admet rien d'obscur, rien d'impénétrable ; et ce
« que le flambeau de sa raison ne peut atteindre, n'existe
« pas pour elle. De là son insurmontable aversion pour la
« philosophie idéaliste, elle n'y voit qu'un acheminement
« vers le mysticisme et la superstition. En un mot, cette
« philosophie est pour son intelligence un air méphitique
« qui la tue. Le sens poétique, tel que nous le compre-
« nons, lui manque complétement ; aussi ne peut-elle
« s'approprier, dans les œuvres de ce genre, que le côté
« passionné, oratoire et général ; cependant elle n'ap-
« prouvera jamais le faux, mais elle n'apprécie pas tou-
« jours le vrai.

« Ce peu de mots vous prouvera que par la netteté, la
« décision et la vivacité spirituelle de sa nature, elle doit
« exercer une influence agréable et bienfaisante. Il n'y a
« de fatigant en elle, que l'agilité peu commune de sa

« langue, car elle met ses auditeurs dans la nécessité de
« se métamorphoser au point, de n'être plus que l'organe
« de l'ouïe. Malgré mon peu d'habitude à m'exprimer en
« français, nous parvenons cependant à nous entendre
« passablement. Et puisque vous parlez cet idiome avec
« facilité, j'ai tout lieu de croire que vos conversations
« avec Mme de Staël, auront beaucoup d'intérêt pour vous
« et pour elle. »

Comme je ne pouvais quitter Iéna sans avoir terminé l'affaire qui m'y avait appelé, je reçus encore beaucoup d'autres lettres dans lesquelles on me faisait le portrait de Mme de Staël et de sa manière d'être. Ces diverses opinions me fournirent le moyen de me tracer d'avance, la conduite que je me proposais de tenir envers elle, mais tout devait se passer autrement, ainsi qu'on le verra par le résumé de l'année suivante.

1804.

Je venais de terminer mes affaires à Iéna, et la présence de Mme de Staël à Weimar, s'annonçait à moi d'une manière si pressante, que je ne pouvais plus feindre de l'ignorer. Je me mis donc en route. L'hiver était devenu si rigoureux, que j'arrivai avec un gros rhume qui me retint d'abord au lit, et me força ensuite à garder ma chambre pendant plusieurs semaines. Cet incident fut cause que ma connaissance avec Mme de Staël commença par lettres, puis par quelques conversations en tête-à-tête, ou dans un cercle limité d'amis intimes. C'était peut-être la manière la plus favorable pour que nous pussions nous entendre, autant que le permettaient nos natures opposées.

La persistance déterminée avec laquelle elle poursuivait le but qu'elle s'était proposé, le rendait visible à tout le monde. Ce but consistait à s'initier aux moindres particularités de nos manières d'être, afin de les classer et de les apprécier selon ses idées ; à étudier nos relations sociales en femme du monde, et à employer toutes les ressources de sa spirituelle individualité féminine, pour pénétrer au fond de notre littérature, et de ce que nous appelons philosophie. Je n'avais aucun motif de me contraindre devant elle. Comment aurait-elle pu me deviner, puisque, dans mes plus grands moments de laisser aller, je suis rarement compris. Une circonstance fortuite, cependant, me força tout à coup à me tenir sur la plus grande réserve.

Je venais de recevoir un ouvrage français tout récemment publié : c'était la correspondance de Jean-Jacques Rousseau, avec deux dames qui, à force de ruses et d'adresse, étaient parvenues à engager l'inaccessible et farouche écrivain, dans un commerce de lettres avec elles. Et quand cette mystification a cessé de les amuser, elles ont fait imprimer la correspondance.

Je n'avais pas caché à Mme de Staël, combien je blâmais cette conduite. A ma grande surprise, elle n'y trouva rien de répréhensible, d'où je conclus qu'elle en agirait avec nous, comme ces dames avaient fait avec Rousseau.

Au reste, si tout le monde connaît les rares mérites de cette femme de lettres supérieure, tout le monde aussi peut savoir qu'elle a bien employé son temps en Allemagne, ainsi que le prouve le résultat de son voyage. J'ajouterai qu'elle ne se bornait pas à observer, elle voulait aussi se faire connaître, agir sur nos sens, notre sentiment, notre raison et nous pousser à une activité ardente dont elle nous reprochait l'absence. Ne pouvant se faire une idée de ce que nous appelons devoir, il lui était impossible de comprendre la situation limitée d'un homme qui s'est imposé un devoir ; aussi voulait-elle que dans la vie on agisse toujours et immédiatement, de même que, selon elle, il fallait toujours parler et discuter dans la société.

Tout en cherchant à nous éblouir par sa conversation, elle briguait aussi les couronnes de la déclamation.

J'avais trouvé un prétexte plausible, pour ne pas assister à la soirée pendant laquelle elle devait faire la lecture de *Phèdre*, car je savais d'avance que l'approbation modérée des Allemands ne la satisferait point. Nous ne sommes pas incapables de nous enthousiasmer, même à faux, mais la faculté de s'exalter, de s'enflammer subitement et à volonté dont jouissent les Français, n'est pas dans notre nature.

Mme de Staël avait en outre la passion de *philosopher* dans la conversation, c'est-à-dire, de parler vivement sur des problèmes insolubles, et de traiter presque publiquement des questions qui ne devraient jamais être agitées qu'entre Dieu et l'homme pris individuellement. Puis elle avait, en sa qualité de femme et de Française, la manie de persister sur certains points, et de n'écouter qu'à demi les objections qu'on lui faisait. Tout ceci réveilla en moi je ne sais quel mauvais génie, ce fut au point que je ne pouvais lui parler que didactiquement et problématiquement. Parfois même je la réduisais au désespoir par une opposition opiniâtre, et c'était précisément dans ces moments-là que son amabilité, sa facilité dans la réplique, et son esprit exercé brillaient dans tout leur éclat.

Nous eûmes quelques entretiens particuliers sérieux et bien enchaînés, mais là aussi, elle était fatigante à sa manière, car elle ne voulait pas qu'on réfléchît un instant en silence, même sur les événements les plus importants: plus ils étaient graves, plus elle voulait qu'on fût prêt à les saisir comme s'il s'était agi d'un volant. L'anecdote suivante ne sera point déplacée ici.

Un soir, un peu avant l'heure de réception à la cour, Mme de Staël entra précipitamment chez moi et me dit avec sa vivacité habituelle :

— J'ai une grande nouvelle à vous apprendre : **Moreau est arrêté et accusé de trahison contre le tyran.**

Puis, fidèle à sa manière d'être, elle changea de conversation et parla de choses indifférentes. Je ne lui répondis point, car je réfléchissais sur ce qu'elle venait de me dire. J'avais suivi Moreau avec beaucoup d'intérêt, et pas à pas, dans sa carrière militaire et politique, et je cherchais dans le passé des conclusions propres à m'éclairer sur le présent. Piquée de mon silence, elle renouvela le reproche qu'elle m'avait déjà fait plus d'une fois.

— Vous voilà encore, me dit-elle, dans un de vos accès de maussaderie ; je vois bien que ce soir il sera impossible d'avoir un entretien agréable avec vous.

Cette légèreté m'avait sérieusement fâché.

— Vous êtes incapable de vous intéresser sérieusement à quelque chose, lui dis-je d'un ton brusque. Vous tombez avec la porte dans la maison ; vous m'étourdissez par un coup imprévu, puis vous voulez me faire siffler une chansonnette et sautiller d'un objet à l'autre.

De pareilles sorties étaient fort de son goût, car elle voulait exciter une passion, n'importe laquelle. Pour m'apaiser, elle se mit à traiter à fond l'événement dont elle venait de m'instruire, et fit preuve d'une connaissance profonde de la situation des choses et des hommes. Un autre trait prouvera combien la vie était facile avec elle, quand on voulait la prendre telle qu'elle la voyait. Pendant un grand souper chez la princesse douairière Amélie, j'étais silencieux et pensif ; on m'en fit des reproches, ce qui causa un certain mouvement dont Mme de Staël voulut savoir la cause. Dès qu'elle l'eut apprise, elle commença contre moi ses récriminations habituelles par lesquelles elle cherchait à m'exciter, puis elle ajouta :

— En général, je ne puis supporter Goethe, que lorsqu'il a bu une bouteille de vin de Champagne.

— Ceci, dis-je à demi-voix afin de n'être entendu que de mes plus proches voisins, pourrait prouver que nous nous sommes mis plus d'une fois en pointe ensemble.

Ces mots furent accueillis par des rires immodérés, qui

excitèrent de nouveau la curiosité de Mme de Staël, mais personne ne se sentit le courage de la satisfaire. Benjamin Constant, qui se trouvait près d'elle, prit enfin le parti de lui traduire mes paroles par un euphémisme qui la contenta complétement.

Quoi qu'on ait pu dire et penser de cette femme remarquable, il est impossible de nier que sa présence parmi nous n'ait eu de grands et salutaires résultats. Son ouvrage sur l'Allemagne, inspiré par des relations sociales semblables à celles que je viens de décrire, peut être regardé comme une batterie puissante par laquelle on a fait une première brèche à la muraille chinoise qui nous séparait de la France.

Grâce au livre de cette illustre voyageuse, on se décida enfin, au delà du Rhin et sur les bords de la Seine, à faire plus ample connaissance avec nous, et notre influence littéraire et scientifique s'étendit sur toutes les contrées occidentales. Bénissons donc tout ce qu'il y avait d'incommode dans le conflit des particularités nationales causé par le passage de Mme de Staël, passage dont nous ne pouvions comprendre alors l'immense utilité. C'est sous ce même point de vue que nous devons nous applaudir, et conserver un souvenir reconnaissant du séjour que Benjamin Constant fit parmi nous.

Vers la fin de juin, je retournai à Iéna où je fus accueilli par les joyeux feux de la Saint-Jean, qu'on voyait briller sur les montagnes et éclore dans les vallées. Un de ces feux attira spécialement mon attention; il était placé sur le haut du Hausberg et avait quelque chose de mobile. Tout à coup il s'écoula deux ruisseaux enflammés sur les flancs du mont, et entre ces deux ruisseaux se dressait une ligne transversale, servant de point d'appui à un A gigantesque surmonté d'une couronne ducale.

Cet hommage rendu à la duchesse Amélie, mère de notre bien-aimé souverain, avait été organisé spontanément par des individus placés sur les derniers degrés de l'échelle sociale, et sur lesquels je vais donner quelques explications.

Il existait alors à Iéna, et depuis fort longtemps, une foule de jeunes garçons qu'on pouvait, sans exagération, comparer aux lazzaroni de Naples. On les trouvait à tous les coins des rues toujours prêts à faire, moyennant une modique rétribution, les commissions des habitants et surtout celles des étudiants, qui les désignaient sous le nom de *nègres*, sans doute parce que le soleil avait noirci leur peau et qu'ils étaient insensibles à la fatigue.

Ces jeunes gens jouissaient, je ne sais à quel titre, du droit d'allumer le feu de la Saint-Jean sur le mont Hausberg, et toutes les servantes de la ville leur conservaient, pour cet usage, les balais mis hors de service pendant le cours de l'année. Cette fois, ils avaient eu l'idée de disposer ces balais de manière à former un bûcher, puis deux lignes descendant la montagne, et entre ces deux lignes une troisième, destinée à supporter le transparent avec le chiffre et la couronne. La manière adroite de mettre le feu au bûcher et aux lignes avait fait le reste.

Quoique accablé de travaux par l'organisation des sociétés scientifiques qui avaient nécessité ma présence à Iéna, je m'occupai des lettres de Winckelmann, adressées au conseiller de cour Berendis et qui étaient depuis longtemps entre mes mains. Secondé par mon ami Meyer, par Wolf, Fernow et plusieurs autres, je parvins à réunir, dans un beau volume, ces lettres si précieuses, puisqu'elles fournissent au public le moyen d'apprécier le mérite d'un homme aussi extraordinaire que l'était Winckelmann.

De son côté, Schiller me remit un manuscrit français en m'invitant à le traduire; c'était le *Neveu de Rameau*, par Diderot. J'avais depuis longtemps une profonde estime non pour la manière de penser et de sentir de Diderot, mais pour son talent d'écrire et de peindre les hommes et les choses. Le manuscrit en question me parut digne de lui; jamais encore je n'avais rien vu de plus modestement éhonté, de plus moralement immoral. La publication de ma traduction, à laquelle je joignis des notes explicatives, devait précéder celle du manuscrit original ; je crus donc pouvoir me dispenser d'en prendre copie, négligence qui donna lieu à de singuliers démêlés, ainsi qu'on le verra par la suite.

La première représentation du *Guillaume Tell* de Schiller, qui eut lieu le 17 mars de cette année, me force de revenir sur le voyage qu'en 1797 je fis en Suisse, pour aller audevant de mon ami Meyer, qui revenait d'Italie.

En revoyant le lac des Quatre-Cantons, ainsi que Schwytz, Fluelen et Altdorf, un irrésistible désir de peupler ces localités en faisant revivre les personnes qui les avaient illustrées, s'empara de moi. Guillaume Tell et ses vaillants contemporains vinrent aussitôt s'imposer à mon imagination, et je conçus sur les lieux mêmes, le plan d'un poëme épique qui me flattait d'autant plus que je me promettais de l'écrire en hexamètres, car notre langue commençait à se faire à cette belle versification, dans laquelle je cherchais sans cesse à me perfectionner.

Quant au plan de mon poëme, je me bornerai à dire que je voulais faire de Guillaume Tell un colporteur robuste et colossal, exerçant son métier sans s'occuper ni de despotisme ni de servitude, et aussi décidé que capable de détourner lui-même les inconvénients personnels et immédiats, qu'il ne lui plairait pas de supporter. Je voulais en outre que tout le monde le connût et l'envisageât sous ce point de vue. Par là, je facilitais la mise en action d'une explosion générale.

Mon gouverneur était un de ces tyrans sans cœur, qui ne reculent devant aucune considération pour atteindre leur but, mais qui aimant leurs aises, laissent les autres agir à leur guise tant que cela ne les gêne en rien. Les deux principaux caractères ainsi tracés, l'action pouvait se développer avec cette gravité calme qui sied si bien à l'épopée. Les autres Suisses et leurs représentants, blessés dans leur honneur, leurs propriétés et leurs personnes, devaient mettre les passions morales en fermentation, et les faire éclater, tandis que les deux grandes figures mises personnellement en rapport, agiraient l'une sur l'autre.

Quoique toujours préoccupé de ce poëme, je me bornai à en parler à Schiller, qui, moins indécis que moi, s'empara du thème et composa son *Guillaume Tell*. L'exposé du plan de mon poëme prouve suffisamment que le drame appartient tout entier à Schiller, et qu'il ne me doit qu'une connaissance vivante des événements et des choses, qu'au reste, il aurait pu puiser dans l'histoire et dans les légendes du pays.

Sa pièce terminée, il distribua les rôles selon sa conviction, nous suivîmes ensemble les répétitions, et ce fut aussi d'un commun accord que nous nous occupâmes des costumes et des décorations; car nous étions persuadés qu'il fallait user sobrement des moyens extérieurs et matériels, et pousser la partie intellectuelle au plus haut degré de perfection. Le grand succès de *Guillaume Tell*, nous dédommagea amplement des soins que nous lui avions donnés.

Les efforts constants de Schiller, pour assurer à notre théâtre un répertoire convenable, et la promesse que je lui avais faite de le seconder, me décidèrent à revoir mon *Gœtz de Berlichingen;* mais j'avais beau faire, la pièce était toujours trop longue, et la marche historique des événements refroidissait l'intérêt des scènes. Je n'en achevai pas moins mon travail, non sans une grande perte de temps et beaucoup d'autres inconvénients.

1803.

Le commencement de cette année nous avait trouvés en pleine activité et remplis des plus belles espérances. *Démétrius* était devenu le but de nos entretiens et de nos efforts communs, malheureusement de graves indispositions nous forcèrent d'abandonner cette œuvre capitale, et de nous borner à des travaux moins fatigants.

Schiller continua sa traduction de *Phèdre*, et moi celle du *Neveu de Rameau*. Bientôt nous nous aperçûmes que notre talent, en s'exerçant ainsi sur un talent étranger au lieu de créer lui-même, devenait plus frais et plus puissant. *Phèdre* devait être représentée le 30 janvier, et Schiller travailla avec tant de passion, qu'elle put l'être en effet.

A Weimar, comme ailleurs cette tragédie fournit à plus d'une grande comédienne, l'occasion de se surpasser elle-même.

Deux incendies qui éclatèrent à quelques jours d'intervalle et dont chacun m'avait menacé personnellement, aggravèrent tellement mon indisposition, qu'il me fut impossible de quitter ma chambre. Schiller aussi se trouvait retenu chez lui par le mauvais état de sa santé. Ne pouvant plus nous voir, nous prîmes le parti de nous écrire. Quelques-unes des lettres de Schiller, datées du mois de février et du mois de mars, prouvent que malgré ses souffrances, son activité ne l'abandonnait pas, qu'il était résigné et qu'il ne conservait que peu d'espoir de guérison.

Au commencement de mai j'allai le voir et je le trouvai sur le point de se rendre au théâtre. Ne voulant pas l'en empêcher et ne me sentant pas encore assez rétabli pour l'accompagner, nous nous quittâmes sur le seuil de sa porte pour ne plus jamais nous revoir !

Mon état physique et les dispositions de mon esprit étaient telles, que mon entourage sentait que pour ne pas succomber j'avais besoin de toutes mes forces ; aussi personne n'osa-t-il d'abord m'instruire de la mort de Schiller.

Je ne pouvais cependant l'ignorer longtemps, et mes maux et mes souffrances redoublèrent.

Revenu à moi, je cherchai un travail qui pût entièrement occuper mon esprit, et *Démétrius* se présenta à ma pensée.

On sait déjà que depuis Wallenstein, Schiller n'avait rien composé que je n'eusse suivi pas à pas. Nous discutions souvent et très-vivement sur certains points, puis l'un ou l'autre cédait. En un mot, *Démétrius* avait toujours été aussi présent à mon esprit qu'à celui de Schiller, et je brûlais du désir de continuer nos relations en dépit de la mort, par la réalisation de ses pensées et de ses projets.

En perpétuant ainsi son existence intellectuelle, je me sentais consolé de sa perte, et j'espérais détourner du théâtre allemand, pour lequel nous avions travaillé en commun, le malheur de se trouver entièrement délaissé, jusqu'au moment où il lui naîtrait un autre génie, semblable à celui qui l'avait soutenu jusque-là. En un mot, je me sentais enflammé de tout l'enthousiasme que peut causer le désespoir d'une aussi grande perte ; et peu de mois me suffirent pour terminer *Démétrius*. Faire représenter cette pièce le même jour sur tous les théâtres allemands, me paraissait la seule apothéose digne de Schiller, et qu'il s'était pour ainsi dire préparée lui-même, pour lui et pour ses amis. Je me trouvais assez bien portant, assez fort pour réaliser une telle entreprise, malheureusement je rencontrai des obstacles qu'avec un peu de modération et de prudence j'aurais pu vaincre ; je les augmentai par un emportement passionné, et, cédant au dépit, je finis par abandonner mon projet.

Aujourd'hui encore je n'ose songer à l'état où j'étais alors ; car dès cet instant seulement j'avais réellement perdu Schiller. Mon imagination artistique ne pouvait plus s'occuper du magnifique catafalque qu'elle avait voulu lui préparer, elle suivit le cadavre dans son modeste sépulcre, elle le vit se décomposer, et une immense douleur s'empara de mon âme. Mon journal de cette époque ne contient que des feuillets blancs, preuve de l'état de nullité morale où je me trouvais. Je me laissais entraîner par les travaux et les affaires indispensables, mais je ne les guidais **plus**.

Lorsque, bien des années plus tard, des amis de Schiller regrettaient qu'on ne lui eût point élevé de monument à Weimar, je ne répondais que par un sourire de dédain, car selon moi, celui que je lui avais destiné était seul digne de lui.

Je lui avais confié mon manuscrit de la théorie des couleurs, on me le rendit après sa mort, il y avait souligné des passages et je devinai ce qu'il avait eu l'intention de me dire. C'est ainsi que du fond de l'empire des morts son amitié agissait encore sur moi, tandis que la mienne restait exilée parmi les vivants.

Dès le mois de mars, le professeur Wolf de Halle, nous avait fait annoncer sa visite, mon bon génie l'amena le 30 mai, pendant que j'étais encore sous le coup de la cruelle perte que je venais de faire. Il avait été convenu d'avance que Wolf accepterait l'hospitalité dans ma maison. Ainsi rapprochés, chacun de nous disait franchement ce qui l'intéressait le plus, aussi ne tardai-je pas à m'apercevoir de la différence de nos natures. Celle de Schiller aussi ne ressemblait point à la mienne ; mais loin de nous diviser cette différence nous avait rapprochés. C'est que les tendances idéalistes de Schiller, s'accordaient d'autant plus facilement avec mon réalisme, que, seul, chacun de nous arrivait difficilement à son but, tandis qu'en nous confondant dans une seule et même manière de penser et de sentir, rien ne nous paraissait impossible.

Wolf avait consacré sa vie aux documents historiques écrits et imprimés des temps passés, son esprit pénétrant et son jugement exercé savaient trouver dans le style même de l'écriture, les indices des sentiments et du caractère des auteurs. Ses recherches portaient sur la simple syllabe, comme sur le rhythme et la prose poétique, sur le simple arrangement des mots, comme sur la composition des périodes les plus élevées. La manière de former et d'enchaîner les lettres, lui apprenait comment se formaient et s'enchaînaient les pensées de celui qui avait tracé ces lettres.

Un homme arrivé à force d'études au pouvoir presque magique de deviner les vertus et les mérites d'assigner à chacun sa place selon les pays et les siècles, un homme enfin qui savait à un tel degré faire revivre le passé, devait placer son travail au-dessus de tous les autres travaux et n'estimer que les résultats auxquels il était arrivé. Pour ma part, je m'étais aperçu qu'à ses yeux, il n'y avait d'historique et de véritablement digne de foi, que ce qui nous était arrivé du passé par des écrits scrupuleusement vérifiés et constamment livrés à notre examen.

Les amis des arts et des lettres de Weimar, avaient été éclairés sur bien des points par la conversation de cet homme remarquable ; et comme il joignait à ses hautes qualités celle d'une sociabilité agréable, il avait ramené la gaieté parmi nous.

Avant de nous quitter il m'avait fait promettre de venir à mon tour le voir à Halle, et je me repentis d'autant moins d'avoir accepté cette invitation, que j'arrivai dans cette ville au moment où le docteur Gall y faisait ses cours. Je me joignis avec empressement au nombre de ses auditeurs. Ces doctrines ne pouvaient manquer de me sourire, car je m'étais accoutumé à regarder le cerveau sous le rapport de l'anatomie comparée.

Par cette anatomie qui ne laisse rien de mystérieux à l'observateur attentif, on peut voir que tous les sens découlant de la moelle des reins, par autant de branches isolées, il est d'abord très-facile de reconnaître ces branches ; mais elles deviennent presque insaisissables dès que la masse gonflée cache leur origine et leur différence. L'idée fondamentale de Gall, n'avait donc rien de neuf pour moi, et s'il s'égarait dans des spécialités hypothétiques, ainsi qu'on l'en accusait, il me semblait que nous étions les maîtres de faire passer ces paradoxes apparents dans des généralités réelles.

Dès le commencement de son cours, Gall exposa des idées touchant ma métamorphose des plantes. Mon ami Loder assis à mes côtés me regarda d'un air surpris, moi je trouvai fort naturel que Gall eût senti cette analogie ; et si je fus étonné par la suite, c'est parce qu'au lieu de poursuivre cette analogie dans le développement de son système, il n'y revint plus jamais.

Après les cours publics, Gall exposa le cerveau aux regards de quelques auditeurs choisis, dont je fus certes un des plus attentifs. Il est juste que dans ces sortes d'études, l'attention se porte spécialement sur le cerveau, car il ne se modèle pas sur les os du crâne, ce sont ces os qui prennent la forme qu'il leur donne, et sous ce rapport les cours de Gall peuvent être regardés comme le point le plus élevé de l'anatomie comparée. Il est vrai que ses enseignements n'en découlaient pas immédiatement, mais tout ce qu'il disait se rattachait si directement à la moelle des reins, que chaque auditeur pouvait s'expliquer à sa façon les phénomènes qu'on exposait sous ses yeux.

Gall faisait partie de la société intime du professeur Wolf, circonstance qui me procura l'avantage de le voir tous les jours. La conversation ne roulait jamais que sur son système, ce qui lui fournit plus d'une fois l'occasion de s'égayer à nos dépens. Je devins surtout l'objet de ses railleries. Chaque fois qu'il tâtait mon crâne, et il le tâtait tous les jours, il me répétait que, d'après la construction de mon front je ne pouvais ouvrir la bouche pour parler, sans qu'il en sortît un trope, chose sur laquelle, au reste, il était facile de me prendre à chaque instant en flagrant délit. Souvent aussi il me disait très-sérieusement, que j'étais né orateur du peuple. Je repoussai d'abord les plaisanteries qu'on faisait à ce sujet, puis je finis par souffrir tranquillement qu'on me comparât à saint Chrysostome, le plus éloquent des saints.

Une forte indisposition ne tarda pas à me retenir chez moi; alors Gall eut l'extrême complaisance de faire transporter l'appareil de ses cours dans ma chambre, et acheva ainsi de me donner une idée complète de son système et de ses convictions. A peine étais-je rétabli, qu'il quitta Halle pour se rendre à Gœttingue.

Après son départ, mon ami Wolf me fit faire une excursion à Helmstadt, dans le but de rendre visite au conseiller de cour de Beireis. Son grand savoir en médecine et le zèle avec lequel il soignait ses malades, lui avaient valu une haute réputation, mais celle de ses excentricités était plus grande encore, et l'avait enveloppé d'un voile si fantastiquement mystérieux, qu'il est devenu l'objet d'une foule de contes absurdes. Aussi rien ne pouvait-il m'être plus agréable que de faire la connaissance de cet homme singulier, et de me former ainsi une opinion sur son compte.

Mon fils Auguste, alors âgé de quinze ans, contribua puissamment à égayer ce petit voyage. Le savant professeur prenait plaisir à l'agacer ; usant du droit de représailles, Auguste lui rendait la pareille au point que, des jeux de mots on passa souvent à des jeux de mains qui, quoique fort incommodes en voiture, nous entretenaient dans une gaieté folle.

En passant par Magdebourg, nous nous y arrêtâmes assez longtemps pour visiter le Dôme et ses monuments plastiques. Je ne parlerai que de trois mausolées en bronze élevés à la mémoire de trois évêques de Magdebourg. Celui d'Albert II porte la date de 1403, celui de Frédéric, la date de 1464 et celui d'Ernest, celle de 1499. Les deux premiers sont médiocres, mais le troisième est une œuvre inestimable de Pierre Vischer. Je ne pouvais me lasser de contempler ces mausolées, car pour un ami des arts qui aime à observer leurs progrès, leur décadence et leur retour sur la bonne voie, rien n'est plus intéressant qu'une suite silencieuse de monuments appartenant à diverses époques.

La ville et les fortifications furent examinées avec l'intérêt qu'elles méritent. En passant sur les remparts un groupe d'arbres s'offrit à ma vue et captiva aussitôt ma pensée, car ces arbres ombrageaient un couvent nommé Bergen. Là, Wieland alors dans la force de la jeunesse, avait posé les bases du perfectionnement de la littérature ;

là, l'abbé Steinmetz exerça la puissante influence d'une piété restreinte, mais loyale et sincère; et ces sortes de flambeaux aussi sont nécessaires, afin d'empêcher les hommes de s'égarer complètement dans les labyrinthes de l'égoïsme.

Avant de quitter Magdebourg, je voulus revoir le Dôme, et j'y trouvai un ecclésiastique français, conduit par le sacristain avec lequel il s'entretenait à haute voix. Cet ecclésiastique, c'était l'abbé Grégoire. J'avais le plus vif désir de l'aborder et de lier connaissance avec lui, mais le professeur Wolf, qui haïssait passionnément les Français, m'en empêcha à mon grand regret.

Le lendemain nous nous mîmes en route pour Helmstadt. Cette petite ville est très-agréablement située, et l'on est fort étonné d'y trouver une université qui rappelle un temps déjà fort loin de nous. Tout y porte encore le cachet de la vie monacale. De riches prébendes, de vastes et antiques bâtiments, une nombreuse bibliothèque, une curieuse collection scientifique, des élèves peu nombreux, silencieux et studieux.

Les noms des professeurs qui remplacent les moines d'autrefois, me prouvèrent que je ne pouvais désirer une meilleure compagnie. Tous ne semblaient former qu'une même famille; et leurs femmes et leurs filles rivalisaient de zèle pour exercer splendidement l'hospitalité que leurs maris nous avaient gracieusement offerte.

Vers la fin d'un brillant souper, deux charmantes jeunes personnes, tenant chacune une couronne de fleurs à la main, s'approchèrent l'une de Wolf et l'autre de moi. A peine la belle enfant avait-elle posé sa couronne sur ma tête, que je la remerciai par un ardent baiser qu'elle me rendit de même; et ma vanité ne fut pas médiocrement flattée lorsque je crus m'apercevoir qu'ainsi couronné de fleurs, je ne lui déplaisais pas. Pendant ce temps Wolf repoussait avec violence, presque avec colère, l'honneur qu'on voulait lui faire; et la pauvre jeune fille fut obligée de se retirer avec sa couronne à demi brisée, et très-mortifiée de la brutalité avec laquelle le sauvage professeur venait d'accueillir son aimable attention.

J'ai oublié de dire que Beireis assistait à ce souper qu'il acheva d'égayer par son humeur joviale. Il était de taille moyenne et bâti de manière à faire croire qu'il était réellement aussi fort dans l'art de l'équitation et dans celui de l'escrime qu'il en avait la réputation. Son front bombé et d'une hauteur démesurée semblait n'avoir rien de commun avec ses traits fins et délicats. Quoique déjà arrivé à l'âge de soixante-quatorze ans, il jouissait d'une santé parfaite, et avait conservé l'activité et toutes les allures, de l'âge mûr. En société et surtout à table, il donnait un libre cours à sa singulière galanterie, qui consistait à se poser en ancien adorateur d'une des femmes des professeurs et en prétendant actuel de sa fille. On le laissait faire tranquillement; car on savait que si beaucoup d'hommes avaient des projets sur son héritage, pas une femme n'aurait eu le courage de l'épouser pour s'assurer cet héritage.

Le lendemain nous nous rendîmes chez Beireis, qui ne nous avait pas quittés sans nous inviter à aller le voir, lui et ses curiosités. Les célèbres automates de Vaucanson furent les premiers objets qui frappèrent notre vue. Le Joueur de flûte, assis dans un pavillon du jardin, tenait toujours son instrument appuyé sur ses lèvres, mais il n'en jouait plus; le canard mangeait toujours de l'avoine, mais il ne la digérait plus. Le propriétaire de ces merveilles surannées n'en restait pas moins convaincu que la mécanique ne produira jamais rien de plus parfait.

Dans une grande salle consacrée à l'histoire naturelle, et qui contenait plusieurs objets remarquables, on voyait la preuve évidente que chez cet amateur, il n'y avait de bien gardé que ce qui se conserve de soi-même. Des oiseaux empaillés placés au milieu de la salle, sur une grande étagère, tombaient en ruines, au point que les planches étaient surchargées de plumes et de mites. Me voyant très-surpris de cette négligence, Beireis me dit avec un sourire malin qu'elle était une ruse de guerre, puisqu'en laissant les mites se concentrer sur cette étagère, il les empêchait de pénétrer dans les autres pièces de la maison.

La machine à calculer de Hahn exécuta devant nous plusieurs opérations que nous lui dictâmes ; mais l'horloge miraculeuse qui, sur un seul mot de son propriétaire, s'arrêtait ou reprenait son cours, avait pour toujours cessé de marcher. Beireis prétendit avoir juré de ne plus jamais la remonter, parce qu'un officier qui doutait de la réalité de ce phénomène, avait reçu un démenti qui fut suivi d'un duel dans lequel l'incrédule fut tué.

Je reconnus bientôt que cette collection n'avait d'autre but, que d'entasser des curiosités, dont Beiries proportionnait la valeur au prix qu'elles lui avaient coûté. Aussi ne manquait-il jamais de nous assurer, à la vue de quelque objet rare, qu'il n'avait le bonheur de le posséder, que parce qu'il en avait offert plus d'argent que les empereurs et les rois.

Ses tableaux, surtout, faisaient regretter le triste emploi qu'il faisait de son argent. Les plus mauvaises copies, étaient à ses yeux des originaux, et des dessins d'écoliers, les premiers essais des plus grands maîtres ; et lorsqu'on manifestait le moindre doute, il montrait le catalogue des ventes où il avait fait l'acquisition de ces pauvretés. Parfois cependant on se trouvait dédommagé par la vue de quelques véritables chefs-d'œuvre, tels qu'une marchande de légumes de Rubens, le portrait d'Albert Durer peint par lui-même, et plusieurs tableaux d'église qu'il avait achetés lors de la suppression des couvents, et qui étaient curieux sous le rapport de l'histoire de la peinture, dont ils marquaient les premières époques.

L'examen de cette collection se terminait toujours par un dîner splendide, pendant lequel il reprenait ses grotesques galanteries, qu'on supportait par égard pour son immense richesse devenue le but d'une foule d'espérances. Au reste, personne n'était plus propre que lui à faire naître ces espérances, car en autorisant beaucoup de personnes à compter sur son héritage, en tout ou en partie, il s'assurait une société agréable, complaisante et dévouée, en apparence du moins. Ce fut pendant ces repas qu'il nous raconta lui-même toutes les anecdotes qui circulent sur son compte, et dont le récit était toujours amené par quelques-uns des mets qui paraissaient sur la table. Un jour, par exemple, on servit des écrevisses d'une grosseur colossale, ce qui nous étonna d'autant plus que la contrée, très-pauvre en ruisseaux, ne produisait pas de ces crustacés. Après avoir joui de notre étonnement, il nous assura que son vivier était toujours garni de ces sortes de poissons.

— Je leur dois une grande reconnaissance, ajouta-t-il, et j'aime à les offrir à mes hôtes, non-seulement comme un mets exquis, mais comme un médicament dont l'effet est infaillible, même dans les cas les plus graves, ainsi que j'en ai fait l'expérience sur moi-même.

Puis il nous parla mystérieusement du marasme dans lequel il était tombé à la suite de travaux dangereux, et tendant à résoudre les plus hauts problèmes de la science.

— J'étais à l'agonie, continua-t-il, lorsqu'un de mes élèves, guidé par une inspiration instinctive, me présenta un plat de ces immenses écrevisses, et me força d'en manger autant que possible. A peine y avais-je goûté, que je me sentis renaître, et avant même d'avoir vidé le plat, j'étais complétement guéri.

— Docteur, s'écria un malin convive, vous ne dites pas tout. Je sais de bonne part que vous avez le secret de transformer les hannetons en écrevisses, et que par une nourriture particulière, vous les faites promptement arriver à une grosseur prodigieuse.

Accoutumé à voir renaître, à son occasion, les anciennes légendes farcies de miracles, le docteur répondit par un sourire affirmatif.

Parfois aussi il nous parlait des prouesses de sa jeunesse, d'où je conclus que, dès son enfance, il avait été résolu et turbulent ; et que pendant son séjour aux universités, il s'était fait craindre par son humeur querelleuse et sa promptitude à en venir aux mains. Je croyais sans peine qu'il était en effet aussi habile dans l'art de l'escrime et de l'équitation qu'il le prétendait, et que la nature l'avait réellement doué d'une agilité, d'une force et d'un courage peu communs. Arrivé à l'âge mûr, cet homme devait nécessairement avoir déployé une activité énergique et une grande persistance ; mais les motifs de ses longs voyages ainsi que les lieux qu'il avait visités, étaient restés un mystère, et personne ne connaissait l'origine de son immense richesse. Il n'est donc pas étonnant qu'on l'attribuât aux causes les plus bizarres, ainsi que cela arrive toujours pour les fortunes qui n'ont pas été héritées ou publiquement acquises.

Les personnes les plus sensées prétendent qu'il avait inventé une couleur propre à remplacer la cochenille, et qu'il avait vendu sa recette aux fabricants à des prix exorbitants. N'aurait-il pas été le premier qui eût trouvé le moyen de perfectionner la garance, et d'en tirer une couleur rouge aussi éclatante que solide ? Quoi qu'il en soit, on ne saurait s'étonner d'entendre dire qu'un homme chez lequel tout est mystère, possède le pouvoir d'évoquer les esprits, et qu'il a trouvé la pierre philosophale, surtout quand on a vu tout récemment un Cagliostro, se faire de nombreux partisans dans les classes les plus élevées, et tromper le monde entier par des tours de prestidigitation.

Je crois que ce n'est pas être injuste envers la nature humaine, que de la regarder comme si fortement encline à la superstition, qu'elle ne cessera jamais de marier le mensonge le plus avéré au vrai problématique, qui cependant ne doit être admis qu'en théorie.

Beireis nous avait déjà exhibé toutes ses curiosités, à l'exception cependant d'un diamant, merveilleux objet des contes les plus absurdes, et que, par mesure de précaution, il prétendait avoir caché loin de sa maison et même loin de la ville. Persuadés que c'était un prétexte pour ne point le montrer aux visiteurs, nous ne lui en parlâmes point.

Un matin, il ouvrit un volume du *Voyage* de Tournefort, et nous fit voir le dessin d'un diamant trouvé parmi les trésors des Indiens. Ce diamant phénoménal avait la forme d'un œuf avec des excroissances mamillaires et réniformes. Après nous avoir invités à plusieurs reprises à graver ce dessin dans notre mémoire, il mit tout à coup la main à son pantalon et en tira le phénomène dont nous venions de voir l'image. Cette pierre était parfaitement transparente et avait la forme et la grosseur d'un œuf d'oie; mais rien n'annonçait qu'on eût cherché à la polir, et ses excroissances mamillaires et réniformes, la rendaient parfaitement semblable à celle dont nous venions de voir le dessin.

Conservant une attitude grave et calme, Beireis soumit le phénomène à quelques épreuves équivoques, telles que la lime anglaise qui semblait ne pouvoir l'entamer; après quoi, il frotta légèrement la pierre, qui attira aussitôt à elle plusieurs petits morceaux de papier. Pour achever de nous convaincre que cette pierre était véritablement un diamant, il nous raconta qu'il l'avait placée dans une moufle ardemment chauffée, et qu'ébloui par le spectacle magnifique de la flamme qui avait jailli aussitôt, il avait négligé d'éteindre le feu à l'instant même, et diminué ainsi la valeur de l'œuf de plusieurs millions d'écus. Puis il ajouta dédaigneusement, qu'il se consolait de cette perte parce qu'elle lui avait procuré le bonheur de voir un feu d'artifice, dont les empereurs et les rois ne pouvaient pas se vanter d'avoir joui.

Pendant qu'il parlait ainsi, mes expériences optiques me revinrent à la mémoire. Je plaçai l'œuf merveilleux devant mes yeux pour regarder à travers ce prétendu diamant, les targettes horizontales de la fenêtre, et je reconnus que la colonne des couleurs n'était pas plus large que celle d'un simple cristal de roche. Je me gardai cependant de manifester le moindre doute sur la qualité de ce diamant; je ne devais plus revoir son singulier propriétaire, et je voulais lui laisser le plaisir de couronner nos relations, par une hâblerie plus grande encore, que toutes celles dont il nous avait gratifiés jusqu'ici.

On m'avait souvent parlé, à Helmstadt, d'un gentilhomme nommé Hagen, presque aussi bizarre que le docteur Beireis, quoique d'une manière bien différente. Il habitait une de ses terres située près de Halberstadt. Pour m'en retourner à Weimar, je devais passer par cette ville. Je pouvais donc, sans m'éloigner beaucoup de ma route, étendre mes expériences en fait de caractères excentriques; et comme, non-seulement le professeur Wolf, mais encore le spirituel doyen Hencke, se proposèrent de m'accompagner dans cette visite, je m'y décidai sans peine, et nous partîmes tous quatre le lendemain matin.

A mesure que nous approchions de la demeure de notre futur hôte, nous apprîmes que dans le pays on l'appelait le fou Hagen, et qu'on le regardait comme un Cyclope dangereux établi dans une propriété charmante. Si sa manière de nous recevoir ne répondit pas à cette réputation, elle n'en fut pas moins fort originale.

Il débuta par nous montrer l'auberge qu'il venait de faire construire, et dont la grotesque enseigne devait, selon lui, attirer les chalands; puis il nous fit voir tous ses bâtiments d'exploitation rurale, et rudoya toutes les personnes qui y travaillaient, ce qui ne les empêcha pas de continuer leur besogne, car elles étaient accoutumées à ses manières, tempérées toutefois par un certain mélange de jovialité. Lorsqu'il lui plut enfin de nous faire entrer dans sa demeure, il nous introduisit dans une salle à manger vaste, propre et bien éclairée, et où nous trouvâmes la maîtresse de la maison et ses deux enfants.

Madame de Hagen grande, bien faite et jeune encore,

portait le cachet d'une muette et longue douleur sans remède. Son fils, enseigne au service de Prusse, et sa fille, en pension à Brandebourg, ne se trouvaient là, que pour passer quelques jours de congé ; tous deux étaient silencieux et pensifs comme leur mère.

On se mit à table, et la conversation prit aussitôt une tournure rude et soldatesque, dont je ne me formalisai pas trop, grâce à l'excellence du dîner et des vins de Bourgogne qui l'assaisonnaient. J'espérais qu'il ne se passerait rien de trop inconvenant ; mais, en regardant autour de moi, je ne tardai pas à voir l'oreille du satyre. Dans chaque coin de la salle à manger, se trouvait une statue en plâtre moulée sur celles d'Apollon et des autres divinités mythologiques, que notre hôte avait accommodées à sa façon aux exigences de la pudeur, en utilisant ses vieilles manchettes de dentelle, en guise de feuilles de figuier.

Cette ridicule précaution ne me fit pas bien augurer du reste, car il est rare qu'une absurdité n'en amène une autre plus grande encore. Malgré nos efforts pour modérer les saillies de M. de Hagen, elles devinrent toujours plus déplacées, surtout à cause de la présence des enfants, dont le plus âgé avait vingt ans au plus. Au dessert, on les renvoya enfin, et notre hôte se hâta de débarrasser les statues de leurs voiles transparents, en déclarant qu'il était temps de se dépouiller de toute contrainte. Puis il fit apporter des vins bien supérieurs à ceux qu'on avait bus jusque-là. Il était facile de deviner son projet, ce qui ne nous empêcha pas de faire honneur à ses vins exquis.

Lorsque nous nous levâmes de table, il ordonna à sa femme de chanter quelque chose en s'accompagnant du piano. Malgré notre approbation sincère, il l'interrompit brusquement en s'écriant que des chants aussi fades lui étaient insupportables; puis il entonna des couplets absurdes et presque obscènes, que la pauvre dame fut obligée d'accompagner sur son piano.

Indigné par ce procédé, et peut-être aussi un peu surexcité par le bourgogne, que je n'avais point ménagé, je remontai spontanément sur les chevaux de ma jeunesse, que jadis j'aimais tant à faire caracoler. Mon premier soin cependant fut d'offrir à la maîtresse de la maison l'occasion de s'évader. Dès qu'elle eut quitté l'appartement, je priai notre hôte de répéter les couplets qu'il venait de chanter, et il le fit avec empressement. A peine eut-il cessé de chanter, que je m'extasiai sur l'excellence de la poésie; puis je lui conseillai de se mettre au niveau de ces beaux vers lyriques par une expression plus animée, plus noblement sentie. Du conseil, je passai aussitôt à la pratique, et, lui faisant essayer toutes les nuances de l'accentuation, je le conduisis du murmure le plus doux aux cris les plus effrénés. En homme spirituel, quoique baroque, il feignit de croire à la sincérité de cet enseignement fatigant, et ne chercha à s'y soustraire de temps en temps, que pour nous offrir des pâtisseries et nous verser d'excellent vin.

Wolf, que cette folie ennuyait à la mort, avait trouvé moyen de se retirer en silence. Le digne doyen Hencke, armé de sa longue pipe de terre blanche, dont il ne se séparait jamais, pas même en voiture, remplissait de fumée le théâtre de mes espiègleries, où il se promenait de long en large, en vidant de temps en temps par la fenêtre son verre qu'on venait de remplir malgré lui.

Pendant qu'il attendait ainsi tranquillement qu'il me plût de terminer mes extravagances, je devenais toujours plus exigeant envers mon docile écolier. Minuit sonna enfin. Alors je lui déclarai brusquement que tout ce qu'il venait de faire ne signifiait rien, que c'était de l'appris, de l'inculqué, et qu'il devait trouver en lui-même le sentiment du vrai beau dont il n'avait eu aucune idée jusque-là. J'ajoutai que pour l'instant il avait besoin de repos, et que le sommeil, à l'aide de ses rêves inspirateurs, lui procurerait quelques révélations importantes sur le grave sujet que nous venions de traiter. Et chacun de nous alla trouver son lit.

Le lendemain matin, nous fûmes de très-bonne heure prêts à partir. Le déjeuner se passa comme si nous eussions été chez un mortel ordinaire ; il paraît que notre hôte ne voulait pas nous laisser partir sous une impression fâcheuse.

Hencke s'en retourna à Helmstadt, sans avoir cassé le tuyau de sa pipe, dans cette excursion aventureuse, et nous prîmes la route de Halberstadt où je fis un assez long et fort agréable séjour.

Depuis plusieurs années déjà, le noble Gleim, qui habitait cette ville, avait été enlevé par la mort à ses nombreux amis. Je n'ai conservé qu'un souvenir confus de la visite que je lui avais rendue jadis, car il n'a jamais pu s'établir un rapport direct entre nous. Je n'en estimais pas moins son talent, son activité, dont Herder et Wieland, toujours en correspondance avec lui, ne cessèrent de m'entretenir.

M. Kœrte, qui avait toujours été l'ami de Gleim, nous introduisit dans la demeure qu'il avait occupée, et où tout portait encore les traces d'une aisance paisible, d'une vie tranquille et laborieuse. Je fus surtout impressionné par la vue d'une chambre qu'il avait appelée le temple de l'amitié ; c'est la réunion des portraits de toutes les personnes qu'il avait aimées et estimées. Ce touchant témoignage du cas qu'il faisait de ses contemporains, était pour moi une intéressante récapitulation des rapports qu'avaient eus entre eux, tous ces hommes dont Gleim s'était procuré les portraits, pour se consoler sans doute de leur absence.

Au milieu de ces réflexions je remarquai que parmi plus de cent portraits de poëtes ou de littérateurs, il ne s'en trouvait pas un de musicien ou de compositeur. Cet homme qui, pendant toute la durée de son existence, ne semble avoir respiré que pour chanter, n'aurait-il eu aucune idée de la véritable musique, de cet élément d'où part toute poésie, et vers lequel elle retourne involontairement.

Dans toutes ses œuvres, Gleim s'est montré homme aimant et aimable, et surtout, éminemment allemand ; mais lorsqu'on cherche à se faire une idée générale de son caractère, on reconnait que la bienfaisance en était la base. C'était son unique passion, il la satisfaisait par des paroles et des actions, et lui consacrait tout l'argent dont il pouvait disposer, grâce à la sévère économie qui régnait dans sa maison. Tous les jeunes gens de mérite et sans fortune trouvaient en lui un protecteur généreux ; et lorsque dans sa vieillesse il ne pouvait plus tout faire par lui-même, il s'adressait aux souverains et aux ministres. Par respect pour son caractère et pour sa gloire, on lui répondait avec déférence, mais on faisait rarement ce qu'il demandait pour ses protégés. Comme homme, il se reposait sur lui-même ; dans l'exercice de l'emploi important qui lui était confié, il s'est toujours montré patriote dévoué, citoyen libéral, mais combattant les modernes tendances révolutionnaires, comme dans sa première jeunesse il avait combattu les attaques contre son roi, Frédéric le Grand.

Toute religion doit avoir pour but de favoriser des rapports paisibles entre les hommes ; le protestantisme est dans ce cas, aussi Gleim avait-il pu suivre la religion de l'honnête homme qui lui était innée, sans cesser de se croire protestant zélé. Au reste, M. Kœrte se propose d'écrire la vie de son ami ; alors chacun pourra se représenter à sa manière cette remarquable individualité.

A côté des souvenirs vivants du passé, nous devions voir une touchante image de l'instabilité humaine dans la personne d'une nièce de Gleim. Pendant une longue suite d'années, elle avait fait, sous le nom de Gléminde, les délices d'un cercle de poëtes amis, maintenant nous la voyions étendue sur un lit de douleur et prête à quitter la vie. Sa physionomie était encore aimable et gracieuse, une propreté recherchée régnait autour d'elle, et nous l'écoutâmes avec un vif plaisir parler de ses beaux jours passés, dans lesquels son excellent oncle avait eu une si large part.

Pour terminer dignement notre pèlerinage, nous nous rendîmes au jardin pour voir la tombe où le noble vieillard repose entouré des modestes trophées que lui avaient consacrés ses amis.

Pendant mon séjour à Halberstadt, j'avais plusieurs fois visité le vieux Dôme qui, quoique privé de son ancienne vie religieuse, est resté debout et inébranlable dans sa dignité primitive. Ces sortes de monuments impressionnent toujours, parce qu'ils font revivre un état de choses sombre mais fort, et parce qu'on aime à se plonger dans les ténèbres du passé, et à frissonner d'une vague terreur qui n'est pas sans utilité, car en agissant physiquement et moralement sur notre être, elle fait toujours surgir en nous un sentiment poétique, moral et religieux.

Les collines boisées des environs, nommées les *Spiegelbergs* sont si bizarrement décorées qu'on dirait qu'une société de démons y a été pétrifiée. Partout des figures hideuses, des avortons révoltants. Au pied d'une de ces collines, on voit un immense tonneau dans lequel tout un peuple de nains hideux célèbre les noces de son roi.

Le goût dépravé de ces prétendus ornements destinés à égayer les promeneurs, m'a prouvé de nouveau combien il est important de ne pas oublier l'imagination dans l'éducation qu'on donne à la jeunesse. On aura beau dompter la sensualité, développer l'esprit, affermir la raison; l'imagination est là. Elle guette le jeune homme en ennemi redoutable, car la nature lui a donné une si forte tendance vers l'absurde, qu'au milieu de la civilisation la plus avancée, nous la voyons produire des caricatures dignes, tout au plus d'amuser des sauvages. Rien n'est donc plus indispensable que d'accoutumer la jeunesse à la contemplation du beau et de lui en inspirer l'amour et le besoin.

En passant par Budethal, je visitai de nouveau la forge dont j'ai déjà parlé; puis je remontai ces eaux puissantes renfermées entre d'immenses rochers de granit. C'était pour la troisième fois que je jouissais de ce spectacle, et je m'aperçus que rien ne nous porte plus fortement à réfléchir sur nous-mêmes, que lorsqu'après un long laps de temps nous revoyons d'imposantes et majestueuses scènes de la nature. En comparant l'impression du passé avec celle du moment actuel, nous reconnaissons que, si jadis nous transportions sur les objets nos joies et nos peines, ils nous apparaissent dans leur véritable valeur, dès que nous sommes arrivés à nous dominer nous-mêmes. La première manière de voir est celle de l'artiste, la seconde est le propre de l'observateur de la nature. Je ne vis pas sans plaisir que si le premier sentiment commençait à s'affaiblir en moi, le second s'était puissamment développé dans mes yeux et dans mon esprit.

1806

Le monde était en feu, l'Europe avait changé de figure; sur la terre et sur la mer on avait vu des villes et des flottes disparaître avec fracas, mais l'Allemagne centrale, l'Allemagne du Nord surtout, jouissait d'une paix fiévreuse qui nous inspirait une sécurité problématique, au milieu de laquelle nous continuâmes nos travaux littéraires, dramatiques et scientifiques.

Notre théâtre donna successivement une traduction du *Cid*, ma *Stella*, mon *Gœtz de Berlichingen* et mon *Eymond*. Nous représentâmes aussi la *Cloche* de Schiller, et cette ode, ainsi dramatisée et mise en action, produisit un effet admirable.

Une nouvelle édition de mes œuvres vint bientôt m'occuper, car, quoique fidèle à mon principe de ne rien refaire entièrement, je revoyais et corrigeais toujours chaque morceau. Je continuais en même temps à conduire *Faust* vers sa fin, sans cesser toutefois de m'occuper des arts et des sciences.

En ce qui concerne la peinture, Tischbein qui, depuis son retour de Naples, était devenu peintre du duc d'Oldenbourg, m'a envoyé beaucoup de belles choses accompagnées d'observations très-importantes. Il avait remarqué que les tableaux les plus fugitivement exécutés, renferment presque toujours les plus heureuses pensées, et il me citait des centaines de tableaux de ce genre, tandis que, malgré la perfection de leur exécution, les tableaux flamands laissent toujours quelque chose à désirer sous le rapport de la composition. On dirait que le consciencieux désir d'offrir aux regards des connaisseurs une œuvre complète, restreint l'esprit, et que le talent de l'artiste ne brille jamais dans tout son éclat, que dans ces esquisses hardies qui n'entraînent à aucune responsabilité.

À la même époque, je reçus de Philippe Hackert une lettre qui m'affligea profondément; le grand artiste venait d'être frappé d'une attaque d'apoplexie. Sa lettre était dictée par lui et signée d'une manière presque illisible. J'avais le cœur navré en voyant que cette main, qui avait produit tant de chefs-d'œuvre, était réduite à ne plus tracer qu'imparfaitement un nom si justement célèbre.

Cette année encore le fâcheux état de ma santé m'obligea d'aller prendre les eaux de Carlsbad, où j'étendis, comme toujours, mes connaissances en histoire naturelle, surtout en ce qui concerne la minéralogie et la géologie. À mon retour, je me livrai avec ardeur à divers travaux scientifiques et je m'appliquai aux mathématiques autant que cela était en mon pouvoir. Ma *Théorie des couleurs*, à laquelle je travaillais assidûment depuis douze ans, s'améliorait sans cesse, les parties commençaient à s'arrondir et l'ensemble prenait de la consistance.

Plusieurs ouvrages remarquables surgirent dans le domaine de la poésie; mais les *Niebelungen*, dont quelques hommes de mérite s'occupaient alors avec amour, excitèrent seuls l'intérêt national.

Les manuscrits laissés par Schiller continuèrent à fixer l'attention du monde littéraire. Le souvenir de ma tentative échouée à l'égard de *Démétrius*, me fit refuser constamment toute participation à la publication de ses œuvres et à la rédaction de sa biographie.

Les écrits de Hamann sortaient parfois de leurs caveaux mystérieux. L'esprit profond qui se faisait sentir à travers l'enveloppe d'un langage obscur et inintelligible, attirait les amateurs de l'extraordinaire ; et le public, quoique fatigué de tant d'énigmes, espérait toujours en trouver enfin le mot dans une édition complète des feuilles sybilliques du *Mage du Nord*.

En faisant sa propre biographie, Jean Muller jeta un jour nouveau sur la littérature allemande. La publication de la vie et de la correspondance de Gleim, par Kœrte, les cours d'Adam Muller, la traduction de Wieland des *Épîtres d'Horace*, les *Études morales et religieuses* de Daub et de Kreuzer, toutes ces productions enfin continuèrent à tenir le public en haleine, et à fournir d'amples et graves matières pour notre *Gazette d'Iéna*.

Un ecclésiastique bavarois qui venait d'arriver à Weimar, nous apprit qu'il y avait dans l'armée française une institution militairement pédagogique, c'est-à-dire, que chaque dimanche, les officiers et les sous-officiers réunissaient les soldats, pendant un certain nombre d'heures, pour leur donner toute l'instruction dont ils étaient susceptibles, et pour leur faire prendre surtout une juste idée de leurs devoirs. Il est évident que cette institution avait pour but de former des hommes sensés, capables et sûrs d'eux-mêmes. J'y vis aussi la preuve que le grand génie qui guidait ces hommes, savait qu'il leur resterait toujours supérieur, et qu'il ne pouvait jamais avoir rien à craindre du raisonnement.

L'orage de la guerre cependant continuait à gronder, et les patriotes allemands attirèrent le danger autour de nous en organisant un soulèvement général. Pendant ce temps, la confédération du Rhin s'était formée ; j'en prévis les conséquences, aussi ne fus-je nullement étonné lorsque nous apprîmes que l'Empire allemand avait cessé d'exister.

Les minéraux que j'avais recueillis à Carlsbad venaient d'arriver à Iéna, je m'y rendis aussitôt pour les déballer et les classer avec le secours du directeur Lenz ; et nous fîmes immédiatement publier un nouveau catalogue de notre collection, ce qui ne m'empêcha pas de traiter plus d'une question de haute philosophie avec Hegel.

Un accident singulier nous ramena tout à coup à la vie réelle. Le colonel de Massenbach qui jouissait, à juste titre, de la réputation d'une tête chaude, s'était tout à coup laissé aller à la manie d'écrire, et il venait de terminer une œuvre fort singulière, car ce n'était autre chose qu'un manifeste moral contre Napoléon.

Tout le monde à Iéna pressentait le triomphe prochain des Français, et, par conséquent, les calamités que l'écrit du colonel pourrait attirer sur la ville. Dominé par ces sentiments, l'imprimeur, accompagné de plusieurs magistrats, vint me prier d'empêcher l'impression de ce dangereux manuscrit qu'on me communiqua. Je me mis à le lire. C'était une longue suite de périodes dont la première commençait par :

Napoléon, je t'aime !

Et la dernière par :

Napoléon, je te hais !

Toutes les espérances que l'Allemagne avait fondées sur la grandeur et l'élévation du caractère de Napoléon, et l'étendue des maux qu'il avait attirés sur elle, étaient si passionnément exprimées dans cet opuscule, qu'avec fort peu de changements on aurait pu en faire la complainte d'un amant trahi.

Les instances des braves habitants d'Iéna, avec lesquels j'avais toujours vécu en parfaite harmonie, me décidèrent à violer le serment que je m'étais fait de ne jamais me mêler à des discussions politiques, et je me rendis chez le colonel que je connaissais déjà, pour avoir dîné avec lui à la table du prince de Hohenlohe. Ainsi que je m'y étais attendu, j'avais affaire à un auteur très-amoureux de son œuvre ; mais j'opposai à son entêtement tant d'arguments irréfutables et si vivement exprimés, qu'il finit par céder, et nous nous séparâmes les meilleurs amis du monde.

En me faisant souvent l'honneur de m'inviter à sa table, le prince de Hohenlohe m'avait mis en rapport avec plusieurs personnes très-haut placées, ainsi qu'avec plusieurs généraux et officiers supérieurs. Malgré leur confiance dans la bravoure de l'armée prussienne, ces messieurs exprimèrent des craintes qui me parurent exagérées, car ils allèrent jusqu'à dire qu'il serait prudent de cacher les objets de prix et les papiers qui pourraient avoir quelque importance. Un jour, pendant qu'ils causaient ainsi, je désignai un plat d'alouettes rôties, les premières qu'on eût pu se procurer, et je m'écriai :

—Elles sont bien rares aujourd'hui, mais si le ciel tombe, il y en aura bien d'autres de prises.

Une immense consternation régnait à Weimar, lorsque j'y revins ; les caractères exceptionnels seuls réfléchissaient avec calme sur cette grande question : Faut-il rester ? faut-il fuir ?

1807.

Dès la fin de l'année précédente, le public s'était porté de nouveau en foule à notre théâtre, signe certain que la tranquillité régnait dans la ville, bonheur que nous devions à la fidélité avec laquelle l'empereur des Français observait la résolution qu'il avait prise de ménager tout ce qui portait le nom de Saxe. D'autres circonstances fortuites nous avaient également favorisés. Le général Denzel, autrefois étudiant en théologie à Iéna, et que ses connaissances locales rendaient très-propre à diriger une expédition dans nos contrées, était disposé d'avance à nous traiter avec douceur ; tandis que Mounier le jeune, élevé parmi nous et lié d'amitié avec plusieurs de nos familles, remplit ses fonctions de commissaire ordonnateur, de manière à faire disparaître toute fâcheuse appréhension.

Pour rendre à notre théâtre son ancienne consistance,

et lui donner un nouvel éclat par la représentation d'une œuvre importante, mes amis, parmi lesquels je comprenais les artistes dramatiques, me supplièrent de consentir à la représentation du *Tasse*. Cette pièce était depuis longtemps à l'étude, mais je ne pouvais croire que, vu les circonstances actuelles, elle pût être convenablement jouée. On insista, je cédai et je fus très-heureux du démenti éclatant que le brillant succès de ce drame donna à mes inquiétudes.

La mort de la duchesse douairière Amélie, suivit de près cette solennité dramatique : c'était pour tous un sujet de deuil, pour moi ce fut une douleur personnelle. Les quelques pages, consacrées à sa mémoire, ont un caractère trop officiel pour donner une idée de ce que j'aurais voulu dire de cette princesse ; je n'en ai pas moins consenti à les faire insérer dans mes œuvres.

Pour détourner mon esprit de ce triste événement, je le dirigeai de nouveau vers l'étude de la nature. Les témoignages de sympathie qui avaient accueilli ma *Métamorphose des plantes*, m'engagèrent à faire réimprimer ce poëme et à revoir d'anciens cahiers, dans l'espoir d'y trouver quelque chose qui pût être utile aux naturalistes.

Vers le milieu de l'année, Alexandre de Humboldt me fit l'honneur de me dédier le grand ouvrage qu'il venait de publier sous le titre : *Idées pour une géographie des plantes*.

Je travaillais de nouveau et avec plus d'ardeur que jamais, à ma théorie des couleurs, lorsque je reçus la nouvelle de la mort de Philippe Hackert. Conformément à sa dernière volonté, on me remit en même temps toutes les notes qu'il avait prises sur lui-même, et qu'il me chargeait de rédiger en forme de biographie.

Les eaux de Carlsbad m'avaient été tant de fois salutaires que j'y retournai de nouveau dès le mois de mai. J'y composai plusieurs petites histoires, qui, réunies entre elles par un fil romantique, devaient former un tout attrayant et singulier, sous le titre : *Années de voyage de Wilhelm Meister*.

A l'âge où l'esprit n'est plus aussi facilement entraîné par les distractions et rétréci par les passions, la saison des bains est doublement avantageuse, parce qu'on se trouve dans un centre de personnages remarquables.

Cette fois, la société de Carlsbad était plus intéressante que jamais. M. de Reinhart était venu là avec sa femme et ses enfants, pour se remettre des fatigues et des calamités qu'il venait de subir. Mêlé aux faits les plus importants de la révolution française, il avait rendu de grands services comme administrateur et comme diplomate. Napoléon, qui ne pouvait l'aimer, savait du moins l'utiliser; aussi l'avait-il chargé d'une mission aussi importante que dangereuse, pour Jassy, où il avait courageusement rempli des devoirs pénibles. Chassé par les Russes, puis fait prisonnier par eux, il venait enfin d'être mis en liberté. Madame de Reinhart, née à Hambourg, profitait du repos dont elle et sa famille jouissaient enfin à Carlsbad, pour rédiger la relation de leur séjour à Jassy, et du périlleux voyage qu'ils venaient de faire. Ce récit jetait un jour précieux sur des événements encore si confus et si mystérieux pour nous : aussi en écoutai-je la lecture avec beaucoup d'intérêt, et bientôt je me liai si étroitement avec le digne compatriote de Schiller et de Cuvier, que nous ne tardâmes pas à nous communiquer ce qui nous intéressait le plus, c'est-à-dire, moi, ma *Théorie des couleurs*, lui, l'histoire de sa vie.

La princesse de Solms, née princesse de Mecklenbourg, m'entourait des témoignages d'une gracieuse bienveillance ; elle aimait à m'entendre lire des vers, et je choisissais toujours ceux qui venaient de sortir de ma plume ; étant l'expression d'un sentiment vrai, ils répondaient au sien. Une de ses charmantes dames d'honneur, Mlle de Lestocq, assistait toujours à ces lectures.

Un nouveau cercle venait de s'ouvrir devant moi, c'était celui de la jeune, belle et gracieuse princesse Bagration. J'y trouvai d'abord le prince de Ligne que je connaissais depuis longtemps de nom et qui justifie si bien sa réputation, puis le duc de Cobourg qui se faisait remarquer par sa belle tournure et la dignité de ses manières. Le duc de Weimar, que, par rapport à moi, du moins, j'aurais dû nommer le premier, et à qui je devais mon admission dans ce cercle, l'animait par sa présence.

Carlsbad était en ce moment le rendez-vous de plusieurs grands médecins et de savants distingués, dont les uns favorisaient mon goût pour la minéralogie, tandis que d'autres m'entraînaient à des études nouvelles, tels que le conseiller des mines Werner. Quoique géognoste très-érudit, il aimait à diriger la conversation sur l'origine des langues dont il avait une connaissance parfaite, et voici comment il y était arrivé :

Chaque savoir en entraîne plusieurs autres. Werner s'était d'abord servi, dans sa partie, des noms qu'avaient employés ses prédécesseurs; mais à mesure qu'il pénétra plus avant dans l'abîme de la minéralogie, il découvrit des sujets nouveaux, et il éprouva le besoin de leur donner un nom. Créer des noms n'est pas chose facile. Werner le comprit. Peut-être s'est-il montré trop consciencieux, lorsque, pour donner des noms à certains objets, il est remonté jusqu'à l'origine des langues pour les observer ensuite dans leur développement graduel; mais personne n'a le droit de prescrire à un homme supérieur l'objet dont il doit spécialement s'occuper. L'intellection lance ses rayons du centre vers la périphérie ; s'ils se heurtent, elle les abandonne et fait partir de nouvelles lignes d'essai, afin qu'elle puisse connaître et remplir complétement le cercle qu'il ne lui est pas permis de franchir.

Je me mis à étudier *Albertus Magnus*, mais avec peu de succès; pour deviner ce qu'il a voulu dire et faire, il faudrait pouvoir ressusciter son siècle, par l'imagination du moins.

Vers la fin de la saison, mon fils vint me rejoindre à

Carlsbad, car je voulais lui procurer le plaisir de voir une localité dont il avait souvent entendu parler. Il portait un costume fort à la mode alors, à cause de sa commodité pour la chasse et les voyages. Ce costume consistait dans une petite jaquette verte, garnie de tresses de la même couleur, ce qui lui donnait un air d'uniforme; aussi les officiers prussiens, l'avaient-ils adopté comme déguisement. Déjà plusieurs de ces messieurs s'en étaient servis pour se rendre à Carlsbad, et comme on les avait reconnus, on voyait un officier prussien dans tous les porteurs de jaquette verte. Ces détails étaient nécessaires pour expliquer deux aventures qui arrivèrent à mon fils.

Un soir, j'étais sur le balcon de la princesse de Solms avec Mlle de Lestocq. Mon fils, dont personne encore ne connaissait la récente arrivée, passa sous ce balcon. La dame d'honneur le vit et me dit avec beaucoup de vivacité :

— Voici encore un officier prussien déguisé, et ce qui m'effraye surtout, c'est qu'il ressemble à mon frère.

— Je vais l'appeler et l'interroger, répondis-je.

J'étais déjà dans la prairie, lorsqu'elle me cria d'une voix agitée :

— Pour l'amour de Dieu, ne faites pas de folie.

Pour toute réponse je revins avec mon fils, à qui je dis en lui désignant Mlle de Lestocq :

— Cette dame désire vous connaître; voudriez-vous avoir la complaisance de nous apprendre qui vous êtes et d'où vous venez?

Ne sachant ce que cela signifiait, Auguste garda un silence embarrassé; la dame d'honneur fit un mouvement pour se retirer. Je la retins.

— J'ai l'honneur de vous présenter mon fils, et nous serions l'un et l'autre trop heureux si en effet il ressemblait à votre frère.

La pauvre jeune dame crut d'abord que c'était un nouveau tour de ma façon; bientôt cependant elle fut forcée de croire à la vérité, et cet incident nous fournit à tous le sujet d'une foule de plaisanteries agréables.

La seconde aventure que mon fils s'attira par son costume fut loin d'être aussi gaie.

On était au mois de septembre, époque à laquelle les Polonais ont l'habitude d'arriver à Carlsbad. Il y en avait un grand nombre cette année-là, et tous étaient très-mal disposés à l'égard des Prussiens. Depuis longtemps ils les haïssaient, la bataille d'Iéna avait changé cette haine en mépris. Quatre de ces messieurs rencontrèrent mon fils pendant qu'il se promenait dans la prairie ; un d'eux vint le regarder en face, puis il alla rejoindre ses compagnons ; mais Auguste manœuvra si bien qu'il les rencontra de nouveau et les sépara en passant au milieu d'eux. Puis, et sans leur donner le temps de revenir de leur surprise, il leur dit son nom et son adresse, en ajoutant qu'il partait le lendemain matin, et que, par conséquent, ceux qui croiraient avoir quelque chose à lui dire, devaient se présenter dans la soirée. La soirée se passa sans que personne vînt nous troubler et nous partîmes avec le lever du soleil.

Dès mon arrivée à Weimar, nos artistes dramatiques me donnèrent une sérénade dont je fus d'autant plus touché, que j'y vis la preuve de leur affection pour moi, et des progrès artistiques qu'ils avaient faits pendant mon absence.

Reprenant mes travaux poétiques, je fis un prologue pour le théâtre de Leipzig où notre troupe devait jouer pendant quelques mois.

Pour compléter le volume de mes poésies, je voulais achever l'*Achilléde*, mais il me fut impossible de dépasser les deux premiers chants. Dans les moments de bonne humeur, je composais quelques nouvelles pour les *Années de voyage de Wilhelm Meister*. Je voulais même renfermer les *Affinités électives* dans un cadre semblable, mais la gravité du sujet ne me permit pas de le traiter aussi légèrement. La première partie, des affinités électives, exprime le sentiment douloureux qui naît de la privation.

J'y travaillais sérieusement lorsque les *Niebelungen* vinrent tout à coup attirer mon attention. Les écrits de Bodner m'avaient depuis longtemps fait connaître l'existence de ce poëme, lorsque Henry Muller en publia une nouvelle édition dont il m'envoya un exemplaire, mais sans être broché. Préoccupé de mes travaux, je n'y fis aucune attention. Un jour, cependant, je lus le premier feuillet qui par hasard s'offrit à ma vue ; c'était le passage où Sigelinde, la nymphe du Danube, prédit au héros téméraire le sinistre avenir dont il est menacé ; je n'en fus pas assez frappé pour vouloir en lire davantage, mais j'y vis le sujet d'une ballade à laquelle je rêvais parfois sans jamais me mettre à l'œuvre. Bientôt cependant l'intérêt national que les *Niebelungen* ne tardèrent pas à éveiller, engagea les dames auxquelles j'avais l'honneur de faire une lecture tous les mercredis, à me parler de ce poëme. Je me mis aussitôt à l'étudier au point que je devins capable de le traduire en le lisant à haute voix, en suivant le texte ligne pour ligne. Je m'étais en même temps mis en état de donner à ces dames des renseignements sur les personnes, les mœurs et les localités. Ce travail me devint fort utile par la suite, car il me rendit très-facile la juste appréciation des travaux des philologues.

La biographie de Hackert m'occupa très-sérieusement, et m'attira beaucoup de désagréments de la part de ses héritiers, qui s'exagéraient le mérite et l'utilité des papiers qu'on m'avait remis. Ces papiers ne contenaient que des notes incomplètes et parfois même inintelligibles. Pour les compléter et les comprendre, il m'a fallu faire des recherches si nombreuses et si fatigantes, que j'aurais renoncé à ce travail si je n'avais pas été soutenu par l'estime et l'amitié qui m'avaient uni à Hackert.

Nos établissements scientifiques d'Iéna, échappés comme par miracle aux désastres de la guerre, ne tardèrent pas à reprendre toute leur activité, et dès le mois de septembre je pus en rendre un compte satisfaisant à leur créateur, le duc de Weimar.

1804.

Cette fois je ne trouvai à Carlsbad que d'anciennes connaissances, et nous ne tardâmes pas à former un cercle d'amis. Je m'occupai de littérature, de sciences et d'arts, travaux que je continuai en revenant à Weimar. Bientôt après, mon fils partit pour l'université de Heidelberg; ma bénédiction, mes inquiétudes et mes espérances l'y suivirent; je l'avais toutefois recommandé à des amis chez lesquels il pouvait se regarder comme chez lui. En passant par Francfort, il était allé voir sa bonne grand'mère; il en était temps, car dès le mois suivant la mort nous l'enleva pour toujours.

A la fin de la même année, nous eûmes à déplorer la mort de Fernow. Depuis longtemps un élargissement des artères du cou le faisait souffrir jour et nuit. Un matin on le trouva assis dans son lit et sans vie, ainsi que cela arrive dans ces cruelles maladies. C'était une grande perte pour nous tous, car avec son départ de ce monde, la source de la littérature italienne tarissait de nouveau pour l'Allemagne.

Le congrès d'Erfurth, qui eut lieu à la même époque, était si important, ses résultats réagirent si puissamment sur moi, que pour en donner une juste idée, il faudrait consacrer une relation spéciale au peu de jours que dura ce congrès.

1809.

Les beaux résultats artistiques et scientifiques obtenus pendant tout le cours de cette année, m'en rendront toujours le souvenir aussi cher qu'agréable. Je l'ai passée tantôt à Weimar, tantôt à Iéna.

La guerre des Français, avec l'Espagne et l'Autriche, inquiéta de nouveau le public, mais accoutumé depuis longtemps à me concentrer sur moi-même, je conduisis la *Théorie des couleurs* et son histoire, jusqu'à la fin du XVIIIe siècle. Vers la fin de mai je repris les *Affinités électives*, dont j'avais depuis longtemps conçu la première idée, et je terminai enfin ce roman, dans lequel tout le monde reconnaîtra les souffrances d'une âme blessée qui craint de guérir. Le 3 octobre il sortit de l'imprimerie et je fus délivré de ce travail, mais sans pouvoir effacer l'impression que le sujet avait faite sur moi.

Vers cette époque, je me décidai à écrire ma propre vie, entreprise qui demande toujours beaucoup de soins et de prudence, et qui offre de grandes difficultés, car il est difficile de se rappeler des faits dont une longue suite d'années nous séparent. Au reste, j'ai recueilli mes souvenirs avec la ferme résolution d'être sincère envers moi et envers les autres.

Les sciences et les arts continuèrent à prendre une grande partie de mon temps.

Ma collection d'autographes s'augmenta considérablement et me confirma dans la croyance que l'écriture fournit des indices précieux sur le caractère de la personne qui l'a tracée. Croyance que l'on sent et qu'il est impossible d'expliquer; la *Physionomique* elle-même est en ce cas, et si elle est tombée en discrédit, c'est qu'on a voulu l'ériger en science.

La nuit du 30 au 31 janvier fut troublée par un ouragan qui causa beaucoup de dégâts et qui m'atteignit personnellement, car il brisa dans mon jardin un grand et vénérable genévrier, fidèle témoin des heureuses journées que j'ai passées dans ce jardin. Ce genévrier était unique dans son genre; car dans notre contrée, ces plantes ne dépassent pas la dimension d'un arbuste. Le mien était un grand et bel arbre, personne ne se souvenait de l'avoir vu petit, et presque tout le monde connaissait un des nombreux *dires* dont il était le héros. Selon le plus accrédité de ces dires, un maître d'école des siècles passés, et alors propriétaire de ce terrain encore inculte, s'est fait enterrer sous ce genévrier, et à chaque anniversaire de sa mort, des jeunes filles fantômes viennent balayer la place de sa tombe. En un mot, cet arbre était le complément fantastique des penchants et des habitudes, de la poésie et des illusions qui m'attachaient à mon jardin.

J'ai fait dessiner mon pauvre genévrier par un jeune artiste, et ce dessin a été déposé à la bibliothèque de Weimar avec l'inscription suivante :

« Ce genévrier était dans le jardin dit de l'Étoile, appar-
« tenant à M. de Goethe, président de la Chambre. Le tronc
« depuis le pied jusqu'à la place où il se partage en deux
« branches, avait douze pieds, la hauteur totale dépassait
« quarante-trois pieds. Près de la racine, le tronc avait
« dix-sept pouces de diamètre, et quinze pouces à la place
« où il se partage en deux branches, et chacune de ces
« branches avait onze pouces de diamètre. On n'ose par-
« ler de l'extrême vieillesse qu'on lui attribue. L'intérieur
« du tronc était desséché, entrecoupé de fentes horizontales,
« d'une couleur jaunâtre et rongé par les vers. L'ouragan
« qui dévasta la contrée pendant la nuit du 30 au 31 jan-
« vier 1809, l'a fait tomber. Sans cet événement extra-
« ordinaire, il serait encore resté longtemps debout, car
« toutes ses branches étaient vertes et vivaces. »

1810.

Cette année aussi a été si riche en travaux et en jouissances que je suis embarrassé pour les classer. Les sciences remplirent les premiers mois, ce qui ne m'empêcha pas de m'occuper du théâtre, des progrès de notre musique, de la biographie de Philippe Hackert et des *Années de voyage de Wilhelm Meister*, suite naturelle des *Années d'apprentissage*.

Je serais ingrat si j'oubliais de dire que le ministre Portalis, eut la bonté de venir me voir pour me demander si c'était avec mon consentement, qu'un libraire de Cologne réimprimait les *Affinités électives*. Je le remerciai comme je le devais, et je remis l'affaire entre les mains de mon éditeur légal. Ceci suffit pour prouver que les Français, s'étaient déjà formé sur la propriété intellectuelle, des idées justes et nobles auxquelles les bons Allemands ne sont pas près de s'élever.

1811.

Encore une année entière consacrée à des travaux divers.

Après l'impression de la biographie de Philippe Hackert, qui m'avait donné tant de peines, je me demandai pourquoi je ne ferais pas pour moi, ce que j'avais eu le courage de faire pour un autre, et je revins au projet d'écrire ma vie. En me mettant à l'œuvre, je reconnus que j'avais trop tardé, et que j'aurais dû m'occuper de ce travail pendant que ma mère vivait encore, car son excellente mémoire aurait fait revivre les années de mon enfance et de ma première jeunesse. Aujourd'hui il m'a fallu évoquer moi-même ces fantômes évanouis, et les contraindre à me raconter le développement d'un enfant devenu un homme important, afin que je puisse le peindre d'une manière satisfaisante, pour les esprits méditatifs qui ont fait une étude profonde du cœur humain.

Si j'ai donné à cette biographie le titre modeste de *Poésie et Réalité*, c'est parce que j'ai la conviction que l'homme, même en peignant le monde extérieur tel qu'il le voit, le modèle toujours sur lui-même ; et comment pourrait-il s'affranchir de cette tendance innée lorsqu'il le retrace de souvenir ?

Les études scientifiques et les relations d'affaires réclamèrent mon temps. Mais quand j'avais un moment de loisir ou de solitude, quand je me transportais d'un lieu à un autre, mon passé m'occupait, au point que mon existence actuelle n'était plus à mes yeux qu'un accessoire insignifiant, ce qui ne m'empêchait pas d'agir avec énergie et dans toute la plénitude de mon intelligence, dès que mon devoir me le commandait.

Le théâtre continua à marcher dans les voies du progrès, et les heureux résultats de nos établissements artistiques et scientifiques, ne me laissèrent rien à désirer.

Cette année mon séjour à Carlsbad prit un singulier caractère. Le désir d'observer la nature et de la reproduire à l'aide du crayon m'avait entièrement abandonné, car j'étais fatigué de toutes ces masses de rochers que j'avais déjà vues tant de fois. Entouré d'amis joyeux et d'amies aimables, je m'abandonnais à des distractions qui dévoraient mes journées. Ce n'étaient que promenades à pied ou en voiture, parties de campagne et pèlerinages à un hameau nommé Weheditz, où un ancien chartier vendait d'excellent vin de Hongrie à un prix très-bas, pour nous du moins, car nous avions de l'argent monnayé que nous échangions contre le papier-monnaie de l'Autriche, tombé à neuf dixièmes au-dessous de sa valeur nominale.

La rusticité du local, la nouveauté d'un pareil lieu de réunion avait pour nous un attrait tout particulier. C'est en nous moquant les uns des autres que nous y allions et que nous y buvions de cet excellent vin de Hongrie, plus que de raison.

Un jour un colonel âgé de 87 ans, un architecte qui en avait 84 et un habitant d'Erfurth qui ne comptait encore que 82 ans, s'étaient rendus ensemble à Weheditz pour goûter ce vin de Hongrie, devenu si célèbre à Carlsbad, et ils en burent démesurément. Le plus jeune seul chancela en sortant du cabaret, mais ses deux compagnons le prirent sous le bras et parvinrent à le conduire chez lui sans accident fâcheux.

Parmi les ouvrages remarquables qui parurent cette

année-là, celui de Jacobi sur les *choses divines*, m'affligea profondément. L'auteur y soutenait la thèse que la nature dérobe Dieu à nos regards. Un pareil paradoxe ne pouvait manquer de séparer éternellement mon esprit de celui de Jacobi ; car un profond sentiment inné, développé par la contemplation, m'avait fait trouver Dieu dans la nature, et la nature en Dieu ; et ce sentiment était devenu la base fondamentale de mon existence. Mon chagrin était d'autant plus grand que je ne pouvais cesser d'aimer et de vénérer en Jacobi, un cœur aimant et un noble caractère. Spinoza, mon refuge ordinaire, me consola.

Cédant aux instances d'un de mes amis, je lus les *Novelle del Bandello* et *les Aventures du chevalier des Grieux et de Manon de Lescaut*. Je dois me rendre la justice qu'après ces lectures je revins avec un plaisir candide à celle du *Vicaire de Wakefield*.

1812.

Mes amis Wolf et Riemer, les deux meilleurs artistes de notre théâtre, me poussèrent à faire représenter *Faust*, ce qui me mit dans la nécessité non-seulement de revoir la pièce, mais encore de m'occuper des décorations et de la mise en scène. Ils me poussèrent également à rétablir dans *Egmont*, le rôle de la duchesse de Parme, qui leur parut indispensable, et que j'avais supprimé pour approprier cette tragédie au théâtre. Bientôt après je terminai le second volume de *Poésie et réalité*, et je traçai la marche du troisième.

Trois poëmes adressés au nom des habitants de Carlsbad à des *majestés impériales*, me fournirent l'occasion de voir qu'il y avait encore quelques étincelles de poésie en moi. Les arts plastiques, les antiquités et les sciences naturelles, me fournirent des sujets d'études et d'amusements aussi agréables qu'utiles et variés.

1813.

Parmi mes productions poétiques de cette année, je ne nommerai que *la Cloche voyayeuse*, *le Fidèle Eckart* et *la Danse des morts*, opéra commencé sous le titre de *Lœwenstuhl*. J'utilisai plus tard ce sujet dans la ballade qui commence par ces mots : *Les enfants aiment à l'entendre.* L'*Epilogue d'Essex* mérite également d'être mentionné. Le troisième volume des *Extraits de ma vie, ou Poésie et réalité*, parut et produisit un très-bon effet. Je revis en même temps le journal de mon *Voyage en Italie*, afin de pouvoir le faire publier.

A la séance du deuil des francs-maçons, à l'occasion de la mort de Wieland, je lus le discours que j'avais fait pour célébrer la mémoire de cet homme remarquable. On le fit imprimer afin de pouvoir le communiquer à tous ses nombreux amis.

Secondé par Wilhelm de Humboldt, je fis faire des cartes géographiques représentant tous les idiomes répandus sur la terre, car la couleur de chaque contrée indiquait la langue qu'on y parlait. De son côté, Alexandre de Humboldt m'excita à faire un tableau comparatif des montagnes du monde ancien et de celles du monde moderne.

C'est ici le moment de dire comment j'ai cherché à me rendre digne du bonheur d'avoir tant d'hommes de mérite pour contemporains.

Du point où il a plu à Dieu et à la nature de me placer, et où je ne suis pas resté inactif, j'ai eu soin de tourner mes regards vers les hommes qui, par de louables efforts, cherchaient à se rendre utiles. Allant au-devant d'eux par l'étude et par l'action, je m'appropriai sans envie et sans rivalité, ce que nous offraient les meilleurs esprits du siècle, et que je n'aurais pu me procurer par moi-même. Aussi le neuf n'était-il jamais étranger pour moi, et je ne courais pas le risque de l'adopter par surprise, ou de le rejeter par respect pour des préjugés surannés.

Un nouveau séjour à Tœplitz me rendit l'amour de la géologie et de la minéralogie. Les mines d'étain de Granpon, de Zinnwald et d'Altenberg, les explications si claires et si précises du docteur Reuss, sur les phénomènes et les productions minéralogiques du Rhin, une excursion à Aussig, guidé par le docteur Stoltz, l'étude des œuvres de Charpentier, tout cela me donna une idée aussi juste que complète de cette curieuse et magnifique contrée.

De retour à Weimar, j'y trouvai, parmi plusieurs personnages remarquables et haut placés, le comte de Metternich, le prince Paul de Wurtemberg et le prince Auguste de Prusse.

Je me vois forcé de mentionner une particularité de ma manière d'être. Toutes les fois qu'un grand orage se formait dans le monde politique, je lançais mon imagination dans les plus lointains pays et dans le passé le plus reculé. C'est ainsi que, pendant que la bataille de Leipzig se préparait, j'étudiais l'origine et l'organisation de l'empire chinois; le jour où elle se livrait, j'écrivis l'*Epilogue d'Essex*.

Voici le résumé des événements politiques de cette année :

L'ambassadeur de France est surpris à Gotha et parvient à s'échapper. Un corps peu nombreux de Prussiens vient prendre possession de Weimar, et veut nous persuader que, sous sa protection, nous sommes en parfaite sûreté. Ces messieurs se conduisent si mal, qu'ils soulèvent l'opinion publique contre eux. Je quitte Weimar. Les Russes entrent à Dresde pendant la nuit. Le roi de Prusse y fait en même temps son entrée à la clarté des torches. Conférences confidentielles à Tœplitz. Prélude d'une ligue générale contre Napoléon. Bataille de Lutzen. Les Français s'emparent de Dresde. Trêve. Je reviens à Weimar. La jeune garde y entre. Le général Travers, dont j'avais fait la connaissance lorsqu'il accompagnait le roi de Hollande, se trouve, à sa grande surprise, logé militairement chez moi. Les Français se portent en avant. Bataille de Leipzig. Les cosaques nous arrivent en catimini. L'ambassadeur de France est pris a Weimar. Les Autrichiens viennent s'établir dans cette ville.

1814.

Les représentations de notre théâtre se succédèrent sans interruption et avec beaucoup d'éclat. Encouragé par l'excellent Iffland, j'achevai mon *Réveil d'Épiménide* et le monodrame de *Proserpine*. Le grand tableau du royaume de Pluton produisit surtout un très-bel effet.

Le retour du duc de Weimar, après une heureuse campagne, donna lieu à de très-grandes solennités et à la rédaction de poésies publiées plus tard, sous le titre : *Sois le bienvenu*.

Pendant ce temps, le troisième volume des *Extraits de ma vie, ou Poésie et réalité* fut mis en vente, le journal de mon *Voyage en Italie*, allait être mis sous presse; et déjà ma pensée s'occupait du *Divan de l'Ouest-Est*.

Un voyage que je fis sur les bords du Rhin, du Mein et du Necker, me mit à même d'apprécier les tableaux et les objets d'antiquité qu'on trouve dans les villes riveraines de ces trois fleuves.

Parmi les événements publics, je ne mentionnerai que l'entrée des alliés à Paris.

1815.

Les poésies de Hafis, traduites par Hammer, m'avaient été envoyées vers la fin de l'année précédente. J'en fus si vivement impressionné, que pour pouvoir supporter l'apparition de ce poëte sublime, il me fallut exercer mon talent poétique avec et sur lui. Je l'ai fait avec d'autant plus d'ardeur que le monde réel, se menaçant de tous côtés dans sa propre existence, m'a fait éprouver le besoin de me réfugier dans le monde idéal de la poésie.

J'avais déjà quelques connaissances des mœurs orientales, et je me mis à en étudier les langues autant que j'en avais besoin pour respirer librement dans l'atmosphère de Hafis. En observant les particularités et les ornements des langues orientales, j'étais parvenu à ressusciter les *Moallakates* [1], que j'avais traduits à mesure qu'elles avaient paru. Les mœurs des Bédouins étaient également présentes à mon imagination, car je lisais ardemment tout ce qui pouvait me les faire connaître. Diez eut la complaisance de répondre à toutes mes questions sur ce sujet. Lorsback et de Sacy me secondèrent de leur mieux, sans trop comprendre toutefois, ce que je venais faire sur un terrain dont je ne m'étais encore jamais occupé.

Pendant que j'amassais ainsi des trésors de poésie pour mon Divan de *l'Ouest-Est*, l'horizon politique s'éclaircit, et je fis un voyage dans mon pays natal. La vue des contrées où s'était écoulée mon enfance, l'intérêt que des amis érudits et spirituels prenaient au travail qui me préoccupait, donnèrent à mon esprit une sérénité, qu'il est impossible de ne pas reconnaître dans mon *Divan*. En revenant à Weimar, j'avais réuni tant de matériaux pour cet important et grand travail, que je pouvais classer tous les livres dont il devait se composer, et qui, dans l'exécution, ont conservé l'ordre que je leur avais assigné dès l'origine.

J'essayai de revoir le journal de mon *Voyage en Sicile*, mais heureusement la poésie orientale s'était emparée de toutes mes facultés ; je dis heureusement, car si mon élan envers ce paradis eût été réprimé alors, je n'en aurais peut-être plus jamais retrouvé le chemin.

Une excursion à Cologne, attira mon attention sur l'ancienne architecture et sur l'ancienne peinture allemande. Chemin faisant, je m'occupai de géognosie et d'histoire

---

[1] C'est sous ce nom, que l'on désigne les poésies arabes antérieures à Mahomet, et qui avaient obtenu le prix de poésie. Elles sont écrites en lettres d'or, et ont été suspendues aux portes de la mosquée de la Mecque. (*Note du traducteur.*)

naturelle. La *Théorie des couleurs* fut reprise, en ce sens que je la comparai à la théorie des sons.

Notre théâtre s'occupa à cette époque de représenter la grande *Zénobie* de Calderon. Les trois premiers actes réussirent; les deux derniers, d'un intérêt trop local, ne furent goûtés par personne. Le monodrame de *Proserpine* et *le Réveil d'Épiménide*, furent de nouveau représentés avec succès. Je ne saurais assez louer la puissante déclamation, et le débit pur et naïf de nos artistes. L'extérieur aussi, c'est-à-dire, les costumes et les décorations avaient atteint un haut degré de perfection.

Pour passer du monde resserré des planches sur le vaste théâtre du monde politique, je dirai que le retour de Napoléon effraya l'Europe et nous attira de cruelles journées. Les troupes des alliés revinrent sur leurs pas, et la terreur s'empara de nouveau des paisibles citoyens. La bataille de Waterloo qu'on nous annonça d'abord comme perdue par les alliés, finit enfin par confirmer l'espoir d'une paix durable.

1816.

Tout ce que j'avais lu, vu et pensé pendant mes excursions de l'année précédente, était si vivant dans ma mémoire que j'en fis une brochure sous ce titre : *L'Art et l'antiquité sur le Rhin et le Mein*.

Les tableaux vivants avaient repris leur ancienne faveur dans presque toutes les sociétés; sans y prendre une part immédiate, je les favorisai en leur consacrant plusieurs pièces de vers.

Mon *Divan de l'Ouest-Est*, m'occupa presque exclusivement. Je m'attachai surtout à réunir tous les matériaux nécessaires pour les explications historiques. A cet effet j'étudiai de nouveau Diez, Hammer, Knox et Heyde; en lisant leurs ouvrages, je sentais que je respirais le véritable air oriental.

La révision du journal, de mon *Voyage en Italie*, touchait

à son terme, et je me décidai enfin à publier le quatrième
et dernier volume de *Poésie et réalité*, si impatiemment
attendu par le public. Je terminai la seconde partie de *l'Art
et l'antiquité sur le Rhin et le Mein*, et j'écrivis la *Fête de
saint Roch*.

Jusqu'alors, lord Byron m'avait repoussé par son hypocondrie passionnée, et plus j'avais cherché à m'identifier
avec sa prodigieuse individualité, plus j'avais couru le
risque de m'éloigner complètement de sa muse. *Le Corsaire* et *Lara* que je lus avec autant d'intérêt que d'admiration, m'apprirent à l'apprécier.

L'étude de l'histoire naturelle, de la minéralogie et de
l'optique, me fournirent de nouveaux moyens de perfectionner ma *théorie des couleurs*.

Parmi les événements publics, je mentionnerai l'institution de l'ordre du Faucon, dont je reçus aussitôt la
grande croix. Le mariage du duc Bernard donna les plus
belles espérances, tandis que la mort de l'impératrice d'Autriche m'a plongé dans un état dont le pénible souvenir
ne m'a jamais abandonné.

Lorsque, immédiatement après la promulgation de la liberté de la presse, on vit paraître *l'Isis*, tous les hommes
bien pensants prévirent sans peine, mais avec effroi, les
conséquences fâcheuses de cet ouvrage.

1817.

Plusieurs nouvelles institutions scientifiques dont nous
enrichîmes l'université d'Iéna, me retinrent fort longtemps
dans cette ville. Malgré les occupations dont j'étais surchargé, j'étendis mes connaissances en géognosie, en géologie, en géographie, en minéralogie et en optique.

Le Divan de l'Ouest-Est, n'en resta pas moins l'objet de
mes prédilections, et je continuai mes études orientales
avec tant d'ardeur, que je me mis à copier des manuscrits
avec tous les ornements qui leur sont particuliers. Le lec-

teur attentif et pénétrant, retrouvera les traces de cette application intellectuellement technique dans chacun des petits poëmes dont se compose ce grand ouvrage. En fait de composition poétique, je ne pourrai mentionner cette année, que les *Paroles Orphiques* en cinq stances et un *Chant de mort* imité de Glenarvon.

L'histoire naturelle, les arts, la littérature étrangère se partagèrent mes loisirs.

Pendant mon séjour à Iéna, un jeune Grec, nommé Papadopulos, venait me voir fort souvent, et ne manquait jamais de me parler avec tout l'enthousiasme de son âge, des cours de son professeur de philosophie.

— Rien n'est plus entraînant, s'écriait-il, que d'entendre ce noble professeur parler de *vertu*, de *liberté*, de *patrie!*

J'insistai pour me faire expliquer sous quel point de vue, il traitait ce grave sujet.

— Je ne saurais trop vous le dire, répondit le jeune homme, mais jamais je ne cesserai d'entendre résonner à mes oreilles et au fond de mon âme, ces trois mots sublimes : *Vertu, liberté, patrie!*

C'est ce même étudiant qui traduisit mon *Iphigénie en Tauride*, en grec moderne. Dans cet idiome la pièce exprime merveilleusement le mal du pays d'un Grec exilé ou en voyage, car le désir langoureux de revoir sa patrie qui respire dans chaque scène, ne peut s'appliquer qu'à la Grèce, qui était alors le seul pays civilisé et le seul qu'on pût regretter.

1818.

J'avais travaillé à mon *Divan de l'Ouest-Est* avec tant de zèle et d'amour, je dirai même avec tant de passion, que dès le mois de mars on put mettre les premiers livres sous presse. Je n'en continuai pas moins mes études orientales afin d'éclairer le texte par des notes et des explications spéciales, car je savais que l'apparition de poésies tirées d'un monde inconnu à notre public, ne pouvait manquer de le surprendre, de l'embarrasser même. Il est dans la nature de l'homme de s'étonner du neuf avant de pouvoir le goûter ; mais ce qui causa surtout une grande confusion parmi mes lecteurs, c'est qu'ils ne savaient pas si cette étrange poésie était une traduction, ou si elle m'avait été inspirée par la lecture de poëtes dont jusqu'ici personne n'avait supposé l'existence. Pour mettre toute chose à sa place, je fis précéder les derniers livres du *Divan*, par une notice détaillée du caractère et des productions des sept principaux poëtes de la Perse [1].

Mon séjour à Carlsbad fut entièrement consacré à l'optique et à la géognosie. A mon retour, les beaux-arts et le soin à donner à quelques édifices publics, m'absorbèrent entièrement.

1819.

L'assassinat de Kotzebue, arrivé le 23 mars, mit le comble aux inquiétudes causées par les tendances révolutionnaires qui se manifestaient en Allemagne. Les choses de ce monde n'en continuèrent pas moins leur marche calme et paisible. L'impératrice de Russie vint à Weimar, où j'eus l'honneur de lui faire ma cour. A Carlsbad, je revis le prince de Metternich et son entourage diplomatique ; le grand homme d'État me traita toujours avec la même amabilité gracieuse. A Weimar et à Iéna, je me trouvais en contact avec une foule d'hommes de mérite, les plus âgés étaient mes anciens amis, je fis connaissance avec les jeunes.

Je ne dois pas oublier les témoignages d'intérêt que je reçus de tous côtés à l'occasion du soixante-dixième anniversaire de ma naissance. Francfort, ma ville natale, célébra ce jour avec éclat ; la Société historique me nomma ce jour-

---

[1] Tout ce que Goethe dit ici et plus haut, sur son *Divan de l'Ouest-Est*, suffit pour prouver que ce recueil de poëmes est une des plus remarquables et des plus curieuses productions sorties de sa plume. Malheureusement, le public français ne peut jouir de ce chef-d'œuvre, puisque quelques fragments seulement en ont été traduits. (*Note du traducteur.*)

là membre honoraire, et les états de Mecklenbourg, m'envoyèrent une médaille d'or.

*****

1810.

Pendant mon voyage à Carlsbad, j'observai la forme des nuages, et après avoir acquis des connaissances certaines sur le développement de la partie visible de notre atmosphère, je me mis à rédiger le journal de mes études sur ce sujet. Quoique toujours occupé de sciences et d'arts, je revis et je classai les notes prises pendant ma *Campagne de France en* 1792, et le siége de Mayence. Je terminai en même temps le second volume sur *l'Art et l'antiquité*, et je préparai le troisième volume de cet ouvrage. Puis j'écrivis *Quel est le traître*, continuation de la *Brune jeune fille*, et je resserrai en général, le lien qui devait faire un tout des *Années de voyage de Wilhelm Meister*. Au retour d'un petit voyage, je me trouvai dans des dispositions si heureuses, que je repris mon *Divan*, dont j'agrandis beaucoup *le livre du Paradis*.

A Carlsbad, je retrouvai plusieurs anciens amis avec lesquels je pouvais me livrer à des conversations littéraires et scientifiques aussi utiles qu'agréables. Les promenades ne furent pas négligées non plus. Un jour nous trouvâmes la jolie vallée que nous avions surnommée notre petit Versailles, encombrée d'une nombreuse société endimanchée et appartenant à la classe laborieuse. Tout ce monde s'était réuni là, pour célébrer les noces d'un jeune couple. Je me mis à causer avec ces braves gens, et je pris en peu d'heures une juste idée des mœurs et du caractère des habitants de Carlsbad, car jusqu'à ce jour cette ville n'avait été pour moi qu'une immense maison de santé.

De retour à Weimar, j'eus le bonheur de recevoir dans ma maison plusieurs personnes remarquables, dont les entretiens favorisèrent la continuation de mes travaux artistiques et littéraires.

1821.

On m'avait demandé un prologue pour l'ouverture du théâtre de Berlin, mais pour une époque si rapprochée, que je fus presque obligé de l'improviser ; il n'en fut pas moins favorablement accueilli. J'ajoutai aussi plusieurs morceaux à mes *Xénies*, et je classai tous mes papiers relatifs à l'histoire naturelle. Leurs Altesses impériales le grand-duc Nicolas et son auguste épouse, me firent l'honneur de venir me voir dans ma solitude ; nos jeunes princes les accompagnaient.

Les *Années de voyage de Wilhelm Meister*, avaient tellement excité l'intérêt général, que j'ai retravaillé cette œuvre afin de la rendre plus digne encore de l'effet qu'elle avait produit. Vers le mois de novembre je repris *la Campagne de France* ; ce travail réclamait toute mon attention, car je voulais être complétement vrai et sincère sans m'interdire l'immense ressource des euphémismes.

Les productions de la littérature nationale et étrangère réagirent utilement sur moi. J'ai été singulièrement surpris en apprenant que ma traduction du *Neveu de Rameau* avait été retraduite en français à Paris, où elle a longtemps passé pour l'original.

Malgré la diversité de mes occupations, j'ai trouvé le moyen de terminer le volume de la *Morphologie*, ainsi que celui de la *Théorie des couleurs*, et il me restait encore assez de matériaux pour préparer un troisième volume.

1822.

J'ai lu avec plaisir plusieurs ouvrages qui venaient de paraître sur l'ancienne architecture allemande, et sur l'art plastique. Le nouveau séjour que je fis à Carlsbad, à Marienbad, et dans plusieurs autres localités de la Bohême, me ramena à l'étude des sciences naturelles, et surtout de la minéralogie.

Pendant le cours de cette année, mes relations sociales

s'étaient formées de la manière la plus agréable. Deux jours de la semaine étaient consacrés à faire des lectures à nos princes et à commenter ce que je venais de lire. Le champ de ces lectures était vaste ; car tout ce qui concernait les arts et les sciences était bien accueilli. La soirée de chaque mardi était destinée à une réunion de personnes instruites des deux sexes ; aussi, était-on toujours sûr de trouver bonne compagnie autour de ma table à thé et d'entendre d'excellente musique. Dans le courant de la journée je prenais plaisir à recevoir les étrangers qui désiraient me voir.

Ce fut ainsi que, tout en ne sortant que fort rarement de ma maison, j'eus le bonheur de rester en contact avec le monde extérieur, et de pouvoir le juger mieux peut-être, que si j'avais continué à vivre au milieu de lui.

TABLE DES MATIÉRES.

VOYAGE EN ITALIE.

I. — DE CARLSBAD AU BRENNER.

Secret départ de Carlsbad. — Ratisbonne. — L'église des Jésuites. — Munich. — La galerie des tableaux. — Les nuages et les phénomènes atmosphériques. — Rencontre d'une jeune harpiste. — Nouveaux matériaux pour mes idées sur la création du monde. — Les montagnes du Tyrol. — Théorie sur les variations du temps. — Les habitants du Tyrol. — Mes ouvrages commencés. — *Iphigénie en Tauride*. 1

II. — DU BRENNER A VÉRONE.

La vallée de Botzen. — La foire de Botzen. — Avec quelle joie ineffable je me sens enfin en Italie. — Trente. — L'église des Jésuites et conduite bizarre d'un ami de ces pères. — *La maison du Diable*. — Séparation des langues. — Le *lago di Garda*. — Voyage sur ce lac. — Malsesine et l'aventure singulière qui m'arrive dans ce petit port. — Population de ces contrées................................ 10

III. — DE VÉRONE A VENISE.

L'amphithéâtre de Vérone. — La *Porta Stupa*. — Le théâtre de Vérone et son péristyle. — Le marquis Mafei. — Le palais de justice. — La manière de compter les heures en Italie. — Le peuple de Vérone. — Vicence. — Palladio. — Le Théâtre-Olympique. — La rotonde de Palladio. — Une séance de l'Académie olympique. — Padoue. — Les œuvres de Palladio et un magasin de librairie à Padoue. — L'université de Padoue. — La salle d'audience de l'hôtel de ville. — Départ pour Venise.. 20

IV. — VENISE.

Arrivée à Venise. — Pèlerins allemands. — Sur Venise. — Les lagunes. — Les rues et les ponts de Venise. — La Carità, œuvre de Palladio. — L'église de' Mendicanti et sa musique. — Une cause célèbre plaidée au palais ducal. — Théâtre Saint-Luc. — L'Arsenal. — Le Bucentaure. — La représentation d'une tragédie et les enseignements que j'y ai puisés. — Vues nouvelles sur Palladio. — Une grande messe en souvenir d'une victoire remportée sur les Turcs. — Le Tasse et l'Arioste chantés par les gondoliers de Venise. — Aperçus sur l'école vénitienne. — Salle des antiques au palais Farsetti. — Les chevaux de Venise. — Une comédie vénitienne. — Explication sur mon brusque départ de l'Allemagne pour me rendre en Italie.— Départ de Venise.. 35

V. — DE FERRARE A ROME.

Voyage de Venise à Ferrare. — Ferrare. — Le Tasse. — Saint Jean-Baptiste. — Les Apennins. — Guercino et quelques-uns de ses tableaux. — Bologne. — La Sainte-Cécile de Raphaël. — La tour penchée de Bologne. — Le Guide et les sujets pitoyables qu'il a été forcé d'exécuter. — Projet d'une tragédie d'Iphigénie à Delphes.— L'université de Bologne. — Le phosphore. — Excursions dans les montagnes où l'on trouve ce phosphore. — Un capitaine de l'armée du pape. — Les Apennins. — Questions que me fait le capitaine du pape, sur le protestantisme. — Le temple de Minerve à Foligno. — Mon aventure avec des sbires. — Comment on vit dans les Etats du pape. — L'aqueduc de Spoleto. — Réminiscence du Juif-Errant. — Trajet de Castellane à Rome.. 57

VI. — ROME.

Effet que la certitude de me savoir à Rome produit sur moi.— Le jour des Morts.— La chapelle du pape au palais Quirinal.— Les tableaux de cette chapelle. — Les artistes allemands et leur méprise à mon égard. — Mon ami Tischbein. — Visite faite à la nymphe Égérie. — L'église de Saint-Pierre. — Mon incognito. — *Aristodème*, tragédie italienne. — Le peuple de Rome. — L'habitude des assassinats. — Souvenir de Winckelmann. — Promenades dans Rome. — Les moulures en plâtre. — Le chat de mon hôtesse qui adore le père éternel.

— On cherche à me faire sortir de mon incognito. — *Iphigénie en Tauride*. — Manière singulière d'interpréter l'admiration des étrangers pour une statue de Minerve. — La fête des Rois à la Propagande. — La tragédie d'*Aristodème* est représentée avec beaucoup de succès. — La fête des animaux à la Saint-Antoine. — L'anatomie artistique. — Angélique Kaufmann entend parler de mon *Iphigénie en Tauride*, et je suis obligé de lui en faire la lecture. — Rome au clair de la lune. — Seconde lecture d'*Iphigénie en Tauride*, chez Angélique Kaufmann, avant mon départ pour Naples. — Fin du carnaval à Rome. — Mon départ pour Naples 76

VII. — NAPLES.

Le cabinet du chevalier Borgia. — Les marais Pontins. — Terracine et son promontoire. — Fondi. — Gaëte. — Arrivée à Naples. — La grotte du mont Pausilippe. — Visite à Philippe Hackert. — Excursion sur le Vésuve. — Les églises et les tableaux de Naples. — Seconde excursion sur le Vésuve. — Je fais la connaissance d'une singulière petite princesse napolitaine. — Pompéi. — Un dîner chez ma petite princesse. Nouvelle excursion à Pompéi. — L'ancien et le nouveau château du roi de Naples. — Capoue et Casert . — Herculanum et le musée de Portici. — Le môle et les polichinelles. — Troisième excursion sur le Vésuve pendant l'écoulement de la lave. — Excursion à Salerne. — Mon ami Kniep et sa maîtresse. — Départ de Naples pour la Sicile... 103

VIII. — LA SICILE.

Les inconvénients d'un voyage de mer. — Palerme. — Excursion dans les environs de Palerme. — La grande fontaine de Palerme. — Le Monte Pellegrino. — La chapelle de Sainte-Rosalie. — Les fêtes de Pâques. — Rencontre d'un chevalier de Malte chez le vice-roi. — Le château du prince Pallagonia. — Les extravagances de ce château. — La salle des antiques et les catacombes de Palerme. — Le prince Pallagonia, précédé de ses coureurs, mendiant à travers les rues de Naples. — Un malfaiteur gracié à l'occasion des fêtes de Pâques. — La jeunesse de Cagliostro. — Mon aventure avec sa mère et sa sœur. — Départ de Palerme. — Alcamo et ses environs. — Le temple de Ségeste. — Apparition d'une belle étoile qui vient m'éclairer dans mon lit. — Les aloès. — Girgenti. — Le temple de la Concorde. — Le temple de Junon. — Hippolyte et ses compagnons de chasse. — Le temple d'Hercule. — Le temple d'Esculape. — Les tombeaux de l'ancienne ville de Girgenti. — La prodigieuse fertilité de la Sicile. — Castro Giovanni. — Je fais vœu de ne jamais me laisser séduire par un nom mythologique. — Abondance des chardons en Sicile. — Ressource qu'ils offrent aux voyageurs. — Avertissement charitable adressé aux voyageurs, pour les empêcher de loger à l'auberge du Lion d'or à Catane. — Catane. — L'auberge du Lion d'or. — Le palais du prince Biscaris. — Le prince Biscaris, sa mère, et son aumônier. — Les ruines d'un amphithéâtre. — *Nausikaa* sujet d'une tragédie dont je fais le plan. — Messine. — Visite dans une des cabanes où se sont réfugiés la plupart des habitants depuis le tremblement de terre. — Le gouverneur de Messine. — Singulière réception que me fit ce seigneur. — L'église des Jésuites. — Les francs-maçons. — Retour à Naples. — Grand danger que nous courons pendant cette traversée. — Nouveau séjour à Naples. — Quelques nouveaux détails sur les mœurs de cette ville. — Renseignements sur la petite princesse. — La duchesse de Giovine. — Départ de Naples. — Les adieux de Kniep.................. 129

IX. — SECOND SÉJOUR A ROME.

Les tapis de haute lisse d'après les dessins de Raphaël. — Tivoli. — Mes portraits. — Je refais *Egmond* et je travaille à *Wilhelm Meister*. — Un combat d'animaux dans le tombeau d'Auguste. — Mes deux principaux défauts. — Concert nocturne qui me fait passer dans mon quartier pour un très-grand et très-riche seigneur. — Les gens de lettres ne peuvent s'entendre à l'égard du Tasse et de l'Arioste, ni les peintres à l'égard de Raphaël et de Michel-Ange. — Conviction des Italiens, qu'aucun étranger ne saurait apprécier le Dante. — Mes progrès dans le dessin. — Chagrins domestiques d'Angélique Kaufmann. — L'exposition de l'Académie des beaux-arts des Français. — *Egmond* est terminé. — Le sculpteur Trippel fait mon buste en marbre. — Je refais *Erwin et Elmire*. — Frascati. — La villégiature à Castel Gondolfo. — Singuliers rapports qui s'établissent entre une belle Milanaise et moi. — Je refais *Claudine*. — Henry Meyer. — Nous visitons les musées des antiques à la clarté des flambeaux. — Courses à travers Rome pour prendre une idée de son ensemble. — La fontaine d'Aqua Paola. — Origine de l'académie des Arcadiens. — Ma réception à cette académie. — Je repasse toutes les compositions poétiques de ma première jeunesse. — Le carnaval de Rome. — Je revois la belle Milanaise. — Le plan de *Faust* est arrêté. — Considérations sur cette pièce. — Le plan du *Tasse* est pareillement terminé. — Je m'identifie avec les poésies de ma jeunesse. — Le crâne de Raphaël. — La villa de Raphaël. — Beauté de la musique et des cérémonies religieuses pendant le carême de Rome. — Ma dernière entrevue avec la belle Milanaise. — Mes adieux à Rome pendant une nuit éclairée par la lune. — Élégie d'Ovide sur son exil de Rome pendant une nuit éclairée par la lune.......... 194

MA CAMPAGNE DE FRANCE EN 1792.

Le résident de Prusse à Mayence, me donne les cartes du théâtre de la guerre. — Dames françaises émigrées. — L'armée des alliés vient d'entrer en France. — Je fais, sur la route de Trèves, la rencontre de la femme d'un émigré français. — Encombrement de la ville de Trèves. — Le monument d'Ygel. — Le corps des émigrés campé dans une prairie près du village d'Ygel. — La poste aux lettres. — Mon arrivée au camp de Brocourt. — Triste état de ce camp. — Excursion à Longwy. — Heureuse conséquence que l'on tire de la soumission de cette ville. — Notre départ de Brocourt. — De quelle manière les alliés payent les vivres et les fourrages.—Épisode à l'occasion des troupeaux découverts dans les forêts par nos patrouilles. — On fait la capture d'une jolie voyageuse. — Notre camp près de Verdun. — Je fais une découverte précieuse pour la théorie des couleurs. — Le bombardement de Verdun. — Reddition de cette ville. — Trait d'héroïsme du commandant Beaurepaire. — Le maître de poste de Sainte-Menehould. — Entrée du roi de Prusse à Verdun et les jeunes filles qui viennent lui apporter des fleurs et des fruits. — Situation de notre armée et de celle des Français. — Lafayette. — Dumouriez. — Le quartier général du roi de Prusse. — Le camp du duc de Weimar. — Jardin-fontaine. — Nous recevons l'ordre de quitter ce camp. — Plaintes d'un émigré à l'occasion de la dureté du roi de Prusse envers les princes français. — Nous campons en face de l'ennemi. — Faux bruit qui circule dans le camp sur le mouvement de l'armée française. — Halte à Somme-Tourbe. — L'armée continue sa marche. — On nous place sur la route de Châlons, en face du camp des Français dit de la Lune. — État de l'armée des alliés pendant la canonnade de Valmy. — Épisodes pendant cette célèbre canonnade. — Je me procure la fièvre de canon. — Tout le monde croit qu'on en viendra enfin aux mains avec les Français. — Les calamités de tout genre qui nous assiègent, nous font regarder notre perte comme inévitable — Le mouvement rétrograde commence. — Personne ne peut s'expliquer pourquoi les Français n'y mettent aucun obstacle. — Les maladies causées par la faim et le mauvais temps déciment notre armée. Épisodes qui égayent et attristent tour à tour notre retraite. — Paroles que m'adresse le duc de Brunswick en repassant la Meuse. — Retour à Verdun. — A Étain, on me fait passer pour le beau-frère du roi de Prusse. — Position singulière où me met ce mensonge. — Les machines des émigrés pour fabriquer de faux assignats. — En rentrant sur le sol allemand, nous apprenons les succès de Custine, qui détruisent nos dernières espérances. — Je reçois des nouvelles de ma mère. — Séjour du duc de Weimar à Trèves. — Trèves. — Je m'embarque pour Coblentz. — Incident de ce voyage. — Je quitte le théâtre de la guerre pour aller voir d'anciens amis. — Changements survenus dans ma position envers eux. — Cercle littéraire de Pempelfort. — Considérations politiques sur la situation de l'Allemagne et de la France. — Esprit de l'époque. — Ses causes et ses effets. — Mon départ de Pempelfort. — Les émigrés en Allemagne. — Souvenir d'une ancienne aventure. — La princesse Galitzin. — Mon retour à Weimar. — Le nouveau théâtre de Weimar. — Mes efforts et ceux de mes amis pour le perfectionner. — Mauvais succès de mon grand *Kophtha*, pièce qui m'avait été inspirée par l'histoire du collier. — Mon *Général-Citoyen* n'est pas mieux accueilli. — Je retourne à l'armée pour assister au siège de Mayence. — Évacuation de la garnison française. — Les clubistes. — Le duc de Weimar quitte le service prussien et je rentre dans mes foyers................... 243

EXTRAITS D'UN VOYAGE SUR LE RHIN.

La Fête de saint Roch à Bingen........................... 359

ANNALES

Complétant tout ce que j'ai déjà dit sur moi-même......... 673

FIN DE LA TABLE.

Extrait du Catalogue général de la BIBLIOTHÈQUE-CHARPENTIER
13, RUE DE GRENELLE-SAINT-GERMAIN, 13, PARIS
à 3 fr. 50 le volume

P. LANFREY

Histoire de Napoléon Ier. (Tomes 1 à 5.)
Études et Portraits politiques
Histoire politique des Papes
Essai sur la Révolution française
L'Église et les Philosophes. (Notice par M. de Pressensé.)

ANATOLE LEROY-BEAULIEU

Un Empereur. — Un Roi. — Un Pape

MASSERAS

Un Essai d'Empire au Mexique

ALFRED MICHIELS

Histoire secrète du Gouvernement autrichien
L'Invasion prussienne en 1792, et ses conséquences

OCTAVE NOEL

Études sur l'Organisation financière de la France

PIERRE VICTOR

Les Évangiles et l'Histoire

JOSEPH POLLIO et ADRIEN MARCEL

Le Bataillon du 10 août. — *Recherches pour servir à l'histoire de la Révolution française.*

JULES SOURY

Jésus et les Évangiles

CHARLES LOUANDRE

La Noblesse française sous l'ancienne Monarchie

JEAN WALLON

Le Clergé de Quatre-vingt-neuf
Un Collège de Jésuites
Jésus et les Jésuites

Paris. — Imp. E. CAPIOMONT et V. RENAULT, rue des Poitevins, 6.

www.ingramcontent.com/pod-product-compliance
Lightning Source LLC
Chambersburg PA
CBHW050252230426
43664CB00012B/1921